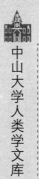

中山大学人类学文库

丛书主编◎周大鸣

Research into Sociocultural Changes of the She Ethnicity

A South China Shezu Community:

族群认同与社会文化变迁研究

粤东畲族

谌华玉 著

社会科学文献出版社

SOCIAL SCIENCES ACADEMIC PRESS (CHINA)

　　本书系由作者在中山大学人类学系攻读博士学位期间完成的毕业论文修改而成，内容主要来自作者与有关人员于 2003～2007 年间利用寒暑假和其他节假日在粤东凤凰山区展开的田野调查记录。本书的研究对象——粤东畲族是新中国成立后由学者和官方共同考证确定的全国 56 个民族之一，也是近一个世纪以来人们公认的汉化程度极深、族群文化特征十分稀薄的一个少数民族。畲族的族群认同及社会文化变迁经历和现状，因此成为本书作者开展人类学民族志田野调查研究的一个首选课题。

　　粤东凤凰山畲族群体由当今散居在该地区方圆百余公里的 8 个畲族村的 2000 多名畲族村民组成。其中 7 个村的村民在 20 世纪 50 年代已被识别确定为畲族，另一个村在 80 年代中期向政府部门提出申请，要求恢复畲族身份，经过几年的反复认证，1988 年才获得官方批准从汉族身份变更为畲族。粤东畲族族群边界的维持和身份认同的变更提示我们，在中国这样一个由多民族群体构成的现代化国家体制中，民族、族群（尤其是散居少数民族的族群）身份的形成、维持和变迁，与其说是血缘发展或生物遗传的结果，不如说是政治协调或文化建构的产物。从历史文献和田野调查获得的资料来看，粤东凤凰山畲族的族群认同一方面具有悠久的历史基础即原生根基，另一方面也显示出不可忽视的强烈功利性色彩即工具性特征。我们调查研究的结果表明，粤东畲族的族群身份与认同的维持与变更，可以说是凤凰山畲族的精英群体与代表国家立场的地方性权威部门长期互动协调的结果。

我们的调查研究还发现，20世纪50年代以来，新中国政府为促进各民族共同发展和推行相关福利政策而识别确定的民族身份，如今已成为中国公民世袭传承的一种社会文化资产。因此即使传统的民族文化特征已消失不见，民族的族称、认同和性质也不会发生根本性的改变。民族身份和族群边界的划分、确立及其维持和变更，必须经过政府的正式确认。这是当代中国族群认同与西方族群认同之间存在的根本差异。这一差异使得发轫于西方的各种族群理论，如族群原生论、工具论、想象论等理论假说，在用来探讨中国族群问题时，其普适性受到挑战。众所周知，族群的各种概念、理论和假说在推广过程中，需要面对世界各地千姿百态的族群认同实践和千差万别的文化变迁形态的挑战。中国古代尽管改朝换代频繁，但不同的社会群体长期处在相对独立和隔绝的人文环境中，因此族群边界——汉族与非汉族，以及汉族与非汉族内部不同的次级群体之间的界线——相对明确。当中国社会发展进入到源流复杂、生物遗传混杂、交通便利发达、文化经济高度开放的当代社会生态环境时，族群的身份认同和族群边界的识别维持，无疑给族群问题的解决和族群研究的理论提出了严峻考验。因此，从20世纪50年代开始，中国政府就联合国内学界组织开展了长期大规模的民族识别工作，其理论依据不仅包括马克思、列宁的民族思想理论，尤其是斯大林的民族识别四大原则，还包含了国人熟练运用上千年之久的儒家传统思想观念，即群体文化或文明程度的高低标准。用"文化"（即文以化之）程度的高低，尤其是儒家文化程度的高低，来区分和确立社群及其成员的地位和等级，是中国社会发展过程中一项悠久的历史传统。新中国政府结合西方民族识别原则和中国社群分类标准，最终在国内确立了包括汉族、畲族在内的56个民族单位，使中国公民从此有了不可随意变更的世代传承的民族身份认同。在此社会历史背景下，凤凰山畲族的传统族群文化特征尽管已经基本消失殆尽，但其族称和身份认同依然不会受到影响。

　　本书采用的民族志研究方法主要包括文献调查法、参与观察法和深入访谈法。收集和使用的材料不仅涉及许多间接的文献记录，还包含大量来自田野调查的第一手口述文本、观察笔记和图片、照片等。通过客位与主位并列呈现的不同叙述，以及历时与共时互相映衬的不同摹写，畲族的族称由来、边界确立，以及当代粤东三个主要畲族村在半个多世纪以来的民族认同实践和社会文化变迁过程，在本书的叙事和阐释脉络中逐渐体现出当代畲族族群认同的"畲文化记忆与汉文化现实"的本质特征。这样的本质特征说明，当代畲族族群认同的关键因素和核心基础首先是政府的审批认可，是畲族这一民族单位在中华民族建构过程中的合理存续，而不仅仅是畲族群体的血缘、文化和历史传承。

　　　　　　　　　　　　　　　　　谌华玉
　　　　　　　　　　　　　　2014 年 12 月 9 日
　　　　　　　　　　　　　　广东　汕头

目 录

绪 论

　　本书是一部关于族群认同的民族志调查研究著作，主要讲述和分析当代中国东南地区一群少数民族特征十分稀薄的畲族村民在社会文化变迁过程中，力图保持或变更其族群认同边界的经历。全书采用描述、阐释互相结合的表述方式，充分运用文献调研、参与观察和深入访谈所获的资料进行叙述分析，重点阐述自 20 世纪 50 年代以来，在中国社会的政治、经济和文化建设过程中，粤东凤凰山区的几个畲族村落对族群边界与特征的主观认同和客观建构。本书以很大篇幅详细记载了新中国成立以后，粤东凤凰山区的畲族村民的集体生产生活方式和活动，以及村中部分典型人物的个人生活经历，旨在揭示当代畲族村民们在日常社会生活中对族群认同的无意识忽视，以及在特定政治、经济、文化场合对族群身份与族群特征的有意识建构和充分运用。

　　在经济全球化日益加深的今天，族群认同及其相关理论与实践正在成为当代人文、社会科学领域中一个倍受关注的研究课题。族群的概念、边界及其建构、认同和互动关系等社会现象，已经凸显为人们日常生活中不可忽视的重要因素，人类学、社会学、民族学等学科因此纷纷将族群讨论纳入自己的研究范围。本书是运用人类学族群研究理论和民族志田野调查方法具体探讨当代中国族群边界与认同实践的又一尝试。

一 研究对象与问题意识

本书以我国东南沿海地区粤东凤凰山区畲族的族群认同与族群文化变迁作为考察对象，旨在探讨畲族这一少数民族族群文化特征缺失的根本原因，以及传统文化特征的消退是否影响到族群实体的存续和族群边界的划分，影响到族群认同的具体社会实践。本书的研究目的，一方面是为迄今仍有待丰富和深化的畲族研究文库增添一份在人类学理论指导下的历史与现实并重的民族志调查研究资料；另一方面是通过考察畲族的族群认同实践和社会文化变迁过程，具体探讨和分析目前人类学族群研究领域一些常用的概念术语，如民族、族群以及与之相关的理论假说如族群原生论、工具论、边界论、建构论等，是否适合用来研究分析我国社会历史语境和当代现实中的民族认同问题。在理论梳理和田野考察结果互相验证的基础上，笔者试图说明，发轫于西方社会的"民族""族群"等概念以及与之相关的理论假说，并不完全适合用来研究我国社会的民族边界划分和民族认同问题。[①] 本书用田野调查获得的大量地方性知识和主位观点说明，我国社会的民族、族群认同及其社会文化变迁不仅具有独特的地方性和区域性特征，同时还包含着自身独特的历史发展根源，因此需要采取不同的研究视角和理论方法加以考察论述。作为本书的研究结论之一，我们试图说明，一些熟谙西方学术理论，同时扎根于中国社会历史文化的中国学者提出的本土民族和族群理论，如费孝通先生提出的中华民族多元一体格局理论，能够更充分地解释说明我国的民

[①] "民族"一词在汉语中具有多重含义，在不同的使用场合分别对应于西方学界的 nation（民族）、ethnic group（族群）等概念术语。前者如当代中国境内的"中华民族"（the Chinese Nation），后者如"畲民族"或"畲族"（the She minzu or the She ethnic group）。当"民族"一词被用来表指当代中华民族的 56 个民族成员单位时，该特定意义在英语中缺乏既有的对应词，因此西方学者如郝瑞提议将其音译为 minzu 以保留其特殊含义。本书使用的中文"民族"一词在不同的语境中，分别对应于英文的 nation，minzu 以及 ethnic group 概念。

族、族群认同现象。

通过考察分析粤东凤凰山畲族的族群特征缺失和族群边界维持之间的矛盾，本书力图为以下几个问题找到合理的解释答案。第一，畲族作为人们公认的深度汉化的少数民族之一，其汉化的标志和表现形态何在？第二，对族群文化特征稀薄的畲族村民而言，族群认同的实质意义何在？族群边界如何划分、如何维持？换言之，畲族与汉族群体的深度融合以及畲族传统文化的彻底消失，是否会导致畲族族称和族群认同的变更？第三，村落群体"汉化"或"畲化"亦即族群边界变更的原因和动力何在？第四，比照凤凰山畲族的族群认同与社会文化变迁经历，我们如何理解和解读"族群""民族""认同""边界""少数族裔的权利"等人类学族群研究中的核心概念及其相关理论？为这一系列问题找到合理解释和答案，既是本书研究的宗旨，也是本书研究的意义所在。

选择华南地区的粤东凤凰山畲族群体作为本民族志田野考察的对象，主要有以下几方面的原因。第一，畲族是我国政府确认的 56 个民族中一个人口不多，而且民族文化特征存留较少的少数民族。畲族群体一向生活在远离国家政治文化和经济发展中心的偏远山区，是一个历史上与邻近汉族交往密切，但与外部世界接触不多的相对闭塞的少数民族群体。20 世纪 80 年代以后，畲族聚居的东南沿海地区，尤其是粤东地区，迅速发展成为我国改革开放的前沿阵地；世世代代与世隔绝的山区畲民也随即成为必须直接面对和经受社会主义市场经济体制改革和西方社会文化思潮影响的乡村社群之一。作为历史上素有"大分散、小聚居"之称的一个山地少数民族，畲族在半个多世纪以来中国的社会主义建设和改革开放过程中，如何适应社会发展各阶段的各种震荡变迁，并在震荡变迁中如何谋求自己的发展，这是一个十分值得关注和具有代表意义的研究课题。在远离城镇的偏远山区，畲族群体或自成一村生活在汉族村庄的环绕包围之中，或与汉族群众同村居住，共同开展生产劳动和进行日常生活。畲族群体在汉族社会中的插花式分布模式，非常有利于我们考察研究中华民族内部族群边界的形成、维持以及族群文化特征的互渗和影响问题，有利于我们探索和揭示族群认同及其社会文化变迁的形态、动因和过程。

选择凤凰山畲族作为田野考察对象的第二个原因，是畲族研究在国内学界仍处于相对滞后的状态，需要我们倾注更多的学术关怀和探索。较之国内外学者对我国西南、西北、东北等地区的少数民族研究所投入的学术热诚和精力，畲族引发的学术关注仍远远不够。这种现象与畲族作为我国东南地区唯一一个聚居少数民族的身份价值显然不符。究其原因，一方面可能与畲族人口规模较小、族群特征不够突出有关，另一方面也可能与畲族社会比较和谐安定，因此难以引起社会各界的普遍关注有关。不过作为和谐社会里和谐发展的南方古老族群之一，畲族近一个世纪以来同我国其他各民族一样，经历了我国社会近现代历史上各种轰轰烈烈的政治、经济和文化变迁，因此没有理由不受到学界同样的研究重视和关注。作为密切关注世界上各个国家和地区的现代化过程中多元文化存续状况研究的学科，人类学无疑应对当代畲族的族群认同和社会文化变迁投入一份应有的关注。此外，国内外学界对民族、族群、多元文化共存、少数群体利益等课题的探讨正日益深入，国外许多相关理论和假说也源源不断地被翻译、引介到我国学术领域。西方各种学术理论范式及概念术语是否适合用来探讨我国的民族、族群现象，是否经得起中国社会实践的检验，并进而成为探讨分析我国民族、族群历史与现状的理论工具，这在今天仍然是一个有待探索和解答的问题。这样的探索不仅可以为我们的本土文化研究提供一个与西方学界进行学术对话的平台，还可以通过这一平台向国外的同类研究领域传递和贡献具有中国特色的本土研究话语。通过国内外学界共同开展的研究对话与实践检验，我们才能够甄别和扬弃那些不具有普遍意义的西方理论学说，同时保存发展一些健康有益并对我们具有指导意义的外来思想，并在此基础上补充完善一些适合我国国情的理论思想和概念假说。

确定粤东凤凰山畲族作为我们田野考察对象的第三个原因，是凤凰山被当代畲族普遍认同为自己的民族发祥地。尽管当今居住在凤凰山区的畲族人口不足3000人，在全国畲族和广东省畲族人口总量中所占比例极小（分别为0.4%和8%左右），但作为全国畲族民众一致推崇的民族发祥地，其留居畲族村民的社会生活状态、历史文化特征不仅令粤外畲族心驰神往，也让关注畲族社会发展变化的研究人员倍感兴趣。粤东凤凰山作为畲族发祥地的历史依据和现实意义何在，这是本书旨在探讨和解答的又一现实问题。

第四，确定粤东凤凰山畲族群体作为我们田野研究的考察对象，还有一些与研究者本人及课题可行性条件相关的实际因素。笔者攻读人类学专业博士学位所在的中山大学人类学系和历史人类学研究中心，目前已在粤东社会文化研究中取得显著成果，不仅为我们在粤东地区开展民族志田野调查打下了坚实的理论基础，同时还创建了具有深厚民众基础的田野调查实践基地。除此以外，笔者自1992年以来一直工作、生活在距离粤东凤凰山区百里之遥的汕头大学，地理近便、"他者"身份以及对人类学民族志理论方法的试验志趣，一并促成了我们选择粤东凤凰山畲族群体作为本书研究考察的对象。汕头大学距离粤东凤凰山仅几十公里的路程，当代公路交通的便利使我们能在两个小时内驱车到达距离汕头市区最远的凤凰山畲村。这样的地理近便使我们不仅能够较长时间居住在畲村，参与观察畲族村民的社会文化生活，还便于我们多次往返于"田野"与"外界"、"主位"与"客位"的地理位置和观察视角之间，使近距离的参与观察与远距离的分析思考以及两者之间的交替并用和反复求证成为一种现实可能。

二　田野调查点的确定

要对粤东凤凰山畲族村进行有效的"深描"，首先必须对凤凰山畲族乃至整个畲族的历史概况作一简要陈述。众所周知，畲族是我国56个民族中人口不多的一个少数民族。据2000年全国第五次人口普查统计，畲族共有709592人，主要分布在福建、浙江、江西、广东、安徽、湖南等省境内。其中广东畲族人口共28053人，在全国畲族人口数量中所占比例不足4%。目前广东畲族主要分布在粤东凤凰山区、莲花山区和罗浮山区的潮州、丰顺、海丰、博罗、惠东、东源、和平、连平、南雄、增城等市、县境内。在广东省不足3万的畲族人口中，凤凰山畲族仅有2347人，占广东全省畲族人口约8%的比例。尽管粤东凤凰山区的畲族人口很少，但在全国畲族群众的心目中占有举足轻重的地位。究其原因，一方面是该地区是畲族两种语言之一"畲话"的起源地，另一方面则是凤凰山被当代畲族群众普遍认同为自己的民族发祥地。

粤东凤凰山位于广东省东部潮州市与梅州市的交界地带，目前居住的畲族主要分布在两市境内的三县一区六镇下辖的八个畲族村内，同时还有几十户杂散分布的住户。从2003年7月开始，我们先后对凤凰山区八个畲族村中的六个进行了走访调查，经过较为全面的初步了解和筛选，最后决定把田野调查的重点放在潮州市潮安县的南山、北山畲族村和饶平县的东山畲族村。确定这三个畲族行政村作为我们田野调查的"深描"对象，是因为它们不但各具特色，且具有不同的代表意义。三者之一的南山畲族行政村，是当今凤凰山区几个畲族村中民族文化特色保存相对较多的一个畲族村，80年代改革开放后，南山村一直起着联络凤凰山区所有畲族村庄的枢纽作用。第二个"深描"对象——北山畲族行政村，是凤凰山区历史最悠久的畲族村，也是汉化程度最深或说民族文化特征消失得最彻底的一个畲族村。我们的第三个田野调查对象——东山畲族行政村，是1988年6月才由政府识别确认的畲族村，村中一座拥有上百年历史的客家围屋不仅保存完好，而且目前仍然有家户居住。东山村民认为自己讲的是"半山客话"，但这丝毫不影响村中男女老少一致认定自己的老祖宗就是畲族，只不过"早就汉化了"，而现在重新恢复老祖宗的少数民族身份，乃是村里人一致的愿望。总之，三个畲族村各具特色，足以体现和解答本书设定的研究目标和问题意识。

潮州市潮安县 S 镇的南山畲族村，是本书描写的第一个畲族村，也是凤凰山畲族社区一个人口最多、构成成分最复杂的畲族行政村。该村位于凤凰山脉南麓，南接 S 镇 SK 村，距离潮州市区约 15 公里，东靠 FH 镇，西、北与 GH 镇相连。南山畲族村共有 603 人，总面积 4.6 平方公里，由南山、黄洋、葵屯三个自然村组成。其中南山、黄洋为畲族聚居村落，人口 510 人，葵屯为汉族自然村，人口不足 100 人。因地处崇山峻岭之间，南山畲族村平均海拔 400 米，全村共有山地面积 7075 亩，耕地面积 501 亩，山地面积占村总面积的 90% 多。据村里老人回忆，该村在明朝时迁入当地，距今已有 400 多年的历史。传说村中山界内发现的最古老的一座基祖墓是明朝的，墓碑碑文为"明承车雷公墓"，此外还发现有"清考卉臣雷公之墓"。尽管南山、黄洋两个畲族村认定自己的祖先是从福建汀州迁来的，但目前已拿不出族谱记载或其他资料加以证明。

南山畲族村在新中国成立后，尤其是在 20 世纪 80 年代我国实施改革开放政策以来，一直在凤凰山畲族群体中起着联络各个畲族村复兴民族文化的重要枢纽作用。村中一直维持着一系列促进民族文化复兴和加强畲族与畲族以及畲汉民族互动活动的开展，如新中国成立前后及 90 年代招兵节的举办，畲民对各种社会活动的积极参与，畲族语言的保存，近年来对民俗旅游村项目的申办，水稻、果蔬等农作物种植的兴衰，打工潮流的兴起等，这一切吸引着我们不由自主地去追踪探索南山畲村的族群认同和社会文化变迁足迹。南山畲族行政村中的南山畲族自然村，是一个姓"雷"

的单姓村，村中男女老少之间的交往普遍使用畲话，与外村人（包括黄洋畲村村民）交往时一般讲潮州本地话或普通话。具体使用哪种语言，通常视当时的交往对象能说哪种语言而定。黄洋畲族自然村和南山畲族自然村地界相接，村庄彼此相隔一公里左右，但两个畲村村民的姓氏不同，使用的语言也不相同。黄洋畲村是一个姓"蓝"的单姓自然村，村民之间交往使用当地汉族通用的汉语方言即潮州本地话。黄洋畲民不仅不会说南山畲民所讲的畲话，而且也听不懂后者的"土话"，因此来自两个自然村的干部、村民在相互交往时，就一律使用潮州本地话。由于南山畲族行政村包括两个畲族自然村和一个汉族自然村，三者之间的互动关系，以及近20年来村民大量外出打工而与外界社会建立的广泛联系，十分值得我们深入探讨。

潮州市潮安县 FH 镇的北山畲族村，是本书描写的第二个重点对象。在凤凰山区现有的8个畲族村中，北山畲族村是当地历史最悠久、汉化或地方化程度最高的一个畲族村。北山畲族村现有246人，山地3600亩，茶园400多亩，是著名的凤凰山乌龙茶的主要产区之一。村庄坐落在当今潮安县城以北偏东约50公里处的大质山西侧半山腰上。大质山古称百花山，又名待诏山，位于 FH 镇人民政府所在地 FH 圩往东约5公里处，东与饶平县 XT 镇交界。待诏山主峰名叫"娘峰"，传说为纪念抗元民族英雄畲族许大娘而命名（林少亮，2001：2）。北山村历史悠久，村中至今流传着"未有饶平县，先有北山村"的古谚。该村目前属潮安县 FH 镇管辖，但历史上曾一度隶属饶平县。据乾隆二十六年（1761年）重修的《潮州府志》记载："成化十四年（1478年）总督朱英以三饶壤连汀漳，险阻多盗，遂请析海阳之元歌、宣化、信宁、隆眼城、滦州、清远、秋溪、苏湾八都，置饶平县于元歌都"（《畲族志》，1987：6－7）。可见饶平县设立至今已有500多年的历史，北山村的悠久历史确实名不虚传。村委会珍藏着描绘畲族原始崇拜的彩色轴画《祖公图》，记载着传说中的畲族始祖盘瓠出生、变化、成长和发展的故事。

北山畲族村不但历史悠久，而且还享有当代"凤凰山名茶之乡"的美称，其历史及现实为我们考证畲族文化和生计模式变迁提供了一个极好范例。北山畲族村位于凤凰山第二高峰大质山南面的近山顶处，不仅海拔位置高，而且处于背靠高山、面向东南的向阳坡，地理位置与生态环境十分适合种植品种优良的高山茶叶，因此成为著名的凤凰山乌龙茶的主产地之一。北山村在新中国成立前就有种植茶叶的传统，新中国成立后至改革开放前的一段时间，因受国家"以粮为纲"政策的指导，村中畲民曾一度改种水稻和杂粮。20世纪70年代末期以后，随着国家总体经济政策的调整转向，北山畲族村在当地FH镇政府的号召和支持下，开始恢复传统的茶叶种植生产，目前已经发展出一种完全依靠茶叶种植、加工和销售为生的生计模式。茶叶栽种、加工和销售已成为目前该村主要的生产活动和经济来源。当今北山村畲民日常生活中的交往对象，大多是季节性的汉族采茶工、茶叶收购商、居住在FH镇集镇上的各类商家，以及走村串户上门推销各种生产、生活用品的汉族商贩。此外，作为茶叶销售地的FH集镇、潮安县城、潮州市、汕头市、广州市等各地的茶叶经销市场与商贩，也是他们密切交往的对象。茶叶的种植生产及其对外销售渠道的开通，使北山畲族村的社会文化习俗发生了翻天覆地的变化。村中老一代人所用的畲族语言已接近消失，目前仅剩下三四个七八十岁的老人还断断续续记得一些自己小时候使用过的语言。现在这些老人在和家里人、村里人以及外村人交往时，也完全习惯了使用当地通用的潮汕话。村中的中、青年人和少年儿童，不仅都讲潮汕话，而且还能说一口流利的普通话。茶叶生产、销售形成的特殊商品经济模式，畲民对都市贸易社会的迅速涉入与适应，以及民族语言文化的荒废、消失等现象，使北山畲族村成为我们观察研究当代中国族群认同现象和社会文化变迁的极好场所。

潮州市饶平县RY镇东山畲族村，是本书描写的第三个重点对象，该村在 20 世纪 80 年代才向政府申报并获得少数民族身份的确认。50 年代政府大规模开展民族识别工作时，东山村为何不在被识别的畲族群体之列？80 年代该村申请和获批民族成分变更的缘由、理据、动机何在？这些不仅是我们急于找到答案和解释的具体问题，还是了解和探索我国族群认同和边界问题的有效切入点。东山畲族村作为 80 年代晚期被我国政府后续识别和确认的大量少数民族群体之一，为我们提供了便捷的透视窗口，从中可以管窥我国现行的民族成分变更机制、过程、轨迹和动因，以及群体对族群认同所持的心理态度和适应能力。此外，对比和展现东山村在民族成分变更前后的社会生活状况，捕获民族成分变更导致村中经历的一系列心理认识变化和文化建构过程，也是吸引我们关注研究东山畲族村的一个重要缘由。东山畲族村民族成分的改变，使我们有机会近距离观察该村早前的"客家化"和近期的"畲化"过程，即族群身份和认同意识的裂变与重构过程。

东山村现有 76 户 361 人，80 年代之前村民一直自报汉族。村落的开基祖据说在明洪武年间由漳浦入潮，经过三迁四徙，最后才定居在当今的饶平县 RY 镇东山村。该村过去由于地处偏远山区，受交通信息闭塞等诸多条件的制约，生活十分贫困，是个穷得出了名的汉族小村。改革开放以后，由于机缘巧合，该村干部群众结识了邻近 FH 镇同为蓝姓的北山畲族村民，因此萌发向政府申请恢复畲族这一少数民族身份的意愿。经过为期两年多的申报、审核过程，东山村于 1988 年获得畲族身份的审批。恢复少数民族身份以后，村中干部群众充分利用国家的优惠政策，积极开展内引外联活动，一方面把发展山区经济作为突破口，发动村民建设绿色家园，另一方面积极鼓励村中青少年通过报考大学等途径走出畲村谋求发展。恢复畲族认同 20 多年来，当地政府先后投入 30 多万元维修了东山村水利设施、村道和建设青年文化室等福利事业。目前，东山村不仅家家户户都用上洁净的自来水和高档电器设备，而且还有近 20 名青年受益于少数民族高考录取优惠政策，通过升学从农村走向了城市社会。

三　畲族认同与村落组织之间的关联

选择三个各具特点的畲族村庄来考察和反映畲族的族群认同和社会文化特征，原因在于村落不仅是当代凤凰山畲族群体内部最基层的社会结构组织，而且还是当代中国族群成员集体申请民族成分变更的最基本单位。村、村落、村庄或村社作为人类社会基本单位的发展历史十分久远。汉语《辞海》将村的源头一直追溯到原始社会，明确指出村社是"原始社会末期，公有制向私有制过渡的社会经济组织。由定居在一定地域内的一群家庭（包括同一氏族的和其他氏族的）组成。土地公有，分配给各家使用，森林、草地、水流等公用；牲畜、农具、住宅、生产物归各家私有。因村社土地分散为各家经营并在习惯上由他们世袭使用，私有制逐渐代替公有制，原始公社瓦解。但村社组织，曾以不同形式继续存在于奴隶社会和封建社会中"（夏征农，2002：257）。中国社会的村社发展鲜见历史考证，但在古代汉族文人墨客的诗词文章中，村庄、村社的存在或以"村"作修饰词形容"粗俗，鄙野，敦朴，朴实"的用法不时浮现，影影绰绰，让人不容置疑村庄实体概念的悠久历史存在。仅以《辞海》收录为例，就有南宋诗人陆游家喻户晓、脍炙人口的《游山西村》诗："山重水复疑无路，柳暗花明又一村"；《水浒传》第三十八回："李逵便道：'酒把大碗来筛，不耐烦小盏价吃！'戴宗喝道：'兄弟好村，你不要做声，只顾吃酒便了。'"；张昱《古村为曹迪赋》诗："魏国南来有子孙，至今人物木而村"（夏征农，2002：257）。中国社会的村庄、村民不仅吸引了古代文人的注目勾勒，催生了流传千古的诗词歌赋，还吸引了当代国内众多学术研究人士的探寻目光，致使聚焦村庄、村社、村民及其社会文化研究的各种人类学、社会学、民族学等学科的学术著作层出不穷，例如《江村经济：中国农民的生活》（费孝通，2001［1986］）、《金翼：中国家族制度的社会学研究》（林耀华，2000［1989］）、《云南三村》（费孝通、张之毅，1990）、《改革中的农村与农民：对大寨、刘庄、华西等 13 个村庄的实证研究》（陆学艺，1992）、《村落视野中的文化与权力：闽台三村五论》（王铭铭，1997）、《银翅：中国的地方社会与文化变迁》（庄孔韶，2000）、《集体经济背景下的乡村治理：河南南街、山东向高、甘肃方家泉村村治实证研究》（项继权，2002）、《凤凰村的变迁：〈华南的乡村生活〉追踪研究》（周大鸣，2006）、《城市边缘的彝族村落——云南宣威庄子村调查报告》（朱爱东、范涛主编，2006）等。不仅国人对我国农村基层组织村庄所倾注的研究关注越来越多，而且近当代外国人类学、社会学家对中国社会的研究也有不少集中在家庭、宗族、村庄等乡村社会基层组织环节，譬如 20 世纪 20 年代美国学者丹尼尔·哈里森·葛学溥（Daniel Harrison Kulp）指导学生对粤东潮州凤凰村开展的研究，以及在此基础上撰写并发表的著作《华南的乡村生活——广东凤凰村的家族主义社会学研究》（2006）。又如 80 年代末 90 年代初，美国人类学家波特夫妇在广东东莞市茶山镇开展的人类学田野考察及其研究成果《中国农民：革命的人类学》（1990），也集中在三个同宗村落基础之上。作为 1949 年以后最先进入中国大陆开展乡村社区人类学田野考察的外国人类学家，波特夫妇通过发掘和呈现新中国成立前后村落群体内部的权力更替，新中国成立后村社机制的建立运行，以及宗族、婚姻、家庭、生育、经济、生产、政治、文化等各种组织和活动在村落内部、村落之间以及村落与上级和更为广阔的外界部门之间的开展，比较全面、客观地反映了中国社会主义革命时期直至 80 年代末期的中国农民生活状况及其村社演变。

当代人类学研究对我国村落社会的高度关注，缘于村庄、村社是我国乡村地区社会结构和社会组织的基石。社会结构（social structure）和社会组织（social organization）的概念最早由英国人类学家拉德克利夫 - 布朗（Alfred Radcliffe - Brown）提出，前者指整体社会中各个基本组成部分之间比较稳定的关系或构成方式，后者指一种有序的社会群体的存在形式，即人们在某种共同利益驱动下结成的社会团体。从布朗的原初定义出发，人们进一步总结提出社会结构通常呈现出一种多层次和多元化的状态，其中包括家庭结构、族群结构、阶级结构、职业结构、行业结构等，同时涉及组织、制度、行为、权力等多方面内容。作为社会结构的众多构成要素之一，社会组织也具有不同的层级和形式，比如族群、宗族、村落、机关、企业、学校、军队等。每种形式都具有某种特定的活动目标和社会职能，其内部成员通常依据不同的职责结成相互关系，从而构成一个相对稳定的社会关系单位（陈国强、石奕龙，1990：285、287、313）。

　　族群与村落虽然是两个不同层级的社会组织，但在我国农村地区，二者之间具有一种相互依存的紧密联系，即族群由村落构成，村落以族群身份定位。但不论族群还是村落，它们都拥有一定的权力、制度和结构关系。两者尽管相对稳定，却也并非一成不变。当社会结构和环境发生变化时，族群、村落组织的内部结构和功能也会随之发生变化，抑或自我调节，抑或被动改变，并进而导致社会结构发生变化。譬如，研究旧中国乡村社会的学者认为，"村"是自然结合的地缘团体，"乡"是集村而成的政治团体，而"宗族"则是家族的延伸，是由同一祖先繁衍而来的子孙群体的延展（林耀华，2000［1935］：1）。到了新中国成立以后，宗族的名称定义虽然未变，但宗族这一社会组织的内部结构、势力和功能再也不可同昔日相比。此外，乡、村概念的性质，尤其是村的名称、性质、结构和功能，也在新中国成立之后随着集体化道路的延伸发生了根本性的改变。在当今中国农村现有的70多万个村中，村不单是乡村最基层的地缘组织单位，同时也是最基本的政治组织单位（项继权，2002：3）。而村的名称在新中国成立之后的各个社会变革阶段，也先后经历了接二连三的改变，由最初的"村"改变为"管区""大管区""大队"，再回归并分化为当今分指地缘性质和地缘加政治性质的两个不同名称即"自然村"和"行政村"。行政村既是地缘组织，也是政治组织。本书考察的凤凰山三个畲族村之一东山畲族村，便是通过民族成分变更策略，从一个汉族自然村升级为一个畲族行政村的范例。由此可见，村不只是一个地缘组织，也不只是一个经济单位，而是与族群、宗族、家庭、生产、生育、文化传承等组织活动交互影响的群体单位，是观察分析族群认同及其社会文化变迁的有效范畴。华南的宗族乡村集村落、宗族、家庭、婚姻结构为一体，它们彼此依赖，互相制约，相辅相成，错综复杂，早已引发学界源源不断、层出不穷的关注（葛学溥，2006；林耀华，2000［1935］；麻国庆，1999；周大鸣，2006）。管窥宗族乡村这种完善而复杂的汉人社会组织在深受汉文化影响的畲族社会群体中是否存在，以及存在形态与发展形势如何，也是促使我们选择三个具有代表意义的畲族村庄进行研究的原因之一。

为了遵守学术规范，同时表示对田野调查对象的尊重，本书对田野调查涉及的地名、人名采取匿名方式呈现。乡镇名称用英文字母表示，村名为汉语易名，人名用姓氏加字母或职位表示。

第一章

理论综述与研究方法

　　为了能够有效地观察记录和讨论分析粤东凤凰山畲族村民的族群认同实践和社会文化变迁过程，我们首先需要搭建一个具有航标意义的理论平台及其范畴集合。对于理论预设在人类学研究场域中的正当性问题，国内外学者已做过不少专题研究并达成一些基本共识。大家一致认为，当今人类学发展的核心问题不在于观察，也不在于通过观察证实一些现存理论，而在于传承和发展一种富于诘问和反驳的批判精神。尽管如此，人们同时也认识到，任何科学研究中的观察、记录或诘问、批驳，首先都离不开一些基本的理论预设和分析范畴，并把它们作为自身最初的研究出发点。因此不论从事任何形式的研究，研究者从一开始就不可避免地受到已有理论框架的影响，因而自觉或不自觉地带着某种或某些理论假说作为研究过程的参照体系（陈庆德等，2006：28）。对即将展开的凤凰山畲族族群认同与社会文化变迁研究工作而言，我们必备的理论基础，或说我们在研究开始之前早已熟悉的一套概念范畴和理论假说，将不可避免地影响到整个的研究过程和分析结果，因此有必要在此进行概括说明。

第一节　理论与概念

　　考察研究凤凰山畲族村民的族群认同与社会文化变迁现象，

首先需要明确人类学族群研究领域的族群、民族、文化等核心概念范畴。这些概念范畴是我们考察凤凰山畲族族群认同和群体文化特征的出发点，也是我们借以讨论和反思相关族群理论的关键词。众所周知，自19世纪中叶人类学学科创立以来，族群、民族、部落、种族等社会分类范畴及其概念实体，以及它们之间的各种矛盾关系，一直是人类学和其他社会科学热心关注的研究对象。如同性别、种族、阶级、国家等群体分类概念一样，族群、民族已成为当今社会生活中十分常见和普遍常用的人群分类符号，因此也成为当代人类学、社会学、民族学、政治学等学科经久不衰的重大研究课题。

一 关于族群、民族、文化等概念的探讨

族群、民族两个概念范畴所代表的社会实体，在不同的社会文化语境中不尽相同。在汉语词汇中，"族群""民族"都是从国外译入的舶来概念，其意义和所指因译入年代与词语使用的场合不同而不尽相同，并且已在我国学界及其与国际学术接轨的概念领域中引起了不少混乱（谌华玉，2005：148－153）。在国际通用的学术语言之一英语中，"族群"（ethnic group）是一个十分常见的概念术语，大约在20世纪30年代开始使用。据《关键词：文化与社会的词汇》一书作者雷蒙·威廉斯（2005：155－156）考证，英语ethnic一词最早出现在14世纪中叶，其最接近的词源是希腊语ethnikos，意指heathen（异教徒）。19世纪以后，ethnic一词中的"异教徒"含义逐渐被"种族"（racial）意义所取代。20世纪五六十年代，美国开始出现ethnics一词，被用作一种礼貌性的词汇，用来指称美国社会中的犹太人、意大利人等次要人种。在ethnics（即少数民族的人）美国用法的影响下，20世纪中叶ethnic的含义和用法接近folk（民间的，民俗的），意指出现在当代的一种风格，尤其是在服装、音乐、食物方面普遍流行的风格。威廉斯的研究表明，ethnic的词义涵盖范围经历了不断转变和拓宽

的过程，从单一的族群属性，到多元的传统特征如美国社会团体之间存在的土著的（native）、附属的（subordinate）传统，再到都市商业的流行时尚。而在当代英语常用词典中，ethnic 的释义是"人种的；种族的；（俗）某一特殊文化团体的；具有种族特色的"（of race or the races of mankind；［colloq］of a particular cultural group）（张芳杰、Hornby，1984：399）。普通英语词典与威廉斯研究诠释中 ethnic 的释义彼此印证，说明族群意义的演变和拓展不仅在学术研究领域，而且在日常生活用语中都得到了普遍的认可和接受。

在人类学、社会学和政治学等研究领域，人们对于族群的诠释和研究也在不断深入。自 20 世纪中叶以来，多种族群理论相继登场，并由此形成了各种不尽相同的族群释义。在中国学者周大鸣（2002：2 - 4）、郝时远（2002abc，2003）等人研究归纳的 20 多种族群释义中，我们依照各种释义出现的时间先后顺序，从中摘录了以下几种具有代表意义的解释，以此说明族群含义在社会学、人类学研究领域的演变拓展过程。

（1）20 世纪 50 年代，马克斯·韦伯从社会学角度提出了学界公认的最早的族群定义，认为族群是指因体质的习俗的或者对殖民化以及移民的记忆认同的相似而对共同的血统持有主观信仰的群体，这种信仰对非亲属的共同关系具有重要的意义。族群不同于亲属群体，不一定关涉客观的血缘关系是否存在。

（2）20 世纪 60 年代，弗里德里克·巴斯从族群的归属性与排他性角度来界定族群。他认为族群是由其本身组成成员认定的范畴，造成族群的最主要因素是其"边界"，而非语言、文化、血缘等内在特征，同时，族群的边界主要是社会边界而不是地理边界。

（3）20 世纪 70 年代，人类学族群研究的代表作之一《族群性理论与经验》发表了后来广为引用的族群定义，认为族群是指在一个较大的文化和社会体系中具有自身文化特质的一种群体；其中最显著的特质就是这一群体的宗教的、语言的特征，以及其成员或祖先所具有的体质的、民族的、地理的起源。

（4）20世纪80年代，《哈佛美国族群百科全书》对族群的定义是：一个有一定规模的群体，意识到自己或被意识到其与周围不同，"我们不像他们，他们不像我们"，并具有一定的特征以与其他族群相区别。这些特征包括共同的地理来源，迁移情况，种族，语言或方言，宗教信仰，超越亲属、邻里和社区界限的联系，共有的传统、价值和象征，文字、民间创作和音乐，饮食习惯，居住和职业模式，对群体内外不同的感觉。

（5）20世纪80年代，《麦克米兰人类学词典》对族群的定义为：族群，是指一群人或是自成一部分，或是从其他群体中分离而成，他们与其他共存的或交往的群体具有不同的区别特征，这些特征可以是语言的、种族的和文化的；族群这一概念包含着这些群体交互关系和认同的社会过程。

（6）20世纪90年代，中国学者吴泽霖总纂的《人类学词典》在给出族群的传统释义后进一步指出：族群是个含义极广的概念，它可用来指社会阶级、都市和工业社会种族群体或少数民族群体，也可以用来区分居民中的不同文化的社会集团。族群概念就这样结合了社会标准和文化标准。

对比以上六种释义出现的时间先后顺序，以及它们的内容异同，我们不难看出，社会科学研究领域的族群释义与普通英语词典中的族群释义一样，呈现出明确无误的概念拓展和意义延伸趋势。20世纪50年代韦伯率先提出的族群定义，不仅给后来的各种族群释义奠定了基础，还在很大程度上影响了一些重要的族群研究理论学说。譬如，弗里德里克·巴斯（Fredrik Barth, 1998 [1969]）的族群边界理论，查尔斯·凯斯（Charles Keyes, 1976）的族群原生性与工具性结合的辩证阐释理论，本尼迪克特·安德森（Benedict Anderson, 1983）关于族群是想象社群的假说等，无一不是对韦伯定义的继承和发扬（潘蛟，2002：339 - 358）。20世纪80年代以后，各种族群定义一方面继续强调种族、祖先、语言、文化、宗教等基本特征要素，另一方面也纳入了共同迁移、社会互动、职业模式等新要素。到了 90 年代，族群定义中开始出现阶级、社会集团、都市和工业社会群体等全新成分。族群含义的演变和扩展过程由此可见一斑。

尽管族群释义涵盖的内容与范围不断扩大，但人类学、社会学关于族群概念的本质要素始终未变。综合族群定义的社会标准和文化标准，学者们将族群概念的基本要素归纳为六大方面（周大鸣，2002：1－50；郝时远，2002a：12）。第一，族群是一种人群分类的范畴，它所标示的群体有一个名称符号。第二，族群具有归属性和排他性；族群在自我认同的基础上维护群体的边界，同时排斥异己群体。族群边界主要是社会的而非地理的，该边界通过自我与他人共同认定。第三，族群是建立在共同记忆与认同基础上的群体；族群非亲属群体，不一定具有共同的血缘关系。族群成员在心理、感情和价值观念上通过感知他者的特征而产生认同。第四，族群的内在特征包括共同的血缘祭祀、共同的文化渊源、共同的历史记忆和遭遇，此外还有语言、宗教、地域、习俗、传说等。第五，族群的区别性特征是一个富有弹性的集合，在不同时代与场合所体现的内容和侧重可能有所不同，其中包括体貌（种族）、民族归属（国家、祖居地等）、祖先记忆、宗教信仰、语言文化、历史习俗、共同迁移等。第六，族群概念的指称范围可大可小，大到可以用来表示超越国界的种族或民族共同体，小到可以用来标识同一民族国家（nation）内部不同的民族（min-zu），或同一民族（minzu）下属的不同民系。尽管族群概念具有很大的含义伸缩性和应用灵活性，但大多数情况下族群还是指称一个在较大社会群体中居于文化非主流地位并且人口规模相对较小的群体，其中包括移民群体。

"族群"在汉语中正在成为一个常用的专业词汇，虽然它在国外使用至今已有半个多世纪的历史，但在汉语中却是一个刚出现不久的舶来词语，传入中国大陆不过才一二十年的时间，而且使用范围目前仍局限于一些专业研究领域。比之族群，民族（nation）在当代汉语中的使用频率显然要高很多。1949年新中国成立以后，民族一词开始在各种话语场合普遍使用，使它成为中国老百姓日常生活中一个家喻户晓、妇孺皆知的词语，人们对它的熟悉程度和使用频率远远高于族群、种族等其他群体分类术语。汉语"民族"二字的起源尚无定论，有人认为它是近代西方的舶来品，也有人论证它来自中国本土的古代文献（邸永君，2002：98-99）。不论出处何在，对汉语民族概念影响最深刻的，首先莫过于斯大林的民族定义。在1913年和1929年先后出版的《马克思主义和民族问题》和《民族问题和列宁主义》两部著作中，斯大林提出并一再重申了后来为中国学界和政界所熟悉的民族定义："民族是人们在历史上形成的有共同语言、共同地域、共同经济生活以及表现于共同的民族文化特点上的共同心理素质这四个基本特征的稳定的共同体"（施联朱，1987：7）。斯大林不仅认为民族是一个稳定的人群共同体，是社会发展到一定历史阶段所形成的人群共同体，而且强调民族共同体必须具有四方面的基本特征，即：共同的语言、共同的地域、共同的经济生活，以及共同的文化心理素质。显而易见，斯大林定义的"民族"（Нация）是指资本主义上升时期即西方社会在建构民族国家时期形成的现代民族，其实质是政治共同体，相当于英语概念中的民族国家（nation-state），或"中华民族从此站起来了！"这一概念意义上的民族。斯大林的民族定义作为20世纪50年代中国政府及学者队伍识别和确定中国境内56个民族（minzu）的理论依据和判断标准，事实上在使用过程中并没有得到严格遵守。1953～1956年我国开展的大规模民族识别活动所遵循的理论依据尽管是斯大林的民族定义，但具体识别过程所运用的标准，却完全是一种中国化后的民族概念，它与其母体即斯大林的民族定义在含义上存在很大差别。中国化后的民族概念在外延所指上更加宽泛，不单指资本主义上升阶段的人群共同体，而且指一切历史阶段的人群共同体。中国化后的民族概念更具弹性，也更强调灵活运用，主张民族的四个特征可以只具萌芽状态（黄淑娉，2003：172）。

在西方学术和政治领域，民族（nation）一词从 17 世纪初期开始，就用来指称"一个国家的全体国民，通常是与国家之内的某个族群形成对比——正如在政治论述里，现在仍然可以见到这种对比"（威廉斯，2005：316）。换言之，民族（nation）特指那些具有政治要求，已经被政治疆界化，或正在追求政治疆界化的族群或族群联合体。民族不只是一个人群分类概念，还是一个被现代国家体制制度化了的具有领土主权的群体分类概念。汉语民族一词可以表指一切历史阶段的人群共同体，这就导致了汉语"民族"一词与俄语 HaЦИЯ（民族）及英语 nation（民族）在外延所指上的差别，并进而导致了当代汉语中民族、族群概念混杂不分和民族一词长期被误解、误用和误译的现象。在汉语权威词典《辞海》中，"民族"词条的解释与英语世界的民族含义相去甚远，除完整采纳斯大林的民族释义外，还包含其他的义项说明（夏征农，2002：1175）。通观《辞海》的民族释义，我们发现汉语民族一词至少包含四种不同层次的概念意义。第一，民族等同于族群（ethnic group）指涉的概念意义，如少数民族、民族政策、民族学院等。第二，民族（minzu）意指中华民族这个当代民族国家的 56 个构成单位，如 56 个民族、民族团结、汉族、藏族等。第三，民族意指当代民族国家或国民国家（nation-state），即政治独立体意义上的民族，如中华民族、美国民族、日本民族等。第四，民族指称民族共同体或族类共同体（ethnos），如华夏民族、阿拉伯民族、日耳曼民族、犹太民族等。除了表征不同层次的概念意义，汉语"民族"一词还可以用来表示按不同时代和不同生产、生活方式划分出来的人类群体。例如，根据历史阶段的不同，汉语有原始民族、古代民族、现代民族之分；根据生产、生活方式的不同，汉语又有狩猎民族、游牧民族、农业民族、工业民族之说（陈国强、石奕龙，1990：156）。

　　汉语"民族"一词的多样性含义，给参加国际学术和政治交流的许多中国国情研究学者带来了不少概念使用和翻译上的困难。当代美国人类学家斯蒂文·郝瑞（2000：23）就曾指出，汉语"民族"一词无法转译，因此建议英文著作中保留使用该词的中文音译 minzu。这样做虽然克服了汉语"民族"概念难以转译的困境，但仍有必要详细界说 minzu 一词的确切含义。事实上，汉语"民族"一词由于外延所指过于宽泛，已经失去用作一个分类概念所应具备的明晰特征和界定功能。因此，汉语"民族"在翻译为国际通用学术语言之一的英语时，需根据具体场合的具体含义分别对应为 ethnic group，nation，ethnos 和定义明确、外延单一的汉语音译 minzu。换句话说，汉语音译 minzu 一词如果要在英语语言中长期保留使用，并成为中外学者一致认可的概念术语，学界必须对它的外延所指给予确切一致的界定，用它专指我国 56 个民族及其中的任何一个民族单位。如果 minzu 也像其汉语"民族"一样含义广泛，那么英文中保留使用的汉语拼音 minzu 最终也会像其汉字母体一样，由于含义庞杂而无法成为一个指称明确的分类概念。

　　厘清族群与民族的概念差异，对了解我们的研究对象——粤东凤凰山畲族的族群名称、性质和社会地位有着十分重要的意义。在中华人民共和国这一当代民族国家语境中，畲族是中华民族的 56 个成员单位之一，畲族的民族（minzu）身份及其所拥有的相应社会地位和权益，在我国政治、经济、法律和文化等领域有着不容置疑的合理、合法性。但若在国际政治与学术交流场合将畲族的民族身份和族称翻译理解为 She nationality（畲国籍），或 She ethnic group（畲族群），显然都不符合畲族在中国社会的实际地位与身份，前者在语义上非法拔高畲族的社会政治地位，后者在概念意义上抹杀了畲族享有的特别法定权益。我们只有将畲族的族称对应理解和翻译为中国社会的特有概念 minzu 这一专有名词，且用 minzu 专指中华民族（Chinese nation）的 56 个构成单位，才不至于将畲族这一少数民族的民族身份与国际通用的民族（nation）或族群（ethnic group）概念混淆。对于我们的研究对象的汉语族称，我们将沿袭国人的习惯用法称之为"畲族"。

畲族在当代中国社会族群格局中的名称、地位是一个民族成员（minzu），而不是族群（ethnic group），不是民族（nation）或少数国籍（minority nationality）。如果畲族研究与国内其他民族研究成果期望有朝一日跨出国门与世界接轨，那么对畲族的族称和其在中国社会的地位进行准确描述，并在国际学术交流场合进行准确的表述无疑是十分重要的。尽管汉语"民族"一词约定俗成的多层含义在我国早已深入人心，并因此而使民族概念的滥用和误用现象（相对国际惯用的民族概念而言）积习难改，但在对外交流场合中对"民族"的误译现象加以澄清纠正却是十分重要和必要的。事实上，费孝通先生几年前就已声明，过去将"民族学院"翻译成 Institute of Nationality 是不通的，会让人理解成"国籍学院"（周大鸣，2002：7）。目前，"国家民委"的英译名已由原来的 The State Nationality Affairs Commission 更改为 The State Ethnic Affairs Commission；《民族团结》杂志的英译名也已由原来的 Nationalities Unity 改为 Ethnic Unity。除此以外，近年来在外事场合，凡指涉少数民族的地方，也都由原来的 nationality 改成了 ethnic groups。这一系列举措无疑十分有助于我们明确区分民族、族群概念的本质含义，促使我国的民族概念及其用法与国际惯例保持一致。众所周知，在国际法律用语中，nationality 标志着个人和群体的国籍身份，具有不可争辩的政治、法律效应，同时 nationality 与 nation 一样，还具有"主权"含义，暗含民族自决之意。换句话说，凡以 nationality 或 nation 指涉的群体，都具有提出独立建国的合理性。在我国，少数民族或汉族作为中华民族（Chinese nation）这一多元一体的民族国家的构成单位，本身并不具备民族自决或自成一国的政治独立性。因此，把我国 56 个民族或其中任何一个民族单位对译为英语的 nationality（国籍），难免会在国际政治与学术交流场合引起不必要的歧义和误解，其结果不仅不利于中外思想文化的交流，还可能被别有用心的敌对势力所利用。

综上所述，族群、民族是当代人类学、社会学、政治学等领域中两个既有联系又有区别的群体分类概念。族群是从历史传统、文化特征和国内社会结构上彼此区分的人群范畴；民族（nation）是从政治体制和现代国家主权上强制划分的群体归属。族群具有不确定性，其涵盖范围可大可小，具有相当的灵活性与可伸缩性，可以随着参照对象的改变而改变；民族则是当代社会中的一个法定明确的概念，涵盖范围相对稳定，不容许随意变更伸缩。与民族概念密切相关的国籍（nationality）认同也是相对稳定和不容随意变更的。在当今世界上，除了极其个别的少数人拥有双重或多重国籍之外，绝大多数群体和个人都不可能同时属于两个民族（nation）或两个国家（nation-state）。明确理解畲族群体与个人在世界民族语境与中国民族社群格局中的地位身份，理解畲族群体与个人的中华民族身份、国籍及其族群认同的本质特征，是我们进一步探讨畲族社会文化变迁的基本前提。

除族群、民族概念之外，探讨畲族认同与社会文化变迁需要明确了解的另一个基本概念是文化。什么是"文化"？这个问题回答起来并不容易。事实上文化概念的内涵不但很广，而且很复杂，因此人们对文化的定义至今难以达成共识。据美国人类学家 A. L. 克罗伯和 C. 克拉克洪的《文化概念与定义评述》（*A Critical Review of Concepts and Definitions*，1952）一书统计，文化的定义至少有160多种。而19世纪英国著名人类学家爱德华·泰勒（E. B. Tylor）在其《原始文化》一书中给"文化"一词所下的定义，则是学者们最常引用的经典定义。泰勒（1871）认为，文化是一个复杂的整体，其中包括人类全部的知识、信仰、艺术、道德、法律、习俗，以及作为社会成员的个人所必须接受和掌握的其他才能和习惯（泰勒，1992［1929］：1）。换言之，文化是从各个层次影响和制约每一个社会成员及每一种社会活动的生存方式，是一种存在于人类一切活动领域的无处不在的现象。

　　泰勒的定义把文化视为人类创造的全部精神财富的总和，事实上这只是一种狭义的文化定义。广义的文化概念不仅包括人类创造的所有精神财富，同时还包括人类创造的全部物质成果，是物质财富和精神财富的总和。在人类学研究领域，文化通常指"人类社会的全部活动方式。它包含一个特定的社会或民族所特有的一切内隐的和外显的行为、行为方式、行为的产物及观念和态度"（陈国强、石奕龙，1990：70）。人类学这一全面综合的文化概念强调文化既是一种社会现象，也是一种历史现象，是人类为遵循客观规律、为适应和改造环境而创造出来的工具。因此每一个社会、民族都有与其相适应的文化，每一种文化都具有民族性、传承性、整合性、超自然性、超个人性、符号象征性、可变性等特征。从人类学最广义、深刻的文化定义出发，我们对文化内涵及其特征的理解具体包含以下几方面的内容。第一，文化是物质文化和精神文化的总和，文化变迁包括物质文化变迁和精神文化变迁两个方面的内容。第二，文化是一种生产和生活方式，是人类用以解决其成员所觉察到的生存问题的手段。第三，文化是人类对自然环境和社会环境的适应机制和结果；文化作为人类的适应方式，为群体和个人提供行动指南和解决问题的答案。第四，文化是群体共享的物质和精神财富，是社会遗传而非生物遗传，文化非先天所有，必须通过后天习得。第五，文化具有继承性、能产性、时代性、民族性和可塑性五大特点。第六，文化的本质是传播和借用，凡是具有生命力的文化，无一不在吸收和涵化异质文化的过程中更新和丰富自己。基于上述理解，我们对"畲族社会文化变迁"的探讨不仅包括社会制度、思想观念、风俗习惯、历史传说等外显的文化内容，还包括畲族村民的生计模式、生活经历、行为活动等隐形的文化适应过程，以及畲族村民维持日常生活的衣、食、住、行的各种物质文化形态。

二　族群理论概述

人类学对族群、民族问题的研究迄今已有半个多世纪的历史，其间积累了大量的文献资料和理论学说。各种复杂纷呈的理论假说大致可归纳为原生论、工具论、边界论、建构论、符号论等不同类型。这些理论的要旨与侧重不尽相同，但对我们理解和探讨凤凰山畲族的族群认同和文化变迁问题都具有一定的关联意义，因此我们以下将对它们的内容要旨进行逐一简介，并说明它们对我们研究工作可能具备的指导意义和局限所在。

（一）族群原生论

族群原生论（primordialism, primordialist approach，又译作"根基论"）产生于 20 世纪五六十年代，主要代表人物有希尔斯（Edward Shils）、菲什曼（Joshu A. Fishman）和范·登·伯格（Van den Berghe）。族群原生论者认为，族群是人类的自然单位，具有和人类一样悠久的历史。作为一种与人类社会共存亡的群体组织形式，族群赖以产生和存在的"原生纽带"（primordial ties）是种族、血缘、土地、语言、宗教、文化传统等因素。这些因素是特定族群成员彼此认同的标志，也是不同族群单位之间互相区别的标志。这些因素与生俱来，难以改变，因而是族群借以获得内聚外斥力量的凭据。原生论者强调族群的种族血缘关系和历史文化传统，强调族群是亲属制度（kinship）的延伸。在族群原生论者眼里，族群的最小构成单位不是家庭，不是个人，不是有机体或器官，而是基因；是自私的基因及其生存需要为族群提供了原动力和生命力，族群和个人只不过是基因的载体。由于基因可以被复制到包括同代个体和下一代个体的其他载体之上，因此单个载体的消亡并不意味着它所承载的基因或族群的消亡。与此同时，语言、风俗、宗教、经济、政治等原生纽带的存在，也都服从于潜在基因生存的要求，并接受基因赋予它们的推动力。总之，原生论者断言，族群之所以能够以超越家庭和大于家庭的社会组织形式延续下来，关键原因在于族群是家庭或亲属的延伸或扩大，是基因或"种的繁衍"想象的或事实上的载体（纳日碧力戈，2000：47-52）。

族群原生论的基因决定观因缺乏生物学基础而受到批判。20世纪七八十年代，族群原生论扬弃了基因与亲属制度延伸的观点，转而注重主观的文化因素，认为建构族群的血缘传承事实上只是文化解释的传承。族群的形成基础既不是生物遗传，也不是客观的文化特征，而是主观的文化认同。一个人生长在一个群体中获得了一些既定的血缘、语言、宗教、习俗等特征，因此他/她与该群体的其他成员通过这种原生性或根基性的联系凝聚在一起。譬如，一个自称炎黄子孙的中国人，并不等同于是在宣称他/她是炎帝或黄帝的后人。出于相同的原因，一个生长在国外不会说汉语的外籍华人，同样可以自称为炎黄后代（周大鸣，2002：13）。

（二）族群工具论

族群工具论（instrumentalism；instrumental approach）出现于20世纪60年代末期，主要代表人物有阿伯乐·库恩（Abner Cohen）、保罗·布拉斯（Paul R. Brass）等。库恩认为，族群认同在本质上是一种政治现象；族籍具有象征或情感上的召唤力，不仅因为它能够回答人们的起源、命运、生活意义等永恒问题，更因为它具有实际的政治功能。族群认同之所以强调传统文化，是因为传统文化能够调动和增强一个群体的政治内聚力。当一些利益群体的成员不能依照法定规则把自己正式组织起来的时候，他们就会有意无意地利用既有的文化机制把自己组织和连接起来，族群意识正是在这种条件下得以产生的。布拉斯特别关注研究族群意识是如何被唤起和操弄的。他认为，当一个族群在政治舞台上利用族籍来改变自己的政治、经济地位和受教育机会时，它就成了一种政治利益群体。工具论者尽管不否认族籍、传统对人们的感召力，但他们认为只有在能够获得或增进某种经济、政治利益的时候，族群所谓的原生纽带才会具有感召力。换言之，族籍和

传统不过是群体为获取政治经济利益而操弄的工具而已（庄孔韶，
2002：350 - 352）。由于强调认同的多重性，强调族群意识的兴衰
由具体的政治、经济场景变化来决定，工具论有时也被称为"场景
论"或"情境论"（Circumstantialism, circumstantialist approach）。

族群工具论或情境论者认为，族群认同属于一种理性选择。
人是一种理性动物，无时不在算计和优化自身的利益。族群认同
的本质起源于人们对有限资源的竞争，族籍因此成为人们为追逐
群体利益而操纵玩弄的工具。人们为了功利的目的，常常会在最
大范围内选择认同上的趋同，族群认同因此具有不确定性。虽然
文化常被当作区分族群的标志，但人们往往只挑选那些能够反映
其同一性或共通性的文化特征，对那些不能反映其共同文化特征
的文化因素却视而不见。有时人们为了调整族界，变更认同，甚
至会复活或发明据信是自己祖先曾有的传统文化。在现实生活中，
族群成员通常以自我为中心，根据自己所处的族内、族际环境和
所面对的具体交际对象，在不同的场合选择不同层次上的认同。
例如，我们在凤凰山畲村开展田野调查时，不时会听到畲族村民
说出这样的话："同姓三分亲""一笔写不出两个'雷'字""我
们潮州人""我们广东人""我们中国人""我们是中华民族的子
孙""我们女人命苦"等。由此可见，族群认同并非所谓原生的、
一成不变的身份认同，而是随着交际场景的变化而自由伸缩，并
且还不时被阶级、职业、性别、乡籍等身份替换。

尽管工具论倾向于一味强调族群认同的政治性和工具性特质，
但在探讨族群意识的兴衰或族群认同的变更等问题时，工具论仍
然具有强劲的解释力。20 世纪 70 年代以后，查尔斯·凯斯
（Charles F. Keyes, 1976）等学者把族群工具论和原生论综合起
来，认为只有在原生纽带与工具性利益结合时，族群认同才会产
生。凯斯认为，族籍作为人与人之间的一种原生关系，是根据人
们出生时的既定事实来确立的，这些事实包括性别、籍贯、生日、
被当作生物遗传标志的体征、社会世系等。凯斯同时指出，这些

事实实质上已经被文化修饰过了，因此族籍实际上是人们对于世系所做的一种文化解释；人们的世系事实是由他们的文化而非他们之间生物学上的联系来定义的。生物学意义上的世系不等于社会意义上的世系，前者根据遗传特征来辨认，后者则通过社会认定的父母与子女之间的关系来追溯，且无须提供生物学意义上的联系来证明。在某些情况下，人们的社会世系与其遗传世系并不一定是关联重合的。决定人们怎样追溯世系和确定族群遗产的是文化原则，后者对于族籍的确定十分重要，但文化原则本身并不足以使族籍成为社会关系中的一个动因。只有在人们对于生产资料和产品的占有或交换是根据他们的族籍身份来确定的时候，族群认同才会凸显出来，成为社会行为中的一个变量（庄孔韶，2002：352 - 353）。

20 世纪末，美国人类学家斯蒂文·郝瑞（2000：21 - 23）也提出，族群认同在本质上具有二元特点。一方面，人们会把族群的原生纽带，即文化特点、标志或区别性特征作为具有族群成员资格的基本依凭。另一方面，族群作为现实中的一个政治、经济集合体，其界定不仅依据内部共享的文化特征标志，而是更多地依据外部因素，即与其他族群和国家的关系。原生纽带或文化特征只有在被用来界定族群边界，并在一个包含其他族群的政治、经济体系中用来服务于维系和凝聚自己群体时，才显得重要。族群情感与工具因素尽管同时并存，但两者在不同情况下发挥的作用不同。在中国，当今的族群认同与西方的族群认同情况完全不同。一方面国家介入民族识别，通过行政法令将官方认定的民族成分变成相对持久的族群认同；另一方面，原生性情感纽带只要符合国家政策，并能带来工具性的利益，就会在同一民族中维持，或在不同的民族范畴之间摇摆"恢复"。对于我们在田野调查中发现的族籍商榷和民族成分变更现象，族群工具论以及凯斯、郝瑞的观点无疑可以提供一种较好的解释说明。

（三）族群边界论

族群边界论是弗里德里克·巴斯（1998）在其 1969 年主编出版的《族群与族界：文化和差别的社会组织》一书中提出来的。巴斯不赞成同代人研究族群时惯用的历史主义和还原论观点，认为族群不是一种文化承载和区分单位，而是一种社会结构组织，族群之间最重要的区分特征是自我认定的归属（self-ascription）和被人认定的归属（ascription by others）。一旦把族群定义为一种既有归同性又有排他性的群体，族群单位的延续性问题就变得简单明了起来，即族群的延续取决于族群边界的维持，族群之间的差别是结构的而非文化的差别。尽管标志族群边界的文化特征可能发生变化，但只要人们对于族内人和族外人的二元划分没有改变，只要族群界线仍然存在，族群就可以一直延续下去。也就是说，保证族群存续的边界是相对稳定的社会边界或政治边界，而不是极有可能变化多端的文化边界。巴斯因此认为，族群研究的重点应在于圈定族群的族界，而不是那些被族界圈在其中的文化内容。在巴斯看来，族界虽然可能具有相应的地域，但它主要还是一种社会界限。族界的作用并不在于阻碍或隔绝人们的交往互动，恰恰相反，其存在的原因、作用和功能正是在于组织（organizing）、沟通（canalizing）、构建（structuring）和规范（standardizing）人们之间的互动行为（Barth，1998［1969］：9－15）。

边界论认定族群首先是一种人们自己或别人根据他们的出身和背景来推定的归属范畴。族群最基本的构成要素是族群认同，只要人们在互动中保持族群认同，就必然会产生辨别其成员的标准及标志其族界的方式。族界和族群是由族群认同生成和维持的。其次，族界和族群认同的作用在于组织和建构人们之间的互动。明确的族籍和族界有助于而不是妨碍了人们之间的互动。最后，族界与族群认同与那些在社会互动中具有重要意义的文化差异有关联，但这并不意味着族群界别和外在的客观文化差别必然是吻合的。它们之间的关系也不是协变（covariant）或同步变化的。文化和族群组织方式的变化未必就会带来族界和族群认同的变化，族界和族群认同可以跨越文化、社会、经济、生态区分单位得以存在和维持。

在巴斯看来，族群并不是地域、经济或社会处于隔绝状态下形成的文化承载和区分单位，而是一种人们在社会交往互动中生成的社会关系或组织。族群认同及族界的生成和维持，应从人们互动中存在的共生关系和社会整合的必要性来理解，从族群结构的差异以及由此产生的族群边界（boundaries）来研究和解释族群现象（庄孔韶，2002：344-346）。巴斯认为，族群边界是一种理想模式，主要靠类别或范畴结构来构建和维持，相对独立于经验的和具体的文化因素和行为。尽管具体的文化特征是族群存在的必要条件，但它们并不是充分条件。除共同的文化特征之外，族群认同的另一首要的决定性的条件，是族群之间存在的结构性对立。结构性对立既产生于族群之间对生产资源的争夺，也存在于它们对权力、知识和解释权、话语权等的争夺。如果族群的结构性对立消失，那么族群最明显的文化差异也会随之消失，族群和族群成员的同化也就会随之出现。反之，即使族群之间的区别性体质和/或文化特征消失，但只要社会中的族群结构性对立依然存在，那么族群的边界和认同就不会消失。虽然族群认同实质上是人们对特定社会经验的适应策略，尽管族群成员的认同边界会随着不同的时间、地点和不同的利益考虑而有所变化，但族群成员的多样性认同并不会影响到族群本身作为一个独立群体的存在。族群之间的亲密接触，也并不一定意味着接触的一方或双方就会互化或消亡，相反，它们会继续顽强地存在，有时甚至产生比过去更加强烈的族群意识，因为族群存在的基础取决于结构性对立，而不是个人或部分人的多样性认同。

（四）族群建构论

族群建构论（constructivism），又称想象论（imagined community）或现代论（modernism），主要代表人物有本尼迪克特·安德森（Benedict Anderson）和欧勒斯特·盖尔纳（Ernest Gellner）。族群建构论主要关注的是现代民族或民族国家的形成，该理论强调民族是被想象和制造出来的，是工业化和现代化的产物，因此又称为想象论或现代论。在建构论者看来，民族认同的基础是共同的价值观念，以及对所享有的政治、经济、社会制度产生的一种特定的政治认同。在《想象的共同体：民族主义的起源与散布》一书中，安德森（2005：6-7）遵循人类学的精神给民族下了这样一个定义："它是一种想象的政治共同体——并且，它是被想象为本质上有限的（limited），同时也享有主权的共同体"。在把民族界定为"想象的共同体"时，安德森强调民族（nation）、民族属性（nation-ness）及民族主义（nationalism）都是一种"特殊类型的文化人造物"（cultural artifacts）。在安德森的论述中，民族作为想象的共同体包括了四个方面的含义。第一，民族的想象是超越社区规模的，即使是最小的民族，其成员也不可能认识他们大多数的同胞，同他们相遇，或者甚至听说过他们，但大家彼此相互联结的意象却存在于每一个成员的心中。第二，民族的想象是有限的，因为即使是最大的民族，哪怕涵盖了10亿个活生生的人，他们的边界纵使是可变的，但也还是有限的，没有任何一个民族会把自己想象为等同于全人类。第三，民族被想象为拥有主权的群体，因为在民族概念诞生时，欧洲启蒙运动和法国大革命正在颠覆神谕的、阶层制的王朝的合法性。在此历史背景下，拥有领土主权的民族国家逐渐取代神授王权，成为后者让位于世俗政权的一种自由象征和衡量社会自由程度的尺度。民族概念成为对外排斥教廷影响，对内营造团结一体感的工具。第四，尽管每个民族内部都不可避免地存在普遍的不平等和剥削关系，但民族总是被想象为一种具有深刻的平等、友爱、休戚相关、生死与共的同志般的共同体关系。这种想象的平等、友爱关系能够而且自民族国家开始兴起以来一直在驱使数以百万计的民族成员，甘愿为民族这个有限的或界限明确的想象共同体去屠杀或牺牲。安德森认为，民族产生的社会条件和心理基础与宗教信仰的衰落以及印刷资本主义的兴起有关。信仰共同体即宗教团体曾是人类战胜死亡恐惧的重要心理依托，在宗教共同体式微之际，文字出版及其新开辟的通信方式为"想象社团"的建立提供了想象空间，使宗教信仰、语言、相貌等特征成为"想象的共同体"的基础，使民族成员能够凭借一定的媒介来感受某种休戚相关的手足同胞之情。

与安德森持相同观点的赛顿－华生（Hugh Seton－Watson）曾指出，当一个共同体为数众多的一群人认为自己形成了一个民族，或表现得仿佛他们已经形成了一个民族时，这个民族就存在了。欧勒斯特·勒南（Ernest Renan）也认为，民族的形成必须同时依赖于共同的集体遗忘和起源想象。民族的本质不仅在于每个人都会拥有许多共同事物，还在于每个人都会遗忘许多事物。例如，法兰西民族的形成基础是所有法兰西公民都必须已经遗忘圣巴托罗缪惨案与 13 世纪发生在南方的屠杀事件。不仅如此，在法国能够证明自己起源于法兰西人的家族不到十个，可见想象尤其是共同想象对民族建构和形成的重要意义。关于想象是民族形成的基础，欧勒斯特·盖尔纳（Gellner）的论述比安德森还要更加直接武断。盖尔纳一针见血地指出，"民族主义不是民族自我意识的觉醒：民族主义发明了原本不存在的民族"（安德森，2005：6－8）。安德森认为盖尔纳把"发明"等同于"捏造"（fabrication）和"虚假"（falsity），而不是"想象"（imagination）与"创造"（creation）。但是，安德森强调的"想象"成分与盖尔纳所说的"发明"本质上都突出了民族人为建构的性质。安德森与盖尔纳都认为，近代以来的社会经济、文化生活的变迁是民族与民族主义产生的深刻社会根源。只是安德森强调印刷资本主义的作用，而盖尔纳侧重于传统社会向工业社会转型的质变。安德森对"发明"与"想象"作了区分，认为"发明"是一种对原本不存在之物的创造，而"想象"则是基于一定基础或运用已有资源进行的创造。在民族构建上，安德森注重的是"想象的共同体"的一个自下而上的凝聚过程，而盖尔纳则更重视一种自上而下的动员过程。

如上所述，安德森等人都认为民族是 18 世纪工业化和现代化的产物，他们否定了民族构建中的血缘因素，认为民族是用语言而非血缘构想出来的，而且人们可以被"请进"想象的共同体之中。与其他想象论和现代论者一样，安德森由于过分强调民族的现代性格，无形之中已经排斥了民族构建中的族群因素。尽管安德森的民族想象论不无局限，但他认为民族是"有限的、拥有主权的共同体"，而盖尔纳强调"政治单元与文化边界的重合"，另一想象论者霍布斯鲍姆则强调"政治单位与民族单位是全等的"。三者的表述共同指向一点，即民族是有界限的政治共同体。在这一点上，其他现代论者的理论也持有相同或相似观点。例如，安东尼·史密斯认为，一旦"民族主义"在一个新的政治基础上把各族群统一起来，就会出现强烈的民族意识，从而产生一个不同于宗教共同体的新的共同体，这就是民族。由此可见，安东尼·史密斯同样认为是民族主义缔造了民族。这与盖尔纳观点十分一致，后者认为"民族主义"首先是一条政治原则，政治的和民族的单位应该是一致的。

族群建构论与想象论诉求的是民族国家，即"一个国家，一个民族"的理念。尽管盖尔纳也承认在现今国际范围内，民族的数目远远超过国家的数目，但他仍然坚持民族主义的原则是一个有效的原则，因为这一原则恰好是在农业社会向工业社会转型的时代背景之下产生的，也就是说，民族主义不是民族所创造出来的，相反，我们应该说是民族主义产生了民族。霍布斯鲍姆也认为民族是特定时空下的产物，是 18 世纪末和 19 世纪初西欧的政治社会变动的产物："民族主义早于民族的建立。并不是民族创造了国家和民族主义，而是国家和民族主义创造了民族。"建构论者都认为国家通过民族主义创造了民族，这一理论可以用来充分诠释自 20 世纪初期以来中华民族的建构和形成，但对当今中国境内 56 个民族单位的族群认同和文化变迁等问题的讨论，却不具备恰切的指导意义。

（五）族群符号论与少数群体权利论

族群符号论的主要代表是西顿·沃森（Hughseton Wason）和安东尼·史密斯（Anthony D. Smith）。史密斯认为，族群的核心是神话、记忆、价值和符号。他认为，族群的特征和生命力不在于生态环境，不在于阶级格局，不在于军事、政治关系，而在于其神话和符号性质，因为它们体现了民族的深层信仰和感情。民族既不是原生论宣称的"与社会共存亡"的群体，也不是建构论、想象论或现代论所称的"创造物"或"想象物"，而是两者的混合（纳日碧力戈，2000：59）。神话和记忆是族群和民族国家产生的必要条件，没有记忆就没有认同，没有神话就没有集体目标，因此共同的认同和集体目标是族群和民族国家概念的基本要素。在由神话、记忆构成的价值观念和象征符号体系中，神话处于中心位置。神话既是一种记忆形式、价值体系，也是一种象征符号体系。史密斯认为，在民族国家的神话中包含着以下有关族群起源的母题：神话包含起源的时间、空间、祖先、迁徙、解放、黄金时代、衰落、再生，它们分别说明，族群起源于何时、何地，族群的始祖是谁，族群生活过的地方，怎样获得自由，如何变得伟大、英勇，如何败落，或被打败、流放，如何重造辉煌？利用族群符号论来探讨研究畲族的祖图与神话，无疑将会发掘出意想不到的收获。

少数群体权利论（Politics in the vernacular）研究的主要代表人物是加拿大学者威尔·金里卡。在 2001 年出版的《少数的权利：民族主义、多元文化主义和公民》一书中，金里卡考察了西方民主国家中少数族裔文化群体的地位和权利，详细叙述了西方民主国家在包容与建设民族文化多样性方面的经验，同时论证了国家给予少数民族即非主流族群更多认可和权力的理由（金里卡，2005：1-10）。金里卡指出，当代自由民主国家都有过民族国家的构建历史，都曾鼓励或强迫生活在国家领土上的公民融入使用同一种共同语言的共同体即民族国家之中。为了达到民族国家境内语言、体制的融合和国家认同的统一，国家式的民族构建使用了各种各样的策略手段（the tools of state nation-building），比如国籍与归化法、教育法、语言政策、公务员雇用条例、兵役制度、国家传媒政策等。在此过程中，少数民族面临的选择被动而且有限。他们要么接受国家对他们的期待，主动融入民族国家共同体制之中，并由此得到国家的帮助，要么力求在国家共同体制下保持自己的少数民族自治，即保持一套相对独立的公共机构如自己民族的学校、法庭、传播媒体等。他们或者也可以简单地选择处于一种无人过问的边缘状态，生活在自愿的孤立之中。民族国家的构建过程对少数民族群体及其成员造成的冲击是显而易见的，因此需要把少数民族权利的诉求放在民族国家构建这样一种环境中来考虑，把少数民族的权利诉求和国家对此的反映看作一种保护机制。民族国家的构建政策可能会导致这样那样的不公正待遇，国家通过制定和实施各种少数民族优惠条例，可以免除和减少少数民族受到的不平等待遇。尽管民族国家的构建政策及其目的是合情合理的，但少数民族被迫融入以主流民族及其语言运作的共同体制这一事实也是不可回避的。因此民族国家构建政策有必要使少数民族群体权利合法化，而贯彻少数民族群体权利也有助于民族国家构建的合法化。如果少数民族权利得到保证，民族国家构建政策就能发挥其合法而又重要的功能。如果强制同化、排斥少数民族，或剥夺他们的权利，或向已经处于弱势的少数民族转嫁成本和负担，那么民族国家的构建就有可能是压迫性的和不公正的。因此，国家有必要在立法和宪法的层面上使少数民族群体权利合法化。少数民族权利的体现不仅能够帮助促进主流民族和少数民族的平等，还有助于削弱民族间的贵贱等级或主从关系，有利于社会稳定与和谐发展。

（六）中华民族多元一体格局理论

发轫于西方社会的族群、民族与社会文化变迁研究理论，在

用来探讨我国社会的族群、民族实体及其发展问题时，并不完全
具备便利充分的可操作性。对于我国的民族发展与社会文化变迁
历史，国内不少学者一直在孜孜不倦地探询，希望总结自己的本
土研究理论。1988 年，中国著名社会人类学家费孝通先生首次提
出中华民族多元一体格局理论："我将把中华民族这个词用来指现
在中国疆域里具有民族认同的 11 亿人民。它所包含的 50 多个民族
单位是多元，中华民族是一体，它们虽则都称'民族'，但层次不
同。……中华民族作为一个自觉的民族实体，是近百年来中国和
西方列强对抗中出现的，但作为一个自在的民族实体则是几千年
的历史过程中所形成的"（费孝通，1999：3）。中华民族多元一体
格局理论强调中华民族认同的多层次特点，其中主要包括三个论
点。首先，中华民族是包括中国境内 56 个民族在内的一个民族国
家的实体，而不是把 56 个民族加在一起的总称。多元一体格局中
的 56 个民族单位是基层，中华民族是高层。换言之，中国 56 个民
族有机结合而形成的中华民族，已经成为相互依存、不可分割的
统一整体，成为一个当代国际政治舞台上的民族国家实体。其次，
多元一体格局的形成有一个从分散的多元到整合的一体的有机结
合过程。在这个过程中，汉族作为多元基层中人口最多、影响力
最大的一元，逐渐成为起到凝聚作用的核心，将多元成分团结吸
引到一起，形成了一个高于汉族成分的高层次民族国家认同。最
后，不同层次的认同可以并存不悖，高层次的民族国家认同并不
取代或排斥低层次的民族单位或族群认同。在不同层次的认同基
础上，中华民族及其 56 个构成单位可以各自发展原有的特点，形
成多语言、多文化的整体。高层次的认同实质上是一个既一体又
多元的复合体，其间存在结构对立的内部矛盾，是差异的一致，
通过消除变化以适应多变不息的内部条件，从而获得共同体的生
存和发展（费孝通，1999：12 – 13）。

在国内学人的研究中，中国一向被称为是一个多民族国家，
但在国际政治、经济和文化语境中，1949 年成立的中华人民共和

国早已成为一个当代意义上的民族国家（nation-state）。在过去半个多世纪里，"中国""中华民族"即英文通用的 China, the Chinese Nation，也早已成为国际社会公认的现代国家和国民实体。费老结合西方理论与中国历史和社会现实研究提出的中华民族多元一体格局理论，正如麻国庆教授所言，不仅是费老对民族研究的集大成之作，而且是费老在中国社会和人类文化认识方面得出的一个新的理论成果（麻国庆，2001：366）。费老指出，民族认同意识是民族这个人群共同体的主要特征，而民族认同意识具有多层次性；在当代中国社会里，中华民族、汉族和少数民族各得其所，分别属于不同层次的认同体。换言之，多元一体格局理论中的"多元"既指中华民族的 56 个构成单位这一多元成分，同时也指 56 个兄弟民族之中各个民族本身来源的多元性。"一体"则指中华民族作为一个现代民族国家意义上的政治一体。从民族认同意识来看，中华民族是国内各民族成员共有的更高一个层次的民族国家认同意识，即一种荣辱与共、休戚相关的共存亡、共命运的道义感情。与此同时，这种民族国家的认同意识和道义感情，并不排斥各民族成员对多元民族单位之一的民族（minzu）或族群的认同。

中华民族的形成有着深厚的历史根基和文化渊源。费老研究指出，中华民族是 20 世纪初出现的称谓，最初用来指中华民族中的汉族主体；辛亥革命以后，中华民族一词出现了包括中华少数民族的用法。中华人民共和国成立后，中华民族成为中国各民族的总称，是体现中国各民族根本利益和长远利益的不可分割的政治实体，涵盖了中国各民族整体上的民族认同（费孝通，1999：100）。在中华民族的形成过程中，汉族的形成最早，而且在几千年的历史长河中汉族始终是具有凝聚力的核心，不断向四周的少数民族辐射，并把他们吸收为汉族的一部分。关于汉族和少数民族的关系，《中华民族新探索》（1991）与《中华民族多元一体格局》（1999）皆有十分详尽的探讨。以畲族与汉族的关系为例，费老在《中华民族多元一体格局》一书中归纳简述潘光旦先生的见解如下：

> 我们可以从徐、舒、畲一系列的地方和族名中推想出一条民族迁移的路线。很可能在春秋战国时代的东夷中靠西南的一支的族名就是徐。他们生活在黄河和淮河之间，现在还留下徐州这个地名。据《新中国的考古发现和研究》徐国在两周时期曾是一个较强的国家，春秋时仍然不衰，公元前512年被楚灭亡。近年在江西西北部接连出土春秋中期徐国铜器，应该不是偶然，或许与徐人的迁徙有关。从这一时期的文献中可以看到这块地区居民被称作舒。潘先生认为畲字和徐是同音，徐人和舒人可能即是畲人的先人。他又以瑶畲都有盘瓠传说，这个传说联系到了徐偃王的记载，认为过山榜有它的历史根据，只是后来加以神话化罢了。这一批人，后来向长江流域移动，进入凤凰山山脉的那一部分可能就是瑶。从凤凰山山脉向东，在江西、福建、浙江的山区里和汉族结合的那一部分可能是畲，另外有一部分曾定居在洞庭湖的一带，后来进入湘西和贵州山区的可能就是苗。潘先生把苗和瑶联系了起来，是因为他们在语言上同属一个系统，称苗瑶语族，表明他们可能是从一个来源分化出来的（费孝通，1999：24 - 35）。

以上引述尽管只涉及对畲族起源和发展的论述，但从中足以看出当今畲族和中华民族在历史发展过程中"你中有我、我中有你"的相互融合现象。事实上正是这种各民族之间的历史融合，为当代中华民族这一民族国家的创立奠定了基础。

第二节　畲族研究综述

学界关于畲族研究的系统文献不多，内容比较零散，而且重复之处较多，不过近年来这种情形已有所改善。2002 年 6 月，福建人民出版社出版了由厦门大学人类学研究所和福建师范大学人类学研究所共同策划的六卷本畲族研究书系，其中包括《畲族风情》（雷弯山，2002）、《畲族语言》（游文良，2002）、《畲民家族文化》（蓝迥熹，2002）、《畲族音乐文化》（蓝雪霏，2002）、《畲族与瑶苗比较研究》（吴永章，2002）、《畲族与客家福佬关系史略》（谢重光，2002）。畲族研究书系的面世，以及一二十年间出版发行的其他一些书系中畲族专集的出现，说明畲族研究正在受到学界越来越多的重视。面对逐渐增多的畲族研究文献，我们有必要对之进行简要的分类梳理和归纳总结，以便了解目前的研究现状，找到继续探讨的起点和方向。

现有畲族研究文献的主题分类明确清晰。迄今为止，已发表的畲族研究论文不下百篇，研究专著也有好几十种。从主题内容来看，这些文献大致可分为三种类型：第一类探讨畲族的历史、起源、迁徙与民族关系，第二类研究畲族语言、神话、故事、音乐、风俗，第三类主要考察不同地区畲族群体的区域文化特征。尽管三类文献在主题选择上各有侧重，但在具体内容上存在大量的雷同交叉之处。就数量而言，第一类研究的文献资料最为丰富，其中既有人类学的贡献，也有历史学的成果，比较具代表性的著作包括《畲族简史》（《畲族简史》编写组，1980）、《畲族社会历史调查》（施联朱主编，1986）、《畲族研究论文集》（施联朱，1987）、《畲族》（施联朱，1988）、《畲族史稿》（蒋炳钊，1988b）、《畲族史源》（浙江省丽水市民族科，1994）、《畲族历史与文化》（施联朱、雷文先主编，1995）、《畲族与客家福佬关系史略》（2002）、《畲族与瑶苗族比较研究》（2002）、《闽台民族史辨》（郭志超，2006）等。第二类文献研究的对象比较具体，专门探讨畲族的语言、神话、音乐或风俗习惯等。这类文献的作者队伍中不仅有大陆学者，还包括一些海外学人，如台湾地区、日本、德国的学者，代表作有《浙江景宁敕木山畲民调查记》（史图博，

1984［1933］）、《畲语简志》（毛宗武、蒙朝吉编著，1986）、《畲族风俗志》（施联朱编著，1989）、《畲族民俗风情录》（陈国强主编，1997）、《畲民家族文化》（蓝迥熹，2002）、《畲族风情》（雷弯山，2002）、《畲族语言》（游文良，2002）、《畲族音乐文化》（蓝雪霏，2002）、《凤凰山畲语》（游文良、雷楠、蓝瑞汤，2005）、《畲族民间文化》（邱国珍等，2006）、《潮安畲语词汇比较研究》（洪英，2007）等。第三类文献是对畲族地方性、区域文化特征的收集考察和资料汇编，其中包括《广东畲族社会调查资料汇编》（广东民族研究所，1988）、《潮州凤凰山畲族民歌》（1990）、《广东畲族研究》（1991）、《景宁自治县畲族志》（景宁自治县民族事务委员会，1991）、《崇儒乡畲族》（陈国强、蓝孝文，1993）、《福安畲族志》（蓝迥熹，1995）、《赣南畲族研究》（黄向春，1996）、《中国少数民族现状与发展调查研究丛书·福安市畲族卷》（1999）、《闽东畲族志》（2000）、《广东畲族古籍资料汇编——图腾文化及其他》（2001）等。

通观现有的畲族研究文献资料，我们可以从中发现以下两个特征。首先，畲族研究文献在主题选择上存在比较明显的厚古薄今现象。在上文归纳的三类文献中，数量最多、内容最丰富的是对畲族的历史起源、早期的民族迁徙和民族交往过程的反复研讨。即便是在探讨畲族语言、风俗、音乐的第二类文献，以及探讨畲族区域性文化特征的第三类著作中，内容涉及最广最多的，仍然是有关畲族过去历史和文化特征的追述。关于当代畲族社会现实的探讨相对薄弱，这一情形不仅常见于早期的畲族研究文献成果，而且在近年发表的畲族研究文章及著作中也比较普遍。例如，2002 年福建人民出版社出版的六卷本"畲族研究书系"，同样体现了重历史、轻现实的特点。现有畲族研究文献的第二个特征，是区域性社会文化特征探讨的分布不均。例如，粤东凤凰山作为畲族群众普遍认同的发祥地，尽管在整个畲族社会中占有举足轻重的地位，但有关该地区社会文化历史及当代畲族群众生活的系统

　　研究，至今依然不多。鉴于此，我们决定把凤凰山畲族群体作为研究对象，以该群体在近一个世纪以来尤其是新中国成立以来的社会发展经历及其适应变迁过程作为具体的目标，期望通过详细深入的考察提供较为全面的凤凰山畲族地方性社会文化知识，以便在一定程度上弥补畲族研究文献中对当地社会现实生活研究的空缺和不足。同时，我们也希望借助对凤凰山区畲族族群认同和社会文化变迁经历的考察，验证人类学有关族群认同和文化变迁的相关理论。

　　涉及粤东社会文化变迁历史与现状的研究，成果不计其数。其中与我们目前课题联系比较紧密的，是1999年出版的中山大学黄淑娉教授主编的《广东族群与区域文化研究》。该著作不仅体现了人类学区域研究的特色，还强调田野调查与历史研究互相结合的人类学研究特点。该书作者提醒我们，田野调查与历史研究相结合，是人类学诠释社会和文化变迁的基础。广东的历史文献不仅有《广东新语》一类的百科全书式的著作，还有通志、府志、州志和县志等卷帙浩繁的地方史志，这为当地的区域文化研究提供了丰富的背景材料。除此以外，海外人类学家对中国大陆社会的研究，也有不少集中在广东。从1918、1919年葛学溥（D. H. Kulp, 1925）对广东潮州凤凰村的民族志调查，到20世纪80年代美国人类学家波特夫妇（S. H. Potter & J. M. Potter, 1990）对东莞市茶山镇的研究著作《中国的农民：革命的人类学》一书的出版，外国学者们翔实的调查内容和独特的研究方法，为我们的区域群体研究提供了十分宝贵的参考范式与资料。《广东族群与区域文化研究》（黄淑娉主编，1999）论述说明，每一个族群的文化特点都具有相对的稳定性，同时也都随着历史的前进在不断地摒弃和创新中发生着或急或缓的变迁。人类学族群研究的任务之一，就是尽可能忠实和翔实地记录文化的现状，描绘变化的轨迹，分析促成变化的内在动力，以及预测未来的发展趋势。

第三节　研究方法与叙述结构

一　研究方法

本书考察凤凰山畲族的族群认同和文化变迁所用的研究方法，总体而言即是人类学的民族志田野调查方法，具体可分为三大类型，即历史文献法、参与观察法和深入访谈法。

鉴于族群认同和族群文化变迁研究不可避免地涉及历时和共时两个层面，本书收集和分析资料所用的方法主要包括文献考察和田野调查。其中文献考察是对现有族群研究理论知识和畲族研究文献资料进行耙梳清理，以便确定研究题目、范围和具体对象，为田野调查做准备，并在田野调查过程中对文献知识进行反复参照、核实和求证。田野调查则是深入调查地点即粤东凤凰山区的畲族村庄开展参与观察、深入访谈等收集资料的具体过程。

文献资料的考证与调查，对于研究具有丰富历史文字记录的地区至关重要。文献资料不仅连接着过去与现在，而且还把一段时期与另一段时期创造性地联系起来，为我们全面透视和审慎理解文献所产生的社会、文化、政治背景，以及它们与当今社会现实的内在联系提供了条件。诚如《历史文献中的田野调查》一文作者所言："历史文献的充分把握，历史文献与田野资料的交叉使用，使得民族志描写和分析变得越来越细致，越来越深入"（Brettell，1998：522）。黄淑娉在《广东族群与区域文化研究》一书中也强调指出，田野调查固然是人类学正确观察和认识社会的研究方法，是理解被研究者如何用自己的语言和思维来表达历史和文化的重要途径，但田野调查的根本性质是一种共时研究，田野调查本身难以全面追溯社会文化现象的历史发展轨迹，也难以评估和测量田野报道人或称资料提供人对自身当前与过去所做的表述的真实可信度。因此，任何关于社会历史文化变迁的人类学研究，必须将实地调查与历史研究相结合，才能知其然，也知其所以然

（黄淑娉，1999）。基于这样的认识，我们在具体研究过程中，不仅在田野调查开始之前详细梳理了相关的理论知识，而且还在一边进行田野调查的同时，一边继续追踪收集和考证畲族尤其是凤凰山畲族的相关历史与研究文献。凤凰山畲族所在地的地方志书，人口、经济与社会发展统计数据，新闻报道，村规、合同、通告，以及国家与地方的相关少数民族政策法规等，都是我们调查收集的对象。

田野调查（fieldwork）又称田野工作、实地调查、实地工作或现场调查，是文化人类学的标志性特征，意指研究人员到调查对象所在地搜集实际资料的过程。田野调查要求研究人员深入所研究群体，并长期居住生活在调查现场和被调查群体之中，对其文化展开全面系统的参与观察、深入访谈等研究，以期熟悉了解当地居民的观点和其文化全貌，获得人类学研究所需的第一手资料。田野调查过程中倚重的方法之一参与观察（participant observation），是人类学田野工作最基本的调查方法，它要求研究人员深入调查研究社区，与当地居民共同吃住、生活一段时间，尽量参与被研究群体的各种活动，以便建立彼此信任的密切关系，并在此基础上对研究对象进行尽可能全面完整的观察记录，从而收集和获得研究所需的资料。在田野工作中，我们十分重视参与观察和深入访谈方法的运用，不仅较长时间（每次数日到数周不等）居住在畲族村民家中进行观察访谈，还将主要报道人两次邀请到笔者的工作单位汕头大学进行了一周多时间的专题访谈。我们发现，在调查地点进行参与观察和访谈记录固然重要，但在物色好主要访谈对象后，邀请他们离开其生活所在的社区以便专心致志地开展一对一的深入访谈也同样重要。离开村庄后，访谈对象不再受到没完没了的家务事与农活的干扰，访谈过程也不会遭受陆续加入讨论的热心闲聊者的影响，访谈内容和主题讨论的针对性、明确性和探讨问题的效率显著提高。与此同时，由于远离日常生活所在地的环境，访谈对象说起话来也比在村里显得更加放松，心理戒备明显减弱，对问题的解释回答，对人物、事件的叙述和评论也更加专心连贯。尽管如此，我们需要对此做出说明的是，任何人类学的田野调查，如果仅仅依靠调查访谈脱离当地环境的资料报道人，这样获得的资料必定是远远不够完整充分的，其可信度也无法得到验证核实。但如果仅有现场的田野考察与访谈，所获资料与信息的全面与深度同样也会有所欠缺。如果有条件将二者结合起来，效果显然会更加完满。当代社会语言学的不少田野调查研究，也倾向于采纳邀请资料提供人离开田野环境到研究者所在地进行访谈录音的研究方法。譬如日本学者中西裕树（2003）为了研究畲语和编纂《畲语海丰方言基本词汇集》，就曾邀请海丰县红罗畲族村的一位畲族小学教师到北京居住访谈了一个多月时间。人类学的社会文化考察研究，同样可以在田野工作基础上，借助这样的方法邀请选定的优秀资料提供人到研究者所在地开展深入访谈，以便获得更加丰富深入的调查资料。当然这一方法会受到时间、地点以及经费预算等诸多条件的限制，不一定适合所有田野调查项目。但如果条件许可，这无疑是值得一用的方法。

深入访谈的内容在征询访谈对象同意的基础上，一律借助小巧便携、录制清晰的录音笔这一现代化录音设备进行了完整的录音保留。而对人类学主位研究（emic study）立场、角度、方法和原则的重视，也促使我们在书中大量引用了深入访谈内容的录音整理资料。本书提供的许多具体、细致的"地方性知识"（local knowledge）如茶叶、水稻的栽种、加工过程，畲族乡村及个人的生活经历等，正是来源于我们对深入访谈方法的重视，和对访谈内容一丝不苟的完整记录和忠实再现。

客位研究（etic approach）和主位研究（emic approach）这两个术语，是20世纪50年代美国著名语言学家肯尼思·派克在《人类行为结构统一理论中的语言》一书中首先提出来的。派克根据"音素学"（phonetic）和"音位学"（phonemic）这两个词的后缀，构成了"客位研究"（etic study）和"主位研究"（emic study）这两个术语，前者指从研究者的角度去研究一个文化，后者指从被研究者的角度看待世界和研究文化对环境的适应。自从派克提出"主位""客位"概念之后，主位研究和客位研究的区别在人类学领域已成为一种常识。另外，由于早期人类学研究都是以西方社会科学归纳总结的理论规律为框架，研究人员大都来自受西方价值观念支配的社会团体，因此其研究难免带有民族自我中心偏见，并且常以西方社会的价值标准去观察衡量被研究群体的社会文化。为避免产生这种研究偏见而提出的文化相对论，尽管因为过分强调任何文化都有自己难以改变的特点而遭到批评，但人类学研究需要采取一种相对观点即客位与主位研究并重的观点来探讨研究异文化，这一共识已受到人们的普遍认可（哈里斯，1989：37－40；Gudykunst，2007：293－294）。

客位研究和主位研究不仅表示研究立场和角度，同时也是人类学公认的研究方法。前者承认观察者必然以客位的范畴，即研究者头脑中既有的学科理论、概念、观点和框架去看待和探讨被研究者的社会文化；后者强调研究者应同时站在被研究者的立场，用构成后者头脑中结构化系统的主位单位，即被研究者的社会文化体系，来补充甚至代替研究者头脑中原有的客位范畴和诠释体系。客位研究与主位研究尽管立场不同，角度不一，但研究目的却是一致的，即尽可能客观、真实、充分地考察、反映和评价研究对象的社会文化。我们认为，只有在客位研究与主位研究同时并用的情况下，才有可能比较客观、真实、全面、充分地透视、反映和呈现研究对象的社会文化全貌。因为客位研究方法能够保证研究者受过必要的专业训练，有可资应用的理论方法，并能在研究中以此为框架去分析和评价被研究文化，而运用主位研究立场、角度方法所取得的材料结果，正好能为客位研究获得的内容提供比照、分析和检验自己理论方法是否恰当、正确的有效参数，并进而获得或产生新的理论诠释。

二　本书叙述结构

本书除绪论之外共分六章，第一章说明本书的研究对象与目的意义，同时介绍本书所用核心概念、理论方法、研究基础和论文叙述结构。第二章从粤东凤凰山畲族概况、畲族的族称由来、族源迁徙和畲族身份的确立四个方面探讨说明畲族认同的形成基础。通过追踪展现粤东凤凰山区畲族群体在历史和现实中的认同经历，我们试图说明"民族""族群"概念在我国社会历史与当代现实生活中，并不是社会群体处于地域、经济或交往隔绝状态下形成的文化承载和区分单位，而是人群在互动交往中生成的社会组织关系。因此在研究我国民族或族群认同的确立及其边界的维持，以及与之相应的认同实践时，应从人群的互动交往、共生关系等社会群体的整合必要性方面予以理解和诠释。第三章从历史进程中民族边界的形成、社会结构变迁中民族边界的维持、社会体制改革中民族边界的淡化，以及改革开放后民族文化特征的强化记忆这四个方面入手，揭示出潮安县 S 镇南山畲族村的民族认同实践及其汉化和努力保持畲族传统文化特征的过程。第四章以潮安县 FH 镇北山畲族村为例，突出考察畲族村民的生计模式变迁，并进而揭示该村畲民对民族身份的资本化运用及其民族认同意识的日趋淡漠，以便进一步反映和揭示"畲文化记忆与汉文化现实"这一当代凤凰山畲族认同的本质特征。第五章通过追溯饶平县 RY 镇东山畲族村 20 世纪 80 年代的民族成分变更事例，具体说明民族认同及其边界的可变性与灵活性，同时揭示民族成分变更过程的复杂性。第六章是对全书的综合总结，包括族群、民族概念范畴和族群理论的研究结论，村落层次上的畲族族群认同和畲族文化演变趋势的总结，以及田野调查过程与方法的反思总结。

第二章

畲族认同：族称由来与
族群身份的确立

　　族群名称的统一，族群意识的形成，族群内部各部分之间的相互联系和确认，不同族群之间边界的划定，往往需要经过一个长期复杂的历史互动过程。这个过程在 20 世纪 50 年代以前的中国和当代西方大多数国家，乃是一个自然发生和逐步完成的过程。但在 20 世纪 50 年代以后，中国境内的族群名称、族群边界、族群认同等与族群这一社会组织范畴相关的所有社会实践，都是通过"民族识别"形式得以开展和继续进行的。"民族识别"在一定程度上分类理顺了我国历史上错综复杂的族群情况，为我国当代的族群认同即"民族成分"的确定和族群关系提供了制度化的整体框架，也为新中国的中华民族多元一体格局奠定了基础。据有关研究报道，1953 年我国进行人口普查时，上报登记的民族名称有 400 多个，仅云南省境内就有 260 多个（陈克进，1999：167）。面对大大小小居住在不同地区的情况各异的众多族群，政府决定组织专家学者根据斯大林提出的"民族"定义标准，尤其是其中的族群文化特征和族群意愿即群众自我认定标准，开展大规模的"民族识别"工作。畲族即是 50 年代第一批"民族识别"工作识别确认的民族之一。对畲族族称及其历史边界的形成和维持进行溯源研究，是我们考察分析当代粤东凤凰山畲族认同的基础。

　　通过介绍粤东凤凰山畲族概况、畲族的族称由来、族源迁徙、畲族族群边界的形成和维持情况，本章旨在展现和探讨畲族认同的形成过程和社会文化基础。通过追踪展现粤东凤凰山区畲族群体的过往历史和现实认同经过，我们还希望说明，"民族""族群"概念在我国社会历史与当代现实生活中，不是社会群体处于地域、经济或交往隔绝状态下形成的文化承载或区分单位，而是不同族群尤其是少数族群和社会主流群体在互动交往中生成的社会组织关系，因此我们对于我国族群认同的形成及其边界的确立和维持，以及与之相应的变动中的认同实践，应从族群之间的互动交往和共生关系等社会群体的整合必要性方面予以理解和诠释。

第一节　凤凰山畲族概况

　　粤东凤凰山位于广东省潮州市潮安县北部，由大大小小几百座山峰组成，其中海拔超过 1000 米的山峰有 10 多座，主峰凤鸟髻海拔 1498.7 米，为粤东第一高峰。从地理区划上看，纵横延展方圆超过上百公里的凤凰山区，大面积盘踞在潮安县北部，向东延伸到潮州市饶平县境内，向西蜿蜒至梅州市丰顺县地界。凤凰山区地处粤东，北临江西，东北与福建接壤，正好位于粤、闽、赣三省交界区域的东南地带，史料记载当地畲族生活历史十分悠久。事实上早在公元 7 世纪的隋初至唐圣历年间，当地就有了"澄海有畲户，揭阳有山畲"的记录。由此可见，粤东凤凰山被当今全国畲族一致推崇为自己民族的发祥地，不能不说有其特定的历史根源。

一　凤凰山畲族村庄规模与人口概况

　　凤凰山区畲族在当地生活的历史虽然十分悠久，但目前居住于此地的畲族人口却不多。据 2000 年第五次全国人口普查统计，当地畲族人口不足 3000 人，仅占全国畲族人口总数不到 0.4% 的比例，在广东畲族人口比例也只占8％左右。当今粤东凤凰山畲族社区不仅人口少，而且他们在生产、生活、语言、习俗方面也与书本记载的古代畲族先民有着很大区别。从我们近年在当地开展田野调查获得的资料来看，目前凤凰山区畲族群体的社会文化生活与当地汉族群众即客家人和潮汕人群体已经完全融入一体。除了"畲族"这一民族成分和法定族称的不同，以及一些村庄保留或新绘的祖传文化遗产"祖图"，还有已经消失或正在迅速消失的畲族村民之间互用的传统民族语言"畲话"之外，当今凤凰山畲族群体已很难找到自己与周围汉族民众之间的任何区别。

目前凤凰山区畲族人口虽然不多，但居住和分布区域却较为广阔，与历史上畲族先民"大分散、小聚居"的分布和居住格局并无二致。凤凰山现有的八个畲族村零星分散在当今潮州市、梅州市下辖的三县一区六个镇内。八个畲族村中有六个是相对独立的行政村，其余两个则是划归在各自所属的汉族行政村中的畲族自然村。除此以外，粤东地区目前还有几十户畲民杂散居住在当地其他汉族村镇之中。凤凰山现今坐落在纵横上百公里广袤山区的畲族村村名、村址及人口数量具体情况，见表2-1。

表2-1　粤东凤凰山区当代畲族村庄及人口分布统计表

市　名	县/区名	镇　名	村　名	人　口	备　注
梅州市	丰顺县	TS镇	凤山畲族村	350人	行政村
潮州市	湘桥区	YX镇	雷山畲族村	76人	自然村
潮州市	饶平县	RY镇	东山畲族村	361人	行政村
潮州市	潮安县	FH镇	北山畲族村	246人	行政村
潮州市	潮安县	S镇	南山畲族村	510人	行政村（其中包括黄洋畲族自然村）
潮州市	潮安县	GH镇	中山畲族村	383人	行政村
潮州市	潮安县	GH镇	西山畲族村	279人	行政村
潮州市	潮安县	GH镇	溪岭畲族村	142人	自然村

数据来源：2005年田野访谈记录。

表2-1显示，凤凰山区现有八个畲族村，村庄规模不一，村落人口数目差距较大，从几十人到几百人不等。村庄人数反映出畲族村落的规模大小，同时也决定了村庄的行政级别。从行政归属上可看，八个畲族村彼此相隔距离不等，其中潮安县下辖的畲族村最多，共有五个。从彼此相隔的实际距离来看，八个畲族村中既有地界相接、互为邻里者，也有远隔崇山、终年鲜有往来者。前者如潮安县GH镇的溪岭畲族村、中山畲族村和西山畲族村，这三个畲族村分别位于通往凤凰山万峰林场的同一条山路的山脚、山腰和山顶地段，彼此之间不仅地界相连，而且其中的西山、中山村碑并排竖立在陡峭山路同一地点的左右两侧，两村相距不足一公里。除潮安县GH镇的溪岭、中山、西山这三个畲村外，潮安县S镇的南山、黄洋两个畲族自然村，彼此也紧靠在一起，相隔大约一公里，而且同属一个行政村即南山畲族行政村管理。GH镇三个畲族村与S镇南山畲族村之间相隔的距离不算太远，有二三十公里。而S镇、GH镇这两处较为集中的畲族聚居地，与同属潮安县的FH镇北山畲族村，以及饶平县RY镇的东山畲族村和梅州市丰顺县TS镇的凤山畲族村之间，彼此相距却十分遥远，即使驾驶汽车或摩托车，至少也要一两个小时才能赶到对方的村庄。由于山高路远，除GH镇和S镇两处互为邻里的畲族村外，其余畲族村的老百姓之间几乎没有任何来往，相互之间极少缔结姻亲关系。虽然如此，八个畲族村的干部群众却都知道凤凰山区其他几个畲族村的存在，而各个畲族村的干部们由于工作需要，平时也都保持着比较密切的电话联系或互访走动。但对大多数普通畲民而言，他们的日常交往对象并非远方的本族同胞，而是本村畲民和周围汉族村庄、集镇以及外出务工、经商时遇到的汉族民众。

二 凤凰山畲族祖居地之说

当代许多畲族民众，尤其是闽、浙境内的畲民，一致认为粤东凤凰山是自己民族的祖居地，这种观点同时也见证于许多畲族族谱、地方志记载和一些畲族研究文献之中。如全国唯一的一个畲族自治县——景宁畲族自治县，在其 1991 年编纂刊印的《景宁畲族自治县畲族志》中就有这样的断言："各地畲族的家谱、祖图、《高皇歌》以及口头传说都说畲的祖先是在广东凤凰山"①。福建省福安市甘棠镇田螺园畲族村的《冯翊雷氏宗谱·广东盘护王祠志》也记载："……夫我祖之祠宇镇会稽山之阴，凤凰山之下……右至七贤洞……"而在《广东畲族研究》一书中，畲族研究学者朱洪、姜永兴也专门辟出"凤凰山祖坟之谜"一节讨论畲族祖居地之说：

> 全国各地（粤、闽、浙、皖、赣）畲族共有一则古老的传说，相传其始祖原居住深山，以狩猎为业，后不幸被"山羊"所伤，死于丛林中。始祖死后，葬于广东凤凰山上，故"广东路上有祖坟"。相传祖墓碑碣题铭繁多，有"皇恩赐葬狗王之墓"、"南山祖坟"、"狗王之墓"等。畲族群众普遍相信，广东潮州凤凰山区是全国畲族的始祖居住地、民族发祥地，粤外畲族都系由凤凰山迁徙他处，凤凰山成了畲族祖先崇拜的圣地。
>
> 这些记述和传说，多年来拨动着富于认祖意识的畲族群众的心弦。潮州 FN 镇经常接待和收到粤外各地畲族的来访与信函，查询祖墓的近况，并表示愿意馈赠款额，修葺祖墓。福建省建阳县古稀老人雷阳华于 1986 年 6 月来信，自述藏有民国十八年（1929 年）修纂的族谱，谓雷氏先祖于"大隋五年由凤凰山迁出"，准备率众来凤凰山朝拜（朱洪、姜永兴，1991：22）。

---

① 景宁畲族自治县民族事务委员会编《景宁自治县畲族志》，内部发行，1991，第 1 页。在南山畲族村开展田野调查一年多后，我们有幸于 2005 年春节在村主任家发现并借阅到该资料。

20 世纪 80 年代兴起的粤外畲族的寻祖热潮，在凤凰山区的畲族群众中也激起了热烈反应，让他们确信祖坟传说绝非无中生有，于是当地也掀起了热热闹闹的"寻根问祖"活动。中央民族学院施联朱教授在其 1982 年撰写的《广东潮安县凤凰山区畲族情况调查》中讲述：据当地人，万峰林场一位 60 多岁的老人韦栋说，他小时候放牛亲眼见过一座坟墓，中间有一块石碑，上写"皇设（赦?）狗王墓"，两旁有旗杆，中间仅能容一条牛通过，因为相隔久远，记不清在哪里，近一二年去找，没有找到。当地群众不辞辛劳多次组织人员去寻找，踏遍了万峰山上的每条沟壑，每座土堆，1986 年 10 月，终于在凤凰山顶树木丛生的地方，发现了韦栋幼年时代所见到的这座旧墓：

> 坟茔坐落在凤凰山顶背阴处的悬崖边缘，背倚三座高耸的峰尖，当地村民谓之大冠、二冠、三冠，极像凤凰的冠头。墓穴是平台掘进，垒石泥盖顶，正面由七八块排列整齐的石碑垂直向两边延伸封住穴口，墓穴造型与粤中、粤东的坟茔迥然有别，当地村民谓之铁券书型。
>
> 石碑都经简易打制，成长方形，每块石碑高 64～77 厘米，宽 33～35 厘米，总宽度 180 厘米。中央石碑及四沿，侵蚀严重，碑面已斑驳难辨花纹痕迹。坟茔左侧地上，埋有一三角形石块，畲民曰，此为护墓的土地神，石块尖端正对大凤凰冠头。
>
> 民间相传（亦可能是推测）墓主人是一位狩猎老人，不幸摔死，尸体 20 多天才找到，全族众人把他抬往该处安葬，嗣后举族他迁，故此墓现是座已废祀之无主墓，没有后人吊唁，许多畲族群众也不知在此顶端绝峰处竟有此坟。但当地群众相信，这即是［畲族民众］梦寐寻觅的祖坟，其理由是坟茔的位置跟畲族广为流传的文献记载十分相符（朱洪、姜永兴，1991：23－24）。

　　畲族研究学者们指出，目前除广东潮州凤凰山之外，尚没有发现其他地方与粤外畲族传说的祖坟之地这么贴近，因此学者们也就顺势将潮州凤凰山推定为粤外畲族传说中比较确定的畲族祖居地。而凤凰山畲族民间保存的祖图似乎也呼应了这一推定。畲族祖图中"狗王分天地"一节在叙述盘瓠受封时，亦提到"上至凤凰山，下至鲤鱼滩"。鲤鱼滩位于韩江中流，属潮州市 GH 镇境内，在凤凰山顶可望见鲤鱼滩全貌。浙江等地畲族家谱记载畲族祖坟遗址："前至雷家坊，后至观星顶，左至会稽山，右至七贤洞"。而凤凰山当地畲民反映，坟茔附近有雷后田、雷家房、雷家坟，不远处另有"狗王寮"遗名，坟后峰尖为凤凰冠顶，翘首仰望，即观（冠）星顶，附近有"官头畲"地名。墓西侧，当地俗称背阴山，畲族语言谐同于会稽山。坟地附近有多座洞穴，稍远有可容纳数百人的仙人洞，这也暗合了"七贤洞"之说。此外，不少畲族族谱、方志也记载畲族祖居潮州，以后分迁各地。例如，福建省福安市甘棠镇田螺园畲族村《冯翊雷氏宗谱·广东盘护王祠志》记载："顾我盘、蓝、雷、钟四姓大宗祠肇基于广东凤凰山与南京一脉相连，建祠之地，即吾旧居址也。"福建省宁德市猴墩畲族村《雷氏宗谱》内载凤凰山忠勇王坟茔图，在忠勇王墓碑上书："敕封忠勇王龙公佳城。"

　　为凤凰山作为畲族祖居地提供佐证材料的，还有著名的畲族史诗《高皇歌》。《高皇歌》主张畲族有一个发祥地或统一的祖居地，认为畲族始祖就居住在广东潮州凤凰山："王府造落在广东"，"盘蓝雷钟一宗亲，都是广东一路人"（路：宋代省一级政区名称），"三男一女封端正……掌在广东潮州府"，"凤凰山上去落业"，"凤凰山上去开基"，"凤凰山上安祖坟"等。这些诗句时刻提醒着畲族民众不要忘记，凤凰山是自己民族的祖居地。

　　在相关历史文献记载中，"畲"（或"畲"的同音字"峯"、"斜"）的族称最早出现在梅州、潮州、漳州和汀州，其中潮州出现过两次。由此可见潮州在畲族的孕育形成过程中起了比较关键的作用，在各种来源的畲族成分的整合过程中居于主导地位。因此出现凡畲族追根都要追到潮州，甚至具体追到潮州凤凰山的局面。但也有人认为畲族祖居地在中原（周沐照，1987），在今江浙或江淮一带（百越后裔说：石奕龙，1987；李筱文、朱洪，1987），在闽粤赣三省交界地带（蒋炳钊，1987；杨金水，1987），在福建，尤其集中在九龙江流域华安段一带（古闽族后裔说：陈元熙，1987）。尽管畲族族源与祖居地之说目前还存在不同意见，但当代畲族把潮州凤凰山追认、推定为自己民族形成过程的一个象征符号，一个保持畲族内部凝聚力的新的图腾，其功能作用与文化意蕴是十分深远的。不少学者认为，潮州凤凰山作为畲族祖居地的确立，在文化象征意义上完全无异于客家人溯源于宁化石壁，福佬人追根于光州固始，广府人认同于南雄珠玑巷，华北人执着于山西洪洞大槐树，以及汉民族认同于炎黄二帝做祖先等现象。潮州凤凰山、宁化石壁、光州固始、南雄珠玑巷、山西洪洞大槐树、炎黄二帝都不符合历史事实的考证，但都属于一种文化理念建构，对族群、民族的认同实践具有深刻的社会历史和现实意义。（谢重光，2002：173－175；吴永章，2002：33－36）。

第二节　畲族族称的由来

在我国政府识别确认的 55 个少数民族中，畲族是唯一一个以原始生计方式命名的民族。据畲族学者雷弯山（2002：9）考证，"畲"字早在春秋战国时就已出现。《诗经·周颂·臣工》中有"新畲"一词，《周易·无妄》里有"不耕获，不菑畲"之句，两处的"畲"字均指新开垦的田地。但在古代文献中，"畲"字有两种读音，即 yú（音同"余"）和 shē（音同"奢"）。读音 yú（余）来自《说文》释《周易》："不菑畲，从田余声（以诸切）"；读音 shē（奢）来自《集韵》："畲，火种也，诗车切"。晋代陶渊明诗句"茅茨已就治,新畴复应畲"中,"畲"字即读作 yú(余)。除读音不同外,"畲"字在我国古代文书中的意义也略有差别。《尔雅·释地》注解"田三岁曰畲";《说文解字》注释"畲,三岁田也";郑玄注《礼记·坊记》认为"田二岁曰畲";《诗诂》亦认同"田二岁为畲"(蒋炳钊,1988:12)。尽管垦种时间存在二年、三年之争,但古人认为"畲"字表示"新垦种的熟田",这一意见基本一致。"畲"者,"火烧田"也,表达这一概念的文献实例在唐宋以后十分常见。唐代刘禹锡《竹枝词》言:"山上层层桃李花,云间烟火是人家。银钏金钗来负水,长刀短笠去烧畲";李商隐《赠田叟》曰:"烧畲晓映远山色,伐树暝传深谷声";宋代范成大《劳畲耕》也提到:"畲田,峡中刀耕火种之地也"(蒋炳钊,1988:13)。"畲"字除了做名词指表"火烧田""火耕田"外,还可用作动词表示"火耕"之意,即表示在山地上刀耕火耘。晋陶渊明诗句"茅茨已就治,新畴复应畲"中的"畲"字,即指"火耕"。北宋陈彭年等重修的《广韵》,也为我们提供了"畲"字表示"火耕"意义的又一实例:"畲田,烧榛种田也。"(徐规,1987[1962]:21)

　　"畲"字用作当今畲族的族称,最早出现在南宋末年。南宋著名文学家刘克庄(1187－1269 年)在其《后村先生大全集·漳州谕畲》中记载:"凡溪峒种类不一:曰蛮、曰猺、曰黎、曰蜑,在漳者曰畲。西畲隶龙溪,犹是龙溪人也。南畲隶漳浦,其地西通潮、梅,北通汀、赣,……二畲皆刀耕火耘,崖栖谷汲……畲民不悦(役),畲田不税,其来久矣。"[①]南宋以后,"畲民"之称普遍见于汉族的史书记载,例如,《宋季三朝政要》(附录卷六)中记载,文天祥、张世杰领兵入闽粤赣三省交界之地时,称当地的

---

① 《后村先生大全集》卷九三《漳州谕畲》,参见黄淑娉《重访山犁畲村　再谈民族认同》,载《广东民族研究论丛》(第八辑),广东人民出版社,1995,第2页。

武装势力为"畲军"，如"诸畲军皆骚"、"诸洞畲军"。《续资治通鉴》卷一八三《元纪一》记载："宋张世杰自将淮兵讨蒲寿庚，时汀漳诸路剧盗陈吊眼及畲妇许夫人所统诸峒畲军皆会。"《元史》卷十《世祖本纪七》记载："至元十五年十一月，建宁路政和县人黄华，集盐夫，联络建宁、括苍及畲民妇自称许夫人为乱……至元十六年五月，诏谕漳、泉、汀、邵武等处暨八十四畲官吏军民，若能举众来降，官吏例加迁赏，军民安堵如故。"《元史》卷十《世祖本纪七》还记载："令福建黄华畲军有恒产者为民，无恒产与妻子编为守城军。"《明史》卷四十五《地理志六》记载，"漳平……南有百家畲洞，踞龙岩、安溪、龙溪、南靖、漳平五县之交"。《明实录》记载永乐五年，畲长雷文用等"来朝"。明万历年间进士谢肇淛游福建太姥山经过胡坪时，目睹"畲人纵火焚山，西风急甚，竹木并爆如霹雳……回望十里为灰矣"的景观，并借此写下"畲人烧草过春分"的诗句。《长汀县志》卷三十《风俗》记载，畲民一般在春分以前放火焚山，然后等"雨爆灰，浏田遂肥饶，播种五谷，不耕籽而获"。民国版的地方志中，凡有畲族分布的地方，都有"畲民""畲客"历史习俗的记载。

与"畲民"同时出现，并且用来指称同一群体的族称还有"輋民"。史书记载的"輋民"，大都居住在当今广东、江西两省境内。例如，南宋文天祥（1236～1283年）在《文山先生全集》卷一一《知潮州寺丞东岩先生洪公行状》中记载："潮与漳、汀接壤，盐寇、輋民，群聚剽劫……"（徐规，1987［1962］：20）。明朝王阳明在《王文成公全书》中称赣南反叛畲民为"輋寇""輋贼"。关于"輋"字的由来，胡曦在《兴宁图志考》提到："輋，本粤中俗字，或又书作畲，字土音并读斜"（朱洪、姜永兴，1991：2）。《广东通志》亦释："畲与輋同"。"輋"作为广东俗字，读音与"畲"相同，意指"在山间搭棚居住"。顾炎武《天下郡国利病书·广东》记载："粤人以山林中结竹木障复居息为輋。"清代李调元认为："輋音斜，近山之地曰輋"；檀萃《说蛮》

记载："輋，巢居也"。这些记载说明，"輋"是指居住形式，"輋民"指在山间搭棚居住者的人群。尽管"輋"与"畲"字的意义不同，"輋民"与"畲民"的意义却是一致的，它们是同一族群的两个不同名称，这一观点已成为历史学界公认的事实。

南宋以后直至中华人民共和国成立之前，"畲民""輋民"的族称频见于各种汉书文献，前者强调生产方式，后者侧重居住模式。例如，《元经大典序录》和《元史纪事本末》皆有关于"畲"的记载，明清时期许多地方志书还专门列有"畲民篇"（雷弯山，2002：9）。较详细的记载可见于顾炎武《天下郡国利病书·广东》："潮州府畲猺，民有山輋……我朝（明朝）设土官以治之，衔曰'輋官'。所领又有'輋'。'輋'当作畲，实录谓之畲蛮"（朱洪、姜永兴，1991：3）。顾炎武认为，广东"輋民"就是《明实录》所称的"畲蛮"。清初屈大均著《广东新语》"輋人"条也持同样观点："澄海山中有輋户，…… 其人耕无犁锄，率以刀治土，种五谷，曰刀耕，燔林木，使灰入土，土暖而蛇虫死，以为肥，曰火耨。是为畲蛮之类"①。"輋"作为广东俗字，在史书中应用不广，因此"輋民"这个称呼远不如"畲民"常见。但是，在闽粤赣三省交界山区尤其是粤东地区畲族先民曾生活居住过的地方，带"輋"字的地名却十分常见。例如，据成书于南宋嘉定、宝庆年间（1208～1227年）的《舆地纪胜》记载，粤东梅州有"山客輋"等百处以上带"輋"字的地名。此外，《大埔县志》亦记录有包括輋里、黄輋、下輋坪、余水輋、下輋、彭公輋、山客輋、桃子輋、曾子輋、李湖輋、留壶輋、新村輋、五家輋、吴家輋、将军輋、澄大輋、厦輋、上坪輋、严背輋、王家輋等几十处以"輋"命名的地名（黄淑娉，1995：5–6）。尽管粤东地区以輋字命名的大多数地方目前已无畲族成员居住，但这些輋字地名都

---

① 屈大均：《广东新语》卷七《人语》，参见蒋炳钊《畲族史稿》，厦门大学出版社，1988，第12页。

与畲族先民的生活历史曾经有过十分密切的关系。

"畲民""峒民"作为畲族先民的他称，是通过汉文史书记载一代代传下来的。宋、元、明、清都把"畲"看作一种族群，这些朝代的正史和地方志上都有"畲兵""畲军""畲人""畲民""畲客""畲蛮""畲寇""畲贼""畲洞"等名称的记载。从南宋末年到中华民国时期，"畲民"称呼整整延续了700多年。在此期间，"畲民"曾经出现过"畲人""峒民""畲客""峒客"等同义代称，出现过"黎畲""瑶人""瑶僮""苗夷""苗人""余民""特种部落"等错误族称，甚至还有"畲蛮""畲寇""畲贼""畲徭""峒徭""蛇客""怄（读音 oǔ，表腐烂之意）畲客""畲客仔""畲崽仔""死畲仔""畲婆""死畲""狗头王派""狗头王子孙""狗种"等侮辱性称呼。"畲民"称呼的复杂多样性从一个侧面反映了畲族历史发展的漫长曲折过程。

在"畲族"名称确立以前，畲族先民内部缺少统一的自称。历史上的"畲民"及其各种代称、误称或侮辱性称呼，都是由汉族的文人史家、地主豪绅或当地老百姓取名和使用的。新中国成立之前，闽东、浙南的畲民自称"山哈""山客""生客""山达"或"山宅"，其中"哈""达"均有"客"之意，指后来迁居山里的人，强调本身的非土著身份。"山哈"这个名称同时也被畲民用来联络自己的民族感情。但在粤东凤凰山区，畲民却没有"山哈"或"山客"这样的自称，可见这一称呼极有可能是畲民从闽粤赣三省交界之地向闽、浙、皖及赣东北迁移期间形成的（黄淑娉，1995：3）。新中国成立之前凤凰山畲民也没有自称，1955 年国家民委派出的民族识别调查组到凤凰山展开调查时，当地丰顺县凤山村的畲民只知道自己说的是"畲客话"，不知道自己是什么族，其他几个村庄的人甚至不知道自己是不是"畲"。虽然过去被汉人骂为"畲客""怄畲客"，但大多数人并不知道自己是"畲人"。对于政府后来确定的"畲族"名称，凤凰山畲族群众大都表示认可和接受，其中部分年轻人和干部，不但坚决认定自己是"畲"，甚至还要求成立自治区，成立"特别村"。但在广东省畲族先民居住的另外两个地区，即莲花山和罗浮山两个地区，民族识别小组遇到的情况却有所不同。两地畲民都自称"贺爹"（意为"山林之人"），与他们对当地汉人的称呼 kApia（指"平地人"）相对应。莲花山区的"贺爹"历来自认是"畲人"，因此非常满意和乐于接受政府确定的"畲族"族称，但罗浮山区博罗、增城两县的"贺爹"，即使在被确定为"畲族"之后，仍有一段时间坚持认为自己是"瑶人""瑶族"，而不是什么"畲民""畲族"（杨成志等，1986［1955］：23）。在闽粤其他地区发现的一些畲族宗谱或祖图文字中，也有自称是"徭人"或"徭家"的。

历史上畲民在自称、他称及族群认同上的分歧与困惑，一直是一个悬而未决的历史问题。新中国成立之后，随着党和政府各种民族政策的逐步实施，尤其是在 1951 年 5 月政务院颁布《关于处理带有歧视或侮辱少数民族的称谓、地名、碑碣、匾联的指示》以后，旧社会用在畲族先民身上的各种侮辱性称呼和其他旧称、误称迅速消失。1953 年，为贯彻落实党和国家的民族平等和团结政策以及少数民族的政治权利，国家民委首次派出调查组到福建、浙江等地开展民族识别调查，1955 年又派出一个调查组到广东畲民居住地区开展民族识别工作。根据两次调查汇报的结果，国务院于 1956 年 12 月正式批准确定"畲族"为一个单一的少数民族。"畲族"从此成为畲民及其子孙合法正式的自称和他称。"畲族"族称的确立，不仅使历史上长期遭受歧视压迫的畲民第一次有了一个明确不变的身份，还给畲族族群及其成员带来了这一称呼赋予的各种政治、经济、法律、文化和社会权益。

在《畲族民族成分确定过程简述》一文中，浙江丽水畲民蓝云飞回忆道：

解放前，我并不知道自己是畲族，只知自称"山哈"。1949 年 5 月 16 日，在丽水报名参加中国人民解放军三十三师政治部学生队时，要我填是哪个民族，但不认为自己是汉族，就想起读书的课本里所述我国的民族有汉、满、蒙、回、藏、苗、瑶、黎等8个，我就选个苗族填上。1950年9月，我在贵州省民族事务委员会工作，接待来贵州访问的"中央西南各民族访问团第三分团"时，访问团成员吴泽霖（团长是费孝通）问我是哪里人？什么民族？我说是浙江省丽水县人，苗族。他即对我说，他30年代初在南京研究院工作时曾来浙江丽水山根村（现属莲都区水阁镇）作过畲民情况调查，问我"山根"这个畲民居住的村可否知道？我说山根村距我家只10华里，是与我们同一个民族。他就说你不是"苗族"，是"畲民"。此后填干部登记表时，民族成分我就改填"畲族"（蓝云飞，2004）。

据蓝云飞叙述，1956年8月11日，中共中央统战部根据畲民民族成分识别调查情况，给浙江、福建、广东、江西四省省委统战部发出《关于确定畲民民族成分问题》的电报，认为"根据几年来各方面的调查材料及畲民的意见，均说明了畲民不是汉族，畲民也不承认自己是汉族，迫切要求确定自己为一个少数民族。在语言方面，浙、闽、赣三省畲民彼此相通，语法结构相同，基本词汇绝大部分一样，可以说有共同语言。同时畲民也有与汉族不同的风俗习惯、历史传说与信仰。根据畲民的自愿及目前存在的特点，是可以确定为一个少数民族成分的。对民族名称问题，要求各省征求意见后上报"。1956年12月8日，中共中央统战部根据浙江、江西、福建和广东省委的报告和电报，给这四个省的省委统战部下发《关于确定畲族的民族成分和民族名称问题》并报中央的电报："由于各省对确定畲民为一个少数民族意见一致，因此，现在可以正式确定畲民为一个少数民族。关于畲民的民族名称问题，浙江、广东、江西三省的畲民都同意叫畲族，认为他们的宗谱和历史记载都叫畲族，这个名称并不带有侮辱性质。福建的畲民也认为'畲'字原来是无恶意的……。根据上述情况，我们认为确定对畲民称为畲族还是比较适当"。从此，"畲族"正式成为畲民的自称和他称，畲族也正式成为中华民族大家庭中的一员。

第三节　族源与迁徙

关于畲族的起源问题，学术界大致存在四种观点。一种观点认为畲、瑶同源，两族同是汉、晋时代的"武陵蛮"（或称"五溪蛮"）后裔。拥护此种观点的学者很多（徐规，1987［1962］；施联朱，1983；石光树，1987［1982］；王天杞，1987），其中有人甚至把畲族的族源从"武陵蛮"进一步追溯到东夷中的徐夷。第二种观点认为畲族是"南蛮"后裔，早在"武陵蛮"南迁之前，就已在广东繁衍生息。持此说者根据盘瓠传说孤证材料，认为畲族源自古代"蛮"或"南蛮"，是广东的土著居民，但此说与畲族自称"山哈"（即居住在山里的客人）和汉族称他们为"畲客"的事实相矛盾。第三种观点认为，畲族是越人后裔，其中一部分人认为畲族是春秋时代越王勾践或范蠡的子孙，另一部分人认为畲族是战国、秦、汉时期百越人的后代；还有一部分人认为畲族是汉、晋时代山越的后裔。第四种观点认为畲起源于苗。持此说者把苗、瑶、畲等民族的渊源追溯到远古的"三苗"。如潘光旦先生认为，春秋战国时期淮河、黄河之间的"东夷"中靠西南的一支"徐夷"，与苗、瑶、畲有密切的渊源关系。"徐夷"的一部分后来向长江流域迁徙进入五岭山脉中的可能是瑶族；一部分曾定居洞庭湖一带，后进入湘西和贵州成为苗族；另一部分沿五岭山脉向东流动，在江西、福建、浙江山区和汉人结合而成为畲族。有人甚至断言，畲族始祖高辛氏就是徐夷中的徐偃王。但不少学者认为此说可资佐证的史料有限，有待进一步研究。

一 "五溪蛮"后裔之说

在关于畲族起源问题的四种学术观点中，"五溪蛮"后裔之说占有绝对优势，因此有必要在此对它多做一点说明。认定畲族是"五溪蛮"后裔的学者们提出，远古时中国长江中下游一带居住有许多"蛮"族部落，其中江汉流域的"荆蛮"（即楚人）在春秋战国时代就已与中原华夏有了较为广泛的接触，后逐渐同化成为秦、汉时代汉族的一个组成部分。但洞庭湖西南溪峒里的"五陵蛮"（即"五溪蛮"）在汉、晋之际却仍然过着较原始的生活。因受当时汉族封建统治者迫害，"五陵蛮"其中一部分陆续向附近地区迁徙。其迁徙路线大致体现为：隋朝时，今湖南长沙一带已住有自称"莫徭"的"徭人"，其习俗与五陵等地的蛮族相同；唐宋时，湘、桂、粤、赣一带常出现"徭乱"，说明当时徭人众多、分布广泛；南宋时，今粤、赣、闽三省边界开始出现名叫"畲民"（或"輋民"）的部落在活动。

持"五溪蛮"后裔说的学者们认为，就分布地区来看，"蛮""徭""畲"三族有密切联系。就出现时代来看，"蛮"族最早，"徭"族次之，"畲"族最晚。就相互间的共同特征来看，三族之中都盛行盘瓠传说，自认是盘瓠子孙。盘瓠是连接着"蛮""徭""畲"三族的图腾象征和文化核心。直到20世纪四五十年代，散居在中国东南、南方各地的畲族、瑶族，以及生活在中越边境上的"蛮"族群体中，仍有许多人家持有盘瓠画像，而且祭祀虔诚。瑶族的《迁徙榜牒》（又名《过山榜》）和畲族的《开山公据》（又名《抚瑶券牒》）同样记载着盘瓠传说，都称皇帝赐予他们的券牒写明，只许居住青山之中，准许"永免差役，不纳粮税"。此外，畲、瑶两族中多见盘、蓝、雷三姓群众。这些事实显示，"蛮""徭""畲"三族之间有着共同的历史渊源乃至血族关系。更多的例证还可见于其他许多历史事实，例如，五代、后晋时，湖南的瑶族还被称为"蛮徭"；宋、明、清的学者多数认为瑶是

"五溪蛮"的后裔，并有称"徭人"为"峯客"；明、清时有人称畲族为"畲蛮"；清代闽、粤两省地方志中也多认为畲民是"徭族"或"徭人"；清末以来编修畲族宗谱和祖图中，畲族人也往往自称为"徭人"或"徭家"；1949 年新中国成立之后，广东增城、博罗一带的汉人还叫当地畲民为"山瑶"。

鉴于上述众多的历史事实，学者们因此得出结论认为，畲族是唐宋时代住在五岭末端的"徭人"，是远源于汉、晋时代的"五陵蛮"/"五溪蛮"的后裔。关于"徭人"的一支大约在唐初进入今天的闽、粤、赣三省交界地区并由此形成了畲族这一论断，史料也为大家提供了翔实的佐证。例如，嘉庆福建《云霄厅志》卷十一《唐宦绩》陈政条载："唐高宗总章二年（公元 669 年），泉、潮间蛮、僚啸乱"；陈元光条载："总章二年，随父（陈政）领兵入闽，父卒，代领其众，会广寇陈谦连接洞蛮苗自成、雷万兴等进攻潮阳，陷之，守帅不能制，元光以轻骑讨平之。……已而蛮寇雷万兴、苗自成之子纠党复起潮，猝抵岳山，元光闻报，遽率轻骑御之，援兵后至，为贼将蓝奉高刃伤而卒，时景云二年（公元 711 年）十一月也。"可见唐初闽、粤边界已有雷、蓝等姓的"蛮"族居住（施联朱，1987［1983］：41–43）。

唐宋时，"蛮""徭"混称，所谓"蛮"或"洞蛮"，实即徭人，也就是当今畲族先民的祖先。他们在闽、粤、赣三省交界地繁衍生息，和当地汉族接触频繁，最后被统称为"畲民"。"畲民"因处于粗放农业经营阶段，难以定居一地，同时也因不堪历代封建统治阶级的迫害，其中一部分又陆续向各地迁徙，逐渐形成了"大分散、小聚居"的居住特点。原住广东潮州凤凰山区的部分畲族先民，在类似情况下逐步向闽南、闽北、浙南、浙西一带人烟稀少的山区迁移。众多浙江畲族族谱记载，畲族先民到浙江的迁徙路线大致为：广东潮州——福建漳州——安溪——连江——罗源——浙江景宁——云和——遂昌——宣平——龙游。由此可见，当代闽、浙地区的畲族群众在追踪祖居地时追到潮州凤凰山，并不是毫无历史依据的杜撰之举。

二　畲族族源的多元一体格局说

关于畲族起源的多种说法，归纳起来不外乎有两种，即"土著说"和"外来说"。"外来说"的观点如上所述，主张畲族是由武陵蛮、长沙蛮或古代"东夷蛮"靠西南的一支"徐夷"南迁发展演变而形成的。"土著说"则主张畲族是古代闽粤赣边的土著发展形成的，持这种观点的人内部也存在一些分歧，例如有人认为"土著"是指百越人后裔，有人认为"土著"是指闽族后裔，还有人认为"土著"是南蛮一支。"外来说"和"土著说"彼此都有理论上和论据上的不足，因此长期争论不休，谁也说服不了谁。两派的共同点是，都认为畲族的来源是单一的：把畲族族源追溯到五陵蛮就排斥土著与畲族的渊源关系，把畲族族源追溯到土著民就排斥五陵蛮与畲族的关系。诚如谢重光教授所研究指出的，这种畲族族源一元论观点在史料面前常遇到难以解释的问题。譬如，畲族的图腾崇拜普遍把盘瓠认作本族始祖，具有一系列崇奉盘瓠和狗的相关习俗和心理，体现出五陵蛮后裔的显著特征。但有些地方的畲族又崇拜蛇和鸟，而这乃是百越民族的特点。此外，在身体特征上，畲族及其先民常被描绘成椎髻跣足的形象，这与五陵蛮的外貌特征相关。但史料同时也显示，有些畲族先民如畲族抗元领袖黄华的队伍却是"断发文身"，这也是百越民族的身体特征。而在语言上，广东增城、博罗、海丰、惠阳一带占其人口0.4%的畲族讲属于苗瑶语族的语言，其余99%以上的畲族却讲"畲话"，一种接近汉语客家方言但又不同于现代客家话或潮州本地话的语言。

鉴于上述不可调和的矛盾原因，当代一些学者尝试运用费孝通先生的中华民族多元一体格局理论来研究畲族族源问题，并提出畲族族源的多元论观点，认为五陵蛮、长沙蛮、百越民族、南迁的汉族（客家先民和福佬先民），还有湘赣闽粤交界区域的其他土著种族，都是畲族的构成要素。这些要素之间有主次之分，彼此之间互相接触、交流、融合、同化也有先后之别。这些要素经过漫长的历史互动过程，才发展演变并最终形成和共同缔造了今天的畲族。畲族族源多元论观点认为，畲族是一个文化概念，而不是一个种族概念。畲族族源一元论观点试图从血统上来认识族群和民系，是一种把族群和民系等同于种族的观点。在中华民族及其56个构成单位所处的不同层次的多元一体格局理论框架内，"畲族"的定义可以表述为：

> 畲族是历史上在赣闽粤交界区域形成的一个民族共同体，它的来源很复杂，包括自五溪地区迁移至此的五陵蛮、长沙蛮后裔，也包括自中原、江淮迁来的汉族移民即客家先民和福佬先民。这些不同来源的居民以赣闽粤边的广大山区为舞台，经过长期的互相接触、互相斗争、互相交流、互相融合，最后形成一种以经常迁徙的粗放山林经济和狩猎经济相结合为主要经济特征，以盘瓠崇拜和相关文化事项为主要文化特征，椎髻左衽、结木架棚而居为主要生活特征的特殊文化，这种文化的载体就是畲族（谢重光，2002：11）。

对于畲族族源问题的探讨，尽管学者们持不同观点，但至少以下观点是大家一致认同的，即：隋、唐之际畲族先民已居住在闽、粤、赣三省交界的山区，从宋朝开始畲民陆续向闽中、闽北迁徙，明清时大量出现于闽东、浙南。尽管隋、唐之前的畲族族源与迁徙问题至今仍然是大家争论不休的课题，隋、唐以后畲族先民从闽、粤、赣三省交界山区向东北方向挪动的畲族迁移现象则较少引起争论。

畲族族源成分的复杂多元性同其他55个民族一样，已成为不可否认的社会历史事实。20世纪50年代至今我国政府开展民族识别工作时，尽管参照了斯大林民族定义的基本原则，但同时也充分考虑了我国各个少数民族的悠久历史和文化渊源。在对畲族族别进行民族识别时，本着群体申请、专家认证、政府部门批准的原则，正式确立了畲族的族称，这无疑从客观上加强巩固了畲族的民族意识和民族认同感，使畲族从此成为一个名副其实的稳定共同体，但这并不意味着畲族是一个完全依靠族群原生感情或传统文化特征凝聚和维系的血缘团体。在被当代政府识别为畲族的群体当中，并非没有祖先早已汉化或原本就是汉族的成员，而未被识别为畲族的汉族群体当中，亦非没有先辈为畲民的成员。这一现象早已引起一些关注和研究畲族族群与文化的人士的注意，例如卢继定在《潮汕蓝氏与畲族》一文中就曾指出，潮汕大部分蓝姓人的先祖是从福建漳浦迁徙过来的，但目前他们几乎都是清一色的汉族，其中只有饶平县 RY 镇东山村的蓝氏群体，在 1988 年申请恢复了畲族身份（卢继定，2003）。

第四节　族群边界的确立

族群意识的浮现和族群边界的形成是一个缓慢而复杂的历史过程，畲族族称的发展演变以及族源迁徙的多种言说，在一定程度上反映了畲族与汉族、瑶族等族群之间错综复杂的关系和千丝万缕的联系。从历代统治阶级在凤凰山区镇压各种叛乱的汉族历史文献记载中，我们似可梳理出一条较为清晰的畲、汉族群边界。

一　族群边界的浮现

凤凰山区畲族与汉族先民的族群边界区分，最早显现于当地畲、汉群众与统治阶级之间的斗争冲突中。从唐高宗总章二年（669 年）"泉、潮间蛮僚啸乱"（杨澜：《临汀汇考·兵寇考》），到唐仪凤二年（677 年）潮州陈谦和"蛮僚"苗自成、雷万新攻陷潮阳，最后被揭阳人陈元光率兵镇压，再到明隆庆五年（1571 年）至万历四年（1576 年）间惠、潮地区蓝一清等畲汉人民"群盗蜂起”的抗击明朝的大规模起义，畲族先民的生存剪影或活动踪迹一直断断续续闪烁在历朝历代有关民间反叛的各种史料记载中（朱洪、姜永兴，1991：46－47）。其中较为详细的记录要数南宋人刘克庄《漳州谕畲》中的以下描述：

自国家定鼎吴会，而闽号近里，漳尤闽之近里，民淳而事简，乐土也。然炎绍以来，常驻军于是，岂非以其壤接溪峒，茆苇极目，林菁深阻，省民、山越，往往错居。先朝思患预防之意远矣。凡溪峒种类不一：曰蛮、曰猺、曰黎、曰蜑，在漳者曰畲。西畲隶龙溪，犹是龙溪人也。南畲隶漳浦，其地西通潮、梅，北通汀、赣，奸人亡命之所窟穴。畲长技止于机毒矣，汀、赣贼入畲者，教以短兵接战，故南畲之祸尤烈。二畲皆刀耕火耘，崖栖谷汲，如猱升鼠伏，有国者以不治治之。畲民不悦（役），畲田不税，其来久矣。厥后贵家辟产，稍侵其疆；豪干诛货，稍笼其利；官吏又征求土物——蜜蜡、虎革、猿皮之类。畲人不堪，愬于郡，弗省，遂怙众据险，剽略省地。壬戌（即理宗景定三年，1262年）腊也，前牧恩泽侯有以激其始，无以淑其后；明年秋解去，二倅迭摄郡，寇益深，距城仅二十里，郡岌岌甚矣。帅调诸寨卒及左翼军统领陈鉴、泉州左翼军正将谢和，各以所部兵会合剿捕，仅得二捷。寇暂退，然出没自若，至数百里无行人。事闻朝家，调守，而著作郎兼左曹郎官卓侯首膺妙选。诏下，或曰：侯擢科甲有雅望，宰岩邑有去思，责之排难解纷，可乎？侯慨然曰：君命焉所避之！至则枵然一城，红巾满野。久戍不解，智勇俱困。侯榜山前曰：畲民亦吾民也。前事勿问，许其自新。其中有知书及土人陷畲者，如能挺身来归，当为区处，俾安土著；或畲长能帅众归顺，亦补常资。如或不悛，当调大军，尽鉏巢穴乃止。命陈鉴入畲招谕。令下五日，畲长李德纳款。德最反复杰黠者。于是西九畲酋长相继受招。西定，乃并力于南，命统制官彭之才剿捕，龙岩主簿龚铠说谕，且捕且招。彭三捷，龚挺身深入。又选进士张杰、卓度、张椿叟、刘□等与俱。南畲三十余所，酋长各籍户口三十会家，愿为版籍民。二畲既定，漳民始知有土之乐。余读诸畲款状，有自称盘护孙者。彼曷尝读《范史》，知其鼻祖之为盘护者？殆受教于华人耳。此亦溪峒禁防懈而然欤。……夫致盗必有由。余前所谓贵豪辟产诛货、官吏征求土物是也。侯语余曰：每祸事必有所激，非其本心。呜呼！反本之论，固余之所服欤！①

以上内容表明，南宋时期潮州一带的畲族先民与附近的汉人不仅已有明确的我群与他群的区分意识，而且彼此之间已经建立密切的联系。据谢重光考证，"汀赣贼"是当地客家人的先驱。南宋之前，潮州附近的畲族先民世代生活在山高林密、"茆苇极目"、"林菁深阻"的溪峒之中，刀耕火耘，崖栖谷汲，在自以为文明进化的中原人看来"如猱升鼠伏"，以至"有国者不治治之"。但畲民长期习惯的这种"不治治之"的自由生活，以及由来已久的"畲民不悦（役）""畲田不税"的局面，却因宋代中国政治经济中心的南移受到前所未有的威胁和改变。1165 年南宋政权建都临安（今杭州）后，福建成为当时经济文化最为发达的省份之一，其中闽南的泉州、漳州等地又是福建经济发展最快的地区。因此历史上远离封建统治中心的闽粤赣偏远地区，骤然间转变为靠近政权核心的"近里"，所受控制、管辖和盘剥急剧加强。面对统治阶级的横征暴敛和汉族权贵的百般掠夺，闽粤赣山区民众奋起反抗，潮州一带的畲民不仅与朝廷统治者眼中的"汀赣贼"紧密配合，为"奸人亡命"提供"窟穴"，还向他们学习"短兵接战"

---

① 《后村先生大全集》卷九三《漳州谕畲》，参见谢重光《畲族与客家福佬关系史略》，福建人民出版社，2002，第 105～106 页。

的军事技术，致使"南畲之祸尤烈"。抗争的结果尽管注定是失败、招安和妥协，是"南畲三十余所，酋长各籍户口三十余家，愿为版籍民"，但畲、汉两族先民互相呼应、配合，联合反抗封建压迫剥削的历史却由此奠定了深厚基础。南宋年间除刘克庄《漳州谕畲》记载的漳州畲民作乱之外，漳、潮畲汉联合反抗统治阶级的事件还见于文天祥的《知潮州寺丞东岩先生洪公行状》："潮与漳、汀接壤，盐寇、峰民，群聚剽劫，累政。以州兵单弱，山径多蹊，不能讨"（谢重光，2002：167）。宋代闽南经济文化高速发展，人口猛增，人地矛盾冲突加剧，而与之接壤的潮州当时依旧处于地广人稀、技术落后的局面，潮汕平原的大片荒滩沼泽尚未得到开垦。潮州成为缓解闽南人口压力的最佳移民选择之地，也成为南宋政权不断向南推进和加固统治势力的必由之地。统治政权的推进免不了以牺牲当地居民的利益和激起武装反抗为代价，潮州凤凰山畲民与客家先民联合抗击外来剥削与压迫的斗争，从实质意义上讲，可以说是统治者与被统治者、外来移民与当地土著之间不可避免和不可调和的矛盾斗争。斗争的结果是畲汉下层民众的联合，以及畲民向汉族社会同化和归顺。

元朝建立后，蒙古人在残暴血腥镇压的同时，实行民族歧视政策，将民众分为蒙古、色目、汉人、南人四个等级，各个等级之间的政治、经济权益悬殊。南方各省民众，包括闽粤赣地区的畲族先民和汉族客家、福佬群体，一律被列入最低贱的"南人"等级。受尽剥削、压迫和欺凌的南方各族民众在元代历史上掀起了一次次波浪壮阔的联合抗元斗争，不但极大地发展了畲族先民英勇顽强的族群性格，也极大地促进了畲民与客家、福佬人民的融合，从而加速了畲族的汉化过程。同时畲汉交融也丰富了客家和福佬人的文化内涵，畲民的客家化、福佬化使两个族群的人数大增，分布领域也有了较大的扩展（谢重光，2002：191－214）。畲族、客家和福佬先民三个族群在抗元斗争中同仇敌忾、同组一军，声气相求，彼此有了更多更深的接触交流和融合。

　　闽粤赣三省畲汉人民联合抗元的事迹很多，包括文天祥、张世杰领导的畲汉人民抗元斗争，黄华领导的畲民起义，陈吊眼领导的畲民起义，董贤举、钟明亮等领导的畲民起义，李自甫领导的畲民起义，"汉人"朱光卿、戴甲领导的抗元斗争等。在宋末元初如火如荼的畲汉抗元斗争中，与潮州畲民联系最密切的是陈吊眼领导的畲民起义。陈吊眼是宋元历史上一个有名的传奇人物，名遂，又名大举，民间尊称陈吊王，外号"吊眼"因眼睛外角上斜而得。据谢重光（2002：203）考证，"陈吊眼是闽南粤东的畲民领袖，活动初起于咸淳九年左右，部众从数万发展到近十万，结五十余寨，与元朝大军苦战达四五年之久，是元军向闽南粤东推进的主要障碍。为了平定这支畲军，元朝廷调集多员猛将，动用数路兵力，甚至为此而改变行省设置，还是难以取胜，最后借用了黄华畲军'以蛮制蛮'，并设计采用火攻，才勉强剿平祸乱。"陈吊眼带领起义畲军配合宋末汉军抗元的活动，在官方正史《宋季三朝政要·附录》中有明确记载："张世杰围泉州，将淮军及陈吊眼、许夫人诸洞畲军，兵威稍振。"正史记载陈吊眼于至元十九年（1282年）被擒，且被"斩首漳州市，余党悉平"。但民间传说却认为宋亡后陈吊眼一直在潮州坚持抗元，并且越战越强，于至正十六年（1356年）攻下揭阳城，自称定王，又占据潮阳城，直到明洪武初才被朝廷招降。

　　陈吊眼的故事至今仍在潮州广为流传。《潮州日报》2004年3月31日刊登的《畲族首领陈遂与凤凰山》一文，形象生动地反映了陈吊眼与凤凰山畲族先民的关系：

　　　　在清世祖顺治十八年（1661）修的《潮州府表·山川部》有"饶平县小记：凤凰山在下饶堡，距县城（时在三饶）西北四十里，上多相思树。虎头山则凤凰山坂头村之右，形如虎踞。陈吊眼屯众处为四壁岭。"而在清圣祖康熙二十六年（1684）修的《饶平县志·山川》有"凤凰山在县治西四十里，高压诸峰，山顶翠如凤冠，乘风能鸣，与郡城（潮州）西湖山相应。四壁岭在东洋屯堡潘段村，相传为陈吊眼屯聚处。"四壁岭俗称四百岭，在凤凰山东部的饶平县新圩镇和渔村镇的交界处，是畲族领袖陈遂的据点，相传他曾带男女义军三千人在岭上驻军，现在北面山坡上还留存校场遗址，约四亩地宽，还筑有环山跑马道。后人建有陈吊王庙，置有他的塑像，至今古迹尚存。在岭下的长彬乡有"陈元帅爷宫"，宫内也有陈遂和他的妹妹陈吊花像，每年九月初九为陈吊王忌日，七百年来香火不断。宫联是：百丈埔中昭大勇，四百岭上仰高风。联中提到的百丈埔也在凤凰山东偏南的饶平县钱东镇北部和高堂镇南部交界处的一片埔地，古代为漳州至潮州驿道经过处。相传宋端宗景炎元年（1276）十一月，皇帝赵昰（宋度宗的庶长子）和弟弟赵昺被元军追逐，走投无路，陈遂和许夫人（也称畲大娘）从凤凰山南下救驾，在百丈埔阻击元军，赵兄弟得以脱险，一说逃往南澳，一说逃上凤凰山，故有天池太子洞和四脚鱼的传说。由于畲军少而元军众，许夫人为掩护陈遂撤退而身受重伤，不愿投降而投井就义。人们后来在埔顶修有"娘娘庙"以纪念这位畲族女英雄。1958年群众在百丈埔开垦时，曾发掘到"千人坑"和"百人义坑"的遗址，可见当时战斗之激烈和畲军的勇敢。潮州俗语也有"而（乱）过百丈埔"喻场面的狼藉而流传至今。
　　……

　　而在凤凰溪流经的潮安县FH镇砚田村对面的凤凰山南麓有陈吊王寨遗址，其海拔高304.6米，周围环绕着牛、狮、虎、龙、鹰、鸟笼、将军搭弓诸山，寨南面临凤凰溪，寨北峰峦叠嶂直接凤凰山，站在山寨上可望见韩江。寨址的开阔地虽然杂草丛生，但还能见东西两面各残存一条宽约二尺、长约百米的寨墙，墙外还挖有深约四尺的壕沟，在寨址还能见到不少宋代瓷器的碎片。由此可知《畲族简史》中把陈遂作为畲族的英雄，并记述他在潮州的活动并不虚传，可见凤凰山在720多年前的宋代末年还是畲族武装的根据地。

从陈吊王在饶平县和澄海的另三处现存据点来看，当时的畲族群众不止居住在凤凰山，范围还扩至山区周围的平原地区。在凤凰山之东北还有水尾山，位于饶平县东山镇东明乡，与福建诏安县太平镇哮峰村接壤，山间有一岩洞，据说能通到山巅，是陈吊王畲军的据点之一。洞内现存有"石眠床"和"石桌"各一张，相传是陈吊王住过的居所。而在洞东南的山坡上，尚存有一大片园田，相传是畲军当年开垦之地，共有九十九丘，故地名为"九十九丘田"而传存至今。在附近的"三层石"山坡上，一块巨石上还刻有"微风垣市"四个大字，无落款，相传为陈吊王用剑所刻，至今字迹清楚。由此可知，这位畲族领袖是文武双全的英雄。

在凤凰山东南的澄海西浦山有石龙寨，形势险要，处于潮、澄、饶三县交界，是由无数大小不同的厚石伏盖山坑而形成，传说是陈吊王五十八寨之一。北面坑口有"东门楼"，是畲军的望哨和指挥部，由几块天然大石垒成。还有人工横架的两条石梁可通石洞。洞中还有火药白，相传是陈吊王制作火药之用。今石龙寨之东有"羊城内"地名，古称"陶畲"，是古代畲胞居住地。

在澄海莲下镇程洋岗乡西的莲阳河和蓬洞溪畔，还有陈吊王的"临江寨"。现寨北门尚存，东门存门框柱和夹在古榕中的墙基石。寨西有陈吊王的审厅和上、下花园残垣和通路石级。潮州现尚存有陈吊王的军事遗址十多处，仅桑浦山便有李古洞、铸钱洞、甘露寺、龙虎洞等处。由此证明《元史·世祖本纪》中关于陈吊王"聚众十万，连五十余寨"记载属实，也可见畲胞未外迁闽浙赣皖四省时在潮州人数之众多（《潮州日报》，2004年3月31日）。

　　《潮州日报》的文章作者把当代凤凰山畲族人口锐减的原因，归结为历史上畲族先民向闽浙赣皖等省的迁移，这固然有一定的历史依据，但我们同时也不能忽略族籍认同变更导致的畲族后代人口的减少。正如我们在田野调查过程中发现的那样，在潮汕及其邻近的福建地区，因在民族识别过程中未申报少数民族识别而被划定为汉族的畲民后裔目前还大有人在，他们形成了畲族历史发展过程中不少人经由民族识别机制而改变族群认同这一不可忽视的事实。

　　直至明清时代，凤凰山区的畲、汉分野只是零星散见于汉族史料中关于当地民众斗争的简略记载。如《天下郡国利病书》第19册《广东下》记载：明代弘治十四年潮州府饶平县凤凰村蛮僚"苏孟凯自称斗老，聚众千余作乱"（谢重光，2002：160）。历代"蛮僚"、"畲军"统领人物如苏孟凯、陈遂、许夫人等，大多不属于当今认定的畲族四姓盘、蓝、雷、钟，说明畲族与汉族先民的群体边界要么发展至今已经发生了变化，出现了位移，要么当初的边界标志并不十分明显，边界两边的民众合作紧密，如同一个族群。

　　新中国成立之前，凤凰山区畲民社会地位低下，在政治上遭受歧视压迫，在经济上也受汉族地主剥削。尽管长住深山，畲民却没有或很少有自己的土地，因此不得不租种汉人地主的土地，祖祖辈辈遭受地租、山租和高利贷的盘剥。20世纪50年代到福建、浙江、广东等地开展民族识别调查工作的专家学者们反映，新中国成立之前凤凰山区畲族先民的政治经济地位十分低下，畲民不仅受到统治阶级的欺压，还要遭受民族歧视和凌辱，常被辱骂为"畲客""伛畲客""畲客仔""畲崽仔""狗头王派""狗头王子孙""狗种""死畲""死畲仔""畲婆"等。在新中国成立之前北山村畲民迎娶新娘时，不仅路过汉族村庄时要交"花红钱"作为过路费，而且附近汉人还编出歌谣讽刺辱骂他们："石鼓坪，伛畲客，藤断石叠""石鼓坪，畲客仔，无戏棚，用凳仔；无布棚，用裙仔，无的嘟（类似喇叭的乐器），用杓（即'勺'）仔。"
类似的辱骂在广东凤凰山以外的其他畲民居住区也同样存在，例
如海丰县红罗村的畲民就被当地汉人骂为："畲仔畲叮当，畲婆嫁
和尚。"由于害怕嘲笑辱骂，畲民外出时不敢讲自己的本族语言，
有的畲村甚至被迫瞒族改姓。凤凰山中山村的畲民，新中国成立
之前就在附近岽溪村蓝姓汉族地主的逼迫下，被迫改变自己姓氏
中的竹头"篮"字为草头"蓝"，而且每年春节还要杀猪宰羊到岽
溪去拜祭汉族蓝姓祖宗（朱洪、姜永兴，1991：59）。据朱洪、姜
永兴（1991：53）研究统计，新中国成立之前潮州共有 5 个畲民
村庄，共 165 户，751 人，共有耕地 1500 亩，其中自耕地 370 亩，
仅占总耕地面积的 25%，其余 75% 的耕地属于外村地主。畲民在
租种耕地时需要向地主交纳的实物地租，通常占实际收成的 50%
到 60%。此外，还有一类地租叫"铁租"，或"死租"，是一种不
管年景丰歉的定额实物地租。如遇灾荒歉收之年，畲民不仅全年
收成尽归地主所有，而且交纳不出，或交纳不足的部分，还要以
债务计算并转为高利贷。畲民不仅要忍饥受饿，还要面临被夺佃
的威胁，生活往往苦不堪言。除交纳额定的地租外，汉族地主还
常常巧立名目征收各种费用，加重对畲民的剥削。南山畲村的每
户村民，每年都要被迫向鸭背村张姓地主上交 2 斗谷的"保护
费"，或称"牛头税"。除此以外，他们每年还要向樟皮村翁姓地
主交纳 3000 斤稻谷作为租种山场的"铁租"。畲民世世代代必须
向邻村汉族地主交纳"山租"，否则就会遭受到被驱逐的厄运。即
使不被驱逐，世代居住深山的畲民在封建地租和高利贷的剥削下，
生活也非常贫困凄惨。一些畲民需要上交的地租率高达 90%，一
些甚至全年的收成也不够缴纳地租。在溪岭畲族村，新中国成立
之前曾有个名叫蓝邵和的畲民租种汉族地主的田，结果一年收成
全数交租后，还欠地主租谷 4000 多斤。蓝邵和借地主刘子平的钱，
年利息高达 500%。畲民借钱，年利最低也是 100%，偿还不了则
变成利上滚利。在这样的背景下，不少贫苦畲民常年过着"野菜

当粮草，生羌当油炒，竹篾当灯点，火笼当棉袄"的饥寒交迫的
生活。

新中国成立之前凸显的畲、汉族群边界在很大程度上可以说
是一条阶级分化界限，是隔离和区分压迫与被压迫、剥削和被剥
削者之间社会关系的界限。但在处于社会最底层的畲族先民群体
内部，同样也出现了阶级分化，产生了相对富有的地主、富农阶
层和地租、高利贷、雇工剥削现象，表明族群边界两侧的两个群
体并不是截然对立或毫不相关的。在新中国成立之前，凤凰山区
的畲村之间大多因山水阻隔而各不相连，他们未能形成成片相连
的族群独立社区，而是被纳入当地汉人社区的社会组织之中。在
畲民村落中，如同在当地汉人村落中一样，国民党统治的保甲制
度与村中的封建宗族制度合二为一。畲村中自然形成的头人、族
长，或称"老大"，同时也受国民党政府的委任。"老大"作为村
中的长老和头人，一方面承担着对内秉公办事，维持族人团结，
调解族人纠纷，主持祭祀，对外代表族人利益，为族人说话的责
任义务，另一方面又充当着历代政府"以夷治夷"政策的实施工
具甚至爪牙帮凶。在国民党统治时期，畲村族长或"老大"，大都
被委以保长、甲长之职并被授以特权。这些特权在有的畲村甚至
变成父死子嗣的世袭职位。如西山村、中山村原任族长雷 DS、蓝
T 担任闾长，两人死后，闾长由蓝 T 之子蓝 SE 继任，后升为保长，
兼管本宗公尝（本宗公共财产），权力超过其父亲。蓝 SE 不仅对
国民党俯首帖耳，而且倚仗权势鱼肉乡民，成为国民党欺压畲民
的爪牙。在 18 年连任期间，蓝 SE 借助对国民党的政治依靠和对
同宗人的经济剥削，从一个普通农民上升为一个富农剥削阶级。
南山畲村管理公尝的族长雷 RK，也被国民党委任为保长，任职多
年后，同样上升为富农阶级。北山村的"老大"蓝法兴、蓝法秀
虽未担任过国民党的保长、甲长职务，但他们身兼巫师，即当地
所称的"红头师公"，也倚仗邻村汉族地主的权势来欺压盘剥本村
族人。凤凰山畲村族长与本村民众关系较为融洽，矛盾不甚尖锐

的也有，如丰顺县风吹磜（凤山村）的"老大"蓝 WS、蓝 TZ、钟 KS 等，他们都未曾担任过国民党政府的保、甲长之职。

凤凰山畲村的族长或"老大"联合国民党政府和汉族地主一同欺压和剥削本村畲民的现象，从新中国成立之后各个畲族村的土地改革和成分划分资料记载可以找到佐证。潮州中山村、西山村、南山村（含黄洋）和北山村 4 个畲族村，新中国成立之初共有 136 户人家，其中占总户数比例 2.9% 的地主，拥有当地畲村总耕地面积的 21.8%；占总户数比例 3.7% 的富农，占有总耕地面积的 11.4%；占总户数比例 91% 的贫下中农，却仅占有耕地面积的 23.7%；占总户数比例 2.4% 的雇农，完全没有一寸土地。畲民耕种的总耕地面积中，还有 43.1% 属于外村地主。在凤凰山区丰顺县的另一个畲村"风吹磜"，又名"苦竹洞"，即当今的凤山村，新中国成立之前的情形也大致相同。风吹磜（凤山村）虽然没有地主，但族内阶层分化和贫富差距也相当明显。在全村 47 户 173 人中，中农占总户数的 16.3%，却占有全村总耕地面积的 38.4%，人均拥有土地 1.73 亩；贫农占总户数的 76.7%，占有的耕地面积仅 60.54%，人均 0.72 亩；占总户数 7% 的雇农，则只占有耕地面积的 1.01%，人均 0.18 亩（杨成志等，1986［1955］：28 - 29）。这些数据表明，新中国成立前的畲民群体已出现分化，其中的贫穷个体不仅受到外族地主的剥削压迫，同时也受到本族富裕阶层的盘剥。族群边界和阶级边界既阻隔也联合了畲汉两族处于不同社会地位的群体成员。

二　民族身份的确定

畲族民族边界的划定与确立，最早开始于 20 世纪 50 年代。据黄淑娉教授回忆，1951 年至 1956 年期间，福建、浙江地区的畲民（当时社会上俗称苗族）不断向政府反映意见，要求承认他们的少数民族身份。1953 年，国家民委派出畲民调查组，对福建、浙江两省畲民进行民族识别调查研究。1955 年又派出一个调查组到广东省罗浮山区、莲花山区和凤凰山区的博罗、增城、海丰、潮安、丰顺、饶平等县进行调查。根据调查结果，1956年底国务院正式批准承认畲族是我国的一个单一少数民族（黄淑娉，1995：1）。对于畲族的识别和确定过程，畲族干部蓝云飞在《畲族民族成分确定过程简述》一文中做了更加详细的描述。据蓝云飞回忆，1953年、1955年，中央政府曾组织专家、学者和民族工作者分别深入福建省罗源县八井、漳平县山羊隔，浙江省景宁县东弄和广东省等畲民地区进行认真、慎重、稳妥的民族识别调查。1953年8月，国家民委派由中央民族学院施联朱教授率领的畲民民族识别调查组，到浙江省景宁县东弄村开展调查，内容涉及五个方面。第一，族群的人口、名称；第二，民族压迫与反抗斗争；第三，经济生活，包括农作时间与主要作物、劳动力、土地生产力、生产工具与耕作技术、阶级构成与剥削关系、副业生产、贸易、新中国成立之后农业生产力的发展和人民生活的改善等；第四，族群的社会组织和风俗习惯，包括祠堂组织、自然领袖、家庭、婚姻、丧葬、节日、禁忌、醮名、排行、宗教信仰等；第五，文教卫生，包括文化教育、疾病与人口发展等。根据畲民民族成分识别的调查情况，中共中央统战部于1956年8月11日给浙江、福建、广东、江西四省省委统战部发出《关于确定畲民民族成分问题》的电报，认为"根据几年来各方面的调查材料及畲民的意见，均说明了畲民不是汉族，畲民也不承认自己是汉族，迫切要求确定自己为一个少数民族。在语言方面，浙、闽、赣三省畲民彼此相通，语法结构相同，基本词汇绝大部分一样，可以说有共同语言。同时畲民也有与汉族不同的风俗习惯、历史传说与信仰。根据畲民的自愿及目前存在的特点，是可以确定为一个少数民族成分的。对民族名称问题，要求各省征求意见后上报"。1956年12月8日，中共中央统战部根据浙江、江西、福建和广东省委的报告和电报，给这四个省的省委统战部下发《关于确定畲族的民族成分和民族名称问题》并报中央的电报："由于各省对确定畲民为一个少数民族意见一致，因此，现在可以正式确定畲民为一个少数民族。"

族称的确立和"民族成分"的划定，使畲族的族群边界从此有了制度化的延续保障。作为新中国社会主义大家庭的结构成员之一，畲族的历史文化、风俗习惯、生产生活、政治经济、社会地位等受到社会各界前所未有的关注，有关畲族生活各方面情况的具体记载从此逐渐丰富起来。但20世纪50年代政府派出的民族识别工作组发现，畲民的族群特征并不明显，他们对凤凰山区畲民的调查和发现甚至让人感到意外和困惑。1953年在福建、浙江开展民族识别工作的畲民调查组发现在当地畲民中普遍流传着一个共同的传说，即认为广东凤凰山区是畲民的祖居地。然而，1955年派到广东的畲族调查组却失望地发现，凤凰山区畲民的民族特点比闽、浙地区的畲民还少。这种现象曾使当时的调查者们感到十分困惑。后来不少学者对此进行了多方面的研究，研究过程和结果使人们逐渐认识到，像畲族这样在历史上长期和汉人社会杂居在一起的少数族群，虽然有自己不同于他人的族称和族群认同意识，但已经在很大程度上融入和接受了汉人社会的语言文化特点。他们尽管保留了自己的族群记忆和一些独特之处，但其特征远远不如迁徙他乡的成片聚居的少数民族群体那样突出。已经没有或很少有传统民族特色的群体是否能被识别为少数民族？这是新中国成立之后人民政府首先面对和力图解决的许多问题之一。据费孝通先生的回忆，1949年10月新中国成立之后，中央人民政府为了弄清我国各民族的基本情况，于1950～1952年间派出若干"中央访问团"，分别到各大行政区去遍访各地的少数民族。访问团除了宣传民族平等的基本政策外，还肩负其他许多任务，其中包括亲身拜访各地的少数民族，摸清各民族的名称（包括自称和他称）、人数、语言、历史，以及包括风俗习惯在内的文化特点。"中央访问团"的访问工作为后来中华民族成员单位的确立奠定了重要基础。1953年新中国开展第一次人口普查，全国自报登记的民族名称共有400多个。由于自报少数民族在审核分析时发现其中存在不少问题，政府决定对自报的族名进行逐一甄别，于是开展了旷日持久的全国性"民族识别工作"，从1953年开始一直到1991年暂告一个段落，一共持续近40年。民族识别最终确定了中华民族共有56个构成单位的多元一体格局。56个民族单位在经过识别，并和当地有关群众协商取得同意后，由中央分批审定公布，先后于1954年确认了38个少数民族，1965年确认15个少数民族，1982年又确认2个少数民族。加上汉族，中国政府至今一共确认了56个民族，但"民族识别工作并没有结束，还有极少数族群的识别没有定论，这些疑案还要进一步研究才能确定"（费孝通，1999：3-5）。

55个少数民族的正式名称，一方面是按照名从主人的原则确认的，但同时也要经过多方协商才予以正式确认。畲族族别与族称的确立，无疑稳定并发展壮大了畲族族群的民族认同感，对畲族社会的文化特征复兴及进一步融入中华民族多元一体格局都具有深远的历史意义和影响。仅以广东省为例，畲族族称、族籍正式确立以后，其人口逐年增长，有时远远超过人口自然增长率，反映出明显的民族成分变更结果。据《广东省志·少数民族志》（2000：265）统计报道，1955年广东畲族人口统计数字为1321人，1958年1649人，1964年1882人，1974年2155人，1978年2285人，1982年3205人，1990年26438人，2000年近3万人。从历年上升的人口数字来看，1982年与1990年之间的增长明显不合比例，后者是前者的8倍多，显然不符合人口自然增长率的规律。事实上，少数民族人口数字的这种超常增长不仅出现在畲族群体内部，国内其他少数民族也有出现类似的情况。少数民族人口超自然增长率的飞跃只能说明一种情况，即汉族之中有许多已长期被融入汉族的非汉民族，他们在意识上还保留有融而未合的痕迹，当他们感到政策有利于他们自己祖先的少数民族身份时，他们便采取相应程序变更自己合法的民族认同。这一现象也充分证明了费孝通先生的论断，即民族并不是长期稳定的人群共同体，而是在历史过程中经常有变动的民族实体（费孝通，1999：31）。

畲族族称与民族边界的确立，并非易如反掌或一蹴而就的事情。同我国西南地区的少数民族彝族一样，畲族内部并非所有成员都满意政府学者给自己确定的"畲族"名称，都对政府确定的族称感到满意。尽管历史文献中早有"畲民初聚居闽粤赣三省之交"的记载，但在闽粤赣三省交界的凤凰山区，被称为畲民或畲民后裔的人群在新中国成立之前并不知道自己是畲民。而在广东省罗浮山区，那些自称"贺爹"的人群在被政府识别确定为畲族之后，竟拒不接受"畲族"的称号，他们坚决认为自己是"瑶人""瑶族"，而不是什么"畲民""畲族"（杨成志等，1986［1955］：23）。

民族识别或民族边界的划定工作是一个艰难曲折的过程。在有关畲族社会历史调查的文献中，我们看到这样的叙述："……在畲族识别工作中，我们既不能生搬硬套，用斯大林说的资本主义上升时期形成的民族四个特征作为识别畲族的标准，又不能不把这些民族特征作为畲族识别的入门指导"（施联朱，1987：8）。换言之，中国政府及其民族工作者从20世纪50年代开始的民族大调查，并未完全照搬国外的民族定义，而是结合国情、结合历史、灵活变通来开展中国的民族识别工作。

熟悉一下斯大林的民族定义，尤其是定义中的民族识别四大要素在畲族识别过程中的具体应用，将有助于我们更好地了解畲族民族边界的确立过程以及畲族族称认同出现的遗留问题。斯大林认为："民族是人们在历史上形成的一个有共同语言、共同地域、共同经济生活以及表现于共同文化上的共同心理素质的稳定的共同体"（施联朱，1987：7）。斯大林的民族定义强调民族的认同与形成必须依赖共同地域、共同语言、共同文化和共同的心理素质四个方面的因素。但当畲族识别工作小组在采用"共同地域"作为指标来衡量畲族族别时，考虑更多的是畲族历史迁徙过程中形成的一系列共同地域，而非仅仅是现实意义上的共同地域。民族识别专家们认为，春秋战国时期，生活在淮河、黄河之间的"东夷"中靠西南的一支"徐夷"，后来有一部分向长江流域迁徙进入五岭山脉中可能形成了今天的瑶族；"徐夷"中的另一部分沿五岭山脉向东流动，在江西、福建、浙江山区和汉人结合而形成畲族。畲族在隋唐时就已聚居在闽、粤、赣三省交界的地区，后来由于各种原因，其中一部分人被迫向东北迁移，于是形成了今天畲族分布于闽、浙、赣、粤、皖五省山区的"大分散、小聚居"的局面，其中闽东、浙南聚居的畲族人口最多，约占畲族总人口数的96%。对我国大多数类似于畲族这样的散居少数民族而言，"共同地域"作为一个地理现实的概念显然是不能成立的，但作为一个民族历史回溯的概念是完全可以接受的。

就"共同语言"来说，畲族的情形亦不完全符合斯大林民族定义中的规定。畲族虽有自己的语言，却没有自己的文字。据专家们认定，畲族语言可以分为两种。一种是广东罗浮山、莲花山的惠阳、海丰、增城、博罗地区的畲族群众使用的语言，这种语言接近瑶族的"布努"语，属苗瑶语族中的苗语支，兼通客家话。说这种语言的人自称"贺爹"，有1000多人，占畲族总人口大约0.4%。该语言使用范围狭窄，只在当地村寨或在外地相遇的本族人之间使用。除广东罗浮山、莲花山区那些自称"贺爹"的少数畲族群众之外，其余99%分布于广东其他地区及闽、浙、赣、皖的畲族群体都讲另一种被语言学家称为"畲话"的畲族语言。"畲话"是一种接近汉语客家方言，但又不完全相同于各地客家方言的畲族语言。闽、浙、赣、粤、皖五省的"畲话"基本一致，词语、发音相同，该语言既不等同客家话，亦不相同于浙江、闽北、闽南或潮州等地的方言，其共同特点是大部分与客家方言接近，小部分受当地方言影响。事实上我国不少民族都使用着两种或两种以上的语言，同时使用同一种语言但不属于同一种民族的现象也普遍存在。因此，斯大林民族定义中的"共同语言"标准并不符合我国的民族国情，在民族识别过程中也没有十分严格地被遵守。

就"共同文化"及在此基础上形成的"共同心理素质"而言，学者们一致认为这是畲族识别工作中举足轻重的关键要素。尽管很多地方的畲族民众在语言、服饰、生活习俗上大都汉化了，但他们在心理感情上并不认同于汉人，而是认同于"山哈"或"山客"（即"山里人"），认同于"盘瓠传说"中的"盘瓠子孙"。盘瓠传说是畲族在共同文化基础上形成的共同心理素质最集中的体现。这一传说不仅记载在他们的祖图、族谱中，反映在他们的龙头祖杖、凤冠和种种特异的祭祀习俗里，还体现在他们的民族史诗《高皇歌》里。

斯大林的民族定义提出民族是一个"稳定共同体"，就中国的历史现实的具体情况来看，"稳定"显然是相对而言的。"畲族"作为一个稳定共同体的概念，应该说是在20世纪50年代民族识别工作完成之后形成的，是国家通过行政手段予以框定确立的。在此之前，"畲""畲民""輋民"等名称对于该族群内部的广大成员而言，并不是一个十分明确了然的概念。

以上分析表明，在我国畲族族称与民族边界的确立过程中，政府部门和专家学者所起的作用是关键而又必不可少的。他们灵活参照运用国外流行的民族定义来确定我国的民族边界，但更主要的依据还是中国历史上积淀而成的畲族共同地域与共同文化，以及在此基础上形成的畲族共同心理素质。对于我国民族边界的确立与维持，政府的民族识别工作不仅功不可没，而且不可或缺。这是西方族群认同实践活动中少见的现象，也是西方族群理论在普世化过程中将要面对的挑战。

第五节　小结

本章围绕粤东凤凰山畲族概况、畲族族称的由来、畲族的族源与迁徙、畲族民族边界的确立等几个方面的问题，具体探讨和追溯了目前生活在我国东南地区的少数民族之一畲族的族籍身份形成经历和民族认同实践过程。通过畲族的历史回溯与现实发掘，我们看到民族或族群概念及其实体在我国社会历史生活中，并不是地域、经济或社会群体处于隔绝状态下形成的文化承载和区分单位，而是一种人们在互动交往中生成的社会组织关系。民族或族群的族界生成与维持，亦即人们的族籍认同实践行为，因此应从人们在互动交往中存在的共生关系和社会整合的必要性来理解。我们的研究在一定程度上印证了西方族群边界论者巴斯的理论观点，即族群是一种社会组织形式，是特定群体成员寻求的归属和认同范畴，该范畴对于族群/民族之间的互动关系具有组织协调作用。20世纪50年代以后，粤东、赣南等地蓝姓村庄以及全国各地不少汉族群体成员的族籍身份变更情况表明，尽管文化特征是民族认同的必要条件，但它们并不是充分条件。目前粤东地区仍然存在许多不愿或无意申请族籍转变的蓝姓同宗村庄，他们的民族认同实践和心理态度也表明，共同的文化背景并非民族或族群认同首要的和决定性的特征。除文化特征之外，民族、族群之间存在的结构性对立特征，以及特定族群在特定时期的认识导向、利益倾向和族群内外的权利关系运作，才是决定民族、族群认同实践及其走向的首要的和关键的因素。社会群体如族群、民族之间的结构性对立，不仅存在于群体之间对生产资源的争夺，也存在于它们对权力、知识和解释权、话语权等的争夺。如果族群、民族的结构性对立消失，那么最明显的文化差异也会随之消失，民族或族群成员的同化也就会随之出现。反之，族群、民族的结构性对立一经创造，群体之间的文化差异就会得到一定程度的加固甚至创新。因此我们可以说，族群或民族认同实质上是人们对某种特定社会经验的适应策略；在此策略之中，原生情感与文化特征只是基础，这一基础加上社会群体中的结构对立、利益追求和权力运作才能成为民族、族群认同实践过程中选择维持还是变更的充分必要条件。

作为深度汉化的少数民族群体之一，凤凰山区畲族群体目前几乎完全丧失自己族群的传统文化特征，但这一事实并不代表畲族族群边界的消失或族群认同的瓦解。在国家法定民族身份的确立和各种民族优惠政策的鼓励下，在畲、汉知识分子的共同努力和维持促进下，畲族的社会记忆与传统文化特征不仅在书面文献中代代相传，而且还在已与汉人社会无异的当代畲族群体中得到文艺演出式的创造性翻版。部分畲族村庄在认同汉族和完全汉化多年之后，借助民族身份的重新识别与恢复，正在经历全新的畲化，其中包括创新早已完全消失的畲族历史记忆和族群文化特征。正如巴斯所指出的，族群之间的差别不是文化上的差别，而是结构上的差别；族群边界不是变动不居的文化边界，而是相对稳定的社会边界和政治边界。传统文化特征作为畲族族群名称得以确立的必要条件，在首要特征即姓氏合格的前提下，可以重新创造，或"恢复记忆"，从而得到加固维持。

通过溯源畲族族称的确立及其边界的划定和维持，我们还充分了解到我国 20 世纪 50 年代开展的"民族识别"工作的重要意义。诚如马戎先生所言，正是政府推行的"民族识别"政策和工作，才在我国建立起了制度化的"民族身份"与族群关系框架，并为当代中国的中华民族多元一体格局奠定了基础。"民族识别"对中国历史上复杂的族群情况进行了长期深入的调查研究和比较系统、科学的归类命名，不仅为全国各族人民了解各自的社会组织发展形态创造了条件，为各个族群并肩携手整合进入中国现代社会的发展创造了条件，还为政府实施各项民族平等政策和少数民族优惠政策提供了可行性保障。

第三章

南山村：传统文化薪火闪烁的畲村

上一章探讨了畲族的族称由来、族源迁徙、民族边界的确立，以及凤凰山畲族的族群认同及其维持与变迁问题。本章将以粤东凤凰山区的南山畲族村为例，进一步描述展现以村落为单位的畲族族群边界的形成和民族认同的实践过程，展现近一个世纪以来南山畲族村民在社会制度变革中，即在新中国成立之前的革命斗争、新中国成立之后的社会主义建设与经济发展过程中，所走过的民族认同实践历程。与部分畲村如北山畲族村因急欲融入我国当代社会尤其是市场经济系统而不惜扬弃传统文化习俗相比，南山畲村干部群众试图在社会变革进程中尽可能多地保存自己的族群文化传统习俗，并以此作为一种独特的资源和契机融入当代社会发展。以下我们将从南山畲族村在新中国成立前革命斗争中的畲汉互动事迹、新中国成立之后社会主义建设中族群认同的退隐、改革开放后村中努力复兴传统文化习俗的尝试，以及村民的语言和教育几个方面入手，揭示畲族村民在族群认同实践中的社会互动参与和维护族群边界的努力。

第一节　当代族群互动经历

当今的南山畲族村位于潮州市潮安县 S 镇境内，距离潮州市区西北方向约 15 公里，是一个由 3 个自然村组成的行政村。全村人口 603 人，其中南山自然村、黄洋自然村为畲族聚居村落，人口510 人，葵屯自然村为汉族聚居村落，人口不到 100 人。南山村的族群意识以及积极投入当地汉族社会活动的经历同凤凰山区其他畲族村一样，早在新中国成立之前就已出现，新中国成立之前的革命斗争和新中国成立之后的社会主义建设使南山畲民与周围汉族群众互动密切，几乎到了不以族群划分你我的地步。

一　新中国成立之前南山村畲民的革命斗争事迹

20 世纪上半叶，南山村畲族先民与当地汉族民众一道踊跃参加中国共产党领导的各种推翻半殖民地半封建社会的革命活动。据《潮安革命老区》（2004：12）这一地方资料汇编记载，1993年 4 月，潮安县共有 222 个管理区（即行政村）被上级政府批准为"解放战争游击根据地"，其中包括北山村畲族管理区、中山村畲族管理区、西山村畲族管理区和南山村畲族管理区。除潮安县四个畲村以外，丰顺县的凤山畲族村和饶平县的东山畲族村也是当年共产党革命战争的老根据地。《潮安革命老区》的资料记录显示，从第一次国内革命战争开始一直到解放战争时期，凤凰山畲村不仅是武装革命斗争的后方根据地，还是游击战争的前沿阵地。各个畲村的畲族先民们不畏强暴，不畏艰险，不怕牺牲，英勇参战，积极支持中国共产党武装革命，为潮汕地区的解放做出了巨大贡献。

在《潮安革命老区》资料汇编中，南山畲族村不仅是"解放战争游击根据地"之一，而且还被命名为"红色根据地"，因为该村早在 20 世纪 30 年代就成立了苏维埃政权。另据《闽粤赣边纵队史》（1995：81－86）记载，1934 年 10 月，中国共产党领导下的中央红军被迫开始"二万五千里长征"后，部分留下坚持游击战的红军于 1935 年 1 月辗转来到潮汕地区建立浮凤根据地，推动当地的革命斗争。浮凤根据地中的"浮"指饶平县北部的浮山、浮滨，"凤"则指凤凰山。1935 年 2 月，在红军的协助下，浮凤根据地的革命政权即潮澄饶县委很快成立了分田委员会，并开始进行土地革命。没收地主的田地按人口分配，每人分得 1 亩左右，4 月全县已有 70 多个乡村完成分田工作，19 个乡村建立了苏维埃政权，其中包括南山畲村（《闽粤赣边纵队史》，1995：193）。在红军的发动组织下，南山农民协会于 1935 年 3 月成立①，全村半数以上的农户加入农会。农会的五个领导成员大多是畲民，他们分别是顾 YL（女，寡妇）、雷 LB（农会主席）、雷 MK（赤卫队长）、雷 BH（赤卫队文书）、雷 YS（赤卫队队员）、雷 YH（赤卫队队员）。据村民回忆，顾 YL 是村中第一个革命者，是她最先与外村一个名叫婵娟的革命者取得联系，把革命人员引进村中。顾 YL 家是雇农，靠租种外村地主的田地为生。在土地革命之前，南山粮食生产有一季没有收成，村民交不起地租，山下东岭村的汉族地主来收租时，见顾 YL 家没有谷子，就强行牵走了她家唯一的一头牛。顾 YL 的丈夫雷 H 因此气病，没过多久就因病身亡，剩下顾 YL 母女两人生活十分艰难，于是就带头参加了革命。

　　南山畲村的农会领导成员都是赤卫队骨干分子，他们带领群众开展打土豪、分田地活动，还在村中组建了农民自卫军即青年赤卫队，组织武装队伍开展游击战争，打击敌人。南山报道人之

---

①　有关文献和南山畲族村祖祠大门外侧悬挂的"苏维埃政权旧址"匾牌皆记载，南山村成立苏维埃政权的年份是 1932 年，但田野调查中有报道人指出该年份记录有误，正确的年份应该是 1935 年，因为红军 1935 年初才到潮汕地区组建包括南山村在内的浮凤根据地开展游击战。

——五十多岁的雷 CM 校长①根据我们的要求，专门去村中老人和顾 YL 家后代那里了解到：

> 顾 YL 胆子很大，从潮州帮助部队、游击队挑军需品到南山，如军人的帽子、衣服等。南山村是潮州到 FN 镇、FH 镇的中间连接站，军需品一般先从潮州运到南山村，然后再送到 FN 镇那边去。她胆子是可以，当时国民党有在半路设站检查，她被拦住检查过。国民党问她"你挑的什么"，她说"我挑的铺子货"。她是用我们这里称为"七圣"的一种圆筐挑的。"七圣"（潮汕话发音 chì xiá）是祭拜用的工具，像个箩筐，但是是一格一格叠起来的，通常有三四层格子，每格里面可以装东西。她把军帽、衣服放在里面，上面再盖上草。人家问"挑什么"，她说"铺子货"，结果人家也没检查。说明她胆量还是好，敢经过那个检查站。有时候他们检查很严的。"七圣"是扫墓的时候，用来装祭品和挑祭品上山的工具，像箩筐，是圆形的，用竹子编成的，上面有个盖，中间有三层格子，圆圆的，每一层格子里面可以放不同的东西，比如一层放鸡肉鸭肉，一层放香、纸钱，另一层放粿啊饼什么的，几层格子重叠着放在一起就比较高一点，上面再盖个盖子，挑起来也方便。"七圣"比较大，是用来挑的；小一点的叫"纳绷"（nǎ bǒng），像个篮子，只有一层，上面加一个盖子，是用手拎的。两种都是祭拜时候用的工具。

土地革命失败后，国民党和当地反动武装势力先后在各游击根据地进行长期轮番清剿。南山畲村先后遭到十多次洗劫，农会委员雷 CF（女）及其胞兄雷 MK、雷 HJ 等人遭到杀害。尽管如

① 雷 CM，南山畲族村主要报道人之一，1993～2006 担任南山小学校长，2003 年当选广东省第九届人大代表。

此，畲民仍坚持革命斗争。1947年，南山成立区人民政府，领导畲民为游击队送信、送粮、带路、运物资，配合游击队打击国民党。南山村是潮州通往FH圩的咽喉要道之一，村所在山脚下的东岭村和沙坑村，是潮汕平原进凤凰山的一个要点，潮州、汕头等地的人要到FH镇，进山前都会在东岭村或沙坑村休息一下，然后经过南山进FH。由于地理位置重要，再加上有革命区委的基础，1948年6月革命武工队韩江支队第十一团才驻扎在了南山村。在整个解放战争期间，南山村民在革命政府和武装力量的领导和组织下，为革命胜利立下了不少功劳（《潮安革命老区》，2004：287）。据雷CM校长讲述：

　　南山为什么有枪，说明已经参加了部队，而不是简单的民兵或者赤卫队，要真是参加了部队才有枪。韩江支队第十一团部队"走兵"，村里民兵放哨，发现情况就打锣或者放枪，村中大人小孩就跑到山上躲藏。我父亲多次遇到险境。比如国民党胡琏的大队人马要去FH镇，来到我们村附近的"蜘蛛结网"这个地方。我父亲在西面放了一枪，国民党军误以为我们的部队在这边，于是跑下山再爬上山，大部队集体往西面追来，结果扑了空，白费了很多子弹和时间。我父亲就这样牵制了他们，搞得他们筋疲力尽，因为山很陡峭，草木茂盛，很难通过，他们的大部队通过，砍踏出一条路来。赤卫队牵制敌军力量，消耗他们的枪支弹药，经常有这样的情况。

　　国民党大队人马从沙坑村上来，经过"蜘蛛结网"，要去大水溪，从大水溪再经过飞凤岭、南坑、下铺去FH墟。到"蜘蛛结网"的时候，让我父亲给引到西面，爬了很多冤枉山路，白费了很多时间、子弹。

另据村中五十多岁的雷会计讲：

西岭村（GH镇方向，离南山村10多公里）解放前有个姓廖的"小鬼"（即通讯员），对南山革命的情况比较熟，不知道现在还有没有健在。听校长大哥（69岁，现在汕尾自来水公司退休）说，国民党胡琏部队来到潮州的时候，校长的父亲把他们引到西面去兜圈子。过后去看那个山，地上搞出一两条像路一样的通道，兵很多，把地面的草、柴踩了一条路通到对面去。解放战争期间，大概1948年，飞凤崖战役，国民党部队出FH镇，下南屯去潮州，武工队打国民党的尾端部队，被围困在南屯，邓龙光部队从潮州来接应，后来在打南屯村的一次战斗中受伤的10多个武工队伤病员曾住在雷MH家里养伤。那个时期邓龙光部队活动激烈，从FH镇到潮州基本上都被打平了。村民也有参加正规军队的，村里参加革命部队的人，像雷JL（主任的二伯）就随着部队转移到福建南部的乌山，一路上还有打仗。雷WH在饶平县浮滨那里打了一仗，部队散了就跑回来了。乌山战斗失败后，雷JL也跑回来了。据雷YM讲，他父亲NG的胞弟ZR经常煮饭给游击队吃。我的二伯据说参加过新四军，打到上海有写一封信回来，但后来就没有消息了，可能牺牲了。

以上田野调查访谈记录显示，南山畲族报告人在回忆村中先辈的革命事迹时，并未表现出强烈的族群认同意识，他们在讲述中极少用到"畲""汉"或"畲族""汉族"这样的字词，而是将本村先民的活动融入当地整个历史社会的大环境之中，仿佛与周围汉族群众的革命斗争并无分别。而革命政府和武装力量在南山村的存在和活动也充分表明，新中国成立之前凤凰山畲、汉族群之间已无任何交往的障碍。这种情形与许多畲族研究文献中描写和突出的边界区分与族群歧视有所出入，也许现实生活中畲民持有一种更加真实的认同态度，即畲民关注的并不是本村和外村或畲族和汉族之间的区别，而是当地较大范围内不分族群差异的普遍社会活动。

文献记录与现实生活的不符或误差，通常可以经由两者之间的互动沟通得到澄清纠正，这也正是人类学研究深入田野进行参与观察和深入访谈的首要目的之一。在南山祖祠进门右侧的墙壁上，我们看到与畲族祖图并列悬挂在玻璃镜框内的一帧与祖图故事及文字说明毫不相干的陈列内容。镜框陈列的内容包括三项：嵌于镜框内最右侧一张发黄的纸张上印着《广东畲族研究》一书的封面文字；镜框中间是书中第7页的图片和文字内容；镜框左边是一段钢笔书写的文字说明："广东省第九届人大代表雷 CM 为右边两位革命者正名。雷 BQ 应正为雷 BH，雷 MH 应正为雷 YH。2003.1.28"。陈列在南山畲村祖祠中这则郑重其事的勘正告示，针对的是《广东畲族研究》一书第7页一张照片下方的文字说明："潮州南山于 1934、1935 年间在中国共产党领导下建立过农民协会。图为老农会会员雷 JL、雷 BQ、雷 MH 在农会旧址前合影"（朱洪、姜永兴，1991：7）。勘误人雷 CM 校长在田野访谈中告诉我们：

> 照片上的名字错误，那些老人在世的时候都很生气，心想：我的人还在你就那样改，那么我死后［我做过的事迹］什么都没有了？［19］93 年潮州在村里来搞招兵节的时候，《广东畲族研究》那本书就带到村里来了。我们看到书里照片上人的名字给人家改了，都很生气。当时我和 MQ［会计的二哥］找到［潮州］民委的同志，问那个名字你们怎么可以这样改。我的父亲雷 BH，他就改成了雷 BQ，村里根本就没有人叫雷 BQ 这个名字。会计的爸爸是雷 YH，却被改成了雷 MH。MH 是我的四伯，以前根本就没有参加过什么革命。

对于书中照片人物与名字不符的原因，报道人将其归咎于新中国成立后南山畲村个别干部群众革命素质的低下，而非外界权威部门或研究人士的记录：

> 以前［"文革"期间］的村支部书记［雷］CH，叫 MH 去不知道是民政局还是统战部做口述记录，但 MH 根本就不清楚革命的情况。MH 是老好人，没有参加革命。CH 跟他的关系好，所以就叫他去口述。结果他连苏维埃政权成立的日期都说错，说是 1932 年，其实应该是 1935 年才正确，你查这本革命材料的书［《潮安革命老区》］就可以知道。我们的村碑上写的 1932 年成立苏维埃，其实是错误的。这本书［《潮安革命老区》］上讲，1935 年，大山成立苏维埃，随后十几个村都相继成立苏维埃。我们村的农会是 1934 年才成立的，村赤卫队 1935 年成立，我们的苏维埃按照历史应该是 1935 年 8、9 月成立才对。
>
> CH 这个人对革命比较恨，村里对他意见比较大。村里的老革命都没有名，就是他没有处理好。他当了干部，本来应该宣传革命事迹，来教育其他人发扬革命传统才对。但他没有这样做，所以我们村的革命事迹就没有了。这本书［《潮安革命老区》］上划我们为革命老区，证明我们村在以前的革命时期一定做出过贡献，有一定影响，历史是抹杀不了的。
>
> 你可以去调查那个 MH 的口述，不知道在哪个单位，反正主任他是看过的。你去调查，看 MH 的口述跟我讲的会不会符合，看看是他实际还是我实际。MH 还是我四伯，在我困难的时候，他对我的支持关心是很多的。我对他是很尊重的，但他的口述是对历史的口述，不是对我的什么。所以他对历史的认识问题，他了解的问题，对事实缺乏了解，所以他掌握的材料，跟他的思想，都是听的，是道听途说的，还要迎合 CH［"文革"期间南山村党支部书记］的意图。他把革命的人都埋没掉了。CH 自己可能也有口述，但我们不知道。主

任，那时还是代理主任，去看的时候，那个单位的人都批评南山的领导，说你们自己给自己的脸上抹黑，把自己历史的东西压掉。上级本来要支持你，宣传你，弘扬你这个革命精神，但是你没有啊，没有革命事迹，革命的人物都没有。好比烈士，其他的比如上荣小学，他们还要组织学生给烈士扫墓，但你南山本村的人从来都没有宣传过。

南山的革命历史为什么没有名，就是这个原因。"文化大革命"时期，我们村的雷MK，当年的赤卫队队长，省民政厅有发给革命烈士的证书。当时被敌人杀害的有三个人，雷MK是其中之一。雷MK家里有烈士证书，我也是前两天去问他的孙子才知道的。可惜证书没有保留下来，以前是贴在墙上，后来潮湿烂掉了。但他的"烈士家属"的铁牌还在。打电话去县里问，回答说去档案室里找烈士材料中没有我们姓雷的。烈士证书是省政府民政厅发的，但不知道是哪年发的，不知道市档案馆或民政厅有没有记录。三位烈士被杀害的详细经过和具体情况村里也没有知道。听说三人是被东岭村的叛徒出卖被抓的，在进村路上的"蜘蛛结网"那个山头被杀害的。以前还有学生去那里扫墓。没有墓，但三个人都是在那里被枪决的，以前"文化大革命"和七八十年代，清明节还有人去祭拜，现在没人去拜了。那个山头的地形像蜘蛛结网一样，结果就取了这个名。具体是什么人执行枪决的不知道，只知道是国民党。听说当时还有我们的人去抢救，不知道是八路军还是武工队去抢救，但是没有成功。

南山革命历史没有名，事实上是颠倒了是非，所以谈起这个历史我就最激动。为什么我印象那么深刻呢？因为"文化大革命"时期我在外面读书，回到家里听母亲讲："你们兄弟在外面革命，你父亲在家给人家搞成反革命。"就两句话。当然在历史上还有一件事情，以后我们可以再讲。这本书 [《潮安革命老区》] 里有提到这个人，但这个人当时不是我父亲跟老书记的父亲 YS 搞的，是其他人搞的，但是却转嫁到我父亲身上。因为父亲的事，"文化大革命"期间我专门用一段时间向我父亲了解革命时期究竟是怎么搞的，发生了什么，现在给人家打成反革命，到底是怎样反的。零零碎碎地了解很多，但当时的干部都不重视，结果了解它也就是自己知道。我大哥就知道得比较多，其他人都不知道。村里没有出过叛徒。

报道人迫切希望澄清和还原"文革"期间村中曾发生的一些混淆是非的往事，以及一些埋没、湮灭村中前辈对革命事业做出贡献的无知行为，因此非常乐于参与我们的田野访谈。对访谈中遇到的一些他自己不甚清楚的问题，报道人常主动走家串户去村民中了解事实、答案，然后再来找我们补充、讨论和分析。但对重新发掘出来的一些过往事实是否有必要予以公布或更正，现今几位村干部和报道人意见却不完全统一。譬如《广东畲族研究》一书中涉及村中革命先辈的名字错误，村里干部群众一致认为应该更正，而且事实上也在村民所知的范围内进行了更正澄清。但对于村中苏维埃政权成立年份记录有误问题，村主任却主张应以上级确定的为准：既然上面已经公布是 1932 年，现在就没有必要再去更改它了。南山畲村干部精英这种民事民办、官事官办的行事风格，以及村中干部群众在日常生活中极少提到"畲""汉"字和族群认同话题的访谈经历，给参与观察的笔者留下了极其深刻的印象，使我们意识到族群认同问题并非族群基层群体成员关注的核心。族群认同意识在日常生活绝大部分时间和活动中的缺席，一方面表明畲族村民关心社会活动参与甚于族群界线的划分，另一方面也表明族群划分在畲民头脑中已不明显或不重要。尽管报道人在谈话中有时也会用到"畲族""汉族"这样的词语，但那多半是为了回答访谈人的问题，此外他们在谈及本村的计划生育、孩子读书升学、村民当选政协委员或人大代表等话题时，也会不可避免地用到"少数民族""畲族""汉族"这样的概念词语。除

了少数这样的场合之外，我们与南山村民和报道人的接触交谈很
难让人意识到他们认为自己是与周围汉族村民有任何区别的少数
民族村民。

二　南山畲村的社会组织形态

南山畲村与周围汉族村的相同之处，还表现在村中社会结构
与组织形态的完全相同上。同粤东凤凰山区其他畲族或汉族群体
一样，南山畲村的社会结构组织主要有三种形式，一是村落，二
是宗族，三是婚姻。从村落、宗族与婚姻的发展过程中，我们可
以见到畲、汉族群边界的维持与波动，也可以了解汉族文化在畲
族群体中的深入影响和渗透程度。

（一）婚姻

婚姻是社会认可的男女两性结合形式，是人类建立家庭和实
现自身再生产的前提。作为人类社会发展到一定阶段的产物，婚
姻的形态不仅与一定的生产方式相适应，同时还受到其他多种社
会因素的制约（陈国强、石奕龙，1990：461）。畲族的婚姻形式
与汉族一样，主要是一男一女结为夫妻的一夫一妻制个体婚姻，
但我们在调查中发现，南山村在新中国成立之前也有纳妾现象。
村民告诉我们，村中富农雷 YM 在新中国成立之前娶了两个老婆，
新中国成立后和小老婆同住一间房屋，直到她 70 年代去世。大老
婆一直没有改嫁，但和丈夫也很少来往，即使在小老婆去世后，
两人也各住一间房屋。纳妾现象在畲族历史记载中极为少见，其
原因显然并不在于畲族社会内部男女平等程度更高，或对爱情、
配偶更加忠诚，而是在于生产水平的低下和生活条件的局限。南
山畲族村唯一一户一夫二妻富农家庭看似例外，实则表明如果经
济条件许可，畲族纳妾和一夫多妻现象在新中国成立之前同样也
会像汉族社会一样流行。

1. 结婚对象的选择

新中国成立之前，南山村畲民的通婚对象大多为汉族，结婚

步骤和程序也与汉族相同，主要分为相亲、定亲和娶亲三个阶段。在南山60岁以上的老人中，只有一个妇女是从大约20公里以外的中山畲村嫁过来的，其余就没有同族内部通婚的情况。据村里老人讲："以前老祖宗的时候规定，我们这个民族是不跟其他民族结婚的。但住在汉族的地方，不跟汉族结婚是不可能的。"新中国成立前南山畲族村没有同姓同族结婚的现象。新中国成立后，这一情况有所改变，不仅邻近黄洋蓝姓畲族村有几个妇女嫁到南山村，而且南山本村雷姓三房的不同房头之间，甚至同一房头内部，也出现了同姓同族婚配现象。同族或同姓结为夫妻的家庭，在共有六七十户人家的南山畲族自然村中总共不到10户，他们大多是在20世纪80年代结婚的，现在都是40多岁。80年代以前和90年代以后，村里男女结婚的对象一般都是汉族。

　　不论通婚对象是畲族还是汉族，畲族青年的择偶方式与周围潮汕地区的汉族青年一样，大致经历了从80年代以前的父母之命、媒妁之言到80年代以后的自由恋爱这样一个转变过程。从新中国成立之初即50年代南山畲族自然村的两起换亲事例中，我们可见当时青年受父母之命成婚的习俗依然盛行。新中国成立之初，农村一些相对富裕的家庭被划定为"地主""富农"，由于阶级成分不好，这些家庭的子女在嫁娶对象的选择上受到很大限制。而另有一部分家庭，则由于经济困难或自然环境、生活条件艰苦，致使男青年娶妻困难。此外还有一些家庭，因男青年有生理缺陷或这样那样的疾病，也会出现择偶困难。这些面临择偶困难的青年，往往由家中父母做主，以各家的女儿和儿子作为交换条件，从那些同样面临嫁娶困难的家庭换取儿媳和女婿。譬如南山畲民雷Q和雷D两兄弟，因为是富农家庭的儿子，难以娶到妻子，结果就由弟弟雷D去和哥哥雷Q的妻子换婚，让雷Q的妻子从大山一户汉族人家嫁过来，雷D则去那户人家做上门女婿。两家人，一家嫁女，一家嫁男，因此称为换亲。新中国成立后，农村废除了娶童养媳的习俗，通常只有男孩长大后娶妻十分困难的家庭，才会用换婚的办法来解决娶妻的问题。南山另一村民雷 J 的妻子，也是换婚换来的。雷 J 的妹妹嫁给大山的一户汉族人家做儿媳，那家人再把女儿嫁给雷 J 做老婆。由于换婚涉及两个家庭中的四个青年男女，因此一般在提亲时就要事先讲明所有条件，以免日后其中一人反悔。换婚通常是由男女双方的父母决定的，父母在做出为孩子换婚的决定之前，通常会征求子女的意见，并征得他们的同意。因此在换婚成功的家庭中，尽管双方都有一个孩子（通常是为兄弟换来妻子的姐妹）会感到比较吃亏，但肯为父母和兄弟着想的姐妹，换婚后一般都会尽力维持自己的婚姻家庭。换婚的习俗五六十年代在凤凰山区的汉族农村也比较流行，七八十年代以后逐步走向消失。

据报道人讲述，当今凤凰山畲族青年找对象的理想和标准，男女有所不同。男方找女方一般不太计较对方的家庭情况，主要看本人，看本人是否身体好，爱劳动，思想好，性格好，以及五官是否端正。漂亮与否并不重要，主要是要身体好，思想好，性格好。而女方看男方，条件就要多一些，但主要也是看本人如何，看本人身体、五官如何，性格、脾气怎么样，劳动态度、能力怎样，等等。女方找理想的婆家，通常要求男方人机灵，除此以外，男方家境、村子的地理位置、环境、收入、生活水平也很在乎。改革开放前，人们不能出去打工，主要是在土地上搞生产，因此男方家庭所处的地理位置和经济条件十分重要。南山畲族自然村由于地理位置、气候、土质条件与周围山村比起来相对较好，因此外村女子都愿意嫁进来。据村里报道人讲：

> 南山［自然］村在历史上生活比较困难的情况下，即使是 50 年代末 60 年代初，经济一般都还可以。山上开荒种的木薯，不用下肥也长得很好，三年内木薯不用下肥都可以，长得很好、很大个、很长。这一点跟其他村就不一样，其他村的土质就没这么好，他们一般都需要下肥。我们新开荒的地

第一年差一点，第二年最好，因为第二年时开荒翻到土里的树叶、草根等有机肥都开始烂在土里，化作肥料，土变得比较湿润，所以种木薯的［生长］效果第二年最好，第三年差一点，第四年就要上肥料了。但周围其他村开出来的荒地，当年就需要上肥料。女子都愿意嫁到我们村里来，至少还有木薯可以吃嘛。土地肥沃，生活就有保障。怎么样做都可以有饭吃，不会饿肚子。如果土地贫瘠，要种什么来吃就很难。谷子不够吃，最起码有番薯、木薯等杂粮来充饥，起码要保证肚子不要饿得太厉害。黄洋［畲族自然村］的土地、水源、气候各方面都不好。它那边是大山，水源差，村子坐南向北，北风吹来很大，南风又吹不进来，热天很热，冷天又很冷，所以种植什么都很难种，比如香蕉就种不起来，橄榄树也种不起来，除非在一些比较背北风的地方。北风吹得到的地方，农作物、果树都容易死亡。2004年他们山上的树就死了很多。下霜的时候，黄洋路边的草都变成白白的了，南山还没有霜冻；黄洋结冰比较厚一点，南山才会出现轻霜。南山热的时候有南风吹来，太阳下山很快就可以退凉，黄洋却在太阳下山后很久还不能退凉。黄洋嫁了好几个女人到南山，南山没有一个女人嫁到黄洋。

南山村民引以为豪的优越地理位置和自然环境，的确给本村男性畲民的娶妻结婚带来了不少优势。新中国成立后村中的媳妇队伍中，除了不愿外嫁的本村雷姓畲族女子和邻村黄洋蓝姓畲族女子外，大多是来自S镇和FH镇之间自然环境和地理条件更差的DS镇不同山村的汉族女子。而在南山出生长大的畲族姑娘，大都嫁往了山下S镇附近或山外靠近潮州的一些汉族平原村庄。90年代后，南山畲族男女青年悉数外出打工或经商谋生，婚嫁模式与取向有所改变，但在80年代改革开放前，南山畲村的嫁娶流向和习俗基本上与当地汉族无异，90年代后更加没有差异。

2. 提亲和相亲

报道人告诉我们，畲族和汉族青年的法定结婚年龄完全一样，现今为男子 22 岁、女子 20 岁，80 年代以前为男子 20 岁、女子 18 岁。快到法定结婚年龄的畲村青年男女，80 年代以前通常有媒人或亲友上门提亲。提亲是把大多互不相识（或即使相识但并未提过婚嫁事宜）的男女双方的情况介绍给彼此的家庭和当事人，若双方对介绍人介绍的情况感到满意，男女青年便会选择吉日独自或在亲友陪同下前往对方家中或约定的地点见面相亲。相亲如果满意，再继续来往走动，直到双方携手步入结婚殿堂。

我们的访谈人之一，南山畲族小学一位民办教师 70 年代的婚恋经历，大致可以说明当时畲族青年的新式婚姻发展状况：

> 我 [19] 72 年结婚，妻子是亲戚介绍的，是大山那边的人，汉族，和我母亲、大嫂的娘家在同一个大队，和我大嫂的娘家还在同一个自然村。别人提亲后，我一共去过她家三次。第一次偷偷摸摸地看一看，人的基本概貌怎么样，就了解这个情况。过后相隔差不多一个多月，我又去了第二次。第二次去是交流一下家庭情况，看她觉得依照这样的情况，合适不合适，有什么想法。第二次去带了一点猪肉，大概两三斤，她也没有煮你的，她家自己准备有。谈 [对象] 要不要继续，也是没有直接讲出来的。那天中午吃饭后，我还要去拜访同在他们村的我外祖父家。在返回的路上再去她家一趟，这一趟就是去看态度了。也没有征求什么意见，就是去告别一下，看她的态度表现怎么样，会不会热情接待。如果她不愿意，肯定就没在家等了。态度怎么样也不用说出来，行动就可以表明。比如你回家的时候她会不会送你，如果她不愿意，说声"你慢走"，肯定就不会送你了。热情一点送你走一段路，不用走很远，那就是向其他人表明她是愿意的。如果没有感觉，或者看情况、看人各方面都不合适，你说要

回去时，她就说一句"慢走"，那你就要赶快走了。尽管她是叫你"慢走"，没有叫你赶快走。

　　第二次去她家后又隔一个多月，我去第三次。第三次基本上就定下来了。从介绍认识到结婚只有三四个月，我一共去了三次。第三次去带的礼物也是很简单，好像是一点酒。第三次是去了解情况，看谈得好不好，征求意见，问她要不要结婚，什么时候结婚好不好。我提出元旦结婚，她也没有提出要求，说要去看算命先生定日期。她是她家大女儿，上面有一个哥哥，在广州。她弟弟也在陕西部队，家里还剩下两个妹妹和一个弟弟。两个妹妹后来都嫁在本村，就她嫁得比较远。当时我岳父在汕头建筑石头拱桥。

　　她也来过我家，只来过一次。我第二次去后，请她有空就到我家里来。她是先去 S［镇］赶集完后才来的，挑燃料材去 S 镇卖。材还是偷砍的，那个时候的树还是集体的。人们经常割草，割后就偷砍一些材放在草中间偷偷地挑回家，累积到一定数量就偷偷拿到集市上去卖。为了不让人看见，挑材去卖天不亮就要出门。以前她家就是她挑材卖，很苦。我以前都是读书教书的，很少去砍材卖材。S 镇以前是隔天赶集一次，主要是买卖小猪的市场。她赶集完以后，是和我母舅一起来我家的。因为我的母亲、大嫂和她的娘家在同一个大队，我大嫂和她娘家还是同一个自然村，所以我的情况他们都是很了解的，她来我们家住一个晚上就回去了。我告诉她，我连抓鸡也不会，力气很小，手没有抓鸡的力气，什么活都不会做，她也不介意。

　　你问相亲穿的衣服？肯定没有穿中山装，当时还没有能力做得起那样的衣服，当时可能穿的是一般的青年装。开始去谈时，刚好还是国庆节，天气还比较热，穿的还是白衬衣，很简单的，那时还没有什么奇装异服。鞋子是前面两条带的人字形拖鞋，不能算不庄重。那时候凉鞋还很少，买不到，也买不起。人字鞋在60年代是华侨的家里才有的，[19]61、[19]62年读书的时候听说人字鞋都是华侨带回来的，中国买不到。要70年代才买得到，要一块多钱一双。60年代我读书的时候，穿的鞋是小铺里用废旧的汽车轮胎做的。他们割下一块轮胎，然后用橡胶带做成，做一双要3块钱。不过一双鞋可以穿几年，很耐用。冬天穿解放鞋，是我在部队当兵的大哥拿回来的，后来还带了一双皮鞋回来，好像日本鬼子用的那样的黄皮鞋。那双皮鞋我也穿了十好几个年头。那时候能穿皮鞋是很了不得的，市场上是买不到的，部队里面才有。

　　70年代初正处于"文化大革命"中，是很传统的。大家结婚前连手也没有碰过一下，都很怕的。现在谈朋友都手牵手，很亲热，以前都没有的。毛泽东时代很少有，基本上没有结婚前同居的。如果结婚前同居，会被人家讲很多闲话。有人娶的老婆就是隔壁的邻居，只有一面墙之隔，但结婚前也没有越轨行为。那个时代的人很自觉，很守规矩，很听毛主席的话。毛主席说不要乱动就不会乱动，老老实实做人。这也比解放前好多了。解放前，直到结婚那一天，还不知道嫁的人和娶的人是什么样子。甚至有些女的，过了门还不知道丈夫是什么样子，因为丈夫可能在外面讨生活没有回家。我们那个时候已经很进步了。可以两个人先见见面，交流一下各自的家庭情况，聊一聊自己的情况，看一看双方是不是都愿意。改革开放以后，谈恋爱才比较自由，年轻人可以一起去上街，看电影什么的。改革开放后，公园里最乱。听说广州白云山公园很多，旁人可以看，但不能开口干预或者笑，如果那样可能就会挨打。瞄瞄就可以，不能盯住人家看。我们村的主任、会计可能是80年代结婚的。他们结婚前也没有亲近的行为，都是人家介绍的，也是规规矩矩的。主任的六弟CS 80年代末结婚，也是人家介绍的，婚前也是规矩的。都是属于结婚以后才谈恋爱的。毛泽东时代人都是很纯洁的，男女关系是品德问题，也关系到各人以后结婚成家是否顺利的问题，所以大家在男女交往上都很注意社会影响。

80年代开始，社会舆论对有恋爱关系的青年男女就比较放宽了。开放了，年轻男女到对方家，或者一起出去上街，来来往往，父母盯得也不那么紧了。一方面是社会影响，父母也随年轻人自己去谈，谈到他们满意。现在要交往密切，才表明你对对方感兴趣。以前不一样，以前拜访得太勤，说明你脑子有毛病，思想有问题。90年代末，未婚同居的现象就越来越多了。社会允许，年轻人可以到外面去，到了外面父母就管不了，关系就很容易密切，环境促使他们这样。现在父母即使知道小孩有未婚同居的情况，也不会管了。比如我们村里某某的儿子结婚时，媳妇肚子里的孩子已有几个月了，结婚没多久就生小孩了。村里人也不会怎么歧视，现在真是自由了。现在有的谈了睡了，以后发现两个人不合适，又不要了，好像也没有感到什么大不了，不像以前那样严重。反正现在已经大开放，到了全方位开放的时代。我们国家不是提倡开放吗，什么都开放，不是要与世界接轨吗！

村里自由恋爱开始比较晚，80年代在村里嫁来嫁去的那些，一般都是自由恋爱的。雷某某例外，他夫妻俩主要还是父母包办的。但其他的好像就是自由恋爱的。两个人自己看好了，谈好了，最后才托别人去跟父母提亲的。别人去跟父母谈比较好谈，自己出面，如果对方父母不同意，或不那么看得起你，一句话那就完了。别人出面，遇到阻力还可以做工作，说小孩子各方面怎么怎么般配，一次不行还可以讲几次，别人出面还是好讲一点。自由恋爱拉拉手之类的动作，在农村就没有。两个人好，就是晚上经常去对方那里坐一坐，谈一谈，讲讲笑话，像城市里那样拉拉手走街路就没有。80年代末期以后，谈对象的伴侣中慢慢开始出现未婚先有性行为的现象。

在报道人以上的谈话中，族群边界和族群意识的模糊与缺失一目了然，无须我们再做分析赘述。雷老师对自己婚恋和成家经历的记忆和描述十分形象、生动、清晰，但没有一处提及"畲"字，他在谈到自己结婚对象时提到的"汉族"二字，还是在我们插话追问下补充说明的。

3. 定亲和娶亲

受潮汕文化影响，凤凰山畲族青年订婚、结婚通常也有"算八字"的习惯。"算八字"的意思，就是拿着男女双方的生辰八字及出生年月日和时辰，去找算命先生看订婚和结婚的日子。潮汕地区一般人结婚都要去"算八字"，即使是在破除迷信的"文革"期间，或者是到了 21 世纪的今天，即使将要结婚的新人是一对大学毕业生，家里父母也必定要拿双方的八字去算一算，以便测定结婚日期。人们普遍认为，"算八字"测结婚日期是好事，因此付给算命先生的费用都用一个红包装着，不用讨价还价，送多少收多少，但消灾的算命费用则是可以讨价还价的。据说一些迷信算命的企业家、老干部等有经济实力的人都愿意多付算命费用，甚至有一次就给几百元的。经济能力差的人就给少一点，但如果觉得算得准，人们也会适当多付费。也有个别有知识、有见识的人，譬如我们访谈的畲族民办教师，不信迷信，自己确定结婚日期。只要双方当事人和双方父母家庭都没意见，不算八字而自己确定结婚日期也未尝不可，不过这种情况在潮汕地区即使在今天也比较少见。

新中国成立之后，畲族青年订婚和结婚环节的各种事宜，我们还是用雷老师的经历来说明，以便呈现得更加具体、真实一些：

> 从国庆到元旦，谈三个月就结婚，其他人没有这么匆忙。定亲送聘礼时送了 48 元，48 元是纯粹的聘金，其他的就没有去计算。我当时〔1972 年〕是民办教师，一个月算 30 个工，

再补助6元。家里也贫穷，有几兄弟，父亲做木匠要［上交］45元才买30个工。一个工8毛钱，一月收入才换算成20多元，哪里来什么钱。48元是送给女方家的，她要买什么也可以，要请客也是很简单的。女人出嫁也要先请客，办酒席我们事先有送东西去，像猪肉啊饼干啊鱼肉啊鸡肉啊什么的。

　　70年代，结婚要先去公社办结婚登记，领取结婚证，然后再回家办酒席。办理结婚登记一般是男方先到自己的大队会计那里开出盖着大队印章的结婚介绍信，送到女方家里，女方的大队看到男方的结婚介绍信后，再开给女方同样的结婚介绍信。女方大队的会计不见男方的结婚介绍信，不会给女方开结婚证明，因为怕开了结婚证明，男方不跟女方结婚，被人笑话。随后两人拿着各自的介绍信，一同到公社民政部门办理结婚登记。民政部门有专门负责婚姻登记的人员，通常是一至两个人，男女不一定，年岁比较大，一般都是很关心人又很会讲话的老同志。登记人员在开出结婚证之前，要问双方有没有意见。如果看到你比较好讲话，还会跟你谈很多事，问很多事。比如问双方是哪里人，是谁介绍的，谈了多久，同意不同意结婚等，很详细的。有的像是审问一样，很详细。如果了解到男女双方是五服之内的近亲，听说还要做工作劝说双方不要结婚。所有问题多半都是男方来回答，女的都低着头，好像又愿意又不愿意的样子，其实内心是愿意的，但又不好意思。态度太坚决嘛，又不知道男的会怎么样，反正问到问题就简单回答，没有那么坚决的。一般男女青年去登记之前，心里都有点紧张，怕被为难。你越紧张，他可能就问得越详细，要问明你什么态度，什么看法，有没有意见，男女逐个地问同意不同意，要问清楚了才会开证明，不会随随便便给你登记。去登记结婚之前都会有点紧张，害怕，都有思想负担，像被考试一样。

　　办结婚酒席一般都是在登记领取到结婚证之后。领到结婚证后，两个人还不能住在一起，要等五六天以后办了结婚酒席，把新娘娶进了门，才算正式结婚。登记只是法律上的认可，但要过了门才算真正的名分正，明媒正娶地过门，才是公开的真正的结婚。登记不算公开结婚，虽然法律上是同意了，证了婚，但要造成舆论，让大家都知道，应该是从办喜事那天才算真正结婚。如果有其他动作，那都是秘密动作，都不是公开的。不像现在一样，实际上很早就很亲密了，有些来家里坐，明显感情已经很好了，父母也没有去制止他们。以前就不一样，以前没有正式结婚两人就过分亲热，父母是有意见的，会认为你们的交往超越了应有的范围，做得太过，还没结婚就做这样的事情，是很让家里人和父母丢脸面的。父母会很不高兴地指责："你们两个人怎么搞的！"

以前结婚办酒席比登记重要。大家认为你结婚没结婚，主要是看办没办酒席。领结婚证没有几个人知道，办了酒席就是向社会上公开，亲戚朋友也都知道了。所以一般没有只登记不举办酒席就算结婚的，都是在登记过后还要举办酒席。不过也有个别先举办酒席，以后再去补办结婚登记的。办了酒席就可以生活在一起，过后才去补办结婚登记。特别是一些年龄不够的，结果就先结婚后登记，有极个别的甚至孩子都有了，才去补办结婚登记。但现在就不行了。现在计划生育很严格，结婚后如果在规定时间之前（最少一年）生孩子，还要罚款。

结婚酒席一般男女双方家里都会举办。女方婚宴正餐是在婚礼前一天的中午，男方在当天中午，新娘新郎要挨桌敬酒。晚上亲戚一般都回去了，也有闹洞房的习俗，叫"看新娘"，有的闹得很厉害。后生仔来玩扑克、吃糖果，抽烟，喝茶。娶亲那天我没去，一般是要去的，当时自己为什么没去不知道，忘记了。新娘会不会生气？那她生气就不来了吧。送嫁的有她的大嫂和弟弟，加上新娘，和一个挑嫁妆（衣服什么的）的，一共来了4个人。送亲早上天还没亮，大概五六点钟就要出门，路上要走2个多小时，来到我家大概是早上八九点钟。我们的结婚日期是自己定的，也不讲究迎亲送亲要什么时间出门，什么时候进门。但其他人，其他大多数迷信的人，还有不迷信但也不愿违反习俗的人，他们结婚的日子，迎亲、送亲的时辰，每一个步骤都是请算命先生预先确定好了的。什么时候出家门，什么时候进家门，都有安排，不能有差错。娶亲的人很多头一天晚上就去了。

我结婚当时是在"文化大革命"期间，要"破四旧，立四新"，全部都要遵照毛主席的指示，节约闹革命，勤俭办事，一切从简。结婚"新房"里只有一张祖辈几代人用过的老式眠床，带一个脚踏板，一个旧的半截衣柜，一张新做的办公桌，两张带靠背的木凳子，一个洗脸架，一个新买的洗脸瓷盆，一个温水瓶，一个带手柄的饮水瓷盅。温水瓶当时又叫热水瓶或暖水瓶，是潮州六中母校（当时校址已搬迁到DF）的4个老师合伙买来送给我的珍贵结婚礼物。老师还派了2个代表，专门骑40公里的自行车（从DF镇到潮州20公里，从潮州到S镇20公里）到S镇的沙坑村，把自行车寄放在那里，再徒步爬五六公里的"六曲龙"山路到村里来喝喜酒。因为路途太远，在我家住了一夜，第二天才回去。其他来喝喜酒的亲戚朋友，一般都是当天来当天回去，只在新郎家吃中午一顿喜宴。当时一个热水瓶可能要值五六元或者10多元钱。一个热水瓶在当时要算比较好、比较贵重的礼物。新房里有一个8磅（一般的热水瓶都是小号的，只有5磅）的热水瓶，在当时是很惹眼很让人骄傲的豪华摆设。它让人高兴和羡慕的效果，远远不止于现在有个大彩电。热水瓶是铁壳的，浅黄底色配上好看的花。其意义不单是贵重值钱，还在于老师和学生之间的深厚情谊。老师来给学生的贺喜，这是很不简单的。不论从意义还是从价值上讲，热水瓶都是结婚礼物中最贵重的。当时还没有人送得起手表，当时大学毕业的中学教师工资每月也只有50多元，校长70多元。也没有送自行车的，很难买到。也没有收音机，收音机很少。结婚后不久我们买了一辆永久牌自行车，还是在部队的大哥从云南买了托别人带回来的。当时的结婚礼物一般都是送洗脸盆、打水的铁桶。母舅他们送一面大镜子，朋友也是送一面镜子，一共收到两面镜子。

以前的嫁妆一个人挑就够了，现在要用车来载，像大电视啊，洗衣机啊什么的。80年代送的贵重嫁妆有缝纫机、收录机。80年代结婚流行的"三转一响"是手表、缝纫机、自行车和收录机，这些70年代就没有。10年发展很快，自行车、收音机或收录机就有了，手表、缝纫机也有了。结婚有"三转一响"就是很风光的了。村里一些人结婚也是有"三转一响"的，但不是人人都有，人人都有就没有意义了。有一段时期，大约是80年代末90年代初，人们选择恋爱结婚的对象时，关心的不是"三转一响"，[而]是对方家里的电费用了多少，这样来估算和评价对方家里电器的多少和生活水平的高低。电费用得多，电器一定就多。因此女方考察男方家庭时，有些会问电费用了多少。谈恋爱的过程中，有没有电视、洗衣机、录音机等不用问，只问电费是多少。电视、洗衣机、录音机等这些东西多了，用电自然就多。电费用得多，说明电器多，生活水平不错。从侧面来了解，不用正面问。

90年代末青年人都到外面打工，自己看好了谈好了就带回来，农村家里的家境如何也不那么重要。主要看人是不是灵活，灵活才能赚钱，主要以看人为主。以前除了看人，还要看家境。以前也有"嫁人不嫁田"的说法，也要看人是不是灵活。人不灵活，田再多也没用。比如种水稻的整个过程如果不会掌握，田再多有什么用？人家插秧就跟着插秧，人家下肥就跟着下肥，稻谷生病也不知道，下再多肥料也没有用。不懂生产技术，田再多也没有用。所以女子就要选嫁灵活的人，各种技术都会一些，生活就不用太操心，问题就比较少。技术不懂，费了九牛二虎之力也没有用，最后收成那点谷子还不饱满。

我的结婚酒席办了几桌？办了五六桌。结婚酒席的正席只有中午一顿，是在家里办的。提前一天就准备好，父亲从沙坑［村］请了一个厨师来操办婚宴。厨师只有一个人，厨房帮手是从邻居中请来的几个比较熟悉的人。酒席办得比较体面，同事朋友对婚宴的评价还是不错的。一桌花多少钱不知道，不是自己在搞后勤，都是父母操办叫别人帮忙的。有南澳的鱿鱼，当时物资很紧张，市面是买不到的，是托南澳的老师帮助买的。席中有这些东西是相当了不起的，同事很惊奇我从哪里弄到这些东西。外家［即妻子娘家］送亲来的人吃席后，评价也是可以的，说现在能够做得这样，说明很可以，很不错了。

婚宴上菜的道数一般是双的，最好的就是"十二菜桌"，办得好、办得体面的宴席最起码要12道菜以上。盛菜的餐具习惯上多数是盘不是碗，起码要8盘菜，4碗汤。4碗汤中至少要有一碗是甜汤，如糖水煮红枣加猪脚或猪骨，一碗肉汤，如瘦肉、香菇加鱿鱼就是最好的了。当时香菇、鱿鱼就是很稀有的，市面买不到，在潮州也很难买到。鱿鱼是干鱿鱼，煮汤味道最好，特别是南澳的鱿鱼，是很有名的。不管菜好不好，反正要多种多样，最起码鸡、鸭、鹅、猪肉就四盘了，加上其他什么炒什么，什么炒什么，最起码要8盘菜，4碗汤。喝酒就要汤多，所以至少要4碗汤。有些增加到10盘、12盘的也有，汤也增加到6碗汤、8碗汤。碗是瓷碗，大大的，叫碗公。人家说他要请你吃"十二菜桌"，就说明是比较好、比较丰盛的宴席。如果不到12道菜，就比较差一点了。"十二菜桌"与一年12个月是否有关不知道，讲究的是要成双，跟你们不一样，你们结婚吃"九大碗"，讲究"久"。凤凰下去饶平县的一些地方也是吃碗的，可能跟你们讲的"九大碗"差不多。他们桌上大多数都用大碗，很少用盘的，不过他们的大碗也是讲究双的，不是单的。他们以碗为主，潮州这边以盘为主，汤才用大碗，其他的菜都用盘。各个地方的特色不一样。

我们这里结婚三天后要回门，畲族、汉族都一样。回门就是新郎、新娘第一次回女方娘家拜见岳父岳母。正月初一还要做新郎，与妻子一起回娘家，带点礼品，给自家的人送一点红包，多少不限，是双数就可以，家人也送新娘一点红包。

雷老师对自己 30 多年前的婚恋过程及许多细节记忆犹新，回顾起来滔滔不绝，可对自己女儿 10 多年前出嫁的细节倒记不那么清楚，讲述也比较简略：

我女儿大概是在［19］95 年或［19］96 年结婚的。娶亲时女婿来了，就他一个人来的，好像是开小车来娶亲的。潮州这边结婚也是很简单的，没有那么隆重。女婿以前在深圳一家专门卖进口车的公司打工，公司卖了车他负责送货，后来上面不允许卖，公司倒闭后他就回潮州了。娶亲是晚上出发的，早上很早就到了我们这里。女儿结婚也没办什么嫁妆，女婿什么都有，房子、电视，女方都不用买。女婿送来了 4800［元］的定亲钱，但他要求返还给他 800 元，取"8—发"就是"发财、发达"的意思。48［元］与 4800［元］的差别，是能力的问题，还有时代的问题。现在的聘礼还有送 8000［元］、上万［元］的，但上万［元］的聘礼中，一般都包括了用来买电器一类嫁妆的钱，给女人挣体面，说是娘家送了什么什么，其实是男方拿钱买的。我跟女婿说我没有能力送什么嫁妆，女婿说不用，反正他什么都有。所以聘金不用送那么多，送多你就要给他买东西，反正是一样，一个大牌子比较好的电视就要四五千元，像我女婿买的"王中王"，可能要6000元，从商店买了直接搬回他们新家。4000元拿来买电器嫁妆的就很少，只买了一些衣服，还有一些女人出嫁习惯送的东西。连被子都不用送。

　　女儿女婿的婚事是我在潮州的老同学介绍的。女婿是城市户口，是潮州市民户口。女儿的户口两三年前、好像是2002年才从村里迁过去的。以前从农村往城里迁移户口好像要交纳4000［元］还是2000元，所以一直没迁。后来政策规定不用交钱了才迁的。户口迁走后，村里调整土地就没有她的份了。女婿的房子是自己买的，两房一厅，不大。现在女婿在他大哥开的汽车维修店里帮忙洗车啊什么的，生意不好，收入还不如女儿多。女儿在一家陶瓷厂做工，做彩绘，有时每天晚上包括周末晚上都要加班，一个月能挣1000多［元］，平常最少也有八九百元一个月。现在是不是城市户口都不重要了，谋生全靠自己。

90年代以后南山畲族村男女青年的通婚对象、范围与婚礼习俗，已随着外出打工潮流的冲击而更加趋于汉族城市化特征，不仅娶亲、回门以车代步，嫁妆、家具以电器为主，而且配偶的选择也以外镇、外乡的青年居多。

4. 计划生育

畲族像汉族一样，历来重视生儿育女，传宗接代。据南山村报道人回顾，在国家没有开展计划生育之前，村民一般都随便生育，生到不能生育为止。生多了养育困难，就过继给有关系的需要孩子的人家去养。在新中国成立之前南山村送给别人家抚养的孩子不少，新中国成立后直到60年代还有，70年代以后就少了，此后因娶不到媳妇而入赘外村女方家上门落户的人也很少。除了

1943 年的大饥荒，村里出生的孩子基本上都活下来了。1943 年以后出生的孩子很多，尤其是在新中国成立初期，大多数家庭都有六七个或七八个孩子，甚至还有多达 9 个、10 个的。例如雷潮某家就有 9 个孩子，其中大儿子是新中国成立前出生的；雷亚某家里生了七八个孩子；访谈人大伯的儿子也生了七八个，主任的父亲也生了六七个。五六十年代村里出生的小孩，如果没有生病，都活下来了，因为村里的大米虽然不够吃，但一直可以用其他杂粮来代替。附近的汉族村情况也一样，报道人举例说，距离 S 镇最近的 YX 大队的老书记就有 9 个女儿。生了 8 个女儿后，他还想生一个看看是不是男孩，结果还是九妹，总共 9 朵金花。70 年代末期，国家开始推行计划生育政策，这在报道人看来，事实上给南山畲村很多家庭减轻了负担：

> 计划生育是 70 年代才开始提倡的，不，[19] 64 年也提倡过一次，当时有的人就去结扎了。好像我们 S 镇有个老校长，[19] 64 年到海陆丰去做"四清运动"，就被动员去做了结扎。他当时可能有 3 个还是 4 个孩子，在历史上他是我们这里第一个去做结扎的男的。没有实行计划生育之前，生多生少是个人生育能力的问题。有了就生下来，没有就没有。以前农村都不可能采取什么节育措施，不像城市的人知识比较广泛可能就有，农村就没有。反正是有多少能力就生多少。
>
> 80 年代计划生育已经开始一阵了，当时公社规定只能生两个，CH［当时的南山村党支部书记］还到公社去要求，说我们是少数民族应该照顾一点，人家［生］2 个我们最少要［生］3 个，3 个以后我们就自觉去做绝育手术。结果公社干部也不表态，但是生完 3 个的就要求你去结扎了，所以等于是默许了我们可以生 3 个。[19] 93 年这些小孩可以上学了，［南山畲族小学］全校有 111 个学生，但这时的计划生育政策就开始严格了，上面要求超生的第三胎必须补缴罚款才能上

学。80 年代还有生 5 个的，主任家就生了 5 个，自己养 4 个，第三个女儿送给南屯他的表亲家里去养了。以前计划生育开始是他家里先被罚款的，后来又有人去举报他，说他还生了一个送给了南屯的人家，结果又罚款。他生 5 个，有 3 个是被罚款的。当时政策上的罚款落实下来实际上是减了又减少。开始减少一半，后来再减少了一半，等于是只罚了 1/4。

我第一个孩子是［19］72 年生的，第二个是［19］74 年。［19］74 年以前就提倡计划生育，但不那么严格。［19］74 年开始就比较严格，已经抓得比较紧了，［19］73 年［19］74 年汉族就只能生 2 个。［19］74 年左右我们争取到公社领导那个默许政策，可以生 3 个。那时 S 镇的领导跟我讲：你已经生了 2 个小孩了，如果还要生，间隔期就要 4 年。所以我的第三个也是最小的一个小孩，是［19］79 年才生的。［19］80 年上面动员我们结扎，因为当时［我］爱人需要劳力，我在教育战线，体力劳动比较轻，比较少，会怎么样也比较有保证，因此来动员的人就建议我去结扎。当时我们公社教育战线有两个男的去结扎，我就是其中一个，另一个姓黄的校长已经过世了。我们是男性结扎的第二批，共 3 个人，2 个教师，1 个农民，是北岭村的社员。第一批东岭村有一个，还有第三批。动员和开展计划生育是一批一批进行的，是上面下达的任务，下面要落实任务，比如一个月或一个季度之内 S 镇必须有多少个结扎的，男女结扎都可以。当时男的结扎搞了三批，其中两个结扎了身体都不好，S 镇中学一个经常都会腰酸啊什么，还有北岭村一个教师结扎了也不好，FH 镇的一名黄姓校长结扎了身体也不好，比我还小就已经去世了。第三批以后就再也没有做男性结扎了，因为做了几个都不好，都出了毛病。第一批［男性结扎］可能是［19］79 年。我做了［结扎］后影响可能还是有一点吧，但是我结扎出来后，人家评价说精神啊什么都还可以，但是北岭村那个社员手术出来后脸色都发青。我是快放假做的手术，做完后在文教系统还休息了 10 多天。做结扎有给多一点肉票、油票，有没有其他补贴不记得了，应该有补贴一点，但不多。村里去做结扎的，都是女的。除非女人身体不好，如会计的二哥他们家，好像也是男的结扎。农村男的做结扎的很少，因为男的结扎当时还是在试验阶段。我们开头是结扎的，后来听说是打针的，打针后来又不行，反正是试验，把我们当做试验品。村里女的生完 3 个以后，基本上个个都做了绝育手术。绝育手术最开始是在潮州做的，我做的时候是潮州派医生下来在 S 镇做的。后来 S 镇一个女护士长她自己做，技术还可以。黄洋那个生 4 个女儿的妇女，是在被监督到医院做手术的路上，借故偷跑才生了第 4 个。违反计划生育政策，村干部也要挨批评，引起连锁反应。[19] 80 年只生一个还可以奖励 100 元，但村里都没有只生一个的。

现在 [我们] 跟汉族完全一样，第一个是女的，隔 4 年还可以申请再生一个。但也有偷生的，那些领了独生子女费用的，也还偷生。以前罚款是每年 250 元。生 2 个的还可以放环，生了 3 个的，就必须结扎，必须做绝育手术，这是铁的政策。村里的妇女干部主要管计划生育，比如结扎啊什么的。已经生过孩子的人按照规定应该去结扎，她就要去做动员工作，护送去结扎，结扎的时候她去帮助护理等。现在放 [节育] 环都到村里来做，她就组织妇女去检查啊，放环啊，做这些工作比较多。村妇女主任一般负责政府的计划生育宣传和实施工作，其他的比如夫妻矛盾、家庭纠纷等，一般找到她，她也会帮忙解决一下。这些年家庭吵架看起来还是比较少，所以一般没有看到他们 [村干部] 出面办过什么事情。

重男轻女的情况村里也有，不过不那么严重。解放前就比较严重，[19] 43 年大饥荒时，生下女婴一般都是不要的，抛弃掉。大人都没有吃的，没有办法养，抱去扔在阴暗偏僻

的地方，让她自己死。哭？她哭也没有办法啊。大人的命还
难保，怎么还保得了她？但1947年以后以及解放后村里出生
的孩子，大多数都活下来了，男多女少是天然的比例。虽然
很多人家都是四五个、六七个男孩，两三个女孩，但他们中
间的年龄间隔差不多，都是两三岁，中间没有缺的，因此男
多女少是天然的。比如我七兄弟，一个姐一个妹，父母生的9
个孩子个个都在。YH，GH，会计、主任等，也都是生的儿子
比较多，女儿比较少。但在［19］60年生活比较困难的时候，
有的就送给人家去养了，比如我的两个弟弟送给人了，主任
有个弟弟也送到GH镇，会计也有。［19］60年自然灾害的时
候，这里也没有扔掉或不管女婴的情况。特别南山杂粮比较
多，像木薯啊，南瓜啊，番薯啊，村里的田也比较多，种的
各种粮食作物还是让生活基本上过得去。解放后生的小孩，
一般都长起来了，只要生了，就会长起来，一般都没有像以
前那样扔掉。以前的事情我们也不知道，只是听村里的老人
讲的。当时在潮汕地区有很多这样的例子，所以男的有的娶
不到老婆，就是因为［19］43年的时候重男轻女，有的生到
女孩了就把她抛掉了。结果就出现一段时间男的娶不到老婆。
［19］43年出生的人现在一般都60多岁。

5. 离婚和再婚

　　村里也有离婚的。比如［雷］文某，他是解放前的民兵，
大概［19］97年脑溢血死了。他看上［本村］［雷］炎某的
妹妹，想要娶她，就把自己的老婆（茶輋杂姓村的人）打得
很厉害，解放后不久，大约50年代就离婚了，妻子带走了两
个小孩。结果和炎某的妹妹也没有结婚，他很早就没老婆，
和儿子森某一起过。文某的母亲是中山村嫁过来的，是以前
村里唯一的一对同族结婚，她对媳妇也很凶。另外［雷］克

某和老婆也是本村人，两人结婚后一起出去打工，还没生小孩，两人就闹矛盾，性格合不来，离婚后女的改嫁到赤水。克某后来隔了好几年，人家介绍在潮州重新娶一个，没有回来，这都是十几年前［90年代］的事情了。

村里离婚的有，再娶再嫁的也有。比如解放前，［顾］YL和［雷］LB两个人，一个死了老公，一个死了老婆，两家合并过，但结婚后没多久，因为合不来，解放后又离婚了，然后各自独身过一辈子。还有［雷］CL的老婆，是死了前夫改嫁给他的，还带来两个孩子。他们家的四个孩子中，小的两个男孩才是CL自己的。CL老婆已经死了好几年了，她以前的丈夫是老革命、老民兵。CL年轻时比较挑剔，挑漏了，成分又不太好，是富农，最后只好娶了个改嫁来的。

报道人关于南山婚姻、生育的讲述粗中见细，有趣的是只有当他们谈到计划生育政策时，才非常明确而且主动地提到了"汉族""少数民族"等词语。七八十年代南山畲村干部群众一致认为并强调，在计划生育政策上，政府对汉族和少数民族应区别对待，少数民族应享受一定的优惠待遇。南山畲村干部向上级行政部门要求，当时汉族一对夫妇最多能生2个小孩，南山村民作为少数民族则应该允许生3个。上级主管部门对此要求的默许，也从不同侧面显示了族群边界在关键时刻的显现和作用。

（二）宗族

婚姻、生育构成家庭，家庭扩展构成宗族。凤凰山畲族村内部的家庭、宗族、村落组织在结构上与汉族村落没有什么两样，区别之处仅在于山区畲民很少有平原汉族那样大规模的家族，但宗族势力在新中国成立前的畲村里同样强大。

宗族（lineage）又称"宗亲"，指出自同一父系祖先的若干直系和旁系后嗣结成的亲属集团。"父之党为宗族"（《尔雅·释亲》）。宗族是同聚落居住的父系血亲按伦常关系建立的社会组织，具有政治、经济、宗教、教育等多种功能。作为中国封建社会最重要的基层组织与构建单位之一，宗族强调父方的单系联系，群体内部认同意识强烈，经常通过修族谱、建祖祠、拜祖先等方式来强化宗族内部成员的同宗认同意识（史凤仪，1999：43）。如前所述，华南的家族、宗族组织，尤其是宗族乡村组织，早已引发学界源源不断的关注（葛学溥，2006；林耀华，2000［1935］；弗里德曼，2000［1958］；濑川昌久，1999；麻国庆，1999；周大鸣，2006），但关于中国东南地区少数民族的聚居村落及其宗族组织的调查研究却不多见，因此我们对于畲族村中的宗族组织考察，正好在一定程度上反映和补充这一空缺。

封建时代的宗族不仅是汉族群体同时也是许多少数民族群体，尤其是作为统治阶级的少数民族群体共同倚重的社会组织。宗族作为传统畲族社会的基本构成单位，在体现畲族社会组织结构特征的同时，还反映出畲族群体历史悠久的汉化历程。除此以外，畲族宗族的延续与变异状态，也揭示了畲族在中华民族历史进程中或多或少，或慢或快的结构变迁过程。同汉族的宗族组织结构一样，畲族的宗族也由同姓、同祖的男系血亲构成。畲族宗族的最高首领是族长，一般称为“父老”“埠老”或“老大”。族长手中握有政治、经济、执法等方面的特权，通常由族人中辈尊年长、德高望重、品行足以服人的长者担任。族长非世袭继承，而是通过推举产生，一旦族长去世，本支宗族即另找合适人选继任。宗族具有的多种功能常需要通过族长来体现或实现，例如负责调理宗族内外、村庄内外的各种关系，处理宗祠内的日常事务，协助各家办理红白喜事，统领族内人从事各种宗族和社交活动如建宗祠、修族谱、祭祖先等，此外还负责族内的执法、维护治安、举办教育、互助互济、共同经营宗族财产等。

在畲村族人与宗族组织之间，通常还间隔着家庭和房支这两层组织结构。一般人数较多的畲村，除族长外还有“房长”。“房长”的产生与族长相似，即由房内推选产生。房长的主要职责是

主持房内事务，协调各房内部成员以及房与房之间的关系。据
《中国民族文化大观·畲族编》（1999：211）记载，在畲族宗谱
所载的族长、房长谱名之下，一般都标明有"八品官带"字样。
宗族内畲民"众听约束，其俗自有纪律，悉听尊长处分，从无廷
质"；畲民们"人人自有羲皇律，不识官司与法台"。可见传统畲
族群体中的宗族组织如同汉族社会中的宗族组织一样，事实上代
替国家和地方政府起着管理一方治安的作用。遗憾的是在我们考
察的凤凰山几个畲族村中，由于族谱早已遗失，对新中国成立前
当地畲民的宗规族律无从考证。东山村新纂补编的族谱不全，但
未见其中有专门的族长、房长标志。

　　宗族的基本构成单位是家庭。家庭由家长和家属组成，是以
长久共同生活为目的而形成的亲属团体。在自给自足的自然经济
社会里，家庭是共同生产、生育的最小单位，也是共同生活、消
费的基本单位。作为宗族的组成分子，家庭同时也是独立的经济
实体。在传统社会里，畲族一家一户构成一个独立的生产、生育
和消费单位，生活必需品全靠自家生产制造，家庭成员互相依存，
彼此之间存在强大的凝聚力。由于生活环境恶劣艰险，标志家族
兴旺的联合家庭，即一个家庭里有两对或两对以上没有分家的同
代夫妻，再加上各自的未成年子女和前辈老人组成的大家庭，在
畲族社会中十分少见。据史料记载，广东畲族先民早年大多趋向
于隔代同居，以主干家庭为主，多半是三代同堂，也有少数四代
同堂者。在20世纪50年代初期，凤凰山畲族平均每户4.8人，莲
花山区3.7人，罗浮山区4.1人。足见畲族家庭的规模局限。到
90年代，广东畲族家庭结构愈趋减小，大多体现为核心家庭，即
由一对夫妻加上未成年子女组成的父系小家庭（《广东省志·少数
民族志》，2000：274）。

　　畲族家庭属于从父居的父系家庭，由横向的夫妻姻缘关系和
纵向的亲子血缘关系组成。其中父母子女的血缘关系居于主导地
位，姻缘关系处于从属地位。这种情形与汉族社会并无二致。虽

然属于父系家庭，但畲族远居山林，受到的封建礼教影响和束缚不如汉族社会严重，家庭关系尤其是家中的男女地位比较平等融洽。在畲族家庭中，家长居于支配地位，对内主持、统管家庭事务，对外全权代表家庭参与宗族、村落以及地方的社会活动。畲族家长一般由父亲担任，父亲去世，儿子继承。若父亲去世，儿子年纪尚幼，则由母亲暂时代任家长，待儿子成年后再继其位。如果家长已年迈，而且儿子已成年，儿子可以先行接替家长职位（邱国贞、姚周辉、赖施虹，2006：107）。

畲族家庭是宗族的构成单位，同时也是独立的经济实体，宗族首领没有操纵族内各家经济事务的权力。畲族家庭的生产、生活由各家家长负责，宗族不加干预。不过畲族团体内部普遍推崇"男女皆力稼，夫妇同耕作"的生活习惯。女性的劳动参与和男性处于同等重要的地位，体力不亚于男性，经济收入亦不低于男性。畲族妇女的家庭地位往往比汉族妇女高。大多数畲族妇女可以参与家中大事的讨论和管理，不少家庭户主为男性，实际则由妇女当家。丈夫虐待妻子的事件极少发生，女子不受封建礼教约束，可以自由外出参加社会活动。如果丈夫懒惰、酗酒、赌博等，常会受到妻子的训斥和数落。在有些畲村，如海丰县鹅埠镇的红罗畲族村，女子还同男子一样享有财产继承权。有些家庭还留女儿招赘在家，却让儿子出赘别家。有时地方上发生纠纷斗殴，会让妇女出面调停、解决、制止。畲族寡居妇女改嫁或招男人上门成亲，亡夫亲族很少干预。寡妇再嫁比汉族社会相对自由，而且不会被认为不祥或命贱而受到歧视。例如，新中国成立初期南山畲村的寡妇雇农顾 YL 和贫农主任雷 LB，一个死了丈夫，一个死了妻子，两人又都是革命积极分子，而且贫农与雇农门户相当，于是有人介绍两人合在一起过。两人结婚生活了一段时间，后因性格不合又离婚各自生活。

畲族社会的妇女地位尽管比汉族妇女高，但男女不平等现象依然存在，男尊女卑思想同样体现在畲族社会生活的许多方面。

譬如宗祀一般由男子主持，妇女只负责参与和主持家中的祭祀。在凤凰山所有的畲村，男子有继承权，而女子一般没有。女子出嫁从夫居，所生孩子从父姓。绝大多数妇女在与丈夫共同参加生产劳动的同时，回到家中还要担负起贤妻良母的职责，视服侍丈夫、养育儿女为自己应尽的本分。在家有来客时，妇女一般只顾忙着端茶递水，送菜送饭，而不上桌陪同吃饭。新中国成立前畲族妇女几乎完全没有读书受教育的机会，即使在新中国成立初期，由于家庭经济拮据，父母也往往只送家中的男孩上学，而让女孩从小就参加劳动，帮衬家务。在生育事宜上，男尊女卑思想体现得尤为明显。畲族家庭普遍看重男孩，生了男孩就高兴，生女孩无论再多也一定要生个男孩。历史上不少畲村曾有过"生女留长，余悉溺之"的习俗。假如家中有女无男，则可留女招赘，或通过抱养子女来实现传宗接代。

畲族子女在家庭中的地位亦不平等。长子除痴呆、恶疾、无能等特殊原因外，在家中拥有继承宗祀和支配弟妹助产劳动的优先权，是家长职位的当然继承人。"长兄为父，长嫂为母"，"长子阿爷（父亲）职"等民谚俗语不仅在汉族社会盛行，在畲族社会里也同样盛行。兄弟分家，一般是长子留居原住屋（"长子不离居"），或分得最好的房间，房屋以外的财产也是长子分得最多。其他兄弟则按长幼依次分配房屋和平均分配财产。旧社会拥有田产的畲族家庭分家时，像汉族家庭一样，还要先预留出"长子田""长孙田"（一般不超过总数的1/10）。畲族家庭如果丈夫亡故，孩子年幼，即由妻子管理财产。寡妻改嫁，由同胞兄弟或侄儿继承或管理财产，无同胞兄弟者，财产由亲房兄弟继承。无后家庭过继的嗣子、养子、养女，以及寡妇再嫁带来的前夫所生的儿子，在家中的地位和权利均与亲生儿女等同。

"房"或"房支"是家庭的上一级结构，由同姓近祖的若干家庭连接成。若干房支又连接成"族"或"宗族"，宗族是房支的上一层结构，由血缘关系较为亲近的若干房支组成。由族人到家庭到房支再到宗族，畲族这种具有亲近血缘关系的社会结构随处可见，经久不衰，一直持续到新中国成立之初。在日常生活的人际交往和社会整合方式中，畲民一向十分重视和强调房支、宗族观念。到了 21 世纪的今天，房支、宗族虽然已不再是畲族群体的核心基层单位，但"同宗""同房"的概念在畲民心目中仍然有着非同一般的意义。饶平县东山村族籍变更的关键因素之一，就在于 20 世纪 80 年代初他们突然发现，与他们同姓"同宗"的北山畲族村是少数民族。北山畲族村村民多半姓蓝，东山村干部群众由此推导，他们自己姓蓝的祖先必定也是畲族。对于宗族和房头在凤凰山畲民乃至当地所有汉族群众中的重要意义，我们在访谈过程中一再听到。譬如：

　　……房头肯定重要的，自己人嘛，是不是？什么时候都有房头，有姓。同姓三分亲呢，哎哟，同姓就是三分亲啦，同一个头上，同一个字就是三分亲，很简单的。你要不要看啊，上面姓张的当什么他就全部张张张，是不是啊。张 DJ，张 CS 啊，张 PH 啊，真的，全部潮州里面大部分都是姓张的。全部同姓村搞起来，其他的才来考虑一下，问题就不大，一般的都是这样。这些农村里面土里土气，不像你这样，宰相肚里好行船啦。这里很吓人的，很势利的，是不是啊。（访谈人：难怪我发现你们这边，有些村子以前别人搬到那个村，就要改姓那个村的姓。像南山的第三房头，原来就是从山下搬上去改姓雷的。）要改姓，一定要改的。
　　……西山村？我去过。雷 JM 啦，你开玩笑，他那个村修得很漂亮，我知道。我去找他没有用啊，亲戚也不是。他姓雷的，姓蓝的就差了很多啦，我去找他不是白跑一趟吗？他是少数民族啊，但是他姓雷，我姓蓝。

从以上访谈记录中我们可以看出，姓氏认同远比族群认同更为重要。房支和宗族在当今畲族社会中虽然已经不再扮演具有重大实权的社会基层组织角色，但它们仍然是各个群体及其成员之间相互依存、相互团结和凝聚的重要社会资源。

房作为宗族的支派，源于兴旺发达的大家庭。一个大家庭繁衍分析后，就出现了房支，各房支继续繁衍之后，为了区别近亲，又会分出若干新房支。各个房支通常按长幼序列依次称为"长房""次房""三房"或"一房""二房""三房"……同房支的家庭关系密切，房支之中辈分最高、年岁最大者最受尊重。但随着社会发展和时代变迁，我们发现在当今凤凰山畲族社会的同房支乃至同村庄的同姓畲民中，受人尊敬和爱戴者除了辈高年长者外，还有外出发展有成而又不忘造福乡里、为村里建设做出重大贡献的后生晚辈，如南山畲族自然村中的雷 RG。雷 RG 是 20 世纪 70 年代恢复高考后南山畲族村考出去的第一个大学生，目前在汕头从事建筑业。从 1995 年开始，雷 RG 陆续捐资资助村里修筑道路、水池等公益设施，为村民做了不少好事。每年正月初四是南山全村的祭祖聚会日，如同其他从南山走向社会的成功人士一样，雷 RG 每年此日必回村里和亲人族人团聚，拿他自己的话说是"不管生意多忙，我都会在这天赶回来"。在祭祖日人来人往热闹无比的祖祠内，笔者曾目睹几位白发苍苍的老婆婆，久久拉着西装革履的雷 RG 的手絮叨不停。

畲族同房支的家庭，大多聚居一村，但也有外迁另行繁衍的。比如当今潮安县 GH 镇的溪岭畲族村，就是许多代人以前从中山畲族村搬迁到山脚另行繁衍成村的。如今人口不多的溪岭畲族自然村划归在山脚与它比邻的汉中行政村中，与山上的中山畲族村已经没有多少联系，但两个村子的人依然知道彼此之间同祖同宗的亲缘关系。在当代社会中，房支和宗族内部及相互之间的联系平时尽管很松散，关键时刻却可以起到带动一方群众的作用。同祖同宗观念根深蒂固，这种情形在畲族和在汉族社会完全一样。

在南山畲村，目前共有三个房头，但其中第三房实际上是早年从山下的汉族村搬迁上来的，原本姓谢，到南山后就改姓了雷。第三房的雷校长告诉我们，他父亲说自己的祖父或更老一代，不知道具体是哪一代，反正是很久了，听说以前好像是从东岭沙坑搬上来的，在东岭的时候老祖宗好像是姓谢的。上来后具体是怎么改姓雷的，也不清楚，模模糊糊地听说过老祖宗是沙坑的，具体不知道是哪一代。但第三房从外村搬来的事实村里许多老人都知道，新中国成立之初第三房的家祠还在，后改为来村里上山下乡的知识青年的住处。现在南山村三个房头共用的祖祠，直到新中国成立之初还只是大房和二房的祖祠，第三房是不去那里祭拜的。现在第三房自己的家祠没有了，正月初四祭祖时就和大房二房同在村里目前唯一的一个祖祠祭拜。关于村中祖祠和收宗归族的情况，雷校长曾作如下回忆：

> 祖祠在"文革"时期没有拆，但门是随时大开的，谁都可以去那里放茶和其他杂物。祖祠左右两边都有房子，里面有住人。"文革"时没有祭拜祖宗，祖祠也没人重视，被人用来堆放杂物，还有人把养的鸭子关在那里。祖祠破破烂烂，要申请民俗村的那年有重修过。
>
> 我们第三房祖先至少是100多年以前到南山的。三房原来有单独的祖祠，叫娘厅。娘厅很简陋，我小时候见过，中间有个厅，厅里有个天井，左右还有两间小房子，跟现在村里的祖祠差不多。娘厅南面还有两条巷，每一条巷子都有三间房子，在北面也有两条巷，我家最老的房子就在北面。以前三房的老人去世都是在娘厅里操办的，把遗体摆放在那里。我记得〔雷〕LK的祖母去世就是摆放在娘厅的，请法师来操办法事也是在娘厅做的。娘厅是破四旧也就是破除迷信的时候拆掉的，不是红卫兵砸掉的，是生产队拆的，拆掉以后建成平房，做过生产队队部，后来知识青年下乡的时候，那里有两间房子就是给知识青年住的。10多年前，生产队〔财产〕

下放的时候，说谁要就去买，结果有一间就让我买下来了，另一间卖给了我小叔的儿子，后来我跟他换了，还有他的牛棚我也跟他换了，所以上面那两三间基本上都是我的，就可以放东西，制茶什么都在那里做。听说我们第三房的谢家老祖宗刚到南山村的时候，祭祖时挂出"谢"字灯笼，但村中雷姓老大不同意，要求改挂"雷"字灯笼，因此我们的老祖宗就在屋外的灯笼挂"雷"字，屋内的灯笼挂"谢"字。

黄洋也有收族归宗的情况。雷姓祖先被迫改姓蓝。黄洋的汉族更多，听说有两三个地方来的，解放前CF镇（毗邻GH镇）的蓝道力势力比较好，听说黄洋解放前还是仰仗依靠这个蓝道力的。蓝道力强迫中山村的竹头蓝改姓草头蓝，并去CF镇进贡、拜祖。民族研究那本书上写，原来是竹头，后来为了方便才改为草头。听说黄洋的蓝姓看到CF镇蓝道力的势力好，有去投靠他。听说是这样，有人这样传，具体不清楚。黄洋的住户听说是两三个地方来的，更不是纯蓝，不是纯畲族。

以上报道内容中有两点值得特别注意。首先，南山和黄洋两个单姓畲族自然村，历史上都曾发生外来人员通过改姓皈依宗村的事例，这一现象提醒我们，华南社会历史上普遍常见的宗族村落或同姓、单姓村落，可能或多或少都曾有过像南山、黄洋畲族村一样收归外姓来村定居者的现象。除此以外，黄洋蓝姓畲村新中国成立前与近邻南山雷姓畲村的联系，远不及他们与十多公里以外的CF镇蓝姓汉族地主大家族的联系，这不仅表明同姓、同宗认同远胜于同族认同，而且还揭示说明新中国成立前一些村民自愿或被迫改姓归宗的深层原因。"物以类聚，人以群分"，新中国成立前华南乡村社会分群的重要标志无疑是姓氏、宗族，而非民族或族群。

（三）村落

村落是中国传统社会和现代社会的基层组织，一般由单一或多个家族、亲族团体构成，是血缘关系与地缘关系共同凝聚而成的社会生活的共同体。按照民俗学对村落的分类归纳，村落组织一般可以划分为三种类型，一种是单一家族村落，另一种是亲族联合体村落，还有一种是杂姓移民聚居村落。单一家族村落又叫同姓村落，其特点是各个家庭以同一血缘相联系，村中各个家庭实际上是同一血缘的分支。亲族联合体村落是在同姓村落基础上发展起来的一些较为复杂的亲族村落，亲族中不仅包含了同祖同宗的本家关系，还包含了姻亲关系。杂姓移民聚居村落是我国大多数地区和民族中普遍传承的村落结构形式。造成杂居的原因很多，其中包括逃荒、联姻、移民、战争等，这些因素使部分个人或家庭迁居他处，与别的姓氏家庭结成新的地缘关系，形成异姓杂居村落（邱国珍等，2006：125）。上述三种村落类型，基本上可以概括粤东凤凰山区的畲族村落结构，只不过在畲族村落中，异姓杂居的境况较少，而且同姓村落也有一些特殊的历史现象使民俗学的家庭结构类型划分难以概括。

畲族村落俗称"畲村"，是一种以地缘关系为主体形成的社会组织结构。由于畲族多以血缘相近的同姓人员聚族而居，畲村不仅是一种地缘群体组织，同时也是一种以血缘群体结构为主的组织。因此不少地方有打破血缘联系而以地缘关系为主要基础构成畲民多姓村落或畲、汉多姓村落。在粤东凤凰山区的八个畲族自然村中，除北山畲族村外，其余七个均为单姓畲村。然而在这些单姓畲村中，并非所有房支都是同祖同宗的后代。譬如，南山畲族自然村的第三房成员虽然也姓雷，其祖先却是一百多年前从附近山下搬迁上去的汉族居民，迁入村中后改姓雷氏，在新中国成立之初还一直保持着自己一房人的单独家祠，与村中大房二房共用的祖祠分立两地。在黄洋畲村的蓝姓畲民中，新中国成立前也有从外村迁入的雷氏成员，后来也随村人改姓了蓝氏。北山畲村是凤凰山区目前唯一的杂姓畲村，村中居民大部分姓蓝，但也有两户姓雷，还有几户姓吴的汉族居民。从我们调查到的这些情况看，所谓同姓同宗的单姓村落，并不像民俗学定义的那样完全是由同一血脉构成的不同家庭房支。像南山、黄洋那样的单姓畲村，与其说是由同一血脉相传构成的同宗结构，不如说是文化认同皈依构成的地缘组织。

村落对群体文化习俗的传承和发展起着十分重要的作用。作为社会的基本单位，村落的结构与功能通常受到整个社会政治结构的影响，在新、旧社会中一直扮演着农村基层行政单位的职能。旧社会畲族村落的结构、功能与宗族结构功能有许多重叠之处。如上所述，由于大多数畲村这种以地缘关系形成的社会组织结构，与家庭、房支和宗族这些血缘关系融合并存，因此村落往往就是家族聚落，一村之"长"往往就是族长，村中事务常常就是族中事务。譬如建宗祠、修族谱、定族规、祭祖先等宗族活动，往往也是以村为单位开展的。以广东为例，明代以降汉人政府委任"酆官""畲总"代管各地畲村事务。到民国时期，国民政府直接利用民间的族长、"老大"来管理畲村事务，委任他们以保长、甲长的职务。保长、甲长之职通常由村中的族长或"老大"兼任。具有族长和保长、甲长双重身份的人物，对内代表本族利益，有团结族人的一面，但他们同时又是基层社会的统治者，具有政府授予的统治特权。他们既代表族人的利益，也代表政府的利益，成为统治与被统治、剥削与被剥削两种对抗关系之间的掮客。他们的出现使传统畲民的社会结构和组织发生了巨大变化。有些畲村的族长、保长、甲长等职务出现了世袭继任，父职子继，代代相传。譬如当今潮安县 GH 镇的西山、中山两个畲村，20 世纪 30 年代的族长雷 S、蓝 T 兼任闾长。他们死后，闾长之职由蓝 T 的儿子蓝 SE 继任，40 年代，国民政府加委其为保长，管辖西山、中山两个畲村，还兼管公尝，权力地位远超其父辈。蓝 SE 连任保长 18 年之久，对政府言听计从，并倚仗政治权势欺压村民，同时还放高利贷剥削本村族人，因此从一个普通农民上升转变成为富农剥削阶级的一员。又如当今潮安县 S 镇的南山畲族村，20 世纪 40 年代的族长雷 RK，兼管公尝，国民政府委任他为保长，几年后亦由贫农上升为富农。北山畲族村的"老大"蓝 FX、蓝 FQ，身兼法师职位，虽未出任保长、甲长，却与邻村汉族地主兼保长勾结，倚仗其势力欺压剥削本村村民（邱国珍等，2006：134）。

新中国成立以后，村落成为人民政府在农村的最基层行政单位，村落的规模也得到了多次的调整和规范。新中国成立后畲村与汉族村庄的村落名称一样，先后经历了"大队""管区"或"管委会""行政村"的变化，它们分别由不同时期的若干个自然村构成。"大队""管委会"或"行政村"还设立了村（大队）委员会和村（大队）党支部等基层管理机构。大批畲族基层干部，包括村党支部书记、村委会主任或大队长，被群众推选出来管理村中事务，以及配合参与更高级别的行政单位如乡镇、县政府的行政管理活动。由于凤凰山区各个畲村的人口规模大小不均，另一些畲族自然畲村如溪岭畲族村则按地缘关系的远近被并入附近汉族行政村中，一些畲族行政村如南山行政村却纳入了汉族自然村。其余人口在三四百人的畲村，如潮安县的西山、中山、北山畲族村，丰顺县的凤山畲族村，以及 1988 年批准的饶平县东山畲族村，都单独构成了独立的行政村。从新中国成立之初开始，随着我国社会主义制度的逐步完善和少数民族优惠政策的一步步落实，畲村的利益得到了有效的保障，与此同时，畲村的发展也做到了逐步兼顾和服从于更大范围的地方利益和国家利益。

20 世纪 50 年代以后，南山自然村的行政归属和村治先后经历了几次变化。1949 年新中国成立后南山自然村从成立互助组开始，逐步加入当地的初级农业合作社、高级农业合作社和人民公社组织。从土改时期的互助组开始到人民公社成立之前，南山自然村一直隶属于潮安县 YX 乡管辖的东岭村。人民公社成立以后，南山连同附近的翁溪、琴坑、黄洋和葵屯 5 个自然村一起，共同组成山地大队，属 S 镇公社管辖。山地大队的第一任书记张 XG 是公社委派的。张 XG 之后还有三任村党支部书记也是政府派来的，他们都是国家干部，与后来选举的本村干部不一样。山地大队时，大队的队部设在黄洋。南山自然村祖祠右边有一间房子是办公点，有一台有线电话机，电线是从 S 镇拉过来的。1961 年，山地大队改为南山大队，由南山自然村的村民党员雷 CH 担任村党支部书记。新中国成立之初雷 CH 参加过儿童团，受到培养，后来被选拔为村书记，是南山畲村最先出来当书记的本地人。雷 CH 担任书记的时间最长，尽管中途因身体和经济问题由雷 YH 接替担任一段时间的书记，但雷 CH 很快又官复原职，而且一直到 1977 年身体不适时才从书记的职位上告老退休，然后雷 CH 的儿子雷 LS 继续担任书记。80 年代，南山大队改名为南山管理区，黄洋自然村的蓝 YF 担任书记，仅任一届后就换成南山自然村的雷 QF 担任书记。1999年，南山管理区（管区）改为南山行政村村民委员会（村委会），由黄洋的蓝 HW 任书记，班子一直持续至今。

　　大队或当今称为行政村的干部人数，一般视管辖人数的多少而定，一般从 3 人到 9 人不等。但干部人数一般是单数，3 个、5 个、7 个或 9 个，这样选举或举手表决时才不会出现一半对一半的情况。南山大队干部由大队书记、大队长、民兵队长兼任治安委员、共青团支部书记、妇女主任、会计、出纳组成。大队书记、大队长和大队会计一般不参加劳动，但工分按满工计算，有的还要加补贴。大队干部的工分、补贴由全大队各个生产队来平摊。大队下设生产队，生产和分配都是以生产队为单位计算。生产队干部一般有生产队长、会计、出纳和妇女干部。生产队干部不开会时，要和社员一起参加集体劳动。集体时代，大队干部需要提名并经上级批准通过，生产队干部如果没有什么问题就可以一直担任。大队在划分生产队时，主要按照地界、人口多少和劳力强弱来搭配划分。劳力弱的跟劳力强的，人多的与人少的在一起组合。人民公社时期，土地全部收归集体所有，划分生产队时按多少人口带多少土地平均划分下去。一般各个生产队的地是成片连接的，但也有同一片山地的上部、中间、下部属于不同生产队的情况。南山自然村最初有6个生产队，后来合并为3个。90年代大队改称行政村，生产队改称生产小组，南山自然村目前仍保留3个生产小组。

第二节　社会主义建设阶段族群认同的淡化

新中国成立以后，凤凰山畲族与周围的汉族同胞一样，接受和经历了一次又一次的社会运动、生产改变和经济转型。南山村民尽管在20世纪50年代被确认为畲族后一直享受着比汉族民众略为优越的少数民族社会福利待遇，但从50年代初到70年代末，畲族村民积极参与的是新社会推行的各种举国一体化的政治运动和建设活动，而非少数民族族群认同意识的加深或族群传统文化的加强。80年代以后，随着国家改革开放政策的实行和传统文化的复兴，南山畲村如同其他畲族和汉族村庄一样，开始恢复、重建并强调自己的传统文化特征和族群认同意识。从20世纪50年代到21世纪初的今天，南山畲村的族群认同意识和民族边界维护大致经历了从淡化到凸显再到隐匿的发展轨迹。

一　社会运动的参与

从50年代初到70年代末，南山畲族村干部群众如同凤凰山地区以及全国各地的汉族农村地区广大人民群众一样，对接踵而来连续不断的各种政治、生产运动应接不暇，30年间几乎毫无片刻时间思考、发扬或重建自己族群的独特文化特征。而新中国政府自上而下的一体化政治、文化和生产运动也使南山畲民更加淡化了自己原本已经十分薄弱的少数族群社会文化特征及其认同意识。我们在南山畲村访谈时接触到的所有对象，在回忆土改和"文革"时期的生活经历时，很少用到"畲族"这样的名词概念。他们讲起那段时间的集体和个人经历，所说词语和活动内容等，与一个汉族人几乎没有什么两样。

（一）土地改革与人民公社化运动

新中国成立后南山村和周围的村子一样，首先进行的就是土改，即土地改革运动。土改运动大约从1950年底开始，主要内容是划分田地和阶级成分。土改时期南山自然村的房舍建筑和社会分层比较规整，房舍建筑以现在的祖祠为中心往东、西、南面展开。祖祠东面的房屋一般属于大房，西面属于二房，南面即祖祠后山坡上更高处的房屋则属于三房。三房到南山村定居的时间最短，是村里最穷的一房，因此没有富农。在新中国成立之初南山村评定的阶级成分中没有地主；富农共有三户，都出自大房和二房。其中大房的雷世水本人成分被评定为富农恶霸，家庭成分被评定为富农。恶霸就是在村里作威作福的人。雷SS当时仍然健在的妻子YL和儿子雷YM（2005年农历五月去世）被评定为富农。土改运动中，YL的手被捆起来接受批斗，要她拿出钱粮来支援革命，她不拿出来，遂在1950年某次批斗大会后上山上吊自杀了。YL和雷SS生的儿子雷YM有两个妻子，大老婆和二老婆都比较长寿，一直活到80年代才去世。先娶的大老婆不知道是不是童养媳，但后娶的二老婆却比大老婆先去世。雷YM有两个老婆是新中国成立前的事情，村里就他一个人娶了两房老婆。其他人也有死了老婆再重新娶的情况，但同时有两个老婆的就雷YM一个。新中国成立后实行一夫一妻制，雷YM一直和二老婆生活在一起，但与大老婆也没有解除婚姻关系。大老婆QZ为他生了一子一女，小老婆生了四个儿子，还有一个女儿。村里的另一个富农是二房的雷CD，其胞弟雷RK在新中国成立前是村里的保长，负责管理公尝即公家的东西，如招兵节收集的钱等。雷RK的儿子雷MX人比较老实，村里人一般对他没有什么意见。"文化大革命"时期，村里把"地富反坏右"这些"牛鬼蛇神"集中起来办班，雷MX经不起考验，怕了，于是在一个晚上跑到黄洋后山上吊死了。村里原本还有一个富农叫雷某水，其母亲被定为恶霸。土改时期，雷某水为了逃避村里对"地富反坏右"的管制，全家搬迁到"飞天燕"去住，尽管在村里有房子，却把户口放到中岭村。"飞天燕"距离南山和中岭村都很远，是天外天，而且他跟中岭村的人也没有什么仇恨，人家也不怎么管他，变成他住在那里就没有人去管他了，很少挨批斗。这边没有管他，那边也不管他。他的脑子比较灵活，当时不知道他怎么搞把户口搞到那里，但后来的少数民族照顾政策，他就享受不到了，现在听说他的儿子（只有一个儿子）出去打工，挣了一点钱，在中岭村建有房子。

从新中国成立之初到改革开放前，村里的"地富反坏右"如雷YM、雷CD以及他们的后代一直挨批斗，土改时期挨批斗，"文化大革命"期间凡是"地富反坏右"这五种人都是"牛鬼蛇神"，都要挨批斗，被劳动改造，集中起来办班，学习毛主席语录。村里老人讲，土改时期划分阶级成分的目的，是要弄清革命要依靠谁的问题。划分成分的标准是地区性的，不是统一的。在一个地区通常是一个村中，经济状况相对比别人好的，或者经济虽然不好但对人也不好的，即在本社区人缘关系不好的，评成分就要被评高，即被评为地主、富农或恶霸。在新中国成立之前南山村的总体生活水平不高，因此土改时只评出了富农，没有地主。

1951年土地改革之后就是农村合作社运动。合作社开始只是几家几户合作，叫互助组。开始是初级互助组，后来变成高级互助组，到1958年开始实行人民公社大集体。关于土改、人民公社时期南山村内村外的运动参与情况，50多岁的现任村会计雷会计有如下回忆：

[19] 58年前我的家还没在这里（村里）。土改把富农多的房子分出来，我家土改的时候分到一个富农的房子，他叫雷某水，是单家独户的，离这里还有一段路的。他原来是我们村的一个富农，结果土改的时候就把他多的房子和地没收

了，分给我们这些穷人。我的家当时没房子，就分到他的。在村的西边，要翻过一个山头，离这里还有几公里远，好像一个山寨一样的，那个地方就他一户。就分给我们一家。当时我家里有六七个人，我父母、哥哥等。那个房子也不大，都是破破烂烂，都快要倒的样子。我们去住几年后，还翻修了。地也分在那个地方，地也是他的。他现在已经不在我们村了，但原来是属于我们这个村的。[19]58年我只有七八岁，全家就被搬到这里（村里）来住了，要集体嘛，过大集体生活嘛，强迫你要归到这里来，过大集体生活。解放前我们在村里只有一间房子。[19]58年来这里住了几个月，后来公社化垮台了，都没有饭吃了，那个食堂都散了，结果可能到[19]59年又回到那边去了。食堂就在上面，是人家的房子，现在已经倒了。食堂吃饭开始不错，开头不知道是一两个月还是两三个月啊，那个饭啦，都吃不下。我在这里住，那干饭都吃不下，吃不完。后来不知道怎么搞的，没有粮食啦，越来越少，连稀饭都吃不上了，就又分开吃了。搞一个钵子，按一家几口人，就分一点点给你。分饭，集体煮，分饭到各家各户去吃。一家一个大钵，这时就吃不饱了。吃不饱还要干活。[19]61年我还小，大概十一二岁，还在S镇读小学，读书也吃不饱，快饿死了，差点就饿死了。一顿吃8钱米，不是8两啊，是8钱。8钱米做成稀饭，里面什么都没有，只有水和很少的几颗米粒。每个学生拿一个大钵装一钵清汤，还有一粒橄榄，每个人分一粒橄榄。饿也没办法，就这样忍着，那时候还有读书上课。老师也吃不饱，那时候教书也是很惨的。什么反右哪，老师那时是右派，"文化大革命"就是臭老九，都要被打倒的。我们那时候是过集体生活，我在S镇读小学，才10岁，11岁，学生都要集中到一个地方去住，去吃，每人也是搞一钵子，都是水的。

[19]58年我们搬到村里来就住在这里一间和上面一间

（也是祖辈的）共两间房子里。大炼钢铁把锅碗瓢盆都拿去交了，交到集体那边去了。什么铜、铁，还有什么古董，什么东西都把他砸掉，很可惜的，都交给集体，然后送到外面去炼铁了。[19] 58－[19] 61 年是农村公社。公社时间比较长，当时也是反反复复。到 [19] 61 年我们开始实行"三自一包"刘少奇路线，到 [19] 64、[19] 65 年又反过来了，又打击"三自一包"了，说是走资本主义道路，要割什么资本主义尾巴。[19] 65、[19] 66 年又反右，反右派啊，哎呀，那个政治运动很多啦。

[19] 59、[19] 60、[19] 61 年三年自然灾害期间没有饿死人，山上有野果、野菜吃。1943 年饿死很多人，那时大旱，整个潮汕地区 [19] 43 年干旱，路上都有饿死的。

对于南山村民在土地改革和人民公社运动中的参与情况，个人生活的记忆片断也许不够完整，不足以反映整个时期全体村民经历的整体概貌和全部细节。但是，假如不同个人的记忆片断中出现许多的雷同和重合因素，我们就可以借此推断出当地过去的社会生活所经历的大致轨迹。正是基于这样的原因和考虑，我们对南山村另一位主要报道人雷校长的访谈录音资料整理如下：

1958 年是"大跃进"、人民公社时期，之前是互助组，然后是初级社，然后是高级社，然后才是公社。集体食堂是[19] 58 年（那时我刚好在东岭小学读书），南山只有一个食堂，就在现在主任的二哥开铺子的地方。吃饭就在村里以前最老的学校那里，现在学校已经倒塌了，种瓜了，但还剩下一点墙。村里那时只有几十个人，大家"放开肚皮吃干饭"。吃干饭按照规定时间吃，时间一到就打锣，大家就一起去吃饭。反正随便吃，能吃多少就吃多少。当时还有一个规定，就是都要吃干饭。除非生病，不然就不能吃稀饭，吃稀饭还要申请才可以。菜也有一些，当时集体专门有安排人种菜。食堂有两三个炊事员，煮饭的鼎很大，灶台很大，鼎上面还要用泥灰搞得高一点。整个大鼎加上上面那个部分很大，可以做很多饭。吃了一个月，就没有干饭了，就煮稀饭，就像广州粥一样，很稀的。饭不够，就没有自由吃了。每人每天2两米，碾碎成米粉混在菜里一起煮。然后按人头分到家里，用竹筒盛，家里有多少人，就按比例搞多少给你。集体食堂时，吃饭必须在食堂里吃，生病才能拿回家里吃。集体食堂持续了不止一年的时间。[19] 58年我在东岭村读书的时候，去跟他们的社员一起吃，不用带粮食的。但是后来就要自带粮食了，以后自己煮饭每顿就下差不多8钱米。吃集体饭的时候，社员白天根据生产队的要求干活，生产队要求干什么就干什么。

"大跃进"也是[19] 58年开始的。公社制时候，强调以粮为纲，密种密植。本来毛主席讲是合理密植，但是到下面就理解和搞成越密越好。听说当时中南局（我们广东就是属于这个局的）的陶铸向毛主席汇报，说我们这里亩产万斤。一亩田可以收1万斤稻谷，说鸡蛋放在稻谷穗上不会掉下来，这个阶段后来叫作"浮夸风"。人有多大胆，地有多大产。书记这样讲了，下面就要这样做。要达到鸡蛋不掉下来，稻谷就要越密越好，结果等水稻差不多要成熟的时候，就实行"并苗"。"并苗"就是把一亩田中已经"散子"的稻谷一株一株挖起来，搬到一角密密并植在一起，然后再把其他田里长势良好的稻谷全数连土连根挖起来，移栽并植在事先选好并且已经腾出空位的试验田中。通常是两三亩或三四亩田的稻谷移植到一亩田中，这样一来，自然状态下亩产三四百斤的稻谷产量，自然就可以变成亩产上千斤了。一些汉族地区提出的口号和目标甚至更高，要搞"亩产双万斤"。斤两是堆上去了，但有一个问题：那些仍在生长中的水稻密密挤放在一起，空气不能进去，水稻密不透风，于是人们想出各种办法为水稻透气。先用鼓风机、风谷机为稻田鼓风透气，然后在几天的参观、学习、拍照完成后，赶紧把稻谷搬回到原来的田中，让它们继续生长和成熟。南山村当时也搞了一些这样的田，但没有全部，南山的田很多，不可能都那样搞。搞试点，试验田，当时是雷CH、雷WC当书记和大队长负责这个事情。[19]58、[19]59年潮安是全国有名的"亩产千斤县"，是真正的千斤县，不是浮夸的。但亩产千斤是双季稻，一年种两茬，早稻和晚稻。甘薯、地瓜亩产可以上一万斤。不过没有全县都是这样，当时这是在一个农场的产量，不知道是哪个农场，但确实是真的。毛主席提出来的奋斗目标"万斤甘薯千斤稻"，是潮安县实践过的。"并苗"的亩产量远远不止千斤，那时真正的鸡蛋放在稻穗上不会掉下去。

"并苗"的时候水稻已经开始成熟，穗尾已经开始变老变黄了，并苗后各村就赶紧向上汇报，叫人来参观。但没完全成熟的稻谷被移来移去，收成产量肯定受影响。但这还算好的，多少还会有收成，还有一些做法是颗粒无收的。一些学校试验田，为实践精耕细作、密种密植的号召，把田碎土七八次，使秧田泥土细茸如糨糊，再施上尽可能多的土家肥，密密种上秧苗。秧苗成活后长势喜人，茂盛茂密，风一吹，全部倒伏，颗粒无收。比如种小麦的试验田，挖土2米深，挖出的土堆在一边，先在两米深的地里施上一层肥，再铺上一层土，再施一层肥，再铺一层土，一共施上三四层，表层的土里密密撒上小麦种子，发芽了，长得可爱之极，无奈太密，于是叫老师学生去把多余太密的一根根拔出，结果还是颗粒无收。

大队、生产队1958年成立公社的时候就有了，[19]58年是公社直接管理大队和生产队的生产。[19]61年执行公社、大队、生产队三级管理，把权力从大队下放到生产队。

[19] 59 - [19] 61 年三年自然灾害，就是苏联逼迫还债还有全国水灾的时候，南山村里没有饿死人，但脚大的、得浮肿病的人很多，有的人吃谷糠消肿。[19] 59 年那段时间我刚好在东岭村读书，那时候没有吃的，有时候就去山上用锄头挖金狗子来吃。金狗子是一种植物，长长的一条，长在土里的，搞掉它的毛以后，切成一片一片的，拿来煮熟了，基本上可以吃，但吃后大便就有问题。反正山上有的，能吃的东西，大家都去找来吃。我们山上的金狗子什么都比较多，反正你不要吃得太多，可以保证不至于饿死。60 年代中间搞忆苦思甜，有的老贫农就讲，以前 [19] 43 年那个时候，怎么苦怎么苦，没有粮食，国民党经常设卡，如果挑火炭去潮州卖，上面那点就给他拿去。共产党很厉害，共产党如果抓到你投机倒把，一挑火炭全部没收。[19] 43 年的饥荒年是很苦，没有吃的；[19] 60 年就更苦，比 [19] 43 年饿得更厉害。说现在比以前更苦，结果闹成笑话。农民只知道实话实说，因为是他经过的。"文化大革命"前的那个时期，一般就有搞那个忆苦思甜。因为那时正好经过 [19] 60 年的大灾，比较苦，就通过忆苦思甜来鼓干劲，所以老贫农才会想到 [19] 43 年和 [19] 60 年的事情。

[19] 62 年就开始黄金时代，[19] 62 年刘少奇出来搞"三自一包"，集体食堂垮台。集体食堂持续了 3 年，[19] 58 - [19] 61 年。[19] 59、[19] 60 年我在东岭读书的时候，还要到村里食堂去退米，然后拿到学校去煮。刘少奇实行"三自一包"、"四大自由"以后，[19] 63 年下半年到 [19] 64 年起经济就开始好转，但紧接着"四清运动"、"文化大革命"就来了。

雷会计和雷校长两人的个人以及集体生活记忆与报道中，有不少相同或重叠信息这一情况并不令人感到奇怪，他们毕竟是出生在同一个村子、成长在同一个时代的同龄人。两人都是五十多岁，生活经历的雷同和相似正好反映了同一个时代同一个地方特定的社会文化特征。随着南山田野调查和深入访谈工作的进一步开展，后来真正令我们颇感意外和吃惊的情况之一是，雷会计和雷校长在"文化大革命"时期两人竟然都作为红卫兵代表去北京参加过串联。同时上京串联过的南山村里人还有雷会计的一个哥哥，此外"文革"前村党支部书记雷CH还作为少数民族代表前去北京参加过国庆节观礼。

（二）"文化大革命"运动

关于南山人参加"文化大革命"运动的情况，我们将继续通过雷会计和雷校长的回忆来透视当时的社会生活状况。雷会计关于"文化大革命"期间的情况叙述如下：

[19] 66年我去广东民族学院读书，当时的民族学院在海南岛通达镇，只开三个班：高中班，会计班，还有干部班。民族学院是专门培养少数民族干部的，几百人，开始是考试入学的，后来一半是考，一半是推荐，看你的成绩和政治表现。那时候要靠党支部啊，贫下中农啊，一般都是政治表现要比较好，也要看成绩。我初中毕业去那里，是最后一班，还没开学就停办了，解散了。如果"文化大革命"再晚一年，我就不会回农村来了。那时候我是去那里读高中班的，所以我的文化程度还不到高中程度。"文化大革命"的高中你看读什么读，根本没有读书，都是在搞"文化大革命"，串联啊，什么写大字报啊，什么批斗什么走资派啊。[19] 66年我在S镇刚初中毕业，那时候就开始"文化大革命"了，我已经去潮州参加那个"文化大革命"，开始的时候就去那里学习，回来就搞"文化大革命"，搞到可能一个多月，就接到广东民族学院的通知书了。去广东民族学院之前，我到北京串联，到北京串联后没有回S镇，就直接回到广东民族学院了。去北

京串联是集体组织的，从 S 镇坐汽车到潮州，从潮州再坐汽车到广州，到广州以后就坐火车，不用钱的。"文化大革命"政府什么都给你搞好的，吃住都不用钱，去串联去什么地方他都有接待站，专门接待红卫兵。那时我还是红卫兵的一个头头，我在 S 镇中学 [19] 66 年参加红卫兵，之前是少先队员，少先队是小学的。红卫兵是"文化大革命"的产物，红卫兵就是造反派，是挂那个红袖章的。那时就是造走资本主义的当权派的反，造当权派的反。那时候都很乱，反正你是当权派就要搞你。你是领导就要搞你。"文化大革命"开始的时候就是，反正你是书记啊，你是哪一级的领导，就要炮轰。炮轰司令部，那是毛主席写的嘛，炮打司令部嘛，所以哪一级的司令部都要轰啊。我们是造反派，是造反司令。我当时是第一批上北京的。S 镇中学是 [19] 58 年创建的。开头招生是考的，我 [19] 63 年小学毕业升中学还是考的，那时还是考试制度。那时的升学率可能有八成吧，七八成。那时候读书（小学）的人很少，一个班级才几十个人。我那时候在 S 镇小学，毕业班只有一班，30 多个人。我知道我们毕业班两个班合成一个班，才有三四十个人，40 多个人。当时还有潮州那个金山中学，几个中学都在招生。S 镇中学是分数线最低的，除非你小学的成绩特别差，不然基本上都可以去读。那个时候读书比较正规的，学生都很用心。我小学学语文、数学，还有那个政治，还有自然、地理、历史、音乐、体育。到中学就有物理、化学了。我在 S 镇中学成绩也比较好，在学生中也是有一点威信。那个时候也是大家选出来的，上北京也要选。上京代表，就是去串联这些代表，那就是红卫兵代表，都是选出来的。我那一年 S 镇中学一共去了 10 多个人，当时（1966 年）S 镇中学有 100 多人，大部分都加入红卫兵了。在做红卫兵干部之前，我在班上是科代表，没做什么班干部。原来我在红卫兵里面是当秘书的，司令不是我。秘书就是准备一些材料资料，就做这些工作。红卫兵组织有司令、副司令、秘书，其他就没有什么了，很简单的，就是一个造反派组织。当时红卫兵一切都是听上面的。那时全国都没有读书的。你想读书都没有，没有书读。我们在北京待了10多天，被毛主席接见了。毛主席他是坐那个敞篷汽车出来的，就在长安街，出来接见。我们在长安街两边，不是天安门广场。毛主席坐敞篷汽车出来，站起来向造反派招手。就见到毛主席一次，哪能每天见到啊。10多天在北京就到处串联，看大字报。没有人组织，基本上都是自己出去的，到清华大学，北京大学，航空学院，去看人家的大字报。他里边也设有接待站，你要问什么，他都有专人在那里给你解释。问他那里是怎样搞的，是怎么去斗的，那个造反派怎么去揪，去抓，等等。去取经，去看人家是怎么搞的，就这样。会做笔记啊，我们就是到北京去取经嘛。广东省去的有个代表团，我们的领队那个时候是潮州的什么组织。到了北京，领队也不管我们，行动基本上是个人的，很自由。同学几个人一起出去，都很自由的。同一个地方去的团队住、吃都是在一块的，他有专门的接待站，食堂什么都是为这些造反派服务的。饿了就找接待站，他看你有这个红卫兵袖章就可以，他就不问不管了。有吃有住的。那个时候的感觉很新奇。到北京的红卫兵也不那么多。是一批一批的，统一安排的。那时候不是你想去就去的。从中央，"文化大革命"有个小组，中央文革，他统一嘛，哪段时间是哪个省份的哪一批红卫兵，他都有安排的。那时秩序是很好的。你什么时候该到哪个地方去见毛主席，他会通知你。毛主席接见的时候，街道两旁都有很多人，人山人海的。毛主席也不是每一天都出来，安排在一天。有几次他是在天安门城楼，我们那一次不是，没有在天安门广场集中。开头几次都是在那个天安门广场上。后来我们到长安街，他就出来了，坐那个敞篷汽车。我还去了故宫博物院，自己走去的，动物园这些地方，颐和园也去了。不要门票，那个时候好像都没有人管那样，随随便便的。工作人员是有，不过他不管的。也没人捣乱，造反派那个时候是很革命的，思想还是比较单纯，很上进，听毛主席的话，毛主席说干啥就干啥。他怎么说你就怎么做。那时候是很信仰这样。那时候是，毛主席的话啊，一句等于一万句，什么东西你都特别听从。要学毛主席语录，要"早请示，晚汇报"。"早请示"就是早上起来要集合，集体排队对着毛主席像（毛主席像挂在中央）唱一个《东方红》，单个人就不唱。"晚汇报"就是唱《国际歌》，噢，不是《国际歌》，好像是那个《大海航行靠舵手》。"早请示、晚汇报"是一个形式，就是集合唱歌，不是什么汇报思想，是个形式，就是形式主义一样的。跳"忠"字舞？没有，过去就没有跳舞的。拿住毛主席语录扭秧歌那样的？跳"忠"字舞，那个是宣传队的，文艺表演的，那时候没有说什么跳"忠"字舞，没有。一般人都没有。跳什么"忠"字舞啊，啊呀，乱七八糟的。

十年浩劫嘛，刚好10年嘛，[19]66年到[19]76年，整整10年。颠倒了，什么政权都夺，都夺权，级级都有，从中央到地方。你看，中央就是刘少奇、邓小平，到中南局，就是陶铸，广东省就是什么，级级都有，这样下来的，一条线，都是一条线，"黑线"，从中央到省委书记，到市委书记，到县委书记，到公社党委书记，到大队的党支部书记，也要揪出来斗。我们村以前的书记雷CH过去"文化大革命"也是被斗的，也会的。那个时候抓干革命促生产，"以阶级斗争为纲"，革命斗争是主要的。那个时候是冤死很多的，很多上吊的。有很多老干部他都是上吊吃药的。我们这里也有人上吊的。哪怕你说错一句话，写错一个字都不可以，说你对毛主席不忠，你是现行反革命，就给你戴一个高帽，一个尖尖帽。很冤枉啊，冤枉很多人。这个村子也有冤枉死人的，有一个富农，抓去批斗后，他就怕，就跑到山上上吊死了。那个时候我还不在家，在海南岛。这个富农家境比较富有，比我分他房的那人还富，他父亲当时是当过保长的。那时候什么都可以说是问题，什么社会关系，什么什么，很复杂，你就很麻烦。那时我有一个舅舅在香港，当时初中毕业我想去参加空军，当时是合格的，就是海外关系不过关。[19] 64、[19] 65 年两年我都去报名参加，体检都过了，就是政审不行，不过关。他们说，你有舅舅在香港，现在调查还不清楚，不行。怕我叛国投敌。

[19] 66 年我在 S 镇刚初中毕业，就接到通知去当时还在海南岛通达镇的广东民族学院读书，读高中班。去了那里问呢，说学校还没有恢复，还不能办学，所以就在海南当兵入伍，被安排搞那个财贸。去没有两天就觉得不好，我要回老家，在海南那个地方我不习惯。那个时候"文化大革命"很乱，我也觉得不安心，我就退了。把我安排在那里我就退了，跑回来，结果就到农村来，当了几年民办教师什么的，混来混去，没有结果。那个时候不好，"文化大革命"很乱，游斗啊，1966 年"文化大革命"就开始了。

我们家是六兄弟，我还有一个姐姐。我几个兄弟当时在村里还是不错的。我大哥就没有读书，在村里。我二哥去当兵，后来也是转业，现在在潮州。第三个也是当兵转业，有安排工作的。三哥在 GH 镇，在 FN 镇那个水电站工作。现在都退休了。四哥大我 2 岁，[19] 64 年考上读民族学院，[19] 66 年刚好毕业，回来后有毕业证书，政府有安排工作，现在在 S 镇开药铺。我是老五，还有个弟弟老六，抱养给 FN 镇山里的一个汉族家里了，是给亲戚的，生活条件现在比我还差。抱养出去就不姓雷了，也不是畲族。姐姐是第二个孩子，嫁到古巷镇汉族家里，现还健在，现在还有来来去去。我们六兄弟的老婆都是汉族的，我母亲也是汉族的。妻子们到村里生活一段时间都会讲畲族话。我和老婆到 S 镇住就讲潮州本地话,镇上环境不一样了,大多数都是汉族的。我女儿 YJ（西南民族大学 2006 年毕业）也会说畲族话,但说得不是很好。

对比以上雷会计和以下雷校长关于"文化大革命"活动的回忆报道,我们将会看到惊人的相似和雷同:

"文化大革命"之前还有"四清运动"。"小四清"大概是〔19〕64 年,清经济、清政治,什么都清。"小四清"过后是"大四清",不知道是〔19〕64 年底还是〔19〕65 年,当时还派工作队到海陆丰学习搞四清运动。四清运动就是去了解那里的干部有没有贪污,主要是清经济。小四清时和大四清运动的时候,南山村书记雷 CH 就是被清理的对象。雷CH〔19〕64 年国庆节的时候还上过北京,当时是以少数民族代表的身份去的,去参加国庆节。以前的国庆节少数民族都有派代表去北京观礼台坐,去那里观看那个国庆仪式。解放后那段时间,基本上年年都请少数民族代表上京。毛主席当时还有接见他,他还跟毛主席握手了。四清运动的时候,雷CH 有经济问题,他自己感觉到对不起党对不起毛主席,结果他从北京回来以后有一段时间得神经病好厉害。比如,他从 S镇买了猪肉,拿回来吊在村口的大树上,不知道往家拿,说明他的脑筋已经混乱了。CH 生病后,因为一个神经病的问题,一个经济问题,他就下台了。

"文化大革命"一开始是大鸣大放,然后就是秋后算账。大鸣大放就是贴大字报,谁都可以写。比如对你有怀疑,我就可以把什么事情都写出来,然后贴在外面给人家看。当时纸张浪费了不知道多少。人们可以随便向县委要求,说我要写大字报,要纸张。他一拿就是一令〔一百张〕,免费供应。

只要你要，他就给，反正是政府要求给的。车都是在载这个纸。学校用完了，对政府说我需要纸，去给拿来。当时报纸也可以写大字报，反正不管怀疑什么，怀疑谁，都可以写大字报。城里、学校、公社，什么地方都有大字报，村里可能也有。我没有在村里写大字报，我一直在学校。我父亲给雷CH搞的时候，那天晚上我回家，第二天就去了学校。因为我是革命的积极分子，一直住在学校。在"文革"开始之前，县委就派有工作组去学校，去了解学校的情况，把教师、学生的表现分类排队。开始就是政府派"核心小组"什么的到学校去，当时我们学生派了几个人去参加。这个核心小组的目的就是要摸底掌握教师、学生的情况。但是搞了没有多久，一段时间后，"文化大革命"运动就浓了，这时红卫兵到处都有了，结果就把这个核心小组讲成"黑心小组"。红卫兵就要抓这个"黑心小组"出来批斗，叫他们来学校检讨，说他们是来压榨这个"文化大革命"的，把这个帽子扣在他们头上。当时我们学校那个核心小组的组长姓刘，他来问我，说金山中学的工作组已经去学校检讨了，你的看法怎么样，我们要不要检讨。我说不用，当时我说话还是比较算得上数的，我说不要就不要，结果他们就没有来检讨。后来"文革"就到了红卫兵造反的阶段，也就是"破四旧立四新"那个阶段，打倒"牛鬼蛇神"，打倒臭老九，后来又搞大联合。红卫兵造反开始分成两大派：红旗派和东方派。两大派经常搞武斗，武斗后中央就号召大联合，因此打完后就大联合。大联合以后就成立革命委员会，夺取政权。学校的领导班子以前是校长、教导主任，后来转变到红卫兵总部或者是什么司令部等学生组织手里。红卫兵组织可以几个人就搞一个什么名堂，比如什么司令部，或者造反的什么组织。校长、教导主任是当权派，凡是带"长"的都是不行的，要靠边站，讲话不管用，是要被批斗的对象。红卫兵总部是权力最大的，批准谁做上京代表，决定权在红卫兵总部。

[19] 67年春红卫兵大串联后，学校成立革命委员会，复课闹革命。教师代表，红卫兵两派的代表，学生也有两派的代表来参加革命委员会，成为革委会的成员来领导学校的工作。"文化大革命"后期工宣队进驻学校，宣传队主要宣传毛主席的思想，唱革命歌曲，跳忠字舞，到下面去宣传毛主席的著作、思想，毛选四卷后出第五卷，宣传毛主席的最新指示，军宣队参与地方政府管理。复课以后，[19] 68年就开始动员知识青年下乡。其实 [19] 64年就已经有知识青年下乡了，[19] 64年是自愿下去的，[19] 64年从城市迁移了很大一批人到农村去，全是自愿的，其中也有知识青年。[19] 68年就成为大气候了，[19] 68年毛泽东号召知识青年上山下乡接受贫下中农再教育，上山下乡运动开始，红卫兵变为知青。其实 [19] 66年"文化大革命"进入高潮的时候，学校就没有办学了，校长老师靠边站，还有谁去教书，教书学生也不听你的，对牛弹琴。

[19] 68年南山大队里来了很多知识青年，每个生产队都有，可能有10多个。大队农场也来了几个，有的还是大学生，是广州一个什么大学的，因为不小心在一张报纸上涂鸦弄出了什么对林彪不敬重的词句，被人告发到红卫兵司令部，被打成坏分子，反革命，被送回潮州。潮州把他下放到南山大队农场。知青是接受再教育的对象，不是红卫兵。不管下乡的是小学生还是中学生，反正都是知识分子，都是接受再教育的对象，不可以教育别人。知青下来村里人还是欢迎的，反正大家没什么意见。知青来之前，宣传工作搞得很好，那也是大气候，是毛主席的指示。当时毛主席讲一句话，当天讲完当天就会传达到全国各地，传到各家各户。村里也有共青团员，大队还有共青团书记，毛主席的最新指示一出来，马上就会组织学习和宣传。知青下来以后，一般就是下地干

活，个别也有教书的，好像蔡屯就有一个。知青哭是经常的，在家里娇生惯养，下放来劳动，下雨路滑，只能爬着走。我学校的一个同学，当时我在初中部他在高中部，他下放到我们村，我们意外见面时候他就痛哭。他［19］67 年遇到我的时候，我已经没有读书了，但学校一些工作需要我，我就老是在学校，管理一些事情。他们下乡在我们村，我回村的时候碰到他们。这几年老知青有时候还回到村里看一看，走一走，还带上他们的儿子女儿一起去。上次来了几个人，我那天正在做茶，那里以前是他们住的地方。他们进去看到炒茶的锅，说下次来可以买粿条和米粉来这里炒。有感情嘛，以前他们也是在那里自己做饭吃的。他们当知青的时候吃不饱，饿了就搞瓜菜来充饥。

对于"文革"期间自己作为学校红卫兵代表前去北京和井冈山等地参加串联的经历，雷校长至今同样记忆犹新：

红卫兵上京代表串联队的人数，国务院有文件，初中以上的就可以选出 5% 的代表上京。我是潮州第二批代表，我们这一批是［19］66 年 11 月 23 日去的。我 9 月刚好去汕头开一万人的"三代会"，"三代会"就是贫下中农代表，学习毛主席著作积极分子代表，还有一个什么代表记不得了。当时有个读高中（金中）的来串联，说我们跟市长要求到北京串联好不好。回潮州后，刚好就有文件下来。我还是我们学校"红卫兵总部"说话算得了数的负责人之一，但不是司令。潮州"六中"当时有 1000 多学生，我们那批上京代表"六中"就有 100 多人。"文革"期间，"一中"改为红旗中学，"六中"改为红星中学。上京代表有学生，也有老师，还有县的领导，带队的是高中的红卫兵头头。我们村中我二哥 CM 也去过北京串联，跟我是同一批去的，他是高中部，我属于初中部。我们村的［雷］会计也去过北京串联，他是第一批的，他哥哥有没有去我不清楚。选上京代表的条件不是成绩优秀，也不一定是班干部，一般要出身是贫农、工人才有条件。主要是成分好，以前出身苦的，"文化大革命"就甜。以前是革命的，如果给打成了叛徒，选代表也不要想了。出身好，根正，革命比较积极，就有可能选上。

潮州第一批上京串联的是在［19］66年10月，比我们提前没有几天。［雷］会计上京我那个时候也不知道，因为当时人很多。他是从S镇选拔上去的，我是从潮州选拔出去的，我去他也不知道。潮州的串联队是县里也就是县革委组织的，当时去的有高中（一中）那个学生头，还有金中的一个学生队长，红卫兵司令。串联的时候老师也有去，是按照比例的。上京串联是组织的，回来后没多久去徒步串联就是自由去的，没有组织。我二哥跟我是同一批同一个火车厢去北京的，他是从潮州高中选出去的。去北京活动期间也是他跟他的同学在一起，我跟我的同学在一起。只要有红卫兵证件，基本上在北京城里都可以去，坐车随便走。北京当时的秩序很好，武斗什么都没有听说。满地都是红卫兵。北京市民说你们潮州人以前很厉害，在北京开饭店。红卫兵当时很守秩序。打砸抢是后来发生的，也是地方性问题。比如潮州的红卫兵后来就分成两派，一派是东方派，站在毛主席一边的，又叫保守派。另一派是红旗派，红旗派是造反派，搞坏东西，打砸抢就是红旗派搞的，他们的口号也是保护毛主席，站在毛主席一边，但是毛主席又没有叫他们去打砸抢。他们打着造资本主义的反的旗帜，其实是随便打，随便冲。东方派一般就不会打砸抢。我是两派都没有参加，他们两派都欢迎我。红旗派和东方派平时一碰见面，就发生冲突，两个派就斗。我从来不去打砸抢，学校的东西给人打坏了，我还去讲一讲，人家还听。教师去讲都不听的。潮州六中，还有其他学校的红卫兵都分成两派。迷信的、封资修的东西都砸掉，当时凡是封资修的东西，红卫兵都是要把它搞掉的。

串联也不是所有的学生都去了，一般是积极分子才能去。有的人怕苦怕累，还有怕死的，也不敢去，有人坐车才到广州就返回来了。[19] 66年我在学校是"红卫兵总部"的几个负责人之一，负责学校的工作，学校有很多事情都是要我做。当时学校的校长、主任、教师他们都靠边站了，他们根本就没有发言权了。所以学校的很多事情都是我们在管。[19] 66年10月23日潮州第二批上京串联队，至少有300多人，分别用10多辆汽车送到广州火车站，汽车要走10多个小时，晚上9点多到广州，在广州吃饭以后就上火车，火车大概晚上1点左右出发。在北京住宿了21天。那时候毛主席经常接见红卫兵，我们那一批是毛主席第五次接见。我们没有被安排在天安门，而是在西面的长安街。当时满条街，横街直街都是人，那一天接见的红卫兵有200多万，被接见的位置地点全部是安排好的。我们到北京后，开始时住宿在石景山小学，坐车从石景山小学到天安门要走一个小时。被接见的前一天晚上一点多就开始坐车，差不多8点钟才到长安街的西大街，因为人很多，车开不快。等到中午差不多一点多，毛主席才出来，坐敞篷汽车来的，一来大家很激动，都喊毛主席来啦，来啦，毛主席万岁，万岁。很多人哭了，很激动，是真的激动。没有毛主席，自己哪里能够去到北京？我也流眼泪了，感动的，热泪盈眶，那是真的，觉得是最幸福的时候，没有想到今天能够看到毛主席。敞篷车开得很慢，前面有开路的警车，后面也有很多车，是一个车队。

我们开始待在石景山小学，后来搬到八宝山旁边的一个工厂，离天安门就更加近一点。21天中，毛主席只接见一天，其余时间就参观。参观是几个人自由组织活动，除了一些比较大的［活动］，一般都是自由活动。有发给每个红卫兵一张卡，有这张卡，坐什么车都不用钱。有时候车站排队等车排长龙，有时候要坐车还需要脑子灵活一点，看到你要坐的车来了，明明知道那是你要坐的车，还跑去假装问这路车是不是去哪里哪里，他说是，我们两个人就上去，别人排队排他们的，我们就先上了。在北京参观了很多学校，清华北大，航空学院，民族学院，凡是有名气的我们都去过。当时是"文化大革命"，去这些学校就是看大字报，我们的目的说是去学习搞"文化大革命"的，所以大学里满天都是大字报，也有批斗老师的，反正要批斗谁都可以写，当时还没有批斗大会，我们没有看见开批斗大会的，但是大字报就很多。我们在北京那个时间，毛主席写的《炮打司令部——我的一张大字报》那张大字报刚好出来，他就是对准那个刘少奇的。在北京看大字报，印象最深的就是毛主席这张大字报，"炮打司令部"，每个学校都贴了这张大字报。大学里批谁、批哪个教授就不知道了，太多了，各个学校的情况又不一样。哪能记住那么多？记住毛主席的就好了，我们最听毛主席的话，毛主席指向哪里我们就走到哪里，他的炮打到哪里，我们就跟他跑到哪里。

在北京主要是看大字报，其他风景区都没有去，长城也没有去，不过故宫就有去。去故宫不是看历史文物，是看四川刘文彩的收租院。当时刘文彩的收租院在故宫里面展出，用一个厅来展出，都是泥塑的，我们有去参看过。刘文彩的风谷机是用铁链的，一摇风很大，很饱满的谷子还要给他搞到外面去。印象最深刻的就是这个什么风谷机。听说现在刘文彩的东西，他的房子啊什么东西，都还给他了。以前就讲他是中国最大的地主，按照介绍，他是全国最大的地主。故宫里面其他的门都没有开放，皇帝坐的那个金椅子的房间没开，不过从玻璃窗那里可以看到。

我们去北京之前县委就有交代，你们的红旗从广州带到北京，又要从北京带回来，不要去随便乱串。但是其实北京上面有很多大学生已经随便哪里都可以去了，我们从下面广州、潮州去的，一般就是按照文件行动的，遵守代表的纪律，去后都是按照他们要求什么时候回来，就什么时候回来。在北京时已经听到人家说，我们是自由来的，红卫兵哪里都可以去。后来回到学校后，几个头头又再去广州回来了，我就跟他们商量，说你们又去广州了，那我还没有出去，现在一些事情你们来干，我也要出去一圈。当时国务院有通知说，现在比较冷了，大家回到家里，明年春暖再出来。我就跟他们讲，明年春暖你们再去，我现在去。我们4个老师加我一个学生徒步大串联，目的是去瑞金、井冈山和韶山。以前长征就是从瑞金开始的，因此我们就想去参观革命根据地。我自己选择跟老师一起去，没有跟同学去，但同学自己也可以两三个人或三四个人先先后后自己组织去串联。谁知到第二年春暖的3月、4月，国务院就发出通知，要大家回家闹革命，不要老是到外面串。幸好我们冬天先出去了，还跑了几个省，广东、江西和湖南。人家全国都跑遍了，我们还没有，我们出去太慢了。他们先出去，跑的地方就多。红卫兵上京第二批完以后，就没有再去了。第二年（1967年）就要求复课闹革命，［19］67年串联就少了，有一些不听话的还照样去串联。比如［19］67年的国庆节，我一个同学照样还去北京。他们是坐火车去的，到广州火车站买1毛钱还是2毛钱的站台票，跑到站台混上火车，坐到北京去，开始去北京很冷，跑到工人文化宫那里几个人在那里烤火，等国庆节过后他们才回来。他们是自己去的，也没有证明，买了站台票就跑到全国去了。当时去北京也有女生，但比男生少。

　　徒步串联全程走路，我们［19］66年12月开始出发，［19］67年4月结束。一路上遇到的人很多，满路都是人，来来往往都是人。从全国各地来的，南上北下的，很多。红卫兵外出串联的证明是由县政府开的，注明什么人，要到什么地方进行革命串联，希望接待站接待。证明如果没有注明目的地，而是写"到全国各地大串联"，那你就什么地方都可以去。每隔15里路，就有一个红卫兵接待站。红卫兵接待站就像一个旅社，要给红卫兵提供住宿和吃饭，红卫兵吃一顿交1毛钱，不用交粮票，饭菜比较简单，能吃饱。到江西时，每顿基本上都是胡萝卜，他们种的水稻都是红米，所以饭就是胡萝卜加点红米。我们徒步串联大概每天也就是走10多里路，走到接待站就休息。我们从潮州家里出发，经过江西井冈山，再到湖南的株洲，湘潭，毛主席的故乡。到毛主席故乡时我脚痛，急性爆发的慢性关节炎，不能参观。当时国务院又老是通知，要求串联学生回学校复课闹革命。我回广州后，在广州的中山大学医院住院治疗40天，才回汕头。

　　我去广州中山大学医院看病，一般人都进不去的。"文化大革命"前是很贵的，"文化大革命"时，我们一个老师的弟弟刚好是医院红旗派的小头头。当时老师送我到急诊室，又叫他弟弟过段时间来看我，安排我住院。第二天下午刚好有一个人出院，把我从过道抬到病房的病床，但他没有跟我见面，他是通过里面安排的。没有这个关系，我肯定进不去，以前收费很高，是世界有名的医院。我在里面住40天。关节炎，是慢性的，开始很痛的，大腿摩擦，软的骨头发炎。开始去查不出来，拍片，后来才知道。仪器很先进的。我是红卫兵，治病没有出钱。当时离国务院的通知规定只差两天，如果我再迟两天进去就要交钱。出院的时候，我告诉他们（医生护士）家庭很困难，结果他们就跟省民委联系，省民委派出一个女的来了解情况，叫我写信回学校，要学校出证明说明我是红卫兵，家庭情况怎么样，叫校长写信到民委说明情况。送我进医院的是水利厅的红卫兵接待站，出院时要求去那里开证明。出院那天医院把车票都帮我买好了，可能是民委出钱委托医院办的，是护士交给我的，当时治病的医生护士都很好，听说我要出院，几个人还筹集了30多斤粮票要送给我，当时吃饭都要粮票。我没有拿他们的粮票，说一天就可以到家了。在医院住院时，病人一天吃五餐，除了正常三餐外，下午4点多，晚上9点多还要加两次餐，吃得也比较好。

（三）路线教育工作队运动

"文化大革命"后期，雷校长还参与了普及全国的路线教育工作队运动，以下是他到凤凰山地区的汉族村做路线教育工作队成员的亲身经历：

> ［19］74到［19］76年，我参加潮安县组织部的"党的路线教育工作队"。路线教育工作队负责审查当地干部队伍，负责抓社会治安问题和割资本主义的尾巴，比如整治偷盗斗殴，监督农民不能养太多家畜，不能在自留地以外的地方私种任何作物，自留地只能种自家吃的蔬菜等作物，还有批林批孔等。那时候到南山村来的路线教育工作组就在我家里煮饭吃。我自己从［19］74年9月到［19］75年8月参加的是GH公社狮丰大队的路线教育工作组，［19］75年9月到［19］76年8月调到CF公社路线教育工作队队部，专门负责专案工作。
>
> 路线教育工作组要住到村（当时叫大队）里去工作，一个大队搞一年。每个大队住大约10个路线教育工作队队员。［19］74年9月到［19］75年8月，我们住在GH公社狮丰大队的一个生产队的队部里，大家集中住在一起，两张长木凳一块板就搭成一个床铺。我们十几个人来自全县的不同地方，不同单位部门。有的是潮州城里的，有的是农村的，有的是百货大楼的售货员，有的是校长，有的是教师，有的是公社领导。我们的组长姓蔡，是潮安县交通局的副局长，副

组长是 FN 镇的副镇长，潮州的一个校长负责整理资料，潮州百货大楼的一个职工负责做饭，我负责做专案工作，还有一个姓魏的，其余是几个作为革命接班人培养的青年人。你看工作组各种各样的人都有，什么阶层的人都有，但就是没有他们本大队的人。他们村里的领导，如治安主任、民兵骨干等比较可靠的人就配合我们工作。GH 公社狮丰大队比较复杂，有 2200 多人，是一个比较大的自然村，都是居住在一起的。我们的任务是了解情况，白天还要参加劳动，跟社员一起去种田，但不挣工分，我们是有工资的，继续领取原来的工资，我当时是教师，33 元一个月，外加大概一个月 10 多元的补贴。吃饭自己做，由工作组里的一个队员专门负责做，他是潮州百货大楼的职工，不认识字，就当炊事员，负责队员的生活。米、菜、油、盐全部去 GH 镇市场买。路线教育期间，村里的大米不够吃。当时水稻种两茬：早稻、晚稻，此外再种一茬小麦、豆类如蚕豆等杂粮来弥补。加上杂粮基本上可以吃饱。工作组动员宣传叫社员们积极交公粮交余粮，但不具体负责，主要是教育，做思想工作。

路线教育工作组成员一个月休息 4 天，可以回家。但有时候工作抓得很紧，我们第一年春节基本上都没有回去。当时县里抓得很紧，要求抓好冬种工作。当年正好下雨，田里的水老是干不了，冬种老是种不了，我们就要抓教育工作，结果就没有回去。路线教育工作组成员要和社员一起下田干活，没有事情的时候就一起干活，打好感情基础。有什么事情的时候，就跟感情比较好的人了解情况，比如什么干部啊，民兵啊，随时掌握村里有没有发生什么事。发现什么情况就要向上汇报，向公社工作队队部汇报，大的情况公社的工作队队部就要向县里汇报，一级一级向上汇报。了解到情况，工作组成员除了汇报，还要去落实和处理，反正我们什么事情都做，什么事情都要了解。劳动不少，做的工作也不少。我在工作组是负责专案的，有人反映什么问题就要去找有关人员了解，调查，追踪，写报告。如果村里被反映的人跟外面有什么瓜葛或联系，有时要踩单车去几十里路外的地方了解情况，落实案件。当时没有车，全靠走路。工作组成员也各有分工，有负责生活的，有整理资料的，有负责专案的，有负责联络的。组长和副组长也一样要参加劳动。工作组成员偷懒不干活的情况是没有的。一般抽去的人当时劳动态度都是很好的，思想都是很好的，一般都没有偷懒的。工作组里的那些青年接班人要争取进步，我们好像当时也要被培养成什么人一样的。除了一些老的，好像半改造一样去那里工作参加劳动，我们当时是中青年，是要培养的对象，能偷懒吗？队部的专案人员一般有两三个。青年接班人没有固定的任务，需要做什么他就做。白天劳动为主，晚上就开会为主，有什么事就去群众那里座谈，了解情况，打好感情基础。

路线教育工作组期间开大队群众大会也不多。工作组自己开会的时候不叫大队干部参加，有事情的时候就叫民兵去做，有什么情况如发现有贼等就要布置民兵放哨。偷人家的鹅、鸡，偷宰生猪也要去教育。调查、落实、批评教育。罚款很少，毛主席时期还是教育为主。当时政治很重要，偷东西政治表现就不好，以后有需要或推荐人做什么就没有你的名额了。大队人多，情况复杂，小偷小摸的事情还是有的。比较突出的是私宰生猪。以前生猪是要卖给国家的，有人就偷宰，偷鸡偷鹅也有。还有就是打架斗殴。邻居之间不合，比较土，没有文化，打架用凶器斧头砍对方。也要教育，这是治安问题。当时大队的治安干部还不敢去教育，治安都很怕，怕教育了他以后被报复。结果还是我叫他来，了解情况，然后给他严肃批评。当事人开始态度不好，后来就承认错误了。承认错误后就叫他把凶器拿来，因为那是物证。这是大队一桩比较大的打架案件，为了教育其他群众，后来还集中全公社社员到公社开群众大会，进行批判教育。以后就没听说他再打架。如果不管，经常在村里打架，骂来骂去，就会影响治安、影响生产。在公社开批斗大会之前，已经教育他，他已经认识到错误了，跟他讲就是要他向大家、向全公社的人承认错误，一个好处是可以教育其他人，另外只要你改正，以后对你也没什么影响，跟他讲清楚了，他认识提高了，你叫他去他不会也不敢不去。老老实实的，连那个凶器也带去给大家看，教育一大片。他站到台上，把事情发生的原因、经过给大家讲，然后承认错误，表个态度，保证以后不再这样做。当时批斗大会批评教育的对象还有别的大队的一些典型。批斗大会是批评教育为主，轮到谁被批评，就上台去讲，讲完了就下台，下一个再上去，没有一直站在台上。不像斗地主，也不像大的案件那样，要戴手铐或者捆绑起来。路线教育工作组的任务、目的就是教育，不仅要教育他本人，还要教育大部分人，所以在那个阶段治安比较好。出什么问题，就是了解情况，做思想工作。我在GH镇做一年，就开过一次全公社的批斗大会，在CF镇就没有。大队也有开批斗大会，达不到公社级别就在大队开。有的是大队干部、生产队干部有什么问题，就通过了解调查，有问题也是教育，该退就退。当时狮丰大队的书记听说有点经济还是什么问题，后来通过调查落实没有什么大的问题，也就过去了，他也没受到什么处分。但我们走后，听说书记就换人了。

　　路线教育工作队也负责割资本主义尾巴。当时一个家庭不能多养鸡、鹅等家禽。除了自留地之外，也不能私种任何东西，很严格。比如，有的人在自己自留地以外的路旁种植几株芋头，或瓜苗，就要被搞掉。因为这些是资本主义的苗头。买卖属于投机倒把，也是不允许的。村里如果有人搞投机倒把，也要批评教育的，批评教育不听的投机倒把分子，要受到批斗。投机倒把是资本主义的倾向。你做买卖，在自留地以外种东西，就说明你有资本主义思想的苗头，那就不行。所以当时什么都没有。"宁要社会主义的草，不要资本主义的苗"。资本主义的思想和苗头不能产生，在还没进入资本主义之前就抓苗头。不然，你可以一，就可以二，可以二就可以三，然后就会向资本主义方向发展。所以苗头要先抓下去。

路线教育工作队在每个公社都设有一个队部，队部有六七个人。一个队长，一个副队长，一个政工干部（负责政治工作），三个专案人员，一个后勤。队部负责汇总下面工作组的情况，帮助解决下面解决不了的问题，确保各地遵照党的路线来做。党的基本路线，当时都记得很熟的，现在忘记了。我［19］75年考转公办教师的时候，还有考党的路线这一段话。［19］73年到［19］77年专门抓党的路线教育，［19］76年毛主席死了，还要跟着他的路线走。［19］78年十一届三中全会以后才转变到抓经济，对"文化大革命"拨乱反正，阶级斗争、运动才停止。南山虽然是少数民族村，情况也跟外面、跟全国是一样的。

以上访谈内容让我们了解到，从新中国成立以后的50年代初到70年代末，南山畲族村干部群众如同凤凰山地区以及全国各地的汉族农村地区广大人民群众一样，对接踵而来连续不断的各种政治、生产运动应接不暇，30年间几乎毫无片刻时间思考、发扬或重建自己民族的独特文化。而新中国政府自上而下一体化的政治、文化和生产运动也使南山村畲民更加淡化了自己原本已经十分薄弱的少数民族社会文化特征及其认同意识。我们在南山畲村访谈时接触到的所有对象，在回忆土改和"文革"期间的过往生活时，很少有人用过"我们畲族"这样的表达，更多使用的是"潮州""凤凰山"这样的地域认同名词。

二　社会主义建设初期的集体经营与生产、生活

新中国成立前南山主要以种水稻、番薯，砍材烧炭和打猎为生。水稻是单季稻，没有化肥，只能用土杂肥，又没有农药，病虫害无法控制，因此产量很低，亩产大概只有一两百斤。种了很多也不够吃，还要交租。新中国成立前后的很长一段时期，砍材烧炭卖的价钱也很便宜，100 斤炭只能卖一元多钱。新中国成立前南山村山上的树木很茂密，山上有老虎、狼、狐狸、野猪等动物。据村里老人讲，那时候干活晚回的农人经常在岔路口遇到老虎。晚上走到老虎经常出没的地方就要喊号子，或脚步声音重一点，老虎听到有人来，就会跑开。人只要不去伤老虎，它就不会咬你。人如果躺下或蹲下，老虎误以为你是猪狗，就要咬你，但人站立着它就不敢。老虎一直到新中国成立之初还有，大炼钢铁砍了很多树以后，老虎、狼、狐狸就没了，野猪却比以前多起来。野猪一次繁殖十多只，没有老虎这个天敌，成活率就高了，给农作物造成很多损害。

（一）生产方式

20 世纪 50 年代末期人民公社成立以后，南山畲族自然村的生产与生活也从土改初期单家独户模式逐步过渡到互助组、初级农业合作社、高级农业合作社最后到完全集体化的公社、大队和生产队模式。从 60 年代初一直到 1981 年实行农村家庭联产承包责任制再度分田到户之前，南山自然村的生产、生活完全由大队这一农村最基层的行政单位负责指导和管理。大队从公社领来生产任务，比如每年要种多少亩水稻，多少亩甘薯，要向国家交多少公粮和余粮等，然后分给下面的生产队。生产队负责实际的生产操作，生产搞得好不好通常以生产队为单位来评比。此外，给社员记工分、分口粮和向国家交纳公粮也是以生产队为单位进行的。向国家交纳公粮时，生产队组织青壮年社员先把粮食挑到山下沙坑村的公路边，再用车从那里载到 S 镇粮站。

　　大队书记和大队长一般比较少下田干活，他们的任务主要是走来走去检查工作。比如插秧以后，大队干部要把所有生产队队长召集起来一道去检查生产，查看秧苗的生长情况怎么样，同时还要评出一类苗、二类苗和三类苗。发现有三类苗情况的，就要求生产队突击施肥，用所有的肥料去把它保起来。检查生产时，大队干部和各个生产队队长都要参加，各个生产队互相比较。大队书记一定要出面抓生产，不断强调，不强调下面就可能精神涣散，不积极。如果大队干部不去检查、指导、监督和要求，而生产队干部又疲沓，自己不去管理，那三类苗以后收成就不好，生产就会受影响。集体检查通常能够促进生产，效果也比较好。每次检查完生产后，都要开会总结，然后向公社汇报，参加评比。搞得差的，接下来就要注意一点，但村里老人回忆说当时也有"检查就受感动，回去就没行动"的情况。此外，各个生产队条件不一样，肥料、技术，还有时间抓得紧不紧等，许多因素都会影响到生产情况。如果遇到某个生产队不能及时完成生产任务的，大队干部会组织别的生产队前来支援和帮忙。

　　公社初期，S镇除了山地大队外，还有北岭、东岭、西岭、南岭、中厝、赤沙这几个大队，总共7个大队。南山所在的山地大队管辖地界很宽，方圆10多公里，由S镇北面的几个大山头连成一片，呈一个长方形形状，从大队的最东边走到最西边至少有近30华里。大队书记张XG检查工作每天要走很远的山路，查看生产时，没有哪一天能够走完全大队的路。据说有次他去公社做工作汇报时，就总结了四句话："山路崎岖，乡里不相连，检查次次行不到，评比次次是乌龟。"公社时期各大队、生产队有很多检查和评比活动，总是有这个检查，那个活动，但搞来搞去生产的粮食还是不够吃。

　　集体制时期，南山自然村共有三个生产队，生产活动和粮食分配均以生产队为单位计算。每个生产队按各家各户劳动力"出工"（即参加集体生产劳动）所得的工分总数来计算和分配口粮。

社员出工的工分评定方法前后也经历了几次改变。最开始时是评工计分，即根据每个人每天实际劳动的多少来评定工分。通常是白天干活，晚上就集合开会评工记分。评工记分是根据干活的多少和时间长短来确定每个人一天的工分，一般由队长来提建议说某人多少分，然后大家发表意见，没意见就由生产队会计或专门的记分员记录下那个人当天所得的工分。评工记分时，一个男劳力一天最高可得12分，女的最多10分、9分或8分不等。评工记分制度实施不久弊病就暴露出来，首先是它并不能完全真实和客观地反映出每个人的劳动量和劳动效果。比如出工的时候有人先到，有人后到。先到的人有的去了就干活，有的磨磨蹭蹭，什么也不做，在那里等后到的。后到的人因为来迟了不好意思，一到就埋头苦干，结果两人干的活比起来其实是差不多的。但评工分就有多有少，晚上大家开会评工分，队长公布哪个人多少分，哪个人多少分，问大家好不好，有没有意见，大家都不开口，先去的和后去的都不开口。队长说不开口就表示没意见，没意见就通过。过了一段时间后，评工计分已变得毫无意义，因为评工时社员都不发言，心里即使有意见也不开口，知道开口就得罪人，于是干部只好说"没有意见就算通过"。评工记分变成了纯粹的走过场，而且也很麻烦，干部群众白天要参加劳动，晚上还要开会，开会大家又不发言，等于浪费时间。

评工记分活动停止以后，生产队记工分改为给每个人每天的劳动确定一个大概的额定工分，如10分、9分或8分。额定工分的标准由生产队自己统一制定，各生产队定的标准可能不同，有的最高为10分，有的最高为12分。额定工分也因性别和大致年龄的不同而不同，男女老少的额定工分是有差别的。一般男的劳动力比女的强，而且那些比较有技术和靠劳力的工，如插秧时的犁田、耙田、挑担等都是男人做，因此男人的额定工分一般比女人高，除此以外，成年人的工分也比那些偶尔出一下工的老年人和青少年的额定工分要高。男人通常是10分一天，女人和老人、少年通常是 8~6 分一天。额定工分的制度实行了 10 多年，70 年代初开始农业学大寨后，额定工分制度被社员称为"大寨工"，并被冠以"大寨工，磨洋工"的讽刺性名称，意指额定工分制度培养了懒汉思想。由于"大寨工"的工分是额定的，不管人们能力的强弱，也不管人们实际干了多少，只要出工就会得到额定的工分。南山年纪大的人还记得当初人们对生产队出工情况的总结："出工锣鼓行，收工如胡琏抓兵"，比喻出工即下田干活的时候，人们就像敲锣打鼓走娘子步一样慢慢地走到田里，收工即干完活回家的时候就像见到国民党的胡琏官兵来抓壮丁，大家都拼命跑。公社化时期人们还总结了这样的顺口溜："站一站，吃公社；走一走，吃政府；拼命干，吃自己"，充分讽刺了集体时代干多干少一个样，埋头苦干只有自己吃亏的社会现象。由于"大寨工"严重影响了社员劳动的热情和积极性，南山在 70 年代末开始实行"定额工"制度。"大寨工"即额定工分制度与"定额工"的不同之处在于，前者按性别和年龄的不同来确定每人每天的工分，后者则按劳动的数量或面积来确定工分，比如插秧 1 亩田 80 个工分，收麦 1 亩田 120 个工分等。参与者平摊劳动数量或面积的工分总额，其中男女有别，女人又有不同。

（二）口粮分配

生产队评定的工分是分粮食时所用的凭据之一。集体时代社员的粮食通常按照 7：2：1 的比例来分配，即基本口粮占 70%，工带粮占 20%，投资粮占 10%。其中基本口粮是按人头分的，比如每个人每个月保证 20 斤。工带粮是社员的工分折算后应得的谷子，即按当年粮食收成的多少，算出 1 个工可以带多少斤谷子。投资粮是各家各户向集体交纳的土杂肥折算应得的谷子，土杂肥包括牛屎、牛尿、猪屎、鸡屎、鸭屎等。基本口粮的数量根据粮食收成的不同各年不同，各个生产队也不相同。各个生产队当年收入的粮食总量在扣除要向国家交纳的公粮，以及要付给社员的工带粮和投资粮后，剩下的谷子平摊到全队人头的数量，才是一个人可以分到的基本口粮。基本口粮的数量男女老少都一样，婴儿和成人的数量也一样。因此人们说，生孩子如果能够碰到分粮食，那就是最好最幸运的。头天生孩子，第二天就遇到分粮食，那就是最合算的。增加一个户口，就可以分到基本口粮，小孩又吃得不多，因此大家都愿意多生孩子。

社员一年的工分除了能分到工带粮以外，还可以分到一定数额的现金。一个工（即1天的工，通常是10分）值多少钱，各个生产队都不一样，同一个生产队不同的年份也不一样。如果一个生产队山多，树多，某年砍了很多柴去卖，那年的集体收入就会增加，工分值也就会高。如果生产队没柴卖，没有茶卖，没有烧炭卖，也没有其他收入，工分值就低。南山第三生产队工分值最高的一年是1972年，那年村小学公办教师的工资是每月33元，民办教师的工资是每月30个工再加6元的民办教师补助。当年第三生产队的工分值是1元零3分，社员做30天工就值30.90元，除了兑现成现金外，在年终分粮食时工分还要折算成粮食分到工带粮。30.90元加上分到的谷子，农民每月的实际收入比村里的一个公办小学教师还高；民办教师的36元再加上工带粮折合的谷子收入，也远比公办教师高。但这并不是普遍现象，也不是年年都有的情况。其他生产队就没有这么高了，有的一个工七八毛钱，还有的更少。生产队现金收入多，社员出工多，那么收入就高。生产队的技术工外出挣钱，也可以为队里增加现金收入。比如有技术的泥水匠、木匠或石匠帮人建房子，吃饭由主人提供，一天工钱一般是2元，其中0.5元归自己，1.5元上交生产队，折算为一个工。如果生产队工值高，有1元左右，那做技术活和下田劳动的价值基本上等值，但如果生产队的一个工只值6毛钱或7毛钱，那技术工就等于是为集体做贡献了。但不管亏还是赚，队员从事技术劳动赚的现金的绝大部分必须按规定比例上交集体，再由生产队为其转换和记录为一个工。集体时代不允许任何单干或个体经营行为，任何人有特殊原因不能参加集体劳动，必须向队长说明情况并获得批准，生病不能下田干活也要向队长请假和说明情况，否则就要倒扣工分。

南山村民获取粮食的途径除了生孩子，出工和经生产队批准靠个人技术挣点钱（这种机会通常很少）换取工分以便分到工带粮外，还有一种途径是为集体多投资肥料。70年代我国开始使用化肥之前，农作物生产所需的肥料只有猪粪、牛粪、人粪等土家肥料。社员向生产队提供猪粪、牛粪等土家肥的方法是按斤两计算的。以前村里养猪有的圈起来养，有的没有圈起来，白天猪在村里满地跑，到处是猪粪。一些老人和小孩很早起来拣猪粪，几天称一次卖给集体，或收集回去倒进自家的粪坑里。村里家家户户的室内猪圈旁都挖有一个精心修建的不渗水的大粪坑，在粪坑的一侧搭上一块或两块木板，那就是家里的厕所。人要方便时，就蹲在粪坑一端的地面和木板上完成。集体生产要用哪家粪坑的粪便粪水时，先过秤，记录，再挑出去使用。生产队也修建有一个能装几百担（一担有三四十公斤）的四方形的大粪坑，粪坑上方盖了人字形的草棚，避免下雨时过多的雨水流入粪坑冲淡或冲走粪便。各家的牛粪、牛尿积累到一定数量后，可以称重后倒入集体的大粪坑，或直接挑到田间地头去使用。

农家肥的主要来源是猪粪，但猪粪的数量也很有限。集体时代人们养猪很少，一般一户人家一年最多养一两头，因为没有饲料。可供给猪吃的东西，通常只有家里人每顿吃饭后的洗米水、洗锅、洗碗水，还有人们不吃的番薯皮、烂菜叶、芋头叶和一些农作物的杆等。因为饲料匮乏，人们即使想多养猪也办不到，此外集体时代也不允许人们多养猪，因为有搞资本主义之嫌。资本主义尾巴通通要割掉，养鸡养鸭养鹅多了也不行，只能养几只自己过年过节宰杀来吃。养去卖的很少，因为政策不允许，而且也没有食物喂养。人尚且不够吃，哪还有粮食去养猪、养鸡、养鸭、养鹅。生猪养了必须卖给国家，自己不能宰杀，也没有人敢偷偷宰杀。除非猪害瘟死了，才可以把死猪去毛去内脏，把死猪肉清理出来，切成一公斤大小的许多块，腌上盐让它慢慢风干，留给自家慢慢吃。一些人家还舍不得吃，偷偷拿到市场去卖，换点油盐钱。死一头猪对谁家都是一个很大的损失，因为可能再也没钱去买猪苗来养，或者又只能去赊猪苗来养，这样老账没还清又添新账，经济负担更重了。六七十年代，生猪必须卖给国家集体去屠宰。70年代国家收购村民的生猪曾有一条政策叫"购六还四"，即一头猪两种价钱，六成按国家牌价收购，剩下四成农民可以自己拿回去吃，也可以按议价或市场价格卖给食品公司。生猪的国家牌价为每公斤0.85元，市场价为每公斤1.36元，猪肉大致也卖这个价格，因此公社屠宰场或肉联站在收购村民的生猪时，会根据猪肚的饱胀情况扣除几斤饲料重量。集体化时代的二十多年间，生猪和猪肉的价格几乎一直维持不变，即使偶尔有所变化，也不过是几分不到一毛钱的变动，而卖猪也是南山村民自家获取现金收入的主要途径，因此一般没有人把四成的议价猪肉全部拿回家自己吃。因为这四成猪肉的价格高一点，农民都愿意把它卖给屠宰场，自己只带两三斤猪肉回家打个牙祭。事实上南山村民卖猪的情况很少，有的人家两三年才卖出一头猪，因此有的人家过年也吃不上肉。由于常年很少吃得到肉，村民便把吃肉称为"打牙祭"，意指供奉和祭祀自己的牙齿。在六七十年代交通不方便的时候，南山村民卖猪也比较困难，通常有几种情况，有的用绳子系在猪脖子上，沿山路慢慢把猪牵到10多里路以外的山下S镇公社屠宰场去卖，有的把猪捆在竹笼里由两个人抬下去卖，还有的是公社杀猪匠专门到村里来宰杀后，再用箩筐挑下山去交给肉联站。

集体时代生产队分给各家各户的粮食，包括基本口粮、工带粮和投资粮，都是要社员出钱买的，一般每斤谷子8~9分钱到1毛多钱不等。村民家里如果劳动力多，挣的工分多或投资的肥料多，生产队分给的现金收入就够买回全家一年应分到的粮食；如果家里吃基本口粮的老人小孩多，劳动力少，工分少投资也少，那么分到的现金收入就少，少得不够买回自家分到的粮食，那就要自己贴钱来买自家的粮食，这样的家庭被称为"倒补户"，亦即倒贴钱给生产队去购买自己口粮的家户。"倒补户"如果实在拿不出钱来向队里购买粮食，那就给生产队写下欠条再把粮食挑回家。生产队一般不会扣发村民应得的口粮，但有些人家年年都是"倒补户"，一直拖欠集体的粮款。而且每年的"倒补户"差不多要占生产队1/2到1/3的家户，那些全年工分值的现金收入用来购买口粮后还有余钱可得的多力人家，全年分到的余款收入也不过几十元或者最多一百来元。

（三）水稻种植

南山行政村地处凤凰山脉南麓，村中多丛林峻岭，平均海拔约400米，全村总面积4.6平方公里，共有耕地面积501亩，山地面积7075亩。尽管山地面积占村总面积的90%多，但在20世纪80年代以前国家"以粮为纲"政策的指导下，南山一直以种植水稻、番薯等粮食作物为主。80年代以前的水稻种植产量很低，村民的最低温饱线每月最多35斤谷子，远远不够填饱肚子。中共潮州市委统战部编纂的《畲族志》一书收集的相关数据，可以说明从新中国成立后至改革开放前包括南山村在内的凤凰山畲族村粮食生产与消费情况（见表3-1）。

表3-1　潮州畲族村新中国成立后粮食产量与生活水平上升一览表

	年均亩产粮食	每月人均口粮	人均年收入
1954 年	约 500 斤	15 斤	30 元
1958 年	约 600 斤	18 斤	约 50 元
1976 年	约 700 斤	20 ~ 22 斤	约 69 元
1978 年	约 800 斤	30 ~ 35 斤	100 元
1981 年	约 1100 斤	35 ~ 40 斤	180 元
1985 年	约 1200 斤	45 斤以上	283 元

资料来源：中共潮州市委统战部编纂《畲族志》，未刊稿，1987，第20~21页。

　　集体时代生产队里好的水稻田都归集体所有，集体劳动又难以调动社员的生产积极性，此外由于生产技术落后、肥料短缺、虫害影响等多方面原因，集体时代的粮食产量一直难以得到大幅度的提高。粮食不够吃，人们只好在生产队的山坡地和自家的自留地里种些番薯、芋头、地瓜、南瓜等杂粮充饥。但自留地也很少，每个人只有4厘，而且都是山坡地，或不好种水稻的旱地，或房前房后农作物生长易受影响的稻田。

　　公社时代南山村像全国其他农村地区一样，无条件地响应上级"以粮为纲，纲举目张"的号召。村干部理解的以粮为纲就是多种水稻。好在南山尽管地处高山，但土质肥沃，山泉丰富，于是山头之间的谷地全都开垦成了稻田，水稻种植面积不少，村民对水稻种植的生产技术也相当精通。根据村民的口述，我们整理了以下南山村民了解的水稻种植关键环节和技术。

　　播种　水稻种植的第一个环节是播种，播种一般在谷雨时节也就是清明节前差不多一个月的时候开始。播种过程又可细分为几个不同的环节，即泡种，催芽，平整秧母田，然后才是播种。南山以及凤凰山区乃至整个潮汕地区的水稻种植都分两季，即早稻和晚稻。早稻必须催芽，晚稻则不用。晚稻种植时节通常为农历的六七月份，因为气温高，播种时可以撒干谷种，撒下后几天就可以发芽。早稻种植时节为农历二月，气温较低，通常只有10℃左右，因此谷种必须经过泡种、加温和催芽环节。泡种是先把谷种放在大缸里面浸泡，让它发胀。浸泡时间通常需要2～3天，浸泡期间浮到水面上的不饱满谷粒需去掉不要。浸泡谷种的数量根据稻谷栽种面积的需要和谷种的品种而定。70年代中期以前，还没有出现良种稻谷的时候，同样面积的稻田所需谷种数量比较多，一亩稻田需要六七公斤谷种。1975年后使用的良种杂交谷种数量就无须很多，一亩稻田需要三四公斤。1984年以来全国农村普遍推广种植的"一粒种"良种谷种所需数量更少，一亩稻田所需谷种不超过1公斤。南山种植早稻时，天气比较冷，浸泡后的谷种需捞起来晾干，然后再放进铺垫了稻草和一种特别植物树叶的笋筐里，再用布盖好，通常一个笋筐装二三十斤谷种。等泡胀的谷种晾干后，再把加热到起泥鳅眼的大概五六十度的温水均匀地淋到谷种上，而且一定要淋透，淋到笋筐底部流出水为止，这个过程叫催芽。催芽期间，要特别注意保证谷种的温度，温水每天晚上淋一次，直到谷种尾部发出白白的根来。温水淋两三个晚上后，就要注意看谷种的根、芽发得怎么样。通常笋筐中心的温度比较高，根和芽比较长，笋筐边沿的温度比较低，根和芽比较短。催芽一两天后看到这种情况，就要轻轻地用手把笋筐中间的谷种翻出来放到笋筐边沿，再把笋筐边沿没有根、芽或根、芽比较短的谷种放到中间去，到了晚上再淋温水。如果催芽期间一直不翻动谷种，笋筐中间温度太高，中间的谷种就会出现芽太长根太短不合格的情况。谷种必须根长芽短才合格。催芽需要 2～4 天的时间，然后就可以播种了。播种前要先犁好秧母田，耙匀，并且平整成间隔 2～3 米宽一垄一垄的秧床，秧床与秧床之间要留出一条窄窄的小沟，便于人们在撒播谷种时走动。如果秧母田的面积不大，在田埂上就可以把谷种抛撒到整个田间，那秧母田就不用分隔出秧床来。秧母田通常要选择最好的田，田里的泥土在播种前要被犁耙得细细茸茸的，水面高出泥土一二厘米左右。播种时，如果谷种的根长，那么根部就会因为比较重而先落到土里，芽朝上，就便于生长；如果芽比根长，就会出现芽因太重而先掉到土里，根浮在上面，这样虽然也能长出秧苗，但却加重了负担，不利于秧苗生长。播下谷种的芽必须浮出水面，吸收到露水，才能生长。谷种芽朝上，可以直接吸收到露水，芽朝下，还要等它先长出水面，才能吸收露水，这样生长就会慢，长势也会比较差。播种前，秧母田里最好薄薄地施一点磷肥、复合肥或土家肥作为基肥丰富土壤的营养。但基肥不能施得太多，太多会出现芽太嫩，太肥胖，会伤害稻谷生长。在 70 年代以前没有化肥时，南山村民就用土家肥做基肥。土家肥中含有氮、磷、钾等成分，但没有化肥所含的成分那么专业。化肥中的复合肥同时含有氮、磷、钾元素，其中氮肥促进叶子生长，磷肥促进根部发达，钾肥促进谷杆长硬。化肥出现并且大量用于农业生产后，土家肥在水稻种植中往往只作为基肥来使用。所谓基肥，顾名思义是指农作物在栽种之前，施加在田地里以便让土壤肥沃的奠基肥料。

70年代以前人们还从未使用或听说过化肥。化肥是70年代末才有的，刚开始时是一种十分紧俏和稀缺的物质，谁有了它谁就可以搞好粮食生产和过上好日子。但化肥是国家凭票供应销售的，即使托关系走后门也很难多买到一点。南山小学校的一个本村教师曾给我们讲过这样一个依靠拿化肥票从生产队换回不少粮食的故事：

[19] 79年，化肥还很紧缺。那时粮食部门要收购花生，好像是为了出口。当时花生也很少，我们几个老师就去潮州城里买花生来卖给公社粮站。粮站收购花生时除了付钱，还要给化肥票。拿了化肥票就可以买到化肥，这说明当时化肥还是很紧张的。当时种花生的人也不多，市场上只有一些零零散散卖的，而且每个人卖得也不多，就几斤的样子。我们去把它一点一点收购起来，再集中卖给粮站。粮站给我们钱，还给化肥票，100斤花生就有100斤化肥票。记得当时去潮州买了几十斤花生，花了几十块钱。再卖给粮站，花生的本钱基本上可以拿回来，赚就赚取那个化肥票。化肥票拿回来给生产队，生产队当时1斤化肥票可以换取20多斤谷子。买花生来卖，当时还是属于资本主义尾巴的范畴，是偷偷去做的，没有人知道。当时粮站有这样搞［即收购花生补贴化肥票］，生产队里缺乏肥料，又没有花生，所以我们就利用这个途径来搞这个事情。这个是正常的，是正确的，是准许的，反正我又没有赚你什么。反正你是缺乏这个肥料，我能搞到这个化肥票给你，应该还是为生产队做贡献。[19] 79年还没有分

田到户，那个时候我还在河塘教书，反正这个印象是最深刻的。当时我买卖的花生也不多，好像只有70多斤，当时自己没有钱，有钱还可以多买卖一点，其实当时市场上也很少有花生卖。不过当时他们有的跑到澄海去买，我是在潮州开元寺附近的市场买的。卖的人手里的花生也不多，我几斤，你几斤，结果我就先去给他讲好价钱，问你这个多少钱好不好？价格其实都差不多，每个人的花生都以同样的价格买到一起，看买得差不多了，我的钱也差不多了。就载回S镇卖给粮站，把买花生的本钱抵除，就赚那个化肥票。几十块钱花生兑换的化肥票，交到生产队后换取了700多斤湿谷子。这次是很合算的，也不是资本主义，是合理的嘛，反正我又不是投机倒把，也没有强迫你生产队跟我换。从生产队挑谷子回家，还不能公开地一次就挑那么多回来，而是托几家要好的人，由他们出面分几次去集体称了帮我挑回来。谷子虽然是算给你，还不能一次就去全部拿回来，不能让生产队太多人知道，不然有人就会眼红。赚700斤粮食在当时是很高兴的，有了那几百斤粮食，就可以不饿肚子了。比人家现在一分钟赚几百万元还高兴。

花生换化肥票、化肥票再换粮食的故事让我们得以一窥70年代末南山其实也是当时全国农村普遍一致的生产、生活状况。从历史发展角度来看，随着化肥、农药、谷种改良、稻谷栽培方法手段等农业生产技术的不断提高，南山水稻种植的播种、管理、收割等环节历年也经历了不少变化。就播种而言，80年代中期以后，南山使用的"一粒种"良种杂交水稻不仅谷种需求数量少（一亩稻田大约只需一公斤），而且秧苗也无须事先在秧母田里培育生长然后再拔秧和移栽到水稻田里。"一粒种"良种杂交水稻使用秧盘进行育苗，称为"小苗育秧"。"小苗育秧"使用的秧盘是一个长约40厘米、宽约30厘米的特制木筐土盘。秧盘上有许多小孔，先用泥土和沙子把小孔填满，然后把"一粒种"种子撒在上面。早稻种植时，"一粒种"也要像传统谷种一样，经过泡种、发胀和催芽过程，然后再将谷种撒在秧盘上。晚稻种植时因气温较高，"一粒种"谷种也像早期的传统谷种一样，无须经过泡种和催芽。无论早稻还是晚稻，当"一粒种"杂交谷种在秧盘里长到4片叶子时，就要移到大田里抛秧栽种。这时候秧盘里的秧苗已经把根部周围的泥土固定在了一起，抛秧的人抓起几根"一粒种"秧苗在大稻田上空高高抛出去，秧苗带土的根部自然就会先落进稻田一二厘米水下细细茸茸的泥土里。抛秧不像插秧那样整齐，抛下去是什么样就是什么样，关键在于要抛高。抛秧一次也不能抛太多，太多会太密，不利于秧苗生长。抛秧不够密时还可以补抛一次，太密则不大可能下到田里把过密的秧苗一一拔除。杂交水稻的抛种已有10多年历史，最开始时，"一粒种"杂交水稻也是要先撒播在秧母田里，然后再拔秧和插秧移栽的。后来人们才逐渐改为使用秧盘和抛种，这样的方法也是从外村也就是山下的汉族村民那里学来的。抛秧种植的水稻不再使用传统的人工下田耙田，踏草除草，而是改用除草剂。抛秧3天后施加回青肥时，把除草药剂均匀地混在10来斤肥料里面，薄薄地撒在田里，同时保持田里的水六七天不要进出，秧苗就可以长势良好，而杂草却不会生长。

　　插秧　插秧是水稻种植的第二个基本环节，即把谷种长成的秧苗从秧母田里移栽到其他的水稻田里。插秧实际上也包括三个环节，即平整稻田、拔秧和插秧。通常秧母田的谷种长出的秧苗长到4片叶子的时候，就可以拔秧移栽了。拔秧时，村中妇女卷起裤腿赤脚踩进泥水齐腿肚深的秧母田里，弯着腰把秧苗一株株拔起，并粗略濯净根部的泥土，拔秧通常用右手从左向右不停地拔，拔出一小把后就随手放入左手握着，待左手中的秧苗凑足一大把后，就从事先备好的稻草中抽出一根或两根来把一大把秧苗捆扎成一束，称为"秧把头"。捆扎"秧把头"的稻草是预先经过精心选剪的，从一大捆干谷草中选出完整的韧性较好的一根根谷草并剪掉谷草根部的硬茬，留下光洁柔韧、长度差不多相等的谷草中段和尾部，系成上百根一捆的小束，拔秧时再随身带去使用。拔好的"秧把头"由专人从劳动在同一块秧母田里十几或几十个妇女身后收集起来，然后挑到等待插秧的水稻田里栽种。插秧前，水稻田要像秧母田一样事先平整好，并且薄薄施加一点尿素做基肥。通常一亩稻田需要 10 多斤谷种的秧苗，插秧时把四五根秧苗插成一株。每根秧苗成活后发 3 蘖，一株秧苗就有 10 多蘖。

炼苗　炼苗是水稻种植的第三个环节，也是极其重要的一个环节。炼苗是指通过控制田里的水量和肥料来阻止秧苗继续分蘖。通常插秧后三四天，待移栽的秧苗回青后，就要施加回青肥。回青肥以氮肥和磷肥为主，氮肥促进叶子生产，磷肥促进根部发达。一亩稻田的秧苗大约需要 5 公斤回青肥，和除草药剂均匀地混合起来薄薄地撒在田里。施药肥前，田里的水位要恰到好处，不能太高也不能太低，以便保持施药肥后田里的水六七天不要进出，这样药效和肥料就可以充分发生作用，秧苗长而杂草就不会生长。除草剂和化肥从 70 年代开始使用，至今已有 20 多年的历史。回青肥施加后 10 多天，秧苗开始分蘖，这时开始第二次施肥，叫作施分蘖肥。分蘖肥以钾肥为主，但最好还是施复合肥，复合肥中三种元素都有。其中的钾肥作用是壮茎，促进谷杆长硬，稻谷茎硬后期就不容易倒伏。分蘖肥的分量比回青肥要施加得多一些，因为秧苗分蘖就像女人生孩子，需要更多的营养。特别是"一粒种"的杂交稻谷，肥加重了分蘖才快。等秧苗分蘖到田里看起来差不多开始茂密时，就要开始炼苗，即控制田里的水、肥分量以便阻止秧苗继续分蘖。如果看到秧苗分蘖情况不好，就要再施加一点肥料。如果秧苗分蘖条数已经够了，即一根秧苗已经分蘖出 3 条稻秆，或说一株秧苗已经分蘖成大约 10 蘖时，就要马上把田里的水放掉。否则秧苗会继续分蘖出第四条、第五条甚至更多的稻秆，而四条以上的分蘖通常被称为无效分蘖。无效分蘖的稻秆只会吸收肥料，不会长出稻穗。分蘖时还要注意秧苗的叶子不能太浓密，也不能发黄。秧苗要长得绿，而且又不那么浓密才好。太浓密不行，将来容易倒伏。炼苗时要放掉田里的水，但如果田里的土变得太干，秧苗变黄，那就要赶紧加水而且薄薄地施加一点肥，等它回绿。

施肥与长穗　稻谷生长过程中要多次施加肥料。插秧后第一次施的肥叫回青肥，第二次叫分蘖肥。分蘖肥施后根据炼苗的实际情况有可能需要补施一次肥料，待炼苗完成后，再把水灌回去等已经长高和壮大的秧苗长穗。如果这时候天气冷，就要施加一次肥让它壮胎，使穗饱满，长得又大又长。出穗时，如果天气太冷，也可以薄薄地撒一点肥下去，帮助它快快出穗。稻谷出穗后就开始扬花，一般是上午10点开始，下午3点谷壳自动合拢。每粒谷子都有两瓣壳，一瓣大一点，一瓣小一点。上午10点谷壳展开授粉，下午两三点钟授粉完成后，谷壳就自动合拢。每一粒谷子只扬一次花，先出来的谷粒先扬花。谷尖上有一小结像头发丝一样的线条，那就是谷粒的花，扬花时谷壳展开，花粉被风吹进谷壳，扬花授粉的任务即告完成。然后谷粒开始生长，谷粒内部白色的浆状物慢慢变硬，凝结成固体。扬花时如果下雨，花粉会被雨水冲掉，刮风太大也不行，微风最好，不然就影响稻谷收成。扬花的时候稻田无须下肥或下药，也不要去触动正处于扬花状态的稻谷，否则会影响扬花的过程。扬花后10多天，稻穗顶端的几粒谷子开始变成黄色，这时稻谷出穗完全结束，而且稻穗开始弯下腰来。这时如果天气好，还可以再薄薄地施加一次肥，即薄薄地往稻田抛撒一点尿素，一亩田撒5公斤左右。撒尿素时人站在稻田两边的田埂上，向稻田上空高高抛撒出去，尿素就会均匀，此时施加的肥料叫壮粒肥。早稻成熟时节天气比较热，谷粒成熟快，可以不用施加壮粒肥。但晚稻成熟时，天气比较凉，温度不够高，谷粒成熟慢，因此通常必须施加壮粒肥，促使稻穗粒粒饱满，最后全部成熟变成金黄色。撒过壮粒肥即尿素10多天后，稻谷就可以收割了。

用药　水稻生长过程中，熟悉了解稻谷各种病虫害的名称以及正确用药的知识，也是一个十分重要的环节。不同的病虫害需要使用不同的药。一些年轻人不懂，把各种药兑在一起使用，以为各种药都有了，这种不管用，那种总会管用。结果酸性的药和碱性的药相互综合，反而变成失效无用，病虫害继续泛滥。水稻生长过程中主要会遭遇两种虫害，一种是吃叶虫，另一种是蛀心虫。水稻在生长初期也就是秧苗分蘖的时候，飞蛾会在秧苗上的叶片上产卵，孵化出很小的虫子，小到人的肉眼几乎看不见。风吹过时，小虫掉进秧苗的根部，然后就慢慢爬到秧苗最嫩的新芽那里，吃掉水稻主干的嫩芽，这样的稻秆以后就不会出穗。分蘖阶段刚好也是出虫的阶段，因此分蘖阶段必须下药杀死危害极大的蛀心虫。杀灭蛀心虫的农药的药效一般能维持六七天，六七天过后秧苗的分蘖已分好了。因此，分蘖初期一旦发现稻田里有一条半条稻谷杆的心死了，说明这批虫已经开始出现，这时就要赶紧撒药，保护大片秧苗。秧苗分蘖完成后的生长过程中，如果秧叶一直绿油油的，说明没问题。如果叶片有一点黄了，说明叶子染上了一种叫作稻热病的病毒。染上病毒叶片上会出现一些褐色斑点，说明那里有细菌在破坏叶绿素，这时要往叶子上撒杀菌药。如果不管，情况会越来越严重，并且最终影响到整株和整片秧苗的正常生长。此外，稻谷在出穗阶段也有可能遇到虫害，即蛀心虫虫害。如果出穗时发现稻田中有白穗，即出现个别稻穗发白、干死的情况，那就说明是蛀心虫在作祟，这时也需要撒药。南山村民买农药一般到山下的 S 镇公社去买，卖药的人通常会向村民介绍说明农药的具体使用方法和剂量。有关稻谷虫害用药和水稻种植其他方面的知识，上级部门没有专门派遣过农业技术员到大队或生产队来讲解，村民了解的知识主要是从老人、干部或外村亲戚那里听来的。在集体化时代，公社抓农业的干部会不定期召集大队干部和生产队的技术骨干到公社去开会，专门讲解和学习一些有关的农业知识，但科技下乡队伍还没有下到过南山村里。

收割 南山村收割稻谷的方式最初完全是人工手动的，后来改为使用外村传来的半手动半机械化的稻谷收割机，俗称打谷机。完全的人工稻谷收割和半机械化的打谷机收割，都要使用一种椭圆形的稻桶。稻桶的直径大约为 1.7 米（5 尺），桶深约 0.6 米或 0.8 米（2 尺 2 寸或 2 尺 5 寸），由一片片厚木板围绕底部一块拼合的椭圆形大木板竖立衔接而成。稻桶由专业木匠特制而成，桶周边的每一块木板高度相等，桶底外侧镶有两条 10 厘米粗细的原木或条木，便于收割时人们在或干或湿的稻田里根据需要拉动或推动着稻桶到需要的位置。收割稻谷时，村民围绕稻桶一侧的大半个椭圆形周边固定和树立起一块密不透尘的长方形竹篾隔垫（平时用来铺在泥土地上作为晒谷子或茶叶的晒垫），以便稻谷在竹篾隔垫正对面的稻桶内侧脱粒时，飞起的谷粒不会撒落到稻桶外面。村民用来使稻谷脱粒的稻桶内侧有的是光滑的，有的被做成像搓衣板一样或者像台阶或楼梯形状一样的板面，这样村民在对稻谷进行人工脱粒时，用力摔打在稻桶内侧的稻穗上的谷粒才容易脱落和掉进桶里。稻谷进行人工收割时，割稻谷的通常是妇女、老人或小孩，他们把成熟的稻谷一株株齐根割下，或留下 10 厘米左右的谷杆桩让它发二茬苗。割下的稻谷被整整齐齐地排放为成人的两只手掌刚好一握的一列列小捆。忙着脱粒的男人或女人们来回穿梭于稻桶和整齐排列的稻捆之间，走到稻捆放置的地方就埋头弯腰从干田或水田的地面抱起稻捆，具体动作是双手大拇指和食指张开，然后环绕并紧紧合拢在稻捆的谷杆桩一头，然后直立起身走向不远处的稻桶，把手中的稻捆举向空中，挥过头顶再用力把稻穗一端打向稻桶内侧，摔打三四次后随手把手中的稻捆翻转 180 度，再用力摔打三四次。如此翻转手中的稻捆两三次，稻捆总共被摔打十多次后，稻捆末端稻穗上的谷粒也就差不多全数脱落在稻桶里了。脱粒后的稻谷杆堆放在稻桶一旁，凑足四小捆稻谷杆后，就从中抽出几根稻草，沿光秃秃的稻穗下方大约20厘米处系成一个稻草捆，然后集中搬运到干燥处翻晒晾干用作其他用途。稻草有时也不用捆扎，而是集中散放在干稻田里或湿稻田的田埂上晒干，再点火焚烧，让其化为草灰肥田。70年代晚期开始使用打谷机收割稻谷以后，割稻子仍然完全采用手工，只是稻穗的脱粒过程采用半自动化的机械辅助操作。打谷机是一个横放在稻桶一端内侧的像风箱一样的圆筒型装置，圆筒的中间部分是一个空心但四周密闭的直径约40厘米的铁质圆柱，圆柱表面焊满一排排错落有致的约10厘米长短的回形针状铁环。横放在稻桶一端内侧的铁质圆筒脱粒器两侧分别有两个齿轮，齿轮外侧的轴承固定在稻桶木壁的上端，稻桶同一处木壁下端的外侧用链条连接着一个脚踏。稻穗脱粒时，村民用一只脚不停地踩脚踏，下面的小齿轮就会带动上面的大齿轮从而带动脱粒机飞快转动，脱粒人紧攥着稻捆的稻草根部一端，把稻穗一端放在脱粒筒上，不出三五分钟，一束稻捆稻穗上的谷粒就被剥落得干干净净。使用打谷机给稻穗脱粒节省了不少人力，一个人就可以边踩脚踏边脱粒，而且完成的速度和数量都比多个社员用手工脱粒时还要快得多和多得多。稻桶中的谷粒堆积到一定数量后，村民就把它装进箩筐挑到生产队的晒谷场去晒干，然后收进谷仓堆放起来等待上交公粮和分给社员做口粮。同一天同一批次的稻谷，常常要晒三四个日头才能彻底晒干晒透。如果稻谷收割时恰好遇到阴雨绵绵的天气，十天半月不见太阳，那么收割的湿谷粒大量堆积，无法及时晒干收存，有时大批谷粒甚至出现长芽的情况，这种情况也会影响到该季的粮食收成。

　　20世纪90年代以后，尤其是21世纪初以来，潮汕平原大面积种植水稻的地方开始联合购买或雇用外省来的全自动机械化稻谷收割机收割稻谷，收割机从稻田里开来开去，一袋一袋谷粒就自动包装好运走了。但南山村民从来没有使用或雇用过完全机械化的稻谷收割机，一是因为山区稻田的面积小，稻田与稻田之间很多无法连成整片，即使彼此连接的稻田也有田埂相隔，高低不一，不利于收割机来回开动。除此以外，南山村同凤凰山区的其他畲村以及汉族山村一样，从 80 年代改革开放以来，就在当地政府部门的号召下逐渐放弃水稻种植，开始改种因地制宜而且经济效益更高的山区经济作物。90 年代以后，因为经济作物卖价的不断降低和外出打工挣钱浪潮的兴起，南山村连一度兴旺的经济作物如茶叶、水果、蔬菜也逐渐放弃种植或疏于管理了。

　　水稻种植历史从 80 年代后期开始完全退出了南山村民的生产、生活范围。这也难怪，即使是在年均稻谷亩产上千斤（双季稻）的 80 年代初，南山村民通过种植水稻获得的经济收入仍然十分微薄。田野访谈中，不少村民耐心地向我们计算了稻谷种植的投资与产出这样一笔细账：一亩稻田一年投资的成本包括种子、化肥、农药等至少需要五六十元，如果以亩产稻谷 1000 斤计算，一亩稻田全年的毛收入也就是四五百元。1000 斤谷子目前的市场价值大约是 500 元，以前还要低一些，只有 400 多元。稻谷的出米率一般在 71%～75% 之间，通常计算为 72%。如果把 1000 斤稻谷打磨成稻米，即可获得大米 720 斤。市场上的米价比稻谷价格偏高一些，但一斤本地稻米的价格最高也不会超过 1 元人民币，其中早稻米因为吃起来口感不好，价格还会更低一些。即使满打满算把 720 斤大米拿到市场上兑换成 720 元人民币，扣除五六十元的现金成本，以及稻谷从播种到收割到销售期间几十个劳动日的劳动力成本，一亩稻谷的全年纯收入至多不过一两百元，远远比不上村民外出打工挣钱多。90 年代末以来，凤凰山村民不论畲族还是汉族，因农忙或家里有事请人帮工，比如即使请本村人帮忙摘茶，收割蔬菜、水果，或充当办酒席时的临时厨师等，也不像过去那样采取今日你帮我、改日我帮你这样的换工形式，而是直接使用现金支付工钱，最开始是一天 15 元，后来增加到一天 20 元、25 元不等，现在已涨价到每天 30 元左右。现在的南山村民如果帮人干上一个月即 30 天的活，就可以挣到 600～900 元，外出打工挣到的钱可能还要多些，因此谁也不愿再种植水稻，甚至也不愿意再种植或管理经济价值虽然相对较高但难以把握每年的收成和市场行情的果蔬类经济作物。

三 改革开放时期的个体经营与生产、生活

新中国成立以来，南山畲村逐一经历了全国广大农村地区土地与生产的历次重大变革。1950 年开始的土地改革，把封建土地所有制改为农民土地所有制。畲民在获得土地所有权的同时，还获得了土地的使用权、经营权，生产力得到大幅度提高。1955 年开始土地集体化，把土地的农民个人私有制改变为集体所有制，实行统一经营，按劳分配。畲民也随之失去了土地所有权和对土地的个体自主经营权。1958 年到 1960 年期间的"大跃进"和"人民公社"运动，进一步将土地的农业生产合作社集体所有制变更为人民公社所有制，并由 1962 年 9 月 27 日党的八届十中全会通过的《农村人民公社工作条例修正草案》将这种土地制度在全国范围内确定下来。凤凰山区畲民如同全国所有农民一样，完全失去了土地的私人所有权、使用权和个体经营权。集体所有制的经营方式使畲民的生产积极性受到挫伤，生产力也遭到破坏。1958 年的人民公社化运动，更使得畲民和全国所有农民一样，在劳动和分配上都实行绝对的平均主义，一同吃"大锅饭"，一同经历了三四十年的以粮食（主要是水稻）生产为主，"以阶级斗争为纲"的生产、生活方式。

（一）家庭联产承包责任制的实施

从 20 世纪 70 年代末开始，中国农村开始逐步实行家庭联产承包责任制。家庭联产承包责任制是指农户以家庭为单位向集体组织承包土地等生产资料和生产任务的农业生产责任制形式。其基本特点是在集体保留经济上必要的统一经营的同时，将土地和其他生产资料承包给农户，承包户根据承包合同规定的权限，独立做出经营决策，并在完成国家和集体任务的前提下分享经营成果。一般做法是将土地等按人口或劳动力比例根据责、权、利相结合

的原则分给农户经营。农户与集体经济组织即生产队签订承包合同，规定农户须向国家交纳农业税和交售合同定购产品的同时，向集体上交公积金、公益金等公共提留，其余产品则全部归农民自己所有。家庭联产承包责任制通过"集体所有，分户经营"的形式把土地所有权与经营权分离开来，保证了农民的土地经营权，让农民可以生产自主，多劳多得，从而极大地调动了生产积极性，使农民生活逐步开始走向富裕。家庭联产承包责任制的实行取消了人民公社，又没有走土地私有化的道路，而是实行家庭联产承包为生，统分结合，双层经营，既发挥了集体统一经营的优越性，又调动了农民生产积极性，是适应我国农业特点和当前农村生产力发展水平以及管理水平的一种较好的经济形式。党的十一届三中全会以后，在党中央的积极支持和大力倡导下，家庭联产承包责任制逐步在全国推开，到1983年初，全国农村已有93%的生产队实行了这种责任制。

南山村在1981年开始实行家庭联产承包责任制。生产队把集体所有的耕地和山地划分为不同的类型和等级，然后再按人头把它们平均分配到各家各户。村里的山林也切割成一块一块分配到户。畲民把家庭联产承包责任制的实施行动简称为"分田"，并告诉我们："分田最开始是五年调整一次，后来是十年调整一次，现在是三十年不变，生老病死都不变。以前有微调，比如家里有人死了，嫁出去了，责任田就要退出来。微调每隔五年调一次，现在微调也没有了。几十年不变，你的户口在这里，山地就是你的。"据村会计讲：

当时有个政策"两田分离"，在S镇搞试点，我们村就把果树都收起来，距离自己家房屋一丈五以外的果树都收归集体所有。没有回收之前，所有果树都是分下去的。"两田分离"就是要把田收起来，然后给一两个人承包。我们村就没有收田，只收果树。收起来后就承包给个人。主任想比较快地发财，他叫我一起去承包后头山那片，说6年以后可以大赚钱。我说没有能力去搞这个，他就自己承包后面还有路下的果树。对面那个是别人承包的。结果他老婆就埋头苦干，可是没有效果，不知道他现在具体亏了多少钱。合同的承包期起码要15年，现在提前到前年［2003年］终止了。村民有意见也没办法。他说他承包的时候很多地方是空地，他种了很多果树下去，他退回给各家的时候也没有算钱，怎么还要他出钱。这个很难讲，反正最后就不了了之。果树收起来后承包出去的承包费，听说放在村里，没有分给各家各户，所以大家才有意见。本来收起来的时候说几年后要分红，结果没有，没有人家就有意见。不仅没有分过红，承包人还说没有能力来还这个承包费。

税费改革后特产税就没有了，只剩下农业税，农业税数目比较少，这几年都是我们集体出。农民自己种来自己吃，自己能收入多少都是自己的。比过去是不错的。挨饿的现象个别人还有，如有些人出去打工，挣的钱不够自己吃。赚钱很少，自己的花费还比较大，赚不够自己吃的，还要回来拿钱。这些情况很复杂，很难说。

南山村在实行"两田分离"制度后，农业税由村集体统一支付，所以村民不用缴税。"两田分离"是当时潮安县县委书记提出来的。书记去外地考察，看到人家这样做，觉得很好，回来就实行。所谓"两田分离"，就是把一部分田划归集体所有，由集体承包给个人统一经营，收入除用于集体开支如缴税等，剩余的钱就按田亩数量的比例给村民分红。这一政策实施后，村里那些没有经营能力或缺乏劳动力的农户，或种田技术不好的农户，都把自己不能经营的责任田交给集体，由集体去经营。集体收起来的田地一般都是集中成片的。不能连成片的偏僻田地，畲民自家留做口粮田，俗称"保命田"。这样不仅老弱病残的生产收益问题得到了解决，同时也方便了那些举家或大部分家庭成员外出打工的农户。集体收回田地让个人承包经营的政策在 20 世纪 90 年代末效果不错，当时果蔬等经济作物的市场价格不错，农民种植的积极性也高。但到 2005 年左右，集体田地的承包经营就出现了问题。一方面，由于果蔬收成受到气温、降雨等不确定因素的影响，很难保证年年都有好收成。另一方面，即使在收成好的年份，市场价格也可能由于当地大面积的果蔬丰收和销售渠道受阻等原因而下跌。因此村民承包种植果蔬的热情和动力迅速下降。承包经营的收入不高甚至亏本，畲民只好转向别的谋生出路，比如外出打工挣钱，或留在本地开展经商活动。据村会计讲：

> 我的女婿，大女儿的丈夫，家住在 S 镇下面，就没有出去打工。他们在家里开工厂做凉果，就是把杨梅做成凉果，他现在这个厂搞得还不错，而且越办越好，这几年很赚钱，过去还不太好，靠贷款来做。这几年基本不用贷款了，去年有几十万的销售额。他办厂，在他村里也要招很多民工来帮忙。种地用不了那么多人，而且种地不合算。你看，100 斤稻子 70 元钱，起码要四五个月才能收成。你种几亩稻子能赚多少钱，还要很辛勤，早早晚晚都要照管，喷药，灌水，很不容易的。辛苦都不怕，喷药、下肥成本也不少，100 斤稻子差不多要 20 元的成本。100 斤赚 50 元钱，要 4 个多月，你算下来一天能值多少钱，跟去打工比那就差得很远啦。打工一天起码能赚 15 元钱，15 元钱能买 15 斤米，那我就打工，我就不用种田了。一个月挣 500 元钱就可以买 500 斤米。如果像安徽那个地方很平坦，就可以成片地承包了用机械化耕种。我们这里你看，高高低低的不平，什么都要肩挑的，落后的工具，很苦，所以不能种稻子。现在这里野猪危害 [稻田]，更麻烦。
>
> 老书记现在家庭还不错，几个孩子都不错。他的大孩子

现在是在下面的 GX 镇当副镇长，是民族学院毕业的，在我们村是排第二还是第三毕业的。第一个毕业的是雷 RG，第二个是那个法院院长，第三个就是他。老书记还有一个儿子在潮安县当派出所的副所长，是当兵出去的，读书读到初中毕业就当兵出去了。老书记的经济还是不错，加上他现在还有退休金 100 多块钱一个月。我们做村干部政府有给工资，工资是两级负担的，镇政府负责六成多一点，村里负责三成多一点，加起来过去会计是 280 元，书记和主任分别是 330 元。现在要求书记、主任一人当，不过雷主任还没有入党。雷主任过去想申请入党，不过他计划生育不过关，所以没给他入。他生了 4 个孩子，违反了计划生育。他还是很有活力的，可能今年会给他入。

（二）经济作物的种植

在 1981 年实行家庭联产承包责任制之前，南山村种植的主要农作物是水稻。畲民回忆说"以前一切都是水稻，全是水稻，没有种水果的"。集体时代南山村种水稻的梯田从半山腰一直延伸到差不多快到山顶的地方，尽管种水稻的时候粮食不够吃，但种粮是国家任务，村集体必须完成。当时的最低温饱线是每月 30 斤谷子，吃不饱，畲民就在自留地里种番薯、芋头、地瓜、南瓜来补充。80 年代初实行家庭联产承包责任制以后，地方政府开始号召和鼓励山区农民广泛种植经济价值较高的果蔬类山地农作物。南山村畲民也纷纷开始在自己承包的稻田、山地里种植茶树、蔬菜、果树、毛竹等特产农作物。

种植果蔬为畲民带来了比种植水稻更高一些的收入，但并没有帮助畲民彻底摆脱贫困生活。例如村里种茶的人家虽然不少，但茶叶卖出的价钱并不理想，质量较高的一斤十几元，中档的一斤五六元，最低的一斤才卖两三元。茶叶售价不高，畲民认为原因是自己的茶叶不好喝，不像北山村等地的高山茶。北山村因为海拔地势高，种出的茶叶带有自然的清香味，而且做茶的技术好，又是名牌，因此才值钱。南山茶叶的品质不好，周围又没有茶叶加工厂，不能卖茶青。如果做茶的技术不好，功夫不到家，有时就会出现大量茶叶堆放在家里卖不出去的情况，风险不小，因此南山畲民没有开展大面积的茶叶种植生产。另外，南山种植的水果种类倒是不少，有柑橘、青梅、杨梅、阳桃、橄榄、龙眼、黄皮、柚子、番石榴、荔枝、杧果、枇杷、香蕉等十多个品种。其中种植数量和产量最多的是柑橘和青梅，其次是杨梅、橄榄、龙眼等也。水果收成只要有一定数量和市场行情的，村民都会拿去卖，或者电话联系商贩进村收购。若收成不多，数量太少就自己吃，比如番石榴、龙眼、黄皮等。蔬菜种植最多的是佛手瓜，每年季节开始时可以卖到五六毛钱一斤，旺季时卖三四毛钱一斤，最便宜时也能卖一毛钱一斤，因此村民几乎年年都种植。

　　果蔬种植在一定程度上提高了南山村畲民的经济收入和生活水平，但果蔬种植也好景不长。到 2005 年前后，村集体收来的公田许多都处于抛荒状态。村里的劳动力几乎都外出做买卖或打工谋生去了，集体和家户没有人，没有资金，没有技术，没有财力物力，叫谁来承包种植谁都困难，承包人承包亏损，集体也开始亏钱。以下是报道人的叙述，让我们真切地了解到了这一状况：

　　　　"两田分离"制度开始实行时，我们把比较好的山坡地收起来作为集体的，承包出去给人种果子，比如种橄榄啦，青梅啦一类的经济作物。承包人只要交一点农税提留和承包费就可以了。我们的雷主任就承包了一大片，结果亏了几万元。他 [19] 97 年开始承包，结果年年都亏本，现在都不敢再要（承包）了。亏本的原因有很多，如橄榄不结果，结果的果子卖价又降等。你看那个青梅，过去卖二三元钱一斤，现在才卖二三毛钱一斤。主任开始承包的时候，1 斤青梅能卖到 3元钱。市场经济嘛，价格不一定那么稳定，所以就亏本。我们雷主任承包最多，有几十亩，亏得也最多，承包的费用还不能少交。一个承包期是15年，有签订合同的。他亏得血本无归，就终止合同，把承包地退给了集体，大家也不好说什么。村民意见是有，但也没办法，谁经得起那样亏？

承包也有赚钱的，像我过去承包过一片山地，就赚了一点钱。那片山地是一个林场，里面有很多竹子，也有一些木材。山上的竹木可以砍，但不能拿到市场去卖，卖了就要罚款。砍伐的事村干部不管，主要是林业局在管。林业公安在市场上、在公路上到处转，碰到你就罚款。村里也有偷砍树木去卖的，只要不被抓到就可以。我承包山林时，砍竹木去卖，就给他们抓到过好几次，可能有四五次。卖竹子也要罚款，不过比较轻。抓到一次罚款800元或1000多元，罚2000元的都有。罚款的款额是随便说的，没有定数，也不管你卖的是多少。我过去也私自卖竹木的，如果不这样，我就不能买房，也不能给小孩读书。我4个孩子都在读书的时候，一年要很多钱。我砍自己承包的竹木去卖，又不是偷的，不是抢的。但他们说要申请，要办那个准伐证和准运证。办证要花很多钱，很麻烦。

我最后一次被罚款，是在我小女儿高三毕业考上大学的时候，[20]01年，就是我承包的最后一年（承包期是15年）。我卖竹子让他们在半路上抓到了，我说我的孩子没钱读书，你还要罚，我是砍的竹子。他们说你没有证件，没有申请。我说我是承包一点山林，都是竹子，我是要供孩子上大学读书的，没办法。我没偷没抢，山上我也出钱、出力了。他们说考虑你的经济比较困难，罚800元，800元是比较轻的。罚款没有发票，收据也没有。我被罚款最重的一次，是[19]90年以前，那时刚开始封山育林，抓得很紧，那时从S镇到潮州这段公路是要设检查站的，S镇有一个关卡，YX镇有一个关卡，查得很严，一个关卡就要罚800元，500元的，两个关卡就要 1000 多块钱。那时候我几次被罚,共罚了两三千元。后来不知怎的,这些关卡都撤了,由林业公安直接管理。以前的关卡是由每个镇设的,罚得还少一点。后来那些家伙更凶,你一车,罚款随便他说,他说罚多少你就要给他多少。他们说是林业检查,也没有什么证件给你看,我们也不知道他们是什么人,他们只说是林业检查。

山上的树砍了能种的就要种,小的也不能砍。竹子砍了就不用种,它会自己发芽,每年都会发。那时候承包竹林最赚钱,因为那时城市建筑业刚开始,需要大量竹子。一车有 8000 多斤,那时竹子 100 斤 30 多元,除掉运费,一车可以卖 2000 多块钱。竹子大的一根就有 25 到 35 斤。竹子拿去搭架,建高楼的脚手架。现在 [2004 年] 大竹子没人要了,只有小根的,可以拿来做竹篮呀什么的,还有人要。现在竹子 100 斤只能卖 10 多块钱,最多 15 元。现在不能赚钱了,很难赚,没人要。竹子不需要经营,不用照管。现在可以卖竹笋,但竹笋要大个,价格也不稳定,很难赚钱。

(三)非务农性质的生产生活

果蔬收成与市场价格的不稳定,使南山不少畲民完全放弃了田地经营和农业生产。洗脚上田后的畲民,同全国许多农民一样开始走上外出打工、做买卖或留在家中边耕种田地边参与当地小手工业产品来料加工的行列。

1. 做买卖和手工

南山做买卖的畲民有在村中开商店的,有买了摩托车在当地载客的,也有外出做厨师开小饭店挣钱的。南山村子里有三家商店,村口一家,里面两家。村口那家是没有什么生意的,祖祠下面的一家生意比较好,祖祠旁边的一家生意也不怎么样。三家商店里的货物和价格都差不多。生意最好的那家商店,店主每天早上都到山下的 S 镇上去拿货,一天去一次。猪肉在村中一天可以卖出十多斤，当天卖不完的肉，包括生肉和熟肉，就存放在冰箱里，第二天继续卖。如果剩得不多，店家就自己吃。据雷校长讲：

村里有拿摩托车载人跑运输的，比如 JC，去 S 镇、潮州等，反正人家需要他去哪里，就叫他去载。ZC 以前也有做过用摩托车载人，但现在没有了。搞建筑的有 ZQ、CQ，还有 CS。CS 以前在汕头搞装修，如铺地板，技术还是可以的，现在因为身体不好就回来了。MS 先在汕头修水泥路，后打工跟人家开车做司机，开六轮货车，现在帮人家经常开大巴到广州啊什么地方，他在 S 镇买了房子，现在村里后山的竹林就是他承包的。现在在城镇买房子也不用转户口，随便都可以买，只要有钱。

现在村里做生意的人很少，以前做燃料材、火炭、竹子买卖，就比较普遍。QC 他自己有材卖，也去买来卖。现在做生意的，就是村里几家开小卖部的。原来有三家，现在只剩两家，村口那家已经关门了。祖祠坝子下面那一家是 XL 开的，XL 早上很早就骑摩托车去 S 镇市场拿货，大概 8 点钟就回来，白天老婆看店，他忙别的事情。他的小卖部生意最好。主任的二哥 LS 的商店买卖就做得不那么好。XL 的小卖部一个月应该能赚七八百元钱，但他自己讲就没有这么多。所以很难说。90 年代那个时间，他的小卖部赚上千元都很容易，因为 90 年代的时候大家赚钱都比较容易，大家也愿意花钱。现在赚钱比较难比较少了，花钱就不那么多。加上现在摩托车也多了，大家都可以到外面去买，或者到了 S 镇有什么也就顺便买回来了，对村里小卖部的生意打击就很大。另外，也有一些小贩骑摩托车专门送鱼肉等到村里来卖，形成了竞争，对小卖部的打击也不小。所以现在的生意就差得多了。开摩托车送鱼送肉上来的小贩基本上是隔天来一次，一个人什么都卖，虾啊鸡啊肉啊鱼啊，有生的，也有熟的，来到村里以叫卖为主，然后就停在村中心路边一个固定的位置，等大家去买。卖的价格比小卖部稍微便宜一点，生意还可以，一来就有很多人去买他的。现在生活很方便，要买什么，需要什么就有人送到门口来卖，种出来的东西也有人来到家门口甚至田地里来买。现在交通也方便。

买卖和生意难做，南山畲民就从别的方面寻找生活出路。近十年来村里人大量兴起做纽扣换取工钱的活动，就是其中的解决办法之一。据村主任讲：

这四五年，我们还有从外面去拉手工来给人做，如果没有做手工，这个村啊，可能要饿死。做扣子是我的弟弟去那边拿过来给人做的。在S镇拿过来的，也有一部分是潮州拿过来的。现在做一个扣子两分钱，几年前是四五分钱的。做扣子到现在有4年了。[19]98年很少，那时候做一个扣子一角钱。在那个时候是很少的。去学，拿一部分人来学。[20]00年就做多一点。做扣子一家一年能挣几千块，比种田合算多了，比什么都合算，去打工还挣不了那么多钱。现在就没有，现在已经很少了，现在没有原料了。两分钱你要做还没有。

另一位报道人也讲：

村里的手工就是做纽扣，最开始是村口开铺子XL那家去联系来做的。XL先开铺子，后来才拿这个扣子的。后来主任的四弟也联系了一些业务回来做。到外面去拿来[原料]，再下放到村里给人家做。纽扣的货主不是同一个，有的在这里拿，有的在那里拿，没有统一的。做纽扣可能有七八年的历史了，大概从[19]98年就开始了。手工费各个时期不一样，开始比较好赚一点，后来人一多了，老板的工钱就压低了，不过一些没有其他经济收入的家庭，还是要靠做这个扣来维持生活。

2. 外出打工

据南山村干部讲，村里很少有年轻人不出去打工的。留在村里不仅没有什么发展，而且可能连生活也会变得困难。村里人的粮食全靠购买，果蔬又不值钱。据村里会计讲：

> 村里的人出去打工要在我这里开证明，正规厂要那个政审证明，证明你这个人在本地没有违法乱纪行为，证明需要村里盖公章。结婚的证明、生育的证明，什么都要在我这里开。不过现在（2004年春节）结婚不用证明了，现在拿那个户口本和身份证就可以办结婚证了。
>
> 现在出去混得比较好的，都是家里有人在外面，比如哥哥弟弟在外面有正式工作的人，把他拉到外面去，这种就比较好一点。就像雷RG家，他的弟弟都出去了。还有KS，XQ区的法院院长，他的弟弟也出去了，在外面搞建筑，小弟在市公安局开车。出去的人在外面有比较好的单位，有一官半职的，就可以拉家里人一把。是社会关系的问题。全靠自己就很难讲，老是出苦力，要长进就很难，没有一点技术，出去也混不好。
>
> 现在向外面发展的人很多，有了钱都在外面买房子。孩子赚到钱就想在城里买房子，受影响比较严重。现在国家也支持大家到城里去打工，去做生意，去买房子。农村的家长也不反对，孩子大了就让他自己去谋生。打工的年轻人都不愿意回来，城里再苦，都比农村收成强。农村收成周期太长，种果树要等几年才能见效，种蔬菜也要几个月。在外面打工一个月几百块，马上就可以看到拿到，立竿见影。但问题是，

有的老板不给钱，碰到这问题也是麻烦。有时候做了几个月还拿不到工资。所以出去打工，走对了路，那就很好，走不对路，那就很麻烦。村里也有出去打工拿不到钱的，各人的情况不一样。国家清理老板拖欠工人工资，那都是比较大的公司，但是一些小的工厂，雇工不多，就几个人，他欠你也没办法，你没有能力去反抗他。

我们村出去打工的，有的到东北去，比如哈尔滨、沈阳，他们都是去做餐厅的。我的大儿子到过北京、哈尔滨、沈阳、上海，这些地方都去过了，去做潮汕菜。做其他工作的就没有走那么远，做餐饮业的就走得比较远。村里出去做餐饮的也不多，只有那么几个人。我儿子当时是跟亲戚学的，我的表弟以前在餐厅做的。现在农村出去打工多半还是靠亲戚、朋友介绍。有人［介绍］就比较可靠一点，不然盲目去了，有时候被人家骗去了。工作也不稳定，有时候工资也不给，什么东西都没有，很危险的。一般都是有亲人啊熟人啊介绍的才去。基本上没有盲目地跑到某个地方，才去找工作。你那边有人，有工作他就会叫你。有了机会才去，这样就比较把稳。

主任的大儿子在潮州一家加油站上班，工资听说一个月有八九百块。主任他有关系，他的人际关系不错。如果没有关系的，加油站工资也就三四百元。春节来拍照的那几个女孩子，都是在外面打工的，初中毕业就出去了，春节就回来。回来那几天村子就比较热闹。村子里像我这样在镇上买房子的人也不多，现在还有一家跟我买在一起的，就在上面，他是去年买的。他是开车的，就是刚才那个司机他哥哥。他买在我隔壁一栋楼，他是买的二手房，3万［元］，可能4万块。买在外面是不错，但你要有一个职业养得起，像开车呀，要有生活来源，不然你去那里买了房你也住不起。

对于中青年人外出打工，畲民一般都抱着比较肯定和支持的态度：

现在村里人都出去打工，即使农村都没人了，我认为这也是好事。因为现在政府都提出，要城镇化，农村逐步地都要城镇化，变成像城市那样的。村里年轻人出去打工，老了就自然会回来。即使不回来，以后政府可能会逐步地向农村开发，引进一些外资来这里投资，建厂，办什么东西的，也会逐步改善，改变农村面貌，像交通、水、电，什么东西基本上都跟城市一样的。现在的农民跟二三十年前就完全不一样了。现在的农民你看都是穿鞋子穿袜子的，过去哪有这样的？过去那是很惨的。现在的年轻人出去打工也长见识。年轻人读书毕业都要出去的，在农村是没有出息的，人家看不起你的。没有技术，赚不到钱，不像样的，要娶个老婆都不容易。毕业就要出去，二十来岁没有出去的很少，脑袋不好。留在村里的讨老婆都讨不上，不容易。如果你留在村里，一定要很出息，要把家里搞得很富裕，比其他人都好，那可能就有希望。如果像我们一样，或者比我们还惨，在这里住肯定就讨不上老婆了，所以一定要出去。出去不管赚钱还是不赚钱，你到外面去人家还不知道，你还可以说你是不错的。在农村呢，赚不到钱你什么都没有，只能光棍一条。到外面去人家不管的，人家觉得能到外面还是不错的，在外面能站住脚，找个老婆还是比较容易的，她不知道你家里这么惨，这么穷。你在外面找好了对象，等那个女的到你家来才发现你家里这么惨，有时候也不会后悔的。虽然你家里什么都没有，但如果你在外面能打出一片天地，那还是可以的。

从田野调查对南山畲民的访谈记录来看，目前外出打工已成为畲族青年首选的也几乎是唯一的谋生出路。2005年春节，我们在南山畲村挨家挨户抄录的春联中，曾见到这样的对联："出外求财财到手，居家创业业兴隆，横批：吉星高照，""四面贵人相照应，八方财宝进门庭。横批：出入平安"（谌华玉，2006：12）。外出打工、做买卖思想在南山畲村深入人心，从这两幅春联内容中可见一斑。事实上，畲族青年外出打工并不是南山畲村才有的独特现象。从80年代中、晚期以来，凤凰山其他畲族村尤其是西山畲族村和中山畲族村的中青年人基本上也全都外出打工了，村中只剩下老人和孩子。2004年我们访问西山畲族村时，几个外出打工回家过节的女孩子告诉我们，她们在潮州三环电器公司做电器，在那里工作三四年了，还有人去得更早，每月工资八九百元，加上奖金一个月能领1000多元；厂里还给她们买了社会保险，她们是肯定不会再回到山村种田生活的了。

（四）生活方式的转变

在改革开放以前的集体时代，南山村畲民生活比较艰苦。粮食生产仅够维持温饱，平时难得尝到一点肉食。猪肉只有在春节时才有供应，每年过年前政府会按人头发给每个村民半斤猪肉票。畲民领了猪肉票，才能到山下的S镇公社食品供应站买到猪肉。买肉除了提交肉票外，还要付钱。集体时代猪肉的价格变动不大，开始时一斤猪肉卖0.65元，后来涨到0.78元，70年代末期最高涨到1.40元。改革开放后，随着经济收入和物价的不断增长，猪肉价格已上涨了许多倍，如今每斤猪肉已卖到七八元，排骨价格更高，要10元左右一斤。集体时代，由于平日里缺少油荤，畲民过年去买肉时都希望能买到肥肉。如今却宁愿出高价买瘦肉和连瘦肉也很少的排骨。

在穿着方面，新中国成立后半个多世纪以来南山畲民的衣着也发生了极大变化。新中国成立初期，南山畲民与周围山村的汉族农民已没有多少差别，即男子穿侧边扣的青布长衫或正中扣的对门襟短衫，妇女穿侧边扣的半长衫或短衫。男女裤子样式一致，裤管长及脚背，腰部宽松，用一条绳子俗称裤腰带系牢。改革开放前，布料同其他所有商品一样，需要凭票购买。政府发给畲民的布票比发给汉人的略多一些。畲民不论大人小孩，每人每年1丈3尺6寸，汉族每人每年只有1丈2尺。每人每年凭布票买到的布料，刚好够做一套衣服，但那时候一年能做一套新衣服是很了不起的。有很多人几年还做不了一套新衣，因为发了布票也没钱去买布，只好把布票偷偷卖给别人。过年做了新衣服的人，也只在新年穿几天，然后就赶紧把新衣收起来放好，等到要做客时再拿出来穿。一套新衣服穿了三年左右也还算是新的，因为人们常说："新三年，旧三年，缝缝补补又三年。"平时下田干活和在家的时候，就穿缝缝补补的衣服，做客才穿好一点。旧衣服上的补丁如果是裁缝用缝纫机补的还算好的，不过一般都是家里的老母亲用针线来补的，比较难看。在六七十年代，家里如果有缝纫机，那就很好了，说明家境不错。一般人家买得起布的，通常是把买好的布拿到有缝纫机的裁缝那里去，等他做好了再去取。做衣服的工钱一般是一元钱一套，舍不得花工钱的人家，衣服就由家里的巧手妇女自己动手做。南山村里80年代开始才有裁缝，80年代外面有很多办裁缝培训班的，但村里手艺不错的裁缝师父只有一两个，其他的学得都不那么好，算不上师父，只是缝缝补补为主。80年代末90年代初以后，随着中国市场经济的兴起和商品贸易的兴旺，南山畲民如同周围的汉族农民一样，已不再有人购买布料来缝制衣服，而是到S镇、潮州或更远城市的服装摊店或商场购买成衣，因此刚刚普及进村不久的缝纫机和缝纫技术很快就退出了畲民的生活视野。

实行家庭联产承包责任制尤其是改革开放以后，果蔬种植和外出务工、经商为畲民带来了经济收入的增加。随着全国人民整体生活水平的提高，南山畲民在衣食住行方面也得到了极大的改善。如上文所述，从80年代末期开始，畲民穿衣已不用买布回家让裁缝或自家人缝制，而是直接到山下的S镇或更远的潮州、汕头服装商店购买，如今村里男女老少的衣着尤其是小孩子的衣服已与外村人和城里人没有差别，唯一的不同只是质量高低和价格不同而已。

畲族的民族服装，村里倒是有男女上装各十几件，平时存放在村委会，外面或上级有相关人员来村里了解或调研畲族的传统文化尤其是服饰文化时，才拿出来给人家观看，或是叫几个中青年男女穿上配合外面来的人拍照。这些改革开放以后新做的畲族传统服装是由潮州文化馆牵头统一定做的。男装为黄色的对门襟开衫，看上去像舞台上擂鼓男子常穿的戏服；女装与五六十年代中国农村妇女普遍穿着的右侧扣合上衣相似，比较特别之处在于畲族的新制传统女装衣料为黑色棉布，但沿领口、右侧纽扣合口处以及两只衣袖的袖口处有几道色彩斑斓的织锦镶边。南山的传统民族服装只有上装，没有下装，村民穿上拍照或做简单表演时，通常可见姑娘小伙们下半身大多穿着城里买来的牛仔裤、紧身裤或不成型的西裤，脚上穿着皮鞋、塑料凉鞋或拖鞋。但他们本人和围拢来看热闹的村中畲民都不觉得这样穿着有何不妥，大家都知道穿民族服装只是在表演畲族文化给外来人看，他们也很喜欢这样的表演，觉得传统服装与众不同，挺好看。

在住房方面，南山的房屋建筑及村民的住家观念在近半个世纪之内发生了很大变化。五六十年代修建的低矮土墙房舍在村中已很少见到，大多数人家都在七八十年代翻修了原有的住房，或者重新申请了宅基地来修建新房。原有的低矮老房子则用作猪圈或柴房。70年代南山修建房舍有的仍然用土砖，有的用河沙、泥土和贝灰做成三合土墙，即把按一定比例调和好的沙、土、灰放入两边夹起来的两块板之间，夯实成墙。土砖墙壁完全用土，材料不用购买，成本比较低。三合土墙比土砖墙成本要高，因为三合土墙中的河沙、贝灰都需要花钱购买。90年代以后，农村盖房逐渐开始有人使用红砖或沙砖，但南山90年代用红砖的还很少，大部分还是用土砖或三合土。据报道人介绍，土砖的制作方法费时但简便，不需要太多技术，村里所有成年人都会。通常那些需用土砖建房的人家，首先会选好一个地方挖个大坑，并在大坑的中央竖立一根牢固的木桩，再把从别处挖来的泥土堆放在木桩四周，用水浸一浸，然后用一定长度的绳子把两三条水牛系在木桩上，由人在旁边驱赶着水牛围绕木桩不停地转圈踩踏泥土，每天利用早晚空闲时间踩踏。过几天后，再把泥土翻过来踩踏，待踩踏到彻底均匀的时候，便把事先砍好的一段一段大约3寸左右长短的适量稻草加入其中，然后再让水牛继续踩踏。等牛脚把加了稻草的泥土踩到十分滑柔的时候，再把泥土放进方形砖斗里用人脚踩紧，并将上方的表面刮平，再拿掉砖斗，这时泥土就成了一块土砖。等同批制作的土砖晾干后，再把它们翻过来把底部刮平，之后堆放在干燥通风、雨淋不到的地方，需要的时候再去拿来用。在土砖制作过程中，往泥土中加稻草很重要，稻草在土里起到互相牵连的作用，做成砖块，雨水反复冲刷土砖上的泥土也不会分裂散落下来，只会在表面上长出一层薄薄的青苔，不会分裂，可以比纯土耐用很长时间。不过踩踏的功夫也很关键，如果土踩踏得不够熟，不均匀，功夫不到家，土就没有黏合力量，做出的土砖泥水一泼土就掉下来了。农村建一间房需要3000多块土砖。一次做多少由自己看情况决定，如果地方宽敞，就可以把踩土的场地弄大一点；如果地方小，就多做几次，或者请几家关系要好的人同时帮自己做。做土坯砖比较简单，一般人都会，算不上技术活。真正的技术活是村里公认的泥水匠、木匠和石匠所做的工作。在南山已过世的老一辈畲民中，技术过硬、受人称赞的匠人有好几位。其中人们至今记得的泥水匠有校长的父亲、四伯和小叔，主任的父亲，以及雷LK，雷WH，雷NG等，木匠有校长的大伯，石匠有YS的父亲。村里的泥匠和石匠在当地尤其出名，他们能用不同形状的石头做出笔直的墙，不仅村里人请他们建房，周围山区的外村人修建房屋也来请他们去帮忙。

2000年前后，南山畲民修建房屋开始使用红砖，村庄左侧有几户建了四五年还没有完工的房子，用的就是红砖砌墙。这些人家到外面打工或做生意挣了一些钱，有了钱就施工，钱用完了就停工，因此几年还没有建好。90年代末，红砖从山外的砖厂送到村里，一块砖头的成本加运费的价格大约是0.20元，也有买0.18元一块或0.16元一块的。价格的高低差别主要取决于村民买砖的门路，取决于从哪个砖厂买，以及买家与砖场老板关系如何等多种因素。距离南山最近的砖厂在GH镇，相隔20多公里，建房的瓦片也从外面的瓦厂买回。但现在已很少有人打算在村里修建新房，有能力的人家都努力向外发展，如今村里已有10多户人家在外面的S镇街上或更远的城镇买房定居生活。这些人家通常只在正月初四祭祖日才回到村里。据报道人雷校长讲：

> 村里在外买房的人有10多家了，这些人平时很少回村，初四值日那天才回来。雷RG的两个弟弟在汕头，雷会计、JA在S镇，YS、GH、JM、SQ在潮州，DW、我的弟弟在汕头。这些人的户口在村里，但都在外面买了房子。除了这些人外，村里还走了10多个大学生，他们都成了城里人。

关于南山畲村村民目前的居住生活，另一位报道人雷会计讲述的情形更加具体深入：

> 现在村里建新房的人都很少了，只有修修补补的。好像要倒了，不好住了，漏雨了，就赶快把它修好。有了钱的人就到外面去买房，根本就没有想要在这里安家落户了，都想出去了，只要有一点点办法，都出去了。孩子长大了，有能力了，都要出去的，不想在这里。村里的老人看到年轻人出去也很高兴。现在村里最老的有八十六七岁。我在S镇买房，又有摩托车，想来村里就来，很方便的。我感到还是在镇上住好，镇上的生活比较好一点。村里要什么东西有时候还没有，村里空气好，S镇也不错，但到潮州我就不要，潮州空气

不好，太嘈杂。S镇人口比较少，没什么工厂，空气污染少，要买什么东西都有，生活也方便。

我知道在这里山上住，空气、环境都很好，不过我不会在这里住。因为这里人与人之间，邻居之间，感情都没有那么好，感觉不是那么亲近。到下面去人们之间来来去去的，喝茶什么都可以，各人过各人的，相处都还好。村子里就不那么好，村子里的人有一些妒忌心理。不过，过去大集体的时候我是没有这个感觉，过去毛主席的时候，人的关系都挺好的，都帮助来帮助去的，你有什么事叫一声，我不用什么报酬，就给你干一天两天都可以。现在就不行了，现在很计较的，你有什么东西，他就会眼红。现在是商品经济，贫富悬殊，你富了，他没有，面子上、心理上、感觉上就会很不舒服。以前不一样，以前大家都一样穷，没有什么心理不平衡的。现在的人都在攀比，比不过你，心里就不舒服。我过去在这里住，好多朋友啊，现在都……好像朋友都变成敌人那样的。以前我在村里关系都很好的，大家经常来我这里喝茶，喝酒，聊天，在那个大集体的时候，大家都一样，经常来这里喝茶啊，说什么东西，你帮我我帮你，好像都对头那样的。现在不知道怎么搞的，他很恨我一样，加上我这次改选的时候，选上当干部了，那这个就更仇恨了。我以前不是干部，以前是社员。我是［19］99年才选上当村会计的，现在［2004年］当两届了。以前跟他们都是很好的，帮来帮去的，一起去哪里，现在看见都好像是敌人那样，不敢对面的。留在村里的人是这样，但出去的人就不会。

出去回来的人对大家都是比较好的。现在人的那个胸怀是比较窄的，狭窄，过去啊不一样，我现在可以说是老了，看过去以前那个大公无私，无私奉献，那个是真正的无私奉献，现在那个一点点那都不是。雷主任他的处境也是跟我差不多，他在外面的关系都很好，他外交上是有一手的，他和上面的干部，镇里的，县里的，市里的那些干部，关系都特别好的，都攀得上，但是他下面呢，这些村民，对他很……很恨他的，对他意见很大，真的，都要搞他的，都要整他的。我觉得我在这里住，没有什么兴趣了，所以我这两年都到下面［S镇］去住，有什么事我再上来，上来住一两个晚上。你看搞这些福利事业啊，都搞不起来，不齐心，人家都不帮你，不支持你，挖墙脚的多。搞旅游，去年［2003年］开始的时候还有一点气氛，现在你看什么都没有了。

　　我57岁，快60岁了，像我这样年纪的大部分都在村里，出去打工的不多。再年轻一点的在村里就比较少了，都出去了。刚才我那个侄子，他就比较小，40多岁，他4个兄弟，3个弟弟都到汕头，到外面去了，就剩下他自己跟他父亲就是我的大哥在这里。像他这样的年龄留在村里是比较少的。村里关系处不好的就是我们这个年龄的人，家庭不一样，有的富有的穷，有的孩子比较有出息，有的孩子比较笨。孩子不能干，就觉得比别人矮了一截。那边有一个建一个小楼，也是快60岁了，他比我大，头发都白了。他两个孩子还没有结婚，有出去打工，但还没结婚，他很发愁的。楼房是原来他自己建的，孩子还赚不到钱。我们在一起就没法聊天，没有共同语言。以前大集体的时候为什么大家都相处得好，因为大家都穷，你也不比我好，我也不比你差，大家感情都合得来。现在不行了，现在社会地位都不一样，在一起感觉别扭。

　　出去的大多数都变成城里人了，很少回家里的。有的夫妻一起出去，小孩也带出去，家里只剩下两个老人。村里现在只有14户没有出去打工的，14户里面还有很多是老人户，或者孩子还在读书。读完书都要出去的。一毕业就出去，农村留不住人的。现在你看我们这些干部都很老了，没有人来接班。现在没有年轻人来当，才用我们。我们没多少用处了，人一老，眼就花，干什么也没有干劲，没有活力了，怎么带好村民？很麻烦的，你看这些干部，头发都白了，都没有人来接替。周围村的情况大体都是这样的，都差不多。有的村干部都60多岁了，都退休了，还找不到人来接替，还要继续干。出去的人，在外面如果条件各方面有发展前途的，当然都不愿意回来了。一个村干部一个月两三百块钱，他在外面一个月收入1000多块。谁愿意回来啊，村干部也要做很多事情，还是很耽误时间的。

现在农村很复杂的，不好。心情不愉快，加上生活……啊，没有什么，唉，想起来就，好像很孤独，很……什么的，你看这样有什么意思！村里剩下的人不多，如果大家相处得融洽，能聊天，还有打扑克，搞搞弄弄，都没有啊。现在各人顾各人的，自己要泡茶也喝它不完啊，没味道啊。大家很少串门。即使经济情况接近的家庭，也是各人忙各人的，除非有什么事，就找上门来坐一坐，平时就很少来往。赌博？也有，专门有一个地方，一个固定的地点，你想去就去赌，赌的数目也不大，是娱乐性质的赌博。我怎么不去？我不喜欢这个赌博，我也没有这个钱。……在村里合得来的人？几个干部之间？那在正常情况还是可以吧，说说话呀，说说什么东西啊，有什么事情商量啊，还是正常的。知心朋友？现在说知心朋友就很难说了，知心的也不知心了，是吧？有些表面是知心的，但是内心就不知道。是这样的。我过去就是对人、待人过于相信、过于知心了，到后来都变了，对你都很仇恨了。所以现在我对每个人都……都要防范几分，不能全信任、全相信。过去我有几个好朋友，我什么事都说，现在不能了，因为已经有教训了。冲突是很尖锐的。冲突归冲突，遇到事情时，关系差不多的，你要求他来帮帮忙还是可以的。不过呢，像你这样说，要能够推心置腹的，能够知心的，基本就没有。大家彼此之间都是这样，不单是我一个人才这样。……现在经济都是各家各户的，过去都是大集体的，什么东西都是有共同利益的。现在是我顾我的，其他的我不管，我搞好我的，损人利己现在很正常。

南山畲民的居住条件，如上文所述发生了巨大变化，从新中国成立初期的低矮土墙茅屋，逐渐过渡到泥灰石墙、砖墙瓦房，再到出村购买城镇的商品房居住。除了居住环境外，南山畲民生活方式的改变还体现在道路、水电等村基本设施的改善方面。如果说住房条件的改善基本取决于畲民各家各户自己的经济条件，那么村里其他的基础设施如道路、水电、通信设备等，则大多数依靠政府和集体的力量帮助解决。政府的扶持、支助和各种有利政策对改变和改善畲民的生活方式起着不可估量的推动作用。就道路设施来说，潮州在20世纪八九十年代就实现了村村通公路。2004年在村村通公路的基础上，广东省又开始推行村村通水泥公路的工程。修水泥路政府每一公里补助10万元，其余资金自筹。南山村水泥公路只有2公里，省里补助20万，其余由潮州政协牵头，市政协专门成立了一个机构小组，来为少数民族公路建设募捐，号召企业家来投资。村里的自来水费也很便宜，每吨只收0.2元，收起来用作管理费。电按国家的收费，跟山下的汉族村一样，一度电0.78元。如今畲族村民的生活方式已与外村汉族和城镇里居民没有太大区别，用他们自己的话来总结就是：出山不用走路（开摩托车、汽车），买肉不用出村（每天清晨有固定的肉、菜小贩开着摩托车定时到村里沿屋叫买），穿衣不用缝制，照明不用油灯，煮饭不用烧材（大多数人家用煤气即罐装天然气做燃料），喝水不用肩挑，传话不用呐喊（几乎家家户户都有手机或固定电话）。

第三节　传统文化的复兴

从新中国成立后到改革开放前的30多年间，南山畲族村干部群众在中国共产党的领导下经历了社会主义思想建设和阶级斗争的各种洗礼，从土地改革到人民公社，从"破旧立新"到"文化大革命"，其间许多传统文化和习俗包括畲族的招兵节、祖图传说等，都被当作封建流毒受到压制和铲除。80年代改革开放以后，党和政府开始拨乱反正，各种传统文化习俗又逐步复兴。在南山畲族村80年代以来——复兴和重建的各种传统文化因素中，不仅有畲族传统的再现，还有很多汉族传统的引入或重建，其中包括拜神祭祖、节日禁忌、丧葬习俗等。

一　拜神祭祖

南山村畲民祭拜的神祇颇多，除了自己民族的始祖盘瓠王外，还有凤凰山区汉族群众普遍崇拜的民间诸神如伯爷公、关公、协天大帝、感天大帝、泥龙帝、灶神、老爷等，以及近年传入的基督教上帝。

在南山畲村集体祭拜的神祇中，据说伯爷的权力最大，管辖的区域范围最广。因此每年正月初四村中祭神拜祖时，村民最先从山上抬回祖祠里接受祭拜的神祇就是伯爷。伯爷又叫伯爷公，或根据统辖对象具体称为田头伯公，是管理田间地头生产和丰收的神祇。田头伯公的神位一般设在一大片田的附近，有的是一间小庙，有的就两块石头。人们祭拜伯爷或田头伯公的时间通常在插秧之前，此风俗在潮汕地区十分盛行。即使在破除迷信的时代，有的生产队也会派人偷偷去祭拜伯爷。南山畲民中流传着一个笑话，说集体时期村里有个生产队派一个代表去祭拜伯爷，去祭拜的人请求伯爷管好自己队里的生产，还说那些没来拜你的生产队你就不管他。结果到了水稻收成时节，这个生产队的稻谷还是被田里的老鼠偷吃了。于是畲民打趣说：可能老鼠来吃稻谷的时候，伯爷公刚好出国访问去了。

畲民祭拜伯爷的目的很明确，即请伯爷管好生产；祭品也很简单，通常是香、蜡烛、面条、三牲、水果等。南山畲村把每年农历的三月二十九日确定为伯爷生日，那一天也是村里的一个重要节日。到了那一天，畲民家家户户都要带上面条、三牲、蜡烛、香、纸钱等，陆陆续续去村庄后山的伯爷庙祭拜，有的人家还会燃放鞭炮。农历三月正是收麦子的季节，村民认为三月二十九日带面条祭拜伯爷可能与麦收有关。在六七十年代物质紧张的集体时期，三月二十九伯爷生日这天，还是畲民家里招待客人的节日，因为当时生活物资紧缺，亲戚朋友便利用这个节日互相走动，因此畲民家家都会做好待客的准备。客人来一般空手而来，不用带什么礼物，但客人吃完饭告别时，主人要按礼俗拿一点面条送给客人带回去。80年代以前，伯爷生日在南山算是比较重要的节日，因此亲戚会互相走访，现在生活条件好了，亲戚一般都不在这天互相走动了，但畲民自己家里人还要照常庆祝。附近其他村子也祭拜伯爷，但各村确定的伯爷生日不完全相同，比如有的是三月二十三日，有的是四月十八日等。

　　或许是为了抬高伯爷的威信，村里老人说解放前人们遇见老虎时，如果跑到伯爷庙躲避，老虎就不敢到那里咬人。这一传说无从考证，但人们都知道从前村里烧火炭的窑边都要供个伯爷牌位。人们修一个窑就要垒一个伯爷牌位，在窑的左右边都可以，总之要在距离炭窑不太远的地方，竖两块石头，上面再横放一块就好。烧炭人在挖好窑，堆好柴，开始点火烧的时候，就要祭拜伯爷。祭拜同样需要用三牲、烧香火、纸钱等，拜的时候要说话，请伯爷保佑整窑炭烧得好，既要烧透，又不会烧过头。有的老人讲得很神秘，说如果不拜伯爷的话，等下一窑的炭都会变成灰。可见伯爷不仅要负责看护田间地头的生产和丰收，还要帮助村民把握烧炭的火候和保证火炭的出成率，无怪乎南山畲民要把伯爷奉为村中最大的神。

　　伯爷虽为村中最大的神，其庙宇却远远比不上村口的关帝庙气派。位于南山畲村后山上的伯爷庙很简陋，不过是两边竖起两块大石片，石片上方横放一块大石板做成的一间低矮"石屋"而

已，石屋内没有任何塑像或雕像摆设，只有一个香炉。石屋前有
一小块水泥地，是专门平整出来给大家摆放祭拜品用的。事实上
石屋和摆放祭品的水泥地，也都是前些年才由村里一些有心人自
发组织起来去建成的。90年代中期，村里一位早年出去工作如今
退休居住在城里的老人主动出资，委托村里的歌王CL购买了三片
石板，然后再由村里搞建筑的包工头CQ负责承包修建伯爷庙。

村里第二大的神是"老爷"。"老爷"负责管理什么畲民不清
楚，只知道"老爷"只在正月初四才拜祭。老爷庙在村口关帝庙
的山坡下面，以前有庙，庙里还有两个雕像，但破除迷信时老爷
庙给拆除了，村民还把老爷像扔到了小溪里。"老爷"是男性还是
女性不清楚，是哪个朝代的也不知道。雷校长讲他小时候看到两
个"老爷"在溪水如瀑布一样下落的地方每天冲水，后来下大雨
的时候，山洪水来就把他们冲到不知哪里去了。抛掷"老爷"的
小溪不在老爷庙下面，而是在通往村外的六曲龙下面那个地方。
是破除迷信的积极分子也就是五六十年代的民兵把老爷拔掉再搬
到那里去扔的。1958年"大跃进"的时候，毛主席提出破除迷信，
移风易俗，把能毁的都毁掉了。老爷庙原本比关帝庙还大，现在
只剩下几块土砖残墙，隐约看得出原来那里曾有过建筑。

南山村口的关公庙在新中国成立前就有了，如今算是村中最
气派的神祇庙宇。关帝庙实际上也只是一间只有四五平方米宽的
小屋，屋子靠路的一面敞开着，其余三面是2米多高、表面光滑的
泥灰墙，三墙支撑的人字形屋顶上盖着瓦片。屋内紧靠后墙的地
方放着一张简易的供桌，供桌上摆放着一尊关公塑像和一个香炉。
关公在村里被畲民称为关爷。关公庙经常都有人去拜祭，比如每
个月初一，都有一些人去拜。开车的，做生意的，希望平安；养
猪的希望猪长得快，各人去拜的理由不一样。像其他神位一样，
关爷在新中国成立前就有。所有神祇在新中国成立前就有，公社
化的时候才被破坏掉。但关爷的庙以前就没有被破坏掉，不过后
来又重新修过。

90 年代以来，每到正月初四值日这天，村里请神送神的队伍都会敲锣打鼓浩浩荡荡前去把镇守在村中各个角落的诸神包括伯爷、老爷、关公、泥龙帝等抬回村中的祖祠内接受祭拜。祭拜以及请神送神的活动一般由村干部组织，因为只有村干部才有权力去村委开广播，用高音喇叭通知哪些人去集合，哪些人去做什么。有时通知了好几遍，还有人拖拖拉拉不想去，如果没有通知，就更没人去了。所以开广播通知有时要讲两三次，没有开广播，谁都不知道谁该做什么。通知谁去不用事先商量，年年都要做的事，大家都知道，广播里叫到谁谁就去。做事没有报酬，只有一点点红包（每人 2 元）和一对橘子。村干部只负责组织，但不参加祭拜活动。村里组织的请神队伍在抬着神回祖祠的路上，经过村民家门口时，村民放鞭炮，队伍暂停前进，村民从家中拿出几条香从神位的香火点燃，拿回自己家去，队伍再继续前进，意义是村民拜祭神，请神保护自家平安。正月初四这天，所有神在祖祠集中享受祭拜，各家各户村民从家中挑来三牲等各种祭品，摆放在祖祠大厅前面临时安置好的桌子上，上香火点蜡烛祭拜，上午大约 10 点半祭拜完后，各家各户把祭品挑回家，同时从祖祠点好香火和蜡烛拿回家。村民说正月初四值日团聚和祭拜的习俗解放前就有：

> 我们从过去就一直这样有祭祖的一天，大家都回来。我们过去，比如解放初的时候搞招兵节，是最隆重的，第二个就是正月初四祭祖，亲戚朋友都一起来聚会。祭祖这一日是定好的，村民肯定在家，换一天来，你都找不到人，我的门有可能都是锁上的。祭祖日让大家都回来聚会，一年到头在外面忙忙碌碌的，到了这一天大家兄弟姐妹都见一见面，其他时间都没有这么齐。

除了集体祭拜的神，畲民在自己家里通常还要祭拜灶神和祖先。但畲民家里不拜土地神即地主爷，潮汕乡下人和城里人大多会在每月初一、十五拜地主爷，有些除了拜地主爷还拜财神爷。地主爷是管理一方土地平安的神，畲族村民没有在初一、十五专门拜地主爷和财神爷的习惯，一般只在过年过节通通拜的时候拜一下。但畲民死后的坟墓旁如同汉族坟墓一样，有地主爷牌位，通常竖立在坟墓的左手边，即面对坟头的右手边。畲民不清楚为什么坟旁要建地主爷牌位，只知道造坟墓时就要同时把地主爷牌位造好，因为大家都是这么做的。

畲民尽管不在家里拜地主爷，但会拜祭灶神，据说有很大一部分原因是为了养殖顺利，养猪养鸡，希望家禽养得大，养得肥，不生病，长得快。除了本乡本土的民间宗教信仰外，南山畲族村近年来还出现了天主教信徒。天主教的传入大约发生在90年代中期，是从山下的汉族村传上来的。村里最先开始接触、接受和信仰耶稣的是顾YL和她的女儿雷HQ，值得一提的是，新中国成立前也就是半个多世纪前的三四十年代，南山畲村最先接触和参加共产党领导下的革命活动的人也是顾YL。村里如今参与天主教信仰活动的听说还有共产党员雷CS，雷CS并未加入教会，入教的是他的妻子。自从2004年入教后，几乎每个周六的下午他的妻子都和村里的几位天主教信徒一起坐车去山脚下的汉族沙坑村那里参加礼拜活动。CS有时候也跟着妻子和其他信众一块儿去听布道。CS虽然没有入教，却对天主教的教义十分熟悉，给我们讲起天主或基督的道理来一套一套的，而且日常生活中也以天主的说教来管教和要求十多岁的儿子。在南山畲村，谁若动了心思，想去加入基督教，家里人开始一般是反对的，因为不相信。但动心的人一定要去参加，家里人也没有办法，因为政府规定人人有宗教信仰自由，最后也只好听之任之了。村中信天主教的人，有的是受到亲戚的影响，亲戚中有信徒，总是讲起信教有多么好多么好，所以就跟着信了。信教的亲戚四处活动，他们就成了活动的对象。此外，天主教的神甫有时也来村里讲课，开展活动，发表演说，动员群众加入，有些人去听了感觉好像不错，那就去参加了。不过加入天主教也有一些压力，访谈时村里人讲：

> 村里有信基督教的，是下面传上来的。他们来这里发展，来这里拉信徒。我们村里这些人都是新参加的，参加的人有的是找点寄托，有的是家里遇到点不顺心的事，他就去参加。可能是想看信教的时候情况会不会好起来，以后会不会有希望。信教的两家在村里的状况都不怎么好，他们参加这些东西都有一定的原因。他们参加也没几年，开头大家觉得怪怪的，做一些事情大家就要议论，说你信教的应该慈悲啊什么的。你做的事不好，人家就要说你的闲话。你什么事都要做好一点，不要被人家背后骂。

二　丧葬习俗

南山畲村的丧葬习俗与周围汉族村丧葬习俗完全相同。汉族传统推崇土葬，人死后讲究入土为安，同时还要对老人入土之地进行堪舆，畲族在这方面也不例外。畲村的土葬大多很简单，一堆黄土，坟头从低端到顶端整齐地砌上几排石头。畲民说传统的东西破不了的，老人的事情，一生才一次，破不掉。

畲族土葬和看风水的活动由来已久，但在20世纪50年代末政府推行破除迷信活动时，该习俗曾受到巨大的打击。村里老人回忆说，1958年到1959年两年期间，南山村周围不少坟墓都被挖掉了。那时集体曾有过一条规定，说如果谁挖掉一座坟墓，生产队和大队就补助挖坟人1斤白米。当时集体食堂刚刚倒闭不久，粮食非常紧张，能补助1斤白米是让人很高兴的事。因此村民不管坟墓的主人是谁，只要找到了就挖。当时村里到底挖掉了多少坟不知道，村民说反正很多。不过实际上挖坟也并不是一件很容易的事情。新中国成立前在南山附近修建贝灰坟墓的人家，差不多都是外乡的有钱人，本村人穷，很少有人家修贝灰坟的。贝灰坟墓用灰窑烧出的贝壳灰混合沙子和黏米做成。在水泥出现之前，有钱人家气派坟墓的盖棺拱顶和四壁通常是用泥沙、贝灰加上煮熟的糯米等混合材料做成的，十分坚硬，挖墓者用铁锹也很难挖开，因此要弄掉一座坟并不那么容易。南山个别畲民的祖先也有修筑贝灰坟的，比如 MH 的父亲做的可能就是贝灰坟，雷校长小时候家里没有住的地方，住在四伯 MH 家，跟他们去扫墓时看见是贝灰坟。其他人家的祖先可能也有贝灰坟，但总的说来数量比较少。本村先民的大多数坟墓都是简简单单地用土做成一个土堆，再用石头在坟前砌起来。死人下葬前，一般都会用棺材装殓。贫困人家可能用几块木板做个简易棺材，特别贫穷的人家就用草席当作棺材。但不管棺材好坏，上面也要堆一堆土，砌几块石头。报道人说 MH 父亲的坟 50 年代有没有被挖掉不清楚，因为那坟墓离村比较远，在村后的那座山后面。村对面的飞天燕山岭上原本有座很高的坟墓，坟头的碑比一个站立着的人还高，但破除迷信时也给挖了，当时挖的人可能也想看看里面有没有什么值钱的陪葬物，因为那是有钱人的坟。当年村里具体哪些人去挖的不清楚，那座坟的墓碑后来也不知道弄到哪里去了，但 2004 年时，飞天燕山岭上坟墓主人的后人已去恢复重建了那座坟。

　　风水堪舆在新中国成立后被认为是地道的迷信活动，在集体生产生活时期曾予以严厉打击。但多年的政治运动并没有彻底根除畲民头脑中的迷信心理。例如，南山畲村集体时期担任村党支部书记时间最长的一位，90 年代就在村中祖祠上方的山头上为自己和妻子建了两座风水（即两个坟墓），打算死后葬在那里。书记修筑的风水是生基，即人还健在时就事先修好的坟墓。修筑两个生基的风水宝地是请福建的风水先生来看的，加上材料和修建费用，一共花费了几千元钱。书记有七八个儿子，家中并不富裕，花这多钱做风水，儿子们就有意见。后来家里总是不那么顺利，于是去问"老爷"（即当地能通灵的"神"，即灵媒）。"老爷"说是因为他们做的那两个风水不好，选择的地方不好。两个风水位于祖祠所在山脉的上方，山脉像一条蛇蜿蜒而下，中间肚子比较大，头部面积比较小，书记的风水就建造在山脉头部那个地方，从远处看去，刚好就像一条蛇的两个眼睛。书记修筑风水之前，村里还没有修建从村口通到祖祠门口的那条村中小公路。后来开通了那条路，无异于把这条蛇或书记请来的风水先生认定的龙脉给切断了，这又进一步破坏了那当地的"老爷"认为原本已经不好的风水。村里还有传说提到，某人因遇到不顺去问"老爷"，"老爷"说有两个棺材正对着你们的祖厅。两个棺材显然是指书记修筑的风水，因为那风水所在的山头延伸出来刚好就是祖厅。风水给自己和别人带来厄运，这自然不是什么好事或好兆头，这些厄兆与传说的结果导致了书记夫妇去世后，家里人不敢把他们埋葬在书记自己事先选定和修筑的风水宝地，而是不得不另选地方重新筑坟埋葬。假如没有出现自己亲身经历的和村民传说的不利因素，书记和妻子死后本来是要葬在生前修好的生基里的。修筑生基花费那么多钱，结果两个人都没有葬在那里。像书记那样的老一代畲民，对风水从来就比较相信，做生基一般也是为了延长寿命和运气。但书记 2001 年过世时，年龄并不大，才 60 多岁；书记的妻子在书记去世的第二年也跟着去世了，年纪也是 60 多岁。可见风水和生基并不能延年益寿或延长运气。书记去世时，政府早已开始推行火葬政策，因此书记是先火葬了再进行土葬的。选在村庄山后面的坟墓，也有请风水先生来堪舆，下葬时也请了法师来做法事。书记的生基不能用，是他儿子去问"老爷"才得知并决定不用的。书记死之前，也许已经知道他的风水不好，但当时已经做好了，知道了也没办法。做了生基这个东西，儿子有意见，群众也有意见。总之书记后半生给人留下的印象不太好，他个人的"运气"也不好。在去世之前，儿子因经济问题被开除党籍，不再做村党支部书记。村里就书记一人做了生基，作为共产党人，还这样迷信，群众评价都认为他过于迷信。

火葬政策从 1998 年开始推行，到目前已持续将近 10 年。最初大家都不习惯，但潮州市政府发了文件，有公职的人家里如果不执行火葬政策，处罚十分严厉。农村群众在干部督促下，一般都去火化了，但也有个别例外的情况。譬如 2003 年南山村有一户特困人家没有经济能力送死者去火葬场火化，因此只好就地土葬了。村里老人们在健康清醒的时候，都知道自己死后要火葬，虽然他们希望能不火葬，但病重时根本什么都不知道了。不过家里后人的土葬情结也同样根深蒂固，因此即使政府三令五申要求严格执行火葬政策，人死后偷偷土葬的事情仍然时有发生。政府为了推行政策，不时开展突击检查，发现土葬者，即勒令挖坟启棺，将已埋葬的尸体送去火葬。包括凤凰山畲民在内的潮汕地区农民，为了不违背火葬政策，同时又能保守土葬传统，于是"发明"了先火葬再土葬的习俗。南山村雷校长母亲 2005 年去世后，就采取了火葬加土葬的葬礼。据雷校长讲述：

> 现在政府规定，人死了一定要火葬。火葬也很方便，殡仪馆的车，你打电话联系他什么时候来，他就什么时候来，车一直开到家门口。这边老人一断气，就马上给他清洁，换上寿衣，此时手脚还是软的，等一段时间变硬了就不好办了。老人病危时，看情形不好，一般寿衣就准备好了。过世前儿女后人都围绕在跟前，说明福气好。如果儿子不在，没人理睬，说明没有福气。所以老人过世之前，儿女一般都争取回到他身边，轮流看守。老人断气时用的东西，一般都搬出去扔在深沟里或者竹林中。如果一些有用还要的东西，就暂时存放在一个地方，等 7 天后再去把它洗干净，晒一晒，放在太阳底下消毒一段时间，然后再拿回来用。
>
> 我母亲火葬的时候，几兄弟都有去，姐夫也有去，妇女小孩就留在家里。骨灰盒拿回来即刻送上山安葬，这时女人小孩也不去，还是由几兄弟去完成。只是在送去火葬的时候，

全家大大小小，披麻戴孝，一起送殡仪馆的车到村口的橄榄树下，然后女人小孩就不送了，拐弯走另一条路回家。我们坐车出去，这算比较隆重的。有些只在家门口送一小段路，车就直走了。我母亲火葬那天，早上8点钟从村里出发，到达火葬场后马上就进炉去烧，差不多两个小时。我们托熟人跟火葬场的头头打过招呼，托他的车早点来，因为风水先生看好的时间是中午一点钟前就要下土葬。其他的事情可以慢慢做，但是下葬的时刻一定要准时。我们没有买骨灰盒，我们买的是棺材，花了1000多元。现在也有卖棺材的，但不是公开摆在外面，而是在家里，一般也做得不多，只做一两个，卖完了又再做，是偷偷做的。我们去意溪买的棺材，S镇都没有卖的。一般人也不用棺材，直接用骨灰盒下葬就行了。棺材事先买回来放在家里，没有拿到火葬场。骨头，不是骨灰，是用纸箱装回来的，拿到山上，按照人形，从头骨到脚骨，依次放进棺材里。火葬的时候，我们给一点点红包，叫他不要烧成灰，也不要烧碎，而是烧成火炭那样，肉没有，只存下骨架骨头。骨头拿回来重新摆成人形放进棺材，棺材里先放上纸钱，再摆上骨架，是在坟墓那里摆的，由风水先生摆放，摆好后轻轻放下去。以前我父亲去世也是这样，没有烧成骨灰。不过村里拿骨灰回来的比较多，骨灰盒很漂亮的，有各种各样的，有贵的也有便宜的。骨灰盒拿回来也要土葬，没有人放在家里的。

……解放前的二次葬，不是人人都做。只有家里总是不顺，找来风水先生看，说祖坟不好，才会把坟墓迁移到别的地方，进行二次葬。没有习惯一定要二次葬，一般都是家里出现问题，有不顺心的事情发生，请风水先生来看确实有问题，才选好新地点，还要所有兄弟都同意，才会移（坟）。我们那个房头从来没有听说过有二次葬，其他房头的情况不清楚。不顺不是身体具体哪个地方不好，而是人有问题，反正奇奇怪怪的，检查又检查不出问题，比如人有精神问题，表情跟真正生病是不一样的，找不出原因，或者倒霉的事情接连发生，一般就怀疑风水有问题。

三 节庆习俗

南山的节庆习俗大部分与凤凰山区的汉族相同，只不过个别节日的文化内涵有所区别。

春节： 与汉族一样，畲族一年之中迎来的第一个节日是春节。过春节畲语也称"过年"，节日的内容和性质是除旧迎新，家人团聚，拜神祭祖，文化娱乐、走亲访友等。春节的准备工作，实际上在农历十二月二十四日之前就已开始了。二十四日是送神的日子，此时各家各户已扫完尘土，搞完一年一度最彻底的清洁卫生。"送神"按照村里人的说法，就是送所有神包括灶神上天，因为二十四日这天所有神仙都要赶到天上开总结大会，然后团聚过年。送神的仪式一般在畲民各自的家里进行，通常在中午开始，先备好三牲，然后烧香，烧纸钱，平日里供奉灶神的金花也要在这天换成新的。到了大年三十日，畲民要清洗和装满家里的水缸，尽管现在用自来水很容易，但家家户户也会拧开水龙头盛满一缸水。三十日晚上，畲民家里的灯要亮一整夜。大年初一的讲究更多，首先是不能睡懒觉，更不能整天躺在床上睡。因为如果睡懒觉，家里的田一遇下雨就会塌方。其次是初一早上讲究吃斋，菜也不能有油荤，通常就吃一点咸菜、萝卜干下稀饭。此外大年三十吃剩的饭菜，要留在初一来吃，素的早上吃，荤菜中午吃，而且大年三十必须剩下饭菜到初一吃，这样才说明去年有余，才有希望年年有余。初一的另一个忌讳是早上不能扫地，晚上不能洗澡，否则会把自己家里的财运扫走或冲走。过去为了希望一年收成好，畲民初一除了燃放鞭炮，还要在露天摆放三牲、水果一类的祭品祭拜天公，祈祷老天风调雨顺。初一畲民不走亲戚，但新出嫁的女儿会和女婿一起回娘家探访，叫作"做新郎"。"做新郎"所带的礼物没有专门要求，主要看个人的心意和经济条件，即使带点水果也可以。在以前生活紧张的时候，陪新婚妻子回娘家"做新郎"的新女婿最少也要带一点猪肉、鸭肉，这样面子上才过得去，比较好看一点。回到妻子娘家，除了要给父母长辈钱，还要到娘家的族亲那里去坐一坐，聊聊天，问候一下。"做新郎"不仅可以看出新女婿家里有没有钱，还可以看出他会不会做人。如果来了就藏在妻子娘家，不出门拜见叔叔伯伯，见了人也不知道问候和递烟，背后就会被人讲闲话，说这个新郎不怎么样。正月初二凤凰山区各村的值日开始启动，南山村畲民同周围其他畲族或汉族村民一样，开始在自己和别人值日的时候到亲戚朋友家拜访做客。

值日：值日是凤凰山区各村最热闹的一天。"值日"又叫"祭祖日"，是凤凰山区各个村庄一年一度的亲友聚会和拜神祭祖的日子。各村值日的日期不尽相同，有的定在正月初二，有的定在正月初三、初四、初五、初六，或除正月初一以外的任何一天。尽管值日大多定在正月，但也有个别村庄定在农历二月、八月或其他月份中的某日的。值日的习俗普遍盛行于凤凰山区的畲族村和汉族村，该习俗据说从新中国成立前就一直沿袭至今，谁也不知道具体始于何时。

南山村从祖上沿袭下来的值日是在每年的正月初四，这天既是村中亲友聚会的节日，也是村里的拜神祭祖日。畲民在过年前即腊月二十四日送走的神，到了正月初四值日这天要全部迎接回来。村里组织迎接的神祇主要有四位，即伯爷、老爷、泥龙帝和关帝。正月初四一大早，迎神队伍敲锣打鼓，抬着木轿，后面跟着七八个扛彩旗的男女儿童，先后前往村子四方各位神祇的居处将其塑像或香炉抬回祖祠。迎神队伍最先迎请的是村里最大的神祇伯爷，第二是老爷，第三是六曲龙（山涧名）龙头处的泥龙帝，第四是村口关帝庙中的关爷。四位神祇只有关帝有塑像，其余三位都只有一个接受供奉的香炉。畲民初四早上把他们都请来祖祠那里，和祖先放在一起，接受全村人祭拜。初五一早再把各位神祇的塑像、香炉送回各自的居处。迎神和送神的队伍经过村中每户人家的家门口时，家里人都要出来燃放鞭炮，并从木轿香炉里燃着的香烛上点燃自己手里的香烛拿回家中。参加迎送神的人员基本上出于自愿，成年男子要会敲锣打鼓，小孩子则没有什么限制或要求。抬木轿的两个男子，原则上是过去一年里村中的新婚男人，但近年里结婚的人很少，因此抬轿者多半也是自告奋勇的人。迎送神队伍的成员每人可得到两元钱的红包，参与人员初三晚上就已确定好，并由村委通过广播即村里的高音喇叭通知到位。村民初四这天上午把各家的三牲祭品都集中摆放到祖祠门前的场地上，然后烧香、烧纸钱，放鞭炮。祖祠的烧香磕头和男女老少、主客交流寒暄活动在中午 11 点左右结束，然后畲民陆续把各自的三牲祭品担回家中待客。

元宵节：正月十五日元宵节也要拜祖先和祭灶神。畲民说祖先、神仙也都是在节日的时候才有空安排他们来，所以节日一般都要请他们。传统节日畲民同潮汕所有汉族农民一样，一般都要做粿。粿是用糯米加饭米再加一些别的食物如糖、花生、芝麻、蔬菜或野菜特制而成的糕饼，各个节日做的粿味道和形状不一样，有的是甜粿，有的是咸粿，有的像圆锥，有的像长方形的砖块，有的像拦腰切断的半个弯月。比如端午节做的长方形粽子粿，和元宵节做的半个弯月形甜粿，其颜色、味道和形状就大不相同。粿只在传统节日才做，新中国成立后确定的各个新节如元旦节、三八妇女节、五一劳动节、八一建军节等，畲民就没有做粿，也没有庆祝，周围的汉族农民也一样。

从正月初二到正月十五这段时间，南山畲民认为都是过节时间。从初二开始，人们选在对方值日那天登门做客，彼此拜年。在 80 年代以前物质生活贫困匮乏的时期，过年过节探亲访友没有什么贵重礼物可带，人们便养成了带两个或四个橘子拜年的习惯。

橘子表示大吉大利，做客者到达时交给主人家两个或四个橘子，告别时主人再回赠两个或四个橘子，因此拜年做客的人走完一大圈亲戚回到自己家里时，口袋里依然装着两个或四个橘子。潮汕地区如澄海等地的汉民习惯带四个橘子，但南山畲民一般只带两个。他们说带两个表示好事成双就行了，不用带四个。但客人带两个橘子来，主人一定要回赠两个橘子，表示你送我大吉大利，我也送你大利大吉，你希望我发财，我也希望你发财。如果主人家没有橘子回赠，那客人离开时带走的就是自己带来的那一对橘子。80年代以后，随着国家改革开放和市场经济政策的实施，民众的物质生活水平有了极大的改善和提高，但凤凰山畲民和周围潮汕地区的汉民拜年依然保持着带橘子的风俗。唯一的不同之处是，人们在送橘子的同时，也会带一点鸡肉、鹅肉、饼干、自己做的粿或一些从商场买来的高档食品。去做客时不论带多么贵重的礼物，其中必定要有成双成对的橘子，橘子比肉等其他礼物还重要，因为橘子是祝愿主人新年发财吉利的象征。过年做客赠送橘子这种礼俗不知从何时开始，畲民说解放前就有了，不过现在也逐渐被打破，一些年轻人拜年不再带橘子，认为那是迷信陋习，因为人们早就认识到送来了橘子也不一定发财，所以也不那么看重它了。

清明节：清明节是扫墓祭祖的节日，一般全家人都去。畲民说正月十五元宵节过后，各人就要开始老老实实做一年的工作。到了清明节这天，如果工作不太繁忙或紧急，外出的人们也会赶回家里参加扫墓祭祖的活动。这天村里基本上每家每户都要去祖先的坟头清理一下茅草和杂草，然后摆放三牲祭拜。祭拜以前一般都要拿着祭品到墓地去进行，现在比较灵活了一些，可以拿到墓地去祭拜，也可以在家里摆上祭品祭拜。因为每家都要祭拜不止一个祖先的坟墓，每个坟墓都要花一点时间割草培土，如果坟墓很多，而且又不在一起，可能一整天还清扫不完。因此家里人开始分工合作，一些人专门去坟地扫墓，一些人留在家里张罗布置祭品烧香祭拜。一些兄弟多的或一个房头有几代人的人家，还要联合起来去买一整只猪头等大型祭品来祭拜。祭拜完后，如果工作或居住地点比较远，通常会在村中吃完午饭才回去。近年来，也有人把清明节的扫墓祭祖活动安排在冬节即冬至那天去进行的。但扫墓祭祖一年只进行一次，如果冬节拜了清明就不拜了，反之亦然。南山村没有固定的集体坟地，各家的坟地都是家里人临死前请风水先生专门堪定的。有钱的人家通常会修一个气派的水泥坟墓；没钱的就垒一堆黄土，在坟头砌几排石头。对于那些夭折的祖先，如果有坟墓的也要拜一拜。通常两三代以内的去世祖宗，如父母、祖父母或曾祖父母的坟头，是一定要祭拜的，而再高一些辈分的祖先，如果坟头所在地不太清楚的，一般也就不拜了。因为如果认错坟头拜了别人的祖先，自己的祖先就会怪罪，祭拜人身体就会不好。畲民听说很久以前村里曾经发生这样的事，但具体是谁不太清楚。

端午节：端午节南山村畲民与汉人一样吃粽子，但也要拜一拜祖先。畲民知道端午节本来是祭拜屈原的，用来拜祭自己家去世的老人不太合理，但习俗已经形成，大家都不愿也不便去改变它，因为它牵涉到孝心的问题。违背习俗会被人看成是不肖子孙，谁也不愿意背上这样的名声。南山村畲民庆祝端午节通常在五月初四开始，正式日期则是五月初五。如果该年某人家里有人去世，死者的亲戚要在端午节送粽子来"压节"，类似于纪念屈原的意思。亲戚送粽子给死者的后人，后人要在家中摆席接待亲戚（称为"待客"），除了请吃饭，还要买一点甜食如饼干、糖果、李子（李子通常为 8 颗或 10 颗，只要是要双数就可以）回赠给亲戚，表示情来礼去，有来有往。在有人去世后的这个特殊端午节，死者后人的本家亲属和外家亲戚都要送粽子来赶礼。在南山村，本家兄弟的亲疏排列习惯上分为胞、亲、堂三类，其中同父母者为胞兄弟，同祖父母者为亲兄弟，同曾祖父母者为堂兄弟。亲兄弟和堂兄弟算是邻居，只送来粽子和回赠一点甜食与李子就可以了，不用招待吃饭。胞兄弟则须共同或各自招待外家亲戚。外戚即外家亲戚，包括母亲的娘家人、妻子的娘家人以及自己家出嫁的姐妹，他们各家至少都要有一个人送粽子来，因此死者的后人就要招待吃饭。凤凰山区尤其是 DS 镇一带的人，包括畲民和汉人，都比较重视老人去世后第一个端午节的"压节"活动，因此亲戚都会来。有的人家很讲究，要来许多客人，主人就要准备很多饭菜。也有人家比较简略，预先打电话给亲戚说不用麻烦了，结果外家就来一两个代表简单完成仪式。

七月半：七月半是敬鬼神的节日，俗称鬼节。南山畲民在鬼节这天，也要在祭拜鬼神的同时祭拜祖先，两者用相同的祭品，即三牲、茶、酒等，同时要烧香和烧纸钱。

中秋节：中秋节与汉族人一样，晚上拜月亮，祭品用水果、月饼而不是三牲。

冬节：冬节农历没有定日，依阳历为准。阳历为 12 月 22 日即冬至日，畲民与潮汕地区汉人一样，有在冬节吃汤圆的习俗。在做汤圆、吃汤圆的同时，也要备好三牲拜见神仙和祖先。

大年三十：大年三十是全家团聚的日子。通常在大年三十之前，就已做好过节的准备如杀鸡、杀猪、做粿等。三十夜要祭拜而且也只需祭拜自家的祖先，祭品最起码要有猪肉、鸭肉、鸡肉、鹅肉、粿、糖果、酒、茶等。近年来随着物质生活生平的提高，祭品的档次也提高不少。祭品一般都要熟肉，整只也可以，一半也可以，1/4 也可以，依个人的能力而定。生活水平提高以后，祭拜的供品一般要看活人喜欢吃什么而定。水果可以随便，总之家里不论有什么吃的东西都可以拿来祭拜，或者说活人吃什么食物，就做或买什么食物来做祭品。以前在生活比较紧张的时候，畲民每年都要养几只鸡和鸭子，等到过年过节才把它们杀掉，首先整个拿去祭拜，然后才慢慢来吃。畲民说现在物资比较丰富了，什么时候都可以买到，祭拜的供品可以不要那么多。如果太多，吃不完变坏了就是浪费。现在供品的数量和种类一般看自己要吃什么和能吃多少。能吃多少就买多少,但供品一般都要熟的,而且要没有食用过的,不然就不好,至少是不诚心。祭品中的酒、茶通常为三杯,即三杯酒和三杯茶。茶可以是三杯茶水,也可以是三个空杯里面各装点茶叶;酒可以放一整瓶未开封的酒和三个空杯,也可以放三个盛满酒水的酒杯。对于祭品中的茶、酒为何一定要放三杯而不是其他任何双数,畲民说不清楚,只知道历来习惯如此。祭祖的祭品一般摆放在家里厅房中的桌上,晚饭前,先烧香请祖先来享受后代的祭品和跪拜。祭拜的时候要烧香,还要烧纸钱。纸钱是必需的,纸钱是烧给死者在冥界用的。如果烧多了一时用不完,祖先就把钱存入冥界银行,以后慢慢用。烧多少纸钱看个人的能力,有人买比较贵一些的,一帖的面值就是500元或1000元。纸钱上不用写祖先的名字,焚烧通常在自家室外的空地上或在一个废弃的鼎里进行。畲民认为只要火化了,纸钱就送到了祖先手里,如果没有焚烧火化,祖先就拿不到,情况就是这么简单。焚烧纸钱之前要点香,点燃香烛就意味着祖先已邀请到了。具体邀请到第几代祖先,畲民说没有人仔细去想过,总之按照晚辈的孝心,所有老一辈的都请来。家中有几兄弟分了家的,就合在一起拜,各家的东西都摆在一张大桌上,如果一张桌子摆不下,就再加多一张。

三十夜拜祖先算是一年中比较隆重的仪式,一般在下午或者傍晚进行,不忙的时候下午可以早点开始祭拜,有事则可以到傍晚再拜,具体时辰没有严格的规定,但全家人必须等拜完祖先后,才能开始吃团年饭。团年饭一般是一个小家庭成员自己吃,如果在外工作的兄弟回来,提倡大家一起吃,那也可以几兄弟合起来做饭,合起来吃。吃完团年饭,长辈送压岁钱给小孩,或者成年但还没结婚成家的儿子赚了钱,也可以拿一点钱给母亲。未婚儿子孝敬给母亲的过年钱称为"压腰钱"(读作: dě yìou jīn),长辈互相给小孩压岁钱时一般都要说"小孩压腰啊"(读作 nǔo già dě yìou a)。已婚儿子这时通常也要给上了年纪的父母"压腰钱"。

"压腰钱"不同于平时晚辈付给老人的生活费，它是晚辈孝敬的表示，无论给多给少，老人都不会计较，给了就是一片心意。"压腰钱"一般都装在红包里递交，红包的作用之一是表示喜庆，作用之二是红包里放了多少钱大家都不知道，可以避免钱少或彼此数额不同带来的尴尬。在南山畲村，与周围的汉族村庄一样，只要老人在世，"压腰钱"每年都是要给的，通常在吃团年饭之前或之后给。吃完团年饭，全家人要么坐在一起观看电视里播放的春节联欢晚会，要么打牌或者聊天。

四　语言与禁忌

南山畲村的深度汉化，还体现在语言与禁忌的变迁方面。目前在凤凰山各个畲村中，"畲话"使用频率较高的只剩下南山畲族自然村。该村 300 多人基本上能说"畲语"，但也都能讲潮州本地话，大部分中青年人还能讲一口流利的普通话。村中目前有一半以上人口在外打工、经商或求学，这部分人讲"畲话"的时间和场合也越来越少，因此南山"畲话"的延续已出现危机。南山"畲话"的濒危，与新中国成立后的学校教育尤其是二三十年来我国社会经济发展导致的大量纵向和横向人才流动不无关系。

1961 年，黄家教、李新魁（ 1963：298）两位学者曾前往粤东凤凰山区调查畲民使用的语言，并发表论文《潮安畲话概述》，首次提出"畲话"概念，认为"畲话是聚居在潮州地区的少数民族——畲族所使用的语言"。两位学者发现："该地的畲族同胞，在生产及生活习惯上已与潮州地区的汉族人民没有多大差异，只在语言上有所分别"。60 年代初两位学者开展调查时，"西山村、中山村聚居畲族同胞千余人，成年人大都能讲潮州本地话，在本民族内部交际用畲话，对外则用潮州本地话。"可见畲族与汉族在语言上的分别，早在五六十年代就开始趋于消失和同化在畲民对当地汉语方言的熟练掌握和普遍使用中。在距离黄家教、李新魁两位学者开展调查将近半个世纪后的今天，凤凰山畲话的使用已接近消失。西山村、中山村、北山村等畲族村的畲民中，只有屈指可数的六七十岁以上的老人们在彼此交流时，偶尔还讲讲畲话，而他们在与自家后代沟通交谈时，也完全使用潮州本地话。

南山畲族自然村的中青年人目前大都能讲、至少能听懂村里人常用的畲话，但年轻的外来媳妇以及跟随外出打工父母一起生活的小孩，基本上都不会讲本村本族的语言。那些长期在外工作、生活或学习的年轻人，过年过节回到村里和家中与长辈讲话时，也愿意讲潮州本地话而不是本族语，讲也讲得结结巴巴，有些年轻人就只会听而不会讲了。50多岁的雷会计告诉我们："我还会讲畲族话，我那个孙子，没有教他，他就不会了。我的几个小孩还会讲畲族话，媳妇就不会了，将来的孙子肯定也不会了，因为没有在这里住嘛。"雷会计最小的女儿现在20多岁，刚从西南民族大学毕业，春节回家和父母沟通都用潮汕话，见到村里人多半只是笑笑，或用潮汕话简单打个招呼，说话不多。我们问她为什么不说村里的语言，她说好久不说已忘记了，说不好怕村里人家笑话。雷会计家人的语言使用状况在目前的南山畲村具有比较普遍的代表意义。

汕头大学中文系汉语言文字学专业的一名研究生洪英2005年与笔者一起在凤凰山畲村调查发现，南山全村通用一种近似于汉语客家方言的畲话，但与此同时几乎所有村民都能熟练使用潮州本地话和普通话，其中还有少数人掌握了其他方言。在南山畲族自然村65户306人中，洪英抽样调查了其中37户人家，获得有效问卷82份，其中包括男性43人，女性39人；畲族67人，汉族15人。调查结果显示，南山畲村居民不仅具有熟练使用多种方言的语言能力，而且个人的语言能力与性别和社会活动范围即是否外出打工存在密切联系。

表3-2 南山畲村男女性别的语言使用对比情况

语言\n性别	畲话	潮州本地话	普通话	其他方言
男	43	43	42	9
百分比（%）	100	100	98	21
女	32	39	29	1
百分比（%）	82	100	74	3

资料来源：《潮安畲语词汇比较研究》（洪英，2006：48-49）。

洪英在考察凤凰山区几个畲村的语言使用现状后发现，1992年北山畲村324人中能讲本族语的只有6名70岁以上的老人，2006年会讲畲话的老人只剩下2位；而畲话使用状况最好的南山畲村，目前也正在走北山村走过的老路，留守村中常讲畲语的中老年人现在不足百人，因此，"乐观一点估计，潮安畲语大概还能坚持五六十年，再后就可能逐步走向消亡。这是不争的事实，是社会发展的必然。"（洪英，2007：9）

随着时代的发展和畲民参与中国社会主义建设和经济改革程度的深入，南山畲村不只是使用范围狭窄（仅限于本自然村村民之间）的畲话正在濒临消失，平常生活中的许多传统禁忌也在迅速消失。目前只剩下婚嫁、生育、死亡、重大节日如大年初一等特殊场合还保留着一些传统禁忌习俗。譬如在婚嫁仪式中，同潮汕汉族习俗一样，新娘出嫁当天的早上，娘家会煮一顿特别丰盛的早饭供新娘享用，给新娘盛饭的碗也要装得满满，但新娘只可吃一边即半碗，剩下另一边，表示出嫁后也要有余钱留给娘家。新娘到达男家后，翁姑会为新郎预备一顿有十二道菜的丰富菜肴，但新娘不可同吃，而只分得一只鸡头，其寓意为新娘嫁为人妇后，便要每天早起帮忙做家事和服侍翁姑。在丧葬仪式方面，在长辈去世后的第一个七天（称为"头七"）以内，家里人不能去田里或外面做工，有事就请人帮忙做，七天以后禁忌就可以解除。近年来，也有一些人家在办理丧事时，吩咐法师在五日之内把白事全部做完，然后家里人就可以恢复平常的生活和工作习惯。生育时期的禁忌主要是针对产妇和新生婴儿的，例如婴儿未满月即出生后未满三十天之前，产妇不能外出走动，外人以及族人、亲戚等也不能进产妇的房间探访母婴，等等，与汉族生育孩子的禁忌基本相同。

第四节　民俗文化村的申办

社会经济发展可以导致部分传统文化因素的失效和消失，也可以促进一些民间习俗的强化和复兴。80 年代改革开放以来，为了吸引来自各个方面的投资和关注，中国各地尤其是广东等沿海地区普遍盛行"文化搭台，经济唱戏"的社会发展风气，新中国成立后曾一度遭到压制和批判的许多传统文化习俗包括一些迷信活动纷纷重返历史舞台，得到不同程度的恢复和重建。民俗文化村的申办便是这类活动中具有正面影响的典型事例之一。通过民俗文化村申报项目的开展，南山畲族村的传统文化习俗尤其是族群文化习俗如招兵节的举办等，得到充分的挖掘、恢复和建构。

推动南山畲族民俗文化村建设的不仅是畲村干部群众自己，还有社会各界力量的大力参与。2002 年初，在申请创建中国优秀旅游城市期间，潮州为争取符合《中国旅游城市检查验收标准》中的"在少数民族生活区内有固定接待旅游团的民族文娱表演和参观项目"的条款要求，在南山畲族村的主动争取和申请基础上，市创优办、市旅游局、市旅游扶贫领导小组，多次前往该村进行实地考察，并指导村、镇开展相关工作。2002 年底，经过反复论证与帮助指导，南山畲族村最终被确定为潮州的旅游扶贫点。2003 年 1 月，广东省旅游扶贫工作小组组长、省旅游局副局长王荣宝带队亲临南山实地考察，对南山的畲族人文资源和开发潜力给予高度评价，并表示同意将南山列为省旅游扶贫项目。2002年4月，在潮州旅游局举办的"潮州旅游资源展示暨'一日游'线路推荐活动"中，南山畲族人文资源被列入旅游资源加以推荐。在潮州开展的推荐活动中，南山2名村民和市区10多名少年学生身穿畲族服装表演了畲族舞蹈，并散发了资料。随后近百名老干部在潮州中旅社的长者俱乐部组织下前往参观了南山畲族村。2002年5月，汕头都市报社组织100多名旅游爱好者自驾60多部小车到南山访问观光。截至2003年5月中旬，南山畲族村先后接待了省、市和县各级领导、民俗表演教员、演员等1000多人次，新闻媒介人士30人次，旅行社踩线人员13人次。至此，南山对外已有了一定的影响，前来旅游的人数日渐增加，村中畲族群众对开展民俗旅游活动也寄予了厚望。2003年5月15日，潮州市旅游局局长谢鸿洲主持召开了由潮州市旅游局、潮安县旅游局、S镇委和镇政府以及南山村领导班子共同参加的会议，会议宣布正式成立由参会各单位14位成员组成的"南山畲族民俗村筹建工作组"，并要求工作组尽快完成南山旅游资源的开发背景和条件调查，并完成对畲族民俗村进行初步规划等工作。2003年6月16日，筹建工作组的各项调查圆满完成，并将所有资料打印成《调研工作资料汇编》，分别存放于广东省旅游局、潮州市旅游局、潮安县旅游局和南山畲族村内。

在南山民俗村项目申办过程中，潮州市创优办先后拨款3万元，潮安县旅游局先后拨款1万元，该村所在的S镇镇政府也投入了不少人力物力，支持南山的相关项目建设。南山村委会也千方百计筹借到资金2万元投入项目建设。在方方面面的共同努力下，南山整修了村道；在汕凤公路凤文路段设置了标准交通指示牌；租借了普通民房院落120平方米作为"民俗陈列室"，并在其中陈设了所能收集到的大小古旧家具、农具等100件；复印了畲族《祖图》一套悬挂于祖厅（祠堂）内的墙壁上供游人参观；2003年4月，南山以《祖图》中的"变身楼"为题材向潮州银饰厂定制了民俗纪念品。2004 年 9 月，经过一年多时间的努力，南山村管理委员会从潮州各个单位筹集到资金 80 万元，其中政府拨款 20 万元，社会各界捐资 60 多万元，将行政村口分别通往南山和黄洋两个自然村的村中公路从 3.5 米拓宽到 7 米，并将原来的泥沙路面改为水泥路面。该工程于 2004 年 9 月中旬动工，同年 11 月中旬全面完工，为"民俗村"建设的下一步工作打下了基础。

通过"民俗村"等建设项目的引进和实施，南山畲族村不仅引来了外界资金、人员和各级政府与各界人士的支持帮助，也引来了畲族文化的重建、复兴和学习，同时更引来了村民思想观念的更新和文化视野的扩大。南山畲族村在吸引各级人士和广大游客到来的同时，也向外界宣传推广了自己的族群文化特色和乡村地理风貌。为了更好地向外界展示畲族村的传统族群文化，南山村委会专门购置了十几件民族服装存放在村委会，当外面或上级有相关人员来村里了解或调研畲族的传统文化尤其是服饰文化时，就拿出来给大家观看，或是叫几个中青年男女穿上，配合外面来的人拍照。这些改革开放以后新做的畲族传统服装是由潮州市文化馆牵头统一定做的。男装为黄色的对门襟开衫，看上去像舞台上播鼓男子常穿的戏服；女装与五六十年代中国农村妇女普遍穿着的右侧扣合上衣相似，比较特别之处在于畲族的新制传统女装衣料为黑色棉布，但沿领口、右侧纽扣合口处以及两只衣袖的袖口处有几道色彩斑斓的织锦镶边。南山的传统民族服装只有上装，没有下装，村民穿上拍照或做简单表演时，通常可见姑娘小伙们下半身大多穿着城里买来的牛仔裤、紧身裤或西裤，脚上穿着皮鞋、塑料凉鞋或拖鞋。他们本人和围拢来看热闹的村中畲民都不觉得这样穿着有何不妥，大家都知道穿民族服装只是在表演畲族文化给外来人看，他们也很喜欢这样的表演，觉得传统服装与众不同，好看而且代表了本民族特色。

第五节 小结

本章通过参与观察和深入访谈的田野调查手段，对南山畲族村的社会状况进行了系统考察。从新中国成立前革命斗争中的族群互动参与，到社会主义建设过程中族群认同的退隐和国家认同的兴起，再到80年代改革开放以后族群传统文化因素的复兴与重建，南山畲村干部群众紧跟中国社会各个时期的变革大潮，不仅积极主动地自觉加深自己融入当地社会交往活动的程度，而且还在交流过程中充分把握机会，尽可能多地恢复和保存自己的族群文化传统习俗，以此作为一种独特的资源和契机融入当代社会发展。南山畲族村的发展经历再次印证了西方学者提出的族群工具论和边界论的观点，即族群不是一种文化承载和区分单位，而是一种社会组织，族群之间最重要的区别在于边界的结构性划分和确定。

在当今凤凰山区畲族群体中，南山畲村是保留自己族群传统文化因素最多，也是试图恢复族群文化习俗力度最大的一个畲族村，除了村民普遍使用的畲话外，畲族招兵节的举办、村民身着畲族服装表演畲族歌舞等情形，在其他畲族村十分少见。表面看来，畲族传统文化在南山畲村如星星之火可以燎原，但深入村中的田野调查结果提示我们，南山畲村的传统族群文化同样已经消失或正在濒临消失。村中畲民的社会组织、生产活动、信仰习俗已完全汉化，目前随着村中绝大多数中青年人外出打工生活环境的改变，村中祖辈相传使用至今的畲话也难以为继。村中原拟五年举办一次的富有畲族传统文化特色的招兵节仪式，在1993年举办之后，因南山畲族民俗文化村项目申请至今未能获得项目资助而无法按期举办。村里的"畲族歌王"雷CL老人如今已年近古稀，而村里一心想着外出打工的青少年对学习畲歌并不热衷。村里的民族服装是由潮州市文化部门的人员改造、设计和统一制作、购买的，而且一般只在节庆、演出活动和接待重要宾客的场合中才能见到。总之，南山畲村薪火相传的畲族民间文化状况并不令人乐观，完全可以用"畲文化记忆和汉文化现实"的现状来给予总结说明。

南山畲村的族群特征和族群认同意识在报道人的讲述和我们参与观察到的各种社会生产生活中已经十分稀薄，尽管如此，南山畲民仍然是畲民。不论是在族群文化特征和族群认同缺失的社会主义建设时期，还是在族群文化习俗得以恢复和重建但族群语言急速消失的改革开放时期，南山畲村一直是一个畲族村，而且只要中国社会多元一体的族群结构不变，南山畲村也将永远是畲村。南山畲村等当代粤东凤凰山区缺少传统族群文化特征的畲族群体的持续存在说明，当代中国族群边界划分和维持的关键因素在于，自我认定的归属（self-ascription）和被他人认定的归属（ascription by others）已获得制度化的延续保证，即政府通过民族识别程序赋予每个群体及其成员的民族成分已成为世袭传承的不变资产。

第四章

北山村：生计模式变迁中的古老畲村

以上我们通过考察南山畲族村历史现实和社会实践，勾勒和再现出凤凰山畲村影影绰绰的族群认同意识和族群文化特征，说明族群边界的制度化确立和传承一方面加深了族群文化的融合，另一方面也强化了族群边界的存续和认同意识的栽培。本章将以凤凰山区的另一个畲族村——北山畲族村为例，进一步说明畲族族群认同边界与社会文化变迁的独立发展。

从以上章节中我们已经了解到，畲族作为一个历史上素有"大分散、小聚居"特征的少数民族群体，几个世纪来长期生活在中国南方汉人社会的汪洋大海似的包围之中，如今早已失去了族群区别赖以依托的传统文化特征。如今在粤外畲族一致推崇的族群祖居地粤东凤凰山区，除了政府确认的族群名称，以及部分畲村珍藏的祖图和正在迅速消失的畲话之外，当地畲族群体的现实生活中再没有任何标记可以让来访者判别畲族村庄与邻近汉族村庄之间的差异。当代凤凰山的畲族文化概貌，实事求是地讲，完全可以用"畲文化记忆与汉文化现实"来归纳和形容。在许多相关研究文献中，畲族被形容为一个"深度汉化"的少数民族，但畲族的汉化程度究竟有多深，汉化的具体表现以及本质原因何在，学界迄今鲜见全面系统的描述分析。为弥补这一空缺，本章将着重考察北山村畲民的生计模式、社交范围和传统文化特征等方面的变化，从而揭示该村畲民族群意识的淡漠和对族群身份的资本化运用，揭示"畲文化记忆与汉文化现实"这一当代凤凰山畲族认同的本质特征。

第一节　生计模式的变迁

北山畲族村是凤凰山区历史最悠久、海拔位置最高的一个畲族行政村。村庄位于潮州市潮安县 FH 镇 FH 圩以东 10 公里处海拔 1100 多米的大质山半山腰上。村庄与山下通往 FH 镇的汕凤公路（汕头至 FH 镇）之间，有一条可通行汽车的山间简易公路（于 2004 年铺设为水泥路面）相接。北山村原名石坪，后改称北山村，因村庄修建在石头大且多的山坡上而得名。北山村创村距今虽然已有 500 多年的历史，但有关该村早期生计模式的知识，却无任何史料记载可寻。因此我们只能根据广东畲族先民的有关文字记述，以及凤凰山区农耕历史的发展记录，来推测了解北山村畲族先民早期的生产和生活方式。在当代现实生活中，北山村畲民的民族文化特征和民族认同观念，早已淡薄到几近为零。目前维系该村畲族认同的基础，是从 20 世纪 50 年代政府确认并世代沿袭的少数民族族籍身份，以及村中仅存的一幅仿绘祖图和与之相关的故事传说。从 2003 年以来我们陆续在北山畲族村收集到的田野调查资料来看，该村畲族文化特征的消失和民族认同意识的淡漠，在很大程度上与该村半个多世纪以来的生计模式变迁密切相关。

目前北山畲族村民赖以生存的生计方式是以茶叶种植、加工和销售为业的单一生产模式。该模式的形成和出现，与当地生态环境和地方领导的经济发展策略不无关系。当今北山畲族村所在的潮安县 FH 镇，是粤东凤凰山区有名的茶叶专业镇，素有"中国乌龙茶之乡"的美名。FH 镇位于潮安县北部山区，东邻饶平县、

北连大埔、西界丰顺，总面积 178.7 平方公里，海拔在 350 米至
1498 米之间，地势自东北向西南缓慢倾斜，属亚热带季风气候，
常年气候温和，年平均气温 20℃ 左右，年平均降雨量 2119.7 毫
米。FH 镇下辖 19 个村委会和 1 个居委会，总人口 3.3 万多人。自
改革开放以来，FH 镇委、镇政府从当地实际出发，提出"以茶立
镇、商贸活镇、科技兴茶、科技兴镇"等经济发展战略，以提高
市场竞争力为核心，充分发挥当地的气候、地形、土质等优势，
积极开创茶叶市场经济，推动经济的持续、快速和健康发展。

　　享有"中国名茶（乌龙茶）之乡"的 FH 镇，迄今已有 900
多年的茶叶栽种和制作历史，而且至今依然保留着许多古茶树，
其茶叶品种、香型、质量、香气在当今国内外同行业依然享有很
高的赞誉。凤凰单枞茶据传从南宋时代开始就被列为朝廷贡品，
在当今国内外历届名茶评比中也常常名列前茅。20 世纪 90 年代，
凤凰茶叶曾一度以其优异的质量和独特的茶文化在中国茶叶市场
上独领风骚，其中的凤凰单枞茶、北山村乌龙茶等名贵产品多次
被评为全国优质名茶。1991 年，凤凰单枞茶被农业部鉴定为"绿
色食品"；1995 年，FH 镇被授予"中国名茶（乌龙茶）之乡"的
称号。在镇政府的引导和扶持下，FH 镇已出现一批茶叶种植、加
工、运销的龙头企业，茶叶的规模化、专业化和集约化经营模式
正在形成。目前全镇共有茶园 35000 多亩，其中优质茶园占 80%
以上，年产茶叶约 350 万公斤，创值人民币 2 亿多元。全镇经济收
入的 80% 来自种茶，绝大多数农户的种茶收入占其总收入的 90%
以上（卜颖才，2004：36）。种茶、制茶、卖茶目前已成为 FH 镇
各村各寨和各家各户的主要经济来源及生产经营模式。FH 镇业已
形成的单一经济模式，即茶叶的种植、制作和经营销售过程，目
前也是本镇唯一的一个少数民族村，即北山畲族村畲民目前赖以
生存的唯一生计模式。

一　定耕农业的形成

畲族在历史上曾经过着迁徙不定的"刀耕火种"的游耕生活。畲族先民的传统生计模式，如前文所述，首先体现在畲族的族群名称上。"畲"的语义内涵之一是"刀耕火种"，即用火烧山以便肥土耕种。畲族先民在历史上曾经过着迁徙不定的游耕生活，大约在隋唐之际，即公元 7 世纪初，便开始在闽、粤、赣三省交界地区聚族而居，繁衍生息。在唐代设立郡治以前，包括凤凰山区在内的闽、粤、赣三省交界地带"莽莽万重山，苍然一色，人迹罕至"①。当地畲民的原始生活和生计模式，可从唐朝陈元光的《请建州县表》中略知一二："……况兹镇地极七闽，境连百粤，左衽居椎髻之半，可耕乃火田之余，……所事者蒐狩为生"②。另据《太姥山志》记载："过湖坪（在闽东），值畲人纵火焚山，西风急甚，竹木进爆霹雳。舆者犯烈炎而驰下山，回望十里为灰矣"，并由此留下了"畲人烧草过春分"的诗句（《中国民族文化大观·畲族编》，1999：35）。

古代畲民"刀耕火种"的农业生产、生活模式，一直延续到新中国成立，其间经历了从游耕到定耕，从刀耕火种到牛耕锄种的漫长演进过程。在唐、宋、元、明、清时代，畲民以家庭为单位在青山莽原之间徐徐迁徙，"随山散处，刀耕火种，采食猎毛，食尽一山则他徙"③。在清代和民国时期，随着政府编户齐民政策的完善和落实，以及畲民生产工具、技术和劳动收成的提高，安家山野自成村落渐渐成为畲民的生活模式，山地游耕也因此逐渐改变为山地定耕。但由于生产力水平仍然低下，畲民在很大程度上依然保持着抛荒轮作的生产习惯。据《古田县志》记载，畲民

---

① 杨澜：《临汀汇考》卷一《山川考》。
② 清嘉庆《云霄厅志》卷一七《文艺》。
③ 顾炎武：《天下郡国利病书》第二七册《广东上·博罗县》。

"其田弃瘠就腴，每耕三年后，则又徙之他处耕种，又三年亦如之"。《龙溪县志》也有当地畲民"随山迁徙，而谷种三年，土瘠则弃之，去则种竹偿之"的记载。（《中国民族文化大观·畲族编》，1999：34）。

　　粤东凤凰山畲民定耕农业的形成，与古代潮州尤其是潮汕平原的农业生产和土地开发息息相关。古代潮州的开发，最早始于晋之流民，晋安帝（397～405 年）时置义安郡，"始辟榛莽于潮阳"。但直到唐代，潮州仍然是一个自然与社会文化环境极其恶劣的蛮荒之地。由于人口稀少，经济落后，瘴气肆虐、野兽出没，古潮州一度成为中原士子们谈之色变的流放谪宦与强盗的远恶州郡。尽管如此，作为历史上曾经有名的粮仓，潮汕地区的农耕历史却十分悠久。据杨义全《潮汕自然概况》记载，在 1700 多年前的西晋时期，潮州小北山南麓谷饶附近就已建起水陂灌溉农田，称为仙陂。东晋咸和六年（331 年），潮州置海阳县和潮阳县，人口和农业生产已达到一定规模。唐朝时期，潮州出现"稻得再熟，蚕也五收"的繁荣景象，辖区人口超过 5 万。唐代潮州开始兴修水利，对韩江进行"砌筑抒岸"。宋代对堤围又进一步建设，逐步改变了韩江洪流漫溢的局面，使耕地面积逐步扩大，粮食生产出现盈余。宋至清中叶以前，潮汕一直有较多的稻米输出。宋《三阳志》记载："州地居东南而暖，谷尝再熟。其熟于夏五六月者曰早禾，冬十月者曰晚禾，曰稳禾，类是赤糙米。贩而之他州，曰金城米"[①]。南宋时期，潮州不仅有大批福建移民入潮耕垦，还有政府组织的北客耕垦。史料中尽管没有宋代潮州耕地的确切数字，但从南宋开始潮州金城米的不断外运说明，当时潮州的土地开垦与农业生产技术已达到相当高的水平。南宋以后，随着北民南迁，麦、豆等作物亦开始在潮州播种。元明两代，潮州农作物的品种更加丰富。据《元一统志》记载，潮州土产除水稻外，还有大麦、

---

　　① 《永乐大典》卷五三四三《土产》，引《三阳志》，第 26 页。

麦、粟、豆等。①元末广东廉访司事周伯琦到潮州，所见"地平土沃……殷给甲邻郡"②。明崇祯四年（1631年）《揭阳县志》载：位于榕江三角洲的潮汕余粮盛产地揭阳"平原沃野，高下别壤，宜稻宜黍。所以潮之容臋（yong sun，早晚餐）半取资于兹土，担负舟移，日计千百……"明清以降，潮汕平原逐渐变成人口稠密的地区，对自然环境的改造进一步增强，一切可垦的土地几乎都被开发利用。清中叶以后，由于人口激增，能源短缺，以及仅依赖柴草为唯一燃料来源等原因，潮州山林遭到大量砍伐，各种野生动物由于失去生存环境而大量消失。新中国成立之前，潮汕以森林为主的自然生态系统已一去不返，取而代之的是连片的荒山秃岭和少量人工林，以及一个以农田和村镇为主体的人工生态系统。

历史上潮汕的耕地面积总量变化不大，在300万亩左右，但人口不断膨胀。明末清初，潮汕人口在几十万左右波动，人均耕地5~10亩。清中叶以后，社会比较安定，人口增长加快，清嘉庆二十二年（1817年）人口已达136万。近代潮汕人口激增，抗日战争前夕总人口已达到500万，人均耕地不足1亩。人口的快速增长，导致了粮食供求关系发生戏剧性逆转。清中期以后，随着人口的急剧增多，潮汕粮食日趋不足。雍正五年（1727年）"从广西拨入稻谷10万石，分贮潮属各县常平仓"。此后，潮汕的粮食输入越来越多。20世纪初以后，潮汕地区成为高产缺粮区，原因之一首先是人口负担过重，其次是新中国成立前潮汕地区水利失修，水旱灾严重，优越的自然条件得不到发挥，农业产量很低。曾为余粮输出地的潮阳县，此时正常年景缺半年粮。抗战时期，由于洋米输入断绝，内地交通梗阻，潮汕陷入可怕的粮荒之中。1902~1908年期间，每年从汕头港输入大米百万担以上，其中

① 《元一统志》卷九《潮州·土产》，第682页。
② 《永乐大典》卷五三四五《周伯琦伯温·肃政箴》，第7页。

1905 年最高达 344 万担。1924～1933 年，平均每年输入粮食 271
万担。1938 年稻谷平均单产 116 公斤，"早（稻）三（担）晚四"
就算大丰收。新中国成立后，在党和政府的倡导和领导下，各地
大力兴修水利，平整土地，垦殖荒坡和滩涂，20 世纪 50 年代潮汕
耕地总面积达到 400 多万亩的历史最高水平。新中国成立后农民
生产积极性高涨，加上农业生产条件的改善，粮食单产有了很大
提高，1955 年潮汕地区出现了全国第一个双季稻亩产千斤县，
1963 年实现全国第一个粮食亩产千斤专区，1989 年出现第一个
"吨谷县"，粮食总产也有增加。

　　受潮汕地区农耕历史和传统影响，凤凰山畲族村落的土地开
发和资源利用也与当地汉族社区没有两样。据中共潮州市委统战
部编写的《畲族志》（1987：20－28）记载，新中国成立前凤凰山
畲族先民租种外村土地面积占畲族总耕地面积的 70%～80%。畲
民耕地多为汉族地主占有，自己族群内部地主阶级成员很少，仅 3
户，在新中国成立前 20～30 年间才开始形成。3 户地主出租的土
地一共只有 13 亩多，他们对自己族群成员的内部剥削主要来自放
高利贷。畲民租种外村汉族地主的耕地，剥削程度极为严重，地
租通常为五成，有的高达六七成。例如，南山畲族村全村每年要
交纳给张姓地主的租谷高达 300 多担。新中国成立前北山村畲民普
遍接受外村地主"放茶青"，茶叶收入的 70% 以上被外村汉族地主
收走。借贷利息极高，借贷 4 个月，利息可以高达 300%。

　　新中国成立后，畲民后代同周围的汉族穷人一样翻身做主人。
他们分到了自己应得的田地，还有耕牛、犁耙等生产工具，生产
积极性得到极大提高。新中国成立以后，政府大力提倡抓革命促
生产。水稻种植技术提高，很快从过去的粗耕粗种发展到精耕细
作，种植技术不断，畲民开始讲求合理灌溉，科学施肥和使用农
药，粮食产量逐年增加，畲民生活也有了提高。据《畲族志》统
计，20 世纪 80 年代末潮州 7 个畲族村共有山地面积 16916 亩，耕
地面积 1092.69 亩，耕地面积中水田 993.6 亩，旱地 99.09 亩。耕

地与山地面积在潮州7个畲族村的具体分布情况见表4-1。

表4-1　20世纪80年代潮州畲族村人均耕地、山地面积

单位：亩

	耕地总面积	人均耕地面积	山地总面积	人均山地面积
中山畲族村	251	0.7	2700	7.7
西山畲族村	275	0.82	3400	10
南山畲族村	301	0.6	4509	15
黄洋畲族村	156.25	0.72	1900	9
溪岭畲村	48	0.35	300	2.2
雷山畲族村	46.44	0.7	192	2.7
北山畲族村	（原有耕地已全部改种茶叶）		3915（+茶园350）	13（+茶园1.2）

资料来源：中共潮州市委统战部编纂《畲族志》，1987，第20~22页。

二　茶叶经济的兴起

新中国成立后北山畲族村曾一度种植水稻等粮食作物，但今天的生计模式与FH镇其他汉族村一样，完全依靠单一的茶叶种植、制作和经营销售。由于地处高山坡上，靠北向南，日照充足，且土质适宜，水质甘甜，北山村具有得天独厚的产茶优越自然环境，盛产优质名茶，其中最出名的"北山村乌龙茶"被评为全国十大名茶之一。尽管北山村在新中国成立前已有大面积种茶，但1958年公社化以后，村中茶园在"以粮为纲"政策方针的指引下，大部分改种粮食，粮食作物以水稻为主，一般分早、晚两季。早季一般种植水稻、花生、甘薯，晚季种植水稻、甘薯和少量的秋植花生和豆类。从20世纪70年代初开始，在FH镇政府号召下，北山畲族村逐步将原有耕地悉数改建为茶园。1980年实行农村家庭联产承包责任制，村委把山地、茶园分到各家各户，每人分到1亩多茶园、10亩山地。此后，村民在经济利益的触动下，不断开垦山地为茶园,现在全村有近千亩优质茶园,年产干茶 5 万多斤,人均年收入近 3000 元。

当今北山村畲民的生产生活时时刻刻与茶紧密联系在一起:种茶、制茶、卖茶、喝茶、讲茶,村中无人无一日可以不与茶打交道。在北山村出产的茶叶中,尤以"北山村乌龙茶"最为著名,对此广东省茶业行业协会曾有以下的评述:

> 北山村乌龙茶,产于潮州潮安县 FH 镇的大质山山腰北山畲族村。种植有 100 多年的历史。北山村乌龙茶植株属灌木型,枝势披展,分枝密,叶椭圆和卵圆形,锯齿细锐利,叶色深绿,叶薄质硬脆,芽头有茸毛,叶片有大叶、小叶之别,小叶制成的茶叶品质风味稍优于大叶(戴素贤,2006)。

北山村畲民精通种茶、制茶技术,对茶叶加工过程的各个环节要求格外精细。在田野调查过程中,我们接触的访谈对象大多能滔滔不绝地讲述制茶的各个步骤环节,而且大多数人都认为自己的制茶技术比别人更胜一筹。在个别人家中,我们还发现了一些散张的茶叶加工印刷资料,村民说是从镇上朋友那里拿回来的,只是看看而已,作为参考,真正做茶还是按照村里人的一套方法,根据自己的经验,不会也不可能根据资料上说的那样去做茶。通过北山村畲民的讲述和村中零星散见的茶叶加工工艺说明,我们综合整理出当地茶叶生产加工过程的以下概貌。

(一)茶叶的种植与采摘

20 世纪 80 年代,FH 镇开始实行农村家庭联产承包责任制,北山畲族村每人分得茶园 1.2 亩,山地 13 亩。在经济利益的驱动下,各家各户积极投入开荒种茶活动,全村茶园面积目前已从分田到户时的 300 多亩上升到将近千亩。通常,畲民开垦一亩茶园需要花费一个全劳力两个多月的时间,需要把山坡上的石头清除出来,垒成像梯田那样的田埂。有劳动力的人家,常利用农闲时间自己开垦荒地为茶园，有经济能力的家庭则出钱雇人开荒种茶。雇人开荒或采摘茶叶，每日工钱大致25元。除去工钱、料钱之外，一亩新开垦的茶园还需购买大约1000元的茶苗。茶苗种好后，通常要等三年才能收成。这就意味着，垦种一亩茶园投入三四千元成本，至少需要四年以后才能拿回来。因为投资数额较大与回收期限漫长，村中目前仍有不少可开垦的荒山，因此可见有财力、人力和物力去开垦的家庭不多。

茶叶一年可采摘四季，分别称为春茶、夏茶、秋茶和冬茶。夏茶、秋茶数量不多，村民一般自己采摘，春茶则雇人采摘。春茶的产量大，天天都得采摘，先发芽的先采摘，这片茶园摘完摘那片。春茶只摘一遍，农历三四月份采的都是春茶。夏茶要等到夏天即端午节前后再采摘。秋茶在农历七八月份即中秋节前后采摘。冬茶比较慢一点，要看天气，如果雨水比较多，那就快一点，雨水少就慢一点。雨水多的时候差不多都在农历九月。茶叶的亩产量很难计算，山区的茶园，有的种得比较稀松，有的种得比较密。估计每亩茶园年产茶量不会超过500斤，种得比较高的茶园年产茶量可能有500斤。在春、夏、秋、冬四个季节的茶叶产量中，春茶的产量比较多，占年产量的80%以上。如果每亩茶园年产茶500斤，其中就有400多斤是春茶。由于北山村位于海拔800米以上，地势较高，夏、秋、冬茶叶发芽不会太多，因此产量也少。

（二）茶叶的加工制作

北山村加工制作的茶叶大都是乌龙茶。乌龙茶属半发酵茶类，其加工工艺综合了绿茶不发酵和红茶全发酵的特点，即既要让茶叶中的多酚类物质氧化，又要及时抑制和适当控制它的氧化时间和过程。只有对茶叶加工的各个环节掌握得恰到好处，制出的茶叶才能获得优良品质。北山村畲民讲一口流利的潮州本地话或普通话，他们把茶叶加工或制作叫作"做茶"，潮汕话发音为"zǔo dē"。在访谈过程中，村民们总是不厌其烦地向我们讲起做茶过程的各个重要步骤，归纳起来大致可分为摘茶、晒青、碰青、杀青、揉青、烘焙和储藏七个关键环节。村民强调做茶的每个环节都很重要,如果一个环节出错,其他环节就跟着完蛋,做出来的茶叶不是废品就是次品。他们认为做茶的关键之处在于个人的技术把握,照着书上说的去做没用,因为每个人的理解和把握不一样。一般来讲,如果做茶的整个过程是一个人一手掌握的,做出来的茶叶质量基本上比较稳定,即使有相差也不会太远;但如果中间一个环节让其他人插手,那就难说了。由于北山村目前的茶叶加工过程,还处在半机械化的家庭作坊式状态,因此做出的茶叶质量好坏,基本上取决于个人制茶技术的高低。用村民的话说,做茶做得不好,茶水就会涩口难喝,卖不到好价钱。村中各家茶叶经济收入的差别,不仅取决于茶叶收成的数量,还取决于个人做茶的功夫。做茶做得不好,村民们认为可能是由于摘茶、晒青、碰青、杀青、揉青、烘焙等任何一个环节把握不当。

摘茶　摘茶是做茶的第一个关键环节。摘茶时要留意茶叶的生长状况,以及采摘的具体时辰和放置茶青的正确方法。各季初发的茶叶,一般长到中开面就可以采摘了。如果过嫩采摘,茶叶不仅含的水分较多,而且由于接受光合作用的时间短,储存根系输送的营养物质也少,叶中所含带苦涩味的物质因此也较多。过早采摘的茶青制成的干茶不仅香气不高,还会带有苦涩味。而过迟采摘的茶叶,效果同样不好。过迟采摘会让新长成的叶细胞老化,纤维增多,含水量减少,制成干茶后外形干枯粗松,易成茶头,冲泡时浸出的茶汁少,造成茶水味淡,不耐冲泡,而且带茶头味。因此茶叶一定要适时采摘,适时采摘是做茶成功的第一个重要因素。

适时摘茶,还要选择一天中的恰当时辰,通常是晴天的晌午或下午最好。因为要做出好质量的干茶,一定要经过晒青,晒青就需要晴天,而且要有太阳。选择晌午或下午摘茶有两个原因,一是经过几个小时的阳光照射,茶树上的茶叶细胞通过光合作用增进了有效成分,二是半天的阳光照射能让叶中的水分挥发,使叶青的含水量少、叶温高。理想的摘茶时间是在阳光充足的下午，但在现实中不容易做到，尤其是在采摘春茶的大忙季节。如果必须在早上摘茶，一般要等到露水挥发完以后，即大约上午10点钟以后，才可以采摘。摘茶时，采摘和放置茶叶的方法也很重要。摘茶通常要求轻采、快放、松堆和分类搁置，然后还须及时晒青。摘茶的动作要轻快，摘一芽放一芽，摘下的叶片不能紧紧攥在手里，而要随手放进挎在身上的竹篮中，以免压伤或折皱茶叶的叶脉，同时也防止叶片在采摘过程中受手温的影响而变质。松堆是指摘下的茶青（即茶叶）放进竹篮时不能压实，以免因堆压而导致茶青升温发酵。分类搁置是由于采摘的茶青常有不同品种，如乌叶、白叶、厚叶、薄叶、大叶、小叶等，因此应分别放在不同的茶筐和茶篓里，以便分类加工。

晒青　晒青又叫晒茶，是做茶的第二个关键环节。晒青是指让茶青经过阳光的照射而萎凋，从而挥发掉鲜叶中的一部分水分和青涩味，以便增强酶的活性，促进叶中内含物的变化和香气的产生，为发酵过程创造良好的基础。晒青的目的，一是要蒸发叶片的水分，二是要提高叶温。摘茶后及时晒青，是做茶第二个关键环节的起点，如果茶青数量多，一时晒不完，也要及时摊开晾放。晒青要求按各种茶青的不同情况合理均匀地摊开晾晒，一般按照"一薄、二轻、二重、一分段"的原则来操作。"一薄"指晒青时要做到叶片不重叠，使所有茶青在受到一定时间的阳光照射后，达到水分蒸发一致和叶温一致的效果。"二轻"指茎短叶薄、叶片含水量少的茶青要轻晒；在干旱天气和空气湿度小时采摘的茶青也要轻晒。"二重"指茎叶肥嫩、叶片含水量多的茶青要重晒；在雨后或空气湿度大时采摘的茶青也要重晒。"一分段"指茎长叶多、施肥较多、老叶多的茶青要分段晒，即晒一段时间后拿到荫凉处让其水分平衡后再晒。这样的茶青若一次性重晒，会造成叶内不同部位水分失调，导致叶片不能回青；若轻晒，会导致水分多而回青过早，影响发酵叶香，制成干茶冲泡时香气不高而带苦涩味。

晒青时，通常还需注意地面温度，如果太阳太大，地面已经被晒得很烫，新摘的茶青一放下去就会被烫伤变红，从而影响制成的干茶质量。因此必须在晒青之前，临时在地上铺垫一层隔离茶叶和地面的垫子。茶叶在晒的时候要晒得恰到好处，晒的时间既不能过长，也不能过短，晒到茶叶刚刚发软就好。事实上，由于茶青的茎叶肥嫩、厚薄、含水量多少和阳光的强弱程度不一，晒青标准并不能以时间长短来计算，而要以叶片失去光泽、青叶基本贴筛或贴地、拿起直立端叶下垂为适度。晒青若晒过了头，叶片变红，也就成了"死菜"。死菜在以后的加工环节就发挥不了作用。

碰青　碰青又叫摇青，是做茶的第三个环节，也是能否做出高质量干茶的一个关键步骤。粤东凤凰山生产的茶叶，包括北山村茶叶在内，一般都属半发酵的乌龙茶类。乌龙茶茶叶的外观特征是绿叶红边。茶叶红边是发酵作用引起的，即通过碰青的磨损，使叶片边沿的叶细胞在酶的活动下起氧化作用而形成红边。茶叶的红边程度是发酵程度的依据，发酵是否适度直接影响到成茶的质量。因此碰青过程的技术和时间把握极其重要。在碰青过程中，如果发现红边不够，就要通过摇青，摩擦加快红边。若红边快，就要减少摇青，控制红边。一般说来，在第三次碰青时叶片就会出现轻微的红边。

碰青的目的是让茶叶发酵。微微晒软的茶叶收回家后，首先要均匀地摊放在圆形的簸箕或大筛子里。簸箕或大筛子一般用竹篾编成，直径约 2 米。各家各户用来摆放簸箕的木架子有两三米高，分 10 多层格子，可以摆放 10 多个簸箕。摊晾在簸箕里的茶青，一般每隔一小时就要用双手轻轻翻松一遍（称为"碰青"），以便让静置的茶青散热。人们在做这项工作时，通常依次从木架的最底层做到最高层，或者从最高层做到最低层，这样每簸箕茶青的翻松或碰青时间，差不多都能均匀地保持在间隔 1 个小时左右。

　　碰青事实上包含摊晾—碰青—静置—再碰青—再静置这一系列多次循环反复的动作和过程。摊晾的目的一是降低叶温，二是平调叶片内的水分。摊晾需注意薄摊，要求摊晾的茶青厚度不超过三厘米，俗称"低放"。超过三厘米称为"高放"，"高放"往往会造成茶青温度升高而引起发酵，出现过早吐香现象。薄摊可以使茶青叶温速降，并使叶梗之间迅速到达水分平衡。如果晒青不足或过度，碰青时就要注意进行适当补充。假如晒青不足，可采取恒温方法或将茶青"高放"于通风干燥处，让其继续蒸发水分，以弥补晒青不足。假如晒青过度，已造成茶青水分失调的，可在地上喷水，再把茶青放在上面，让其增加湿度，起到调节水分的作用。摊晾的时间，一般最短不少于一个小时，最长不超过四个小时。

　　静置和碰青是为了促使茶叶叶脉里面的水分流通，以便茶叶中涩的成分排出去，同时达到让茶青发酵。碰青做得好，叶片中涩的成分就可以完全排出去。而碰青效果的好坏，首先与摘茶的技巧和晒青的程度不无关系。如果摘茶时放置不当，折伤了叶片，或晒青时让阳光过度照射，晒死了叶片，则不管如何碰青也无补于事。对于摘茶和晒青适当的茶青，碰青过程中的时间把握也很重要。假如碰青间隔时间拖得太长，没有及时让静置的茶青中间的温度散掉，那时茶青发酵已经过头，必然影响制成的干茶质量。如果碰青间隔时间太短，发酵不够，也会影响成茶质量。总之，碰青关系到成茶的香气高低、味道浓淡、色泽鲜暗和外形松紧，因此是制茶过程中一个技术性较强而且比较复杂的环节。碰青一般在夜间进行。在夜间碰青比在白天好，因为在夜间进行碰青的茶叶大多是在下午采摘的，水分比较平衡，叶温较高，叶内有效物质含量多。此外夜间空气湿度大，比较有利于叶片回青。回青的作用是促进叶片内水分的回流与平衡，茶叶在碰青时如果不能按时回青，做出的干茶一定会带有苦涩味。回青是通过叶细胞与枝条叶脉之间在晒青后水分含量的变化产生的。在晒青过程中，叶细胞在日光照射下水分消失很快，而叶片枝条叶脉中的水分消失则比较慢，这样就形成了叶片中含水不同的分布。在碰青过程中，通过振动刺激，叶片的枝条、叶脉中的多余水分通过循环补充到叶细胞中，使枝叶水分达到平衡从而形成回青。回青通过促进水分的流动，让枝条叶脉中所含的有效成分分解流入叶细胞内，同时也减少了茶的苦涩味。

碰青、静置的过程主要是为了解决叶片水分的平衡问题，让茶青达到按时回青。一般来说，碰青总共要做六次，大约每隔一小时做一次。通常在第三次碰青时，叶片就应达到回青。在碰青过程中，有时也会遇到茶青过快吐香、过慢吐香和不吐香的现象，从而影响到制成的干茶香气不高、不清爽或无香气的结果。这与摇青过程中茶青的发酵程度有关。摊晾过程中茶青的温度引起叶片发酵，发酵过程中酶的活动引起叶片中芳香物质的分解和挥发，从而产生快吐香、慢吐香或不吐香现象。操作过程中温度愈高，酶的活动愈快，芳香物质的分解也愈快，这样就形成快吐香，反之则慢，可见温度把握是做好茶叶的最为关键之处。因此摇青过程必须结合气温操作，以便达到适时吐香。通常说来，在第三次碰青时开始吐香比较适合。当然，对于晒青不当而导致的"死菜"，则无论怎样摇青也难以达到吐香的效果。

碰青间隔的具体时间，与不同季节的温度和湿度之间也有一定的关系。温度的高低对茶叶的发酵和成茶的质量有着直接的影响。一般来讲，常温20℃左右对制好茶比较有利，如果气温低于20℃，则应把摇青时间延长，并在摊晾时把茶青堆厚些形成"高放"，同时加盖，以便达到增加温度。如果温度高于20℃，摊晾茶青就应"低放"即薄堆，松堆，以便降低温度，减缓发酵。碰青时如遇到刮风天气，室内湿度低，会使茶青水分继续消失，形成水分失调，影响叶片回青，因此必须采取措施保证和保持一定湿度，防止茶青水分不断消失。

碰青具体来讲可以分为两个阶段。第一个阶段是叶片的回青阶段，就是从第一次碰青到第二次碰青，每次间隔时间掌握在 1 到 1.5 小时，叶温控制在 25℃～30℃。该过程重点解决叶片回青问题。在操作时匀称轻碰，松放，薄摊。轻碰的原因在于，此时已经过晒青的茶青，因水分消失而变得柔软不受力，如果重碰易使叶脉和叶细胞破损折断，影响水分循环补充，形成水分失调，叶片难以回青。在碰青阶段要防止发酵太快而出现过早吐香。通过松放、薄堆、降低温度，可以防止快发酵和早吐香。而在气温低和刮风导致湿度低的情况下，绝不能松放、薄摊，否则就会造成水分失调，叶片不能回青。回青阶段的碰青—摊晾操作大概要重复 3~4 次。

碰青环节的第二个阶段是发酵，从第三或第四次碰青到杀青为止。此阶段每次碰青间隔时间为 1.5~2 小时，叶温为 30℃～35℃，这一过程重点解决发酵、吐香和红边问题。此过程操作以重碰结合摇青、厚放、实堆达到发酵、吐香、红边效果。在正常情况下，茶青从第三次碰青时开始出现吐香。如果没有出现吐香，就说明温度低，发酵慢，此时应采取措施提高温度，如把摊晾时间拉长，或把摊晾的茶青压实、加盖等，以便加快发酵吐香。第三次碰青时，如果茶青没有出现轻微红边，也要采取相应措施。碰青每次轻碰 3~4 次，或根据茶青红边程度摇青 50~100 转。

碰青可以用手工进行，也可以用机器。半机械的摇茶机，又叫摇青机，是一个竹制的长长的圆筒，像一节巨型管道一样，直径最小的有 80 厘米，横放在屋子内，机器外侧一端是一个连着一个大齿轮和一个小齿轮的手柄。摇青机有手动的，也有电动的。把晒好的茶叶均匀地放在摇青机的圆筒内，最多不能超过筒内空间的一半。不到一个小时就摇动一次，茶叶数量多，每次摇青的间隔时间就要缩短一点。因为茶叶多，堆放越厚，温度就比较高，发酵也比较快，所以每次摇青就要提前一点时间。电动摇青机可以设定时间让它定时摇动。摇青机一般也需要摇五六次，才可完成整个摇青过程。用手碰青，需要一筛子一筛子地做，比较辛苦，但效果比用机器摇青好，因为筛子里面摊放的茶叶比较少，与空气的接触面大，茶青发酵吐香比较均匀。摇青机中的茶叶堆放比较厚，温度比较高，发酵比较厉害，稍不注意就发酵过头了。但如果茶叶太多，用手肯定做不过来，所以要用摇青机。经过五六次碰青或摇青后，茶青发酵程度基本达到红边白叶的占20%，红边乌叶的占30%，香气清爽，香味浓郁，此时就可以进行炒茶了。第六次碰青或摇青以后间隔一个多小时，才能炒茶。具体时间要看具体情况，不能千篇一律，如果茶叶还比较青，就要多拖一点时间，拖长到一两个小时，有的甚至到3个小时。如果茶叶周边开始变红了，就要赶快炒。主要看茶叶，茶叶慢慢地变红，变红是从茶叶的周边开始的，本来是青色，在角边开始有一点变色的时候就炒，制出来的茶冲出来就有一点绿绿的，带一点黄色，这样的茶就比较好。周围完全变色才开始来炒，茶色就比较红。

杀青　杀青又叫炒青或炒茶，是做茶的第四个重要环节。杀青就是用高温杀死发酵过程中叶片内酶的活性，使茶青停止发酵和散发残余青气，是一种通过热化作用来固定茶叶色、香、味的程序方法。杀青同时也促使叶片蒸发大量水分，使叶质热熟而变柔软，以便揉捻成条形状。杀青或炒茶要特别注意炒熟炒透，火温掌握在200℃左右。炒熟透的茶叶，冲泡后放一晚上，隔天起来看，茶水还是青青的；用没炒熟的茶叶冲泡的茶水，隔几个小时后，就会像停放在碗中的洗米水一样出现沉淀物，在茶杯底出现一层黄黄的沉淀物质。炒茶用凹形的大鼎，一般一次炒一筛子。茶青下锅后，能听到均匀的响声，炒茶的过程中要保持均匀翻动，刚开始时要扬炒，让茶青中的青味挥发，然后改变为焖炒，防止水分蒸发过度。夏茶一般一晚要炒四鼎，五鼎或六七鼎，那要看当天摘了多少。炒茶时用两只手或两个木杈不停地翻动鼎里的茶叶，翻动要均匀，而且抓起或夹起的茶叶要抬高一点，以便它充分散热，然后再放下去，继续翻动鼎里的其他茶叶。翻动茶叶不能像炒菜一样，就在鼎里进行，必须把茶叶抓起来拿到一定的高度再撒下去，炒熟一鼎茶的时间差不多要 20 分钟。炒到茶茎变柔软折不断时，一般就算炒熟了。如果茶茎还是脆的，一折就断，那就还需要继续炒。如果茶叶晒得比较好，炒熟的时候颜色还是比较绿的，如果晒得不好，茶叶就会比较红。茶叶晒得恰到好处，人们会说它还是活的，是"活菜"，如果晒过了头，晒死了，就成了"死菜"。成了死菜的茶叶，不论你后面的功夫做得再好，也是没有用的。

杀青时辰的缓急就看茶叶的色彩怎么样，以及味道怎么样。茶叶较青的，有人就在这个时间赶紧睡一小会再炒；发酵时间刚好，茶叶是清香的，变成浓香就不行了。清香的时候来炒就最好，浓香的时候，就是发酵过程中闻到浓浓的香味，炒出来就没有香味了。所以发酵发到一定的程度，也就是刚到清香的时候，炒出来的茶冲泡很多次以后香味依然不减。做茶考究的是时间技术的把握。等香味非常浓的时候来炒，做好的茶叶冲两三次就没有味道了。最后一次摇青隔多少时间才炒茶，通常取决于摇青过程中茶叶的发酵程度。

揉茶　揉茶又叫揉捻或揉青，是做茶的第五个重要环节。揉茶是使茶叶变成外形美观的条状，同时破坏部分叶细胞组织，使茶叶内含物渗出，再经过生化变化和热变化使茶叶色泽油润，滋味浓醇，汤色艳亮，而且耐冲泡。炒熟的茶叶要及时进行揉捻，一般待茶炒至茶叶由嫩绿转变为淡黄色，叶面完全失去光泽，青味变为浓香味时，就可以开始揉捻。揉捻操作时，要从轻揉过渡到紧揉，最后再到松揉，使茶叶形成紧结壮直的外形。如揉出的茶叶外形不壮直紧结，就要进行第二次复炒，以便软化叶细胞和渗出内含物，然后再复揉以便增强外形紧结。茶叶复炒时，须将炒锅洗净，并将火温降低到 180℃左右，以免回锅的茶叶炒焦或带上杂味。揉捻好的茶叶要及时拆松，薄摊放置并及时烘焙，以防止残酶活动引起红变。

揉茶在以往是用脚揉的，因此以前喝茶第一杯一定要倒掉。20 世纪 80 年代末期揉茶开始用以手推动的揉茶机揉，再后来用电机带动揉茶机揉。现在一般都采用电力带动的揉茶机来揉。炒熟的一鼎茶叶，10 多分钟就可以揉完。炒茶揉茶基本上是同时进行的，通常是夫妻两人，一边炒一边揉，炒完揉完一鼎茶大约要半个小时。

揉茶的时候出水多少，跟摘茶的时间有很大的关系。上午 10 点钟以后采摘的茶叶，揉青时就不会出太多水分。10 点钟以前或大清早采摘的茶叶，揉青时出的水分就比较多，尤其是阴天或下雨天不得不采的茶叶，下雨和阴天因为不能晒茶，揉青出水就更多。下雨天因为怕茶叶生长得太老而不得不摘的茶叫"水菜"。一般的茶店里卖的茶叶，会把水菜干茶混在一起卖，一般人也分辨不出茶叶好不好。制茶的人到茶店买茶叶，用鼻子闻一般就可以分辨出茶叶的质量好坏，再泡上一杯看一看，喝一喝，那就更能判断得准确了。"水菜"的香味要差些，闻不出什么香味来，好茶叶一闻，会有香甜的味道。做得不好的茶叶，有时还会有酸味，那是因为茶叶在发酵的时候堆积太多，而且太长时间不去管理它造成的。做茶的知识还有很深奥的讲究，这些都是最基本的要领。

烘焙 烘焙又叫烘烤，是做茶的第六个也是最后一个重要环节。烘焙的目的在于蒸发叶内水分，杀死残酶，促使茶叶内含物通过热化作用加固和保持品质，以利于保存和储藏。

揉茶完成后就要进行烘焙或烤干。用一个大灶，用平坦的薄鼎。现在一般做一个炉，下面用烧火后的红红的热气，用鼓风机把它吹到上面，大灶上面有很多格，每一隔都有一个筛子，有一条管子通过一个小孔把热气吹到密闭的格子里面，因此每一个格子每一个筛子都有热气。以前没有鼓风机的时候，最下面就是用平底锅放上几格茶叶，因此需要特别注意，稍不留神就会把最下面一层的茶叶烧掉了，时间不长，就要把下面的茶叶依次换到上面。现在用鼓风机，基本上就可以不用去替换格子里的茶叶。每一格都撒满茶叶。烘茶的炉子有的是 10 格，有的是 12 格，有的是 14 格。放茶叶的筛子有的是 90 厘米的，有的是 1 米的，最大的可能是 1.2 米的，大小各不相同。以前没这么科学。以前最老的方法是，把炉建在地面上，中间用火炭，烧到没有熏烟、没有红火出来的时候，就把一块隔板和筛子端到炉上，炉子的周围地面也同时放几个筛子，然后差不多就把几个筛子依次交换位置。茶灶是用一个平底的薄鼎，火烧热就烤上面的茶。后来有改进，茶灶里面还有铁做的炉子，上面有多层格子，火烧热后就可以通过鼓风机同时送热分别烘烤鼎上各格的茶叶，因此烤茶的时候基本上不用去翻动或搬动茶叶。烤茶一般是烧柴的，柴火比较耐久，点着后可以一直烧较长的一段时间。烧完后炭火还可以继续发热，等到没有明火，只有阴火的时候，鼓风机就可以关掉了。现在的鼓风机配备安装有定时器，可以设定让它持续鼓风半个小时或一个小时，设定的时间到了，它自动就关掉了。以前鼓风机没有定时装置的时候，人要一直守候着，等到炉子中的柴火没有明火的时候，而且看上面各个筛子中的茶叶干的程度怎么样，要比较平衡一点，基本上差不多有几层干了，才关掉鼓风机。接着是利用炉中的余热慢慢地把它烘到完全干。烤茶不能一时全部烤干。好茶的烤制一般还要特别注意，火不能烧得太旺，待烤到差不多有七八成熟以后，就把它收起来，装进很大的塑料袋子里密封好，隔几天或十多天以后，再去用比较阴柔的火重新慢慢烤，烤到它完全干。一次性烤干的茶叶，还不是那么好。烧草也可以，但火力不能持久，一下就没了。烤茶的时候火势的掌握特别重要，不可太大，太大把茶叶烧掉就完了，前功尽弃。

　　烤干或烘焙要求低温薄焙，多次烘干，一般分为初焙和复焙。对揉捻好的茶叶进行第一次烘焙，一般叫作"走水焙"，火温大致掌握在 120℃ ~ 130℃，时间 5 ~ 10 分钟，中间须翻拌 1 ~ 2 次，视被烘焙茶叶的多少厚薄而定。初焙时翻拌要及时均匀，茶叶的摊放厚度不宜超过 1 厘米，烘至五成干时，即可起焙摊晾 1 ~ 2 小时，摊晾茶叶的堆放厚度不能高于6厘米，以防止茶多使氧化酶起氧化作用变红。初焙茶叶经过1~2小时摊晾后，即可进行复焙即第二次烘焙。第二次烘焙火温掌握在70℃~90℃，茶叶摊放厚度不能高于6厘米，中间要进行第二次翻拌，待茶叶烘至七八成熟时，便可起烘摊晾6~12小时，最后再进行第三次烘干。第三次烘干火温控制在60℃~80℃，烘2~6小时，具体时间长短看干度而定。总之，要烘到茶枝用手折之即断，茶叶用手捻之成末，茶叶香气清高，滋味鲜爽即可。

茶叶烘焙是制茶的最后一个环节，也是决定茶叶品质优劣的关键性环节之一。因此烘焙过程中，一定要根据茶叶烘干程度和变化情况注意调节温度和时间，并及时翻拌，坚持薄焙和多次烘干原则，以便促进茶叶的光泽度和品味皆优。

储藏　储藏从其本质意义上来讲，并不属于茶叶的加工过程。但储藏对干茶质量的保证却至关重要。烘干的茶叶摊晾后必须及时储藏，才能有效防止干茶吸湿和生出杂味。储藏时包装物应不带其他杂味，并能起防潮作用。长时间存放和长途运输过程中的茶叶，通常用密封的不锈钢铁桶装放。短时存放的茶叶，常用密封的塑料食品袋包装。不论是用铁桶、铁罐、塑料袋还是其他任何容器存放的干茶，装后都必须放置于干燥阴凉处，才能保证茶叶质量持久不变。

（三）茶叶经济的形成

在访谈过程中，我们不时听到报道人感叹，喝一杯茶不容易，天气很热就要摘茶，然后晒茶，晚上不能睡觉，要碰青，揉青，烤茶。如果人们知道茶的做法，茶喝起来就会有特别的感触和感情，不会是因为人家说好喝我才跟着喝。"谁知杯中茶，滴滴皆辛苦"。但村中也有人做茶比较马虎，只求数量，不太讲究质量，只要能卖钱就好，对于价钱的高低多少，不太苛求。别人卖十元一斤，我卖它几元一斤，反正相差也不会太大。做茶不那么讲究，做茶的各个环节把握也就不那么严格。也有一些人，虽然知道做茶有几个环节，各个环节该做什么，但各个环节为什么要那样做，做到什么分寸是最好的，并不十分清楚。他们不懂晒茶、碰青的目的和作用是什么，反正听人家怎么说，见别人怎么做自己就怎么做。摘茶后就晒茶，晒茶后就碰青，碰青后就炒茶，炒茶后就揉茶，然后再烘茶，等等。他们知道茶叶刚摘下后，水分很饱满，晒茶就是要让茶叶中的水分挥发一点，水分挥发减少了，碰青时茶叶中剩余的水分才会在叶脉中流动。但为什么会流动不知道。摘茶的时候不注意，晒青、碰青的时间、技术、功夫掌握不好，制成的茶一定是涩的，卖不到好价钱。

北山村畲民认为自己的乌龙茶与台湾的高山茶比较接近，但制作工艺不相同。台湾的乌龙茶是做成圆形，一卷一卷的，北山村的乌龙茶则是一条一条的长形。此外，台湾的乌龙茶发酵比较浓，发酵时间长一些，茶的鲜度就比较差一点。发酵时间长，温度高，叶绿素的损失就比较高，茶就比较红，相比之下，北山村的茶比较清，汤色翠绿，而且茶叶形状完好，采的时候最多三叶。但由于做茶技术把握不同，制出的成茶质量不一，价格相差很大。上等好茶可以卖到几百元一斤，而劣等成茶却只能卖十几元甚至几元一斤。能卖出好价钱的北山村优质乌龙茶，不仅外形油绿细紧，香气清高浓郁，滋味鲜醇爽口，而且汤色黄绿清澈，叶底嫩绿，叶边呈一线红色。人们以精制茶壶冲泡，冲饮多次仍茶香外溢，茶味不减。新茶即使贮存一年后，色、香、味仍能保持如初。优质好茶价格昂贵，但昂贵的程度也因人而异。村中会计告诉我们，村里人曾卖出过500元一斤的茶叶，而且是500美元，是日本人来买的，只买了一斤。那是几年前一个在旅行社当经理的朋友，从潮州把一个日本客户直接带到北山村会计家中来买的。卖给日本人本来是要500元人民币的，结果翻译搞错了，就卖了500美元。500美元一斤的北山村茶叶故事虽然让我们听了将信将疑，但从中可以了解到北山村茶叶的名气，以及因茶叶质量与买主不同而出现的差价。

北山村制作的茶叶，并不需要畲民自己费力运到山下去销售。每到新茶上市的季节，上山收购茶叶的茶贩络绎不绝，每年累计不下百人。他们有的开着摩托车来，有的开着小货车来。村里的茶叶不愁销路，完全不用畲民自己把它扛下山去卖。但村中有不少人家制作的茶叶并不外卖，因为他们自己在外面的集镇或城市开有商铺销售茶叶。据我们粗略统计，北山村畲民中大致有15户人家在FH镇、潮州、汕头、广州市等地开店经销茶叶。他们不仅销售自家生产的茶叶，还收购凤凰山其他村寨甚至外省生产的茶叶来销售。比如，北山村前任党支部书记蓝XM家，以前就在佛山市开店卖茶叶，2003年转回到潮州开店。现任党支部书记蓝NY家，也在潮州租店售茶。汕头也有两三家北山村畲民开设的茶叶销售店。广州的北山村茶商，则主要集中在芳村一带做茶叶批发和零售生意。在城镇开店的畲民，多半将自家的茶园交给族人照管，只在采春茶的农忙时节才抽出人手回村帮忙管理茶叶的采摘和加工，平时一般都留在城镇打点商铺的生意。

北山村目前的经济主要是茶经济，但因为近几年种茶的人多了，茶叶价格普遍下降。北山村除了上等茶叶没有掉价之外，一般茶叶的价格都有所下降，以前春茶一斤可卖到50元以上，但最近几年有的已经降到十五六元一斤，村民见此情况，便开始采取各种办法来弥补收入，例如养蜂、外出打工或帮人看店经商。近几年不少村民开始学习养蜂，目前村中已有10多户人家养有蜜蜂，其中规模较大的有3户，每户养有50多箱蜂，养蜂已成为现在村里最大的副业。据村民介绍，10多年前北山村所在的大山上有两窝野蜂，有一户村民运用技术把野蜂驯养为家蜂，且不断学习养蜂知识，如蓝DZ家的儿子蓝ZY曾专门买过养蜂的书籍来学习，进行技术改进，现在村里有好几户人家的养蜂业已达到一定的规模。蓝DZ家养有56箱蜂，每年可售蜂蜜500斤左右，每斤蜂蜜以20元价格出售，常常供不应求。蜂蜜收成好时，一年可达1000斤，但遇上收成不好的年份则没什么收入。村里种水果的很少，由于海拔高度和气候原因，多数水果种植不成，只有零星种些橄榄、青梅解馋，衣食住行等生活来源则完全依靠茶叶种植、制作和销售收入。

第二节　社交范围的拓展

现在北山村每户家庭年均收入约有 2 万元，温饱已不成问题，人均住房面积也较大。村中房屋沿山坡呈梯级状分布，建筑多为土木结构的二层楼瓦房，也有部分火砖和钢筋混凝土结构的新式楼房，几乎每家都住在两层高的宽敞房子里。随着吃住问题的解决，北山村畲民开始注重社会交际、商贸往来、文化娱乐等方面的高级追求。现在村中家家都有电视机，大部分家庭有影碟机，不少家庭还有组合音响。农闲时老年人常到邻居或亲戚家串门、喝茶、闲聊，年轻人一般会读书看报、看电视、看影碟、听歌曲，或开摩托车到山下的 FH 镇或邻近村中朋友家聚会。但北山村畲民与外界社会之间频繁而且大规模的交际往来，除了缔结婚姻和走亲访友之外，主要还体现在日常生活的谋生活动之中。

一　茶叶经营

如上所述，北山村畲民赖以为生的茶叶经济是联系畲村与外界社会的坚固桥梁。从种茶、采茶到卖茶，从荒山、茶园到都市茶叶商铺，北山村畲民无人无日不与汉族邻居、雇员、买主或茶商朋友打交道。北山村由于种茶历史悠久，几乎人人都懂得制茶技术。FH 镇 80 年代号召全镇全面种茶的时候，曾多次派山下各村的技术员到北山村学习种茶制茶技术。外村的技术员上山一方面向北山村畲民学习他们的种茶、制茶技术，另一方面也建立了友谊，使北山村畲民与周围汉族村镇的来往交流得到了进一步加深和提高。除了种茶、制茶等技术方面的切磋，北山村富裕人家常常雇请来自外村的汉族劳动力到村中帮助把自家分得的荒山坡地开垦为茶园。而在每年农历三四月份即清明节前后，北山村正是采春茶的时候。由于春茶的产量大（春茶收入占各家全年茶叶收入的2/3），采摘的时间长，通常要持续20多天到一个月，即使常年在城镇生活经商的北山村人回村帮助采茶制茶，人手依然不够。为了及时采茶和保证春茶收成，每年春天村中的各家各户都会从福建、饶平县等地雇人帮忙采茶。雇工的工资以天计算，每天20元，吃住在雇主家中，由雇主负责开支。采春茶的雇工以中年妇女为主，人数是村里人的两倍多，他们与雇主之间保持着融洽的关系，其中一些年年都会如期前来北山村采摘春茶。雇工有一些是固定的，有一些不固定。一旦雇主与雇工之间建立了信任和良好的关系，双方每年都会愿意在摘茶时节再度合作。譬如北山村会计蓝 RM 家，每年可产毛茶约4000斤，采摘春茶时常常要请差不多20个人帮忙，支付工资6000多元，加上吃住，共需花费1万多元。来村里采春茶的汉人大都是临时工人，不过村中也有少数家庭因为长年在外开商铺做生意，村中茶林无人管理，便长期雇人长住家中，替自己管理茶林并采茶制茶。

一年四季，北山村畲民在采春茶的季节最忙，其余时间的生产生活则相对比较清闲，正如一位蓝姓畲民所讲：

> 每年［农历］三四月采春茶时最忙，从早到晚都不得空。夏、秋、冬时不会很忙，这三季的茶叶不多。但一年里农忙的时间，加起来也不会超过五个月，其余七个月都比较闲。农闲时也不做什么手工，就种点菜，开荒，或者砍柴。砍柴是一件很重要的活，每年每家都要储备很多干柴，用来烘茶用。柴火到自家的山上去砍，没空或没劳力的就只好买。我家已经买了几年了，到下面集镇上去买。做饭就不用柴火，做饭用煤气。我家每年烘茶差不多要1万斤干柴，价值1000多元。农用六轮车拉上来的，满满一车。有劳力的就不用花钱买柴，自己去山上砍。收入多的，开销也肯定多。茶园这

几年较少下化肥，如果下了化肥，夏、秋、冬季茶树就长得好，不下化肥茶树就不长，夏秋冬三季茶收入就很少。但不下化肥的茶叶，价格会比较好一点，是天然的。下了化肥味道就不一样。我家一年收干茶4000斤，其中2000多斤是春茶，一多半是春茶，一小半是夏秋冬茶。春茶采完就不理它了。茶树一年到头也不用浇水，等到年底的时候除一次草，松土，等到第二年春再去采摘。

20世纪70年代以前，北山村畲民靠种茶摘茶到墟上换取米、盐和生活必需品来维持生计。此时北山村还是自给自足的个体经济，村民们既种茶叶，也种水稻，种的茶叶自己拿到山下的FH圩销售，价钱随意而定。当时FH镇还没有大的茶商，FH圩每月赶集九次，逢一、四、七赶集。到了八九十年代，情况发生了很大改变。由于FH镇政府大力推广茶叶经济，号召所有山村种植茶叶，旨在交换农产品的集市赶墟变得无足轻重。FH圩渐渐变成当地的茶叶集散地和日用商品销售地，每逢一、四、七到FH镇赶集的习惯逐渐消失。集市天天都有，人们随时可以到FH镇的商铺或摊位出售茶叶或购买日用百货。随着茶叶市场的兴起和茶叶经济的发达，大大小小的茶商开始占据FH镇集市，茶价也因质量不同而相差很大。过去北山村畲民种茶只用来换取一些必要的生活物资，如今已享受到当地茶叶经济带来的"产、供、销一条龙"服务。畲民同本镇其他村庄的汉族农民一样，自己也变成了农、工、商一体化的代表。自己种茶、采茶，每家都有小型茶叶加工厂开展茶叶加工，如果自家在城镇有店铺，还能自行销售自产茶叶，并收购他人的茶叶一并销售。

北山村畲民的茶叶除了自产自销外，每年还会迎接许多来自福建、潮州、饶平县等地的茶商亲自上门收购。全村每户每年种茶收入有1万多元，种茶特别多且技术出色的，年收入可达到7万元左右。孤寡老人一般是自己种茶，雇人采茶，因此收入最少，每年大约1000元。自家在外有店铺的，一般都把自家茶叶拿到店铺里销售，也向本村和邻村的人收购一些茶叶到店里卖，但数量不多。村民卖茶的价格，对茶商和本村人都一样，完全依据茶的质量来定价，差价较少受社会关系的影响，不会因为是本村人或是朋友关系茶价就便宜些。质量上乘的茶叶通常很快售罄，尤其是种在高山上的乌龙茶。

从90年代开始，北山村先后有10多户人家在FH镇、潮州、汕头、广州等地开茶叶商铺。在外开店的人家通常把村里的茶园交给自己的亲属管理，只有采春茶时，才回去帮助管理采茶制茶；采夏茶一般不回去，因为夏茶数量少，持续的时间较长，留守村里的家人或亲属可以帮忙完成。有的人因为开店生意忙，又没有兄弟可以代管茶林，就雇人常年住在北山村替自己管理茶园，如北山村上届省政协委员蓝XM一家都外迁到潮州工作，在潮州开有茶叶店，自己很少回北山村，因此雇了3个人常年住在他家替他管理茶林，采茶时他一般会回来收茶，再把茶叶拿到潮州的店里出售。在城镇没有店铺的人家，一般都等人上门来收购茶叶。茶商来买茶，一般以茶叶质量为依据，哪家的茶好就从哪家买，不过也有一些茶商因信任某家的制茶技术而形成长期固定的买卖关系。

亦农亦商的两栖生活，已在北山村畲民的头脑中培养了很强的商品经济意识。村中畲民大多认为，如果只会种茶会做茶，而不会卖茶，同样挣不到钱。想要赚到钱，就必须要会种茶，有制茶的技术，还要会卖茶，要广交朋友，有朋友才有销路。畲民一方面感觉自己生产的北山村乌龙茶价值很高，是很好的保健产品，不仅可以润肝、润肺、润喉，还可以防治感冒咳嗽，防治高血压、慢性哮喘、痢疾、蛀牙等疾病。另一方面也意识到北山村乌龙茶的市场价值没有得到很好的开发，没有形成大规模的市场效应，因此希望有人能来村里投资办厂。村里的种茶和制茶大户蓝XM，尤其盼望能找到机会与有雄厚实力的大公司合作，争取资金到村里建立一个大型的茶叶加工厂，以公司带农户的形式带动村里的茶叶生产和加工。蓝 XM 认为只有建立公司带农户的关系，让公司负责品牌策划与市场营销，农户负责茶叶生产加工，并实现统一生产、统一定价的产销一条龙经营，形成固定的销售渠道和完善的销售网络，才能保证农户每年都有稳定的茶叶收入，同时也才能打出北山村茶叶的品牌，参与市场竞争。否则，只有山区农民，什么也搞不起来。农民没有能力打广告，各家各户单干只能维持温饱，不可能有大的发展前途。北山村乌龙茶作为中国四大名茶之一，名声和销路却比不上台湾的高山茶，主要原因就是人家的宣传做得好。现在做茶，就要做规模、做品牌、做名牌才会有效益。

二　民族政策的利用

茶叶经济的兴起使北山村畲民与外部社会的接触日益频繁，结交范围也越来越广泛。在日常生活中，除茶叶之外，村民维持生计所需的一切物资用品均需购买。从油盐柴米到果蔬肉类，从生产、交通工具如揉茶机、摩托车，到家用电器如电视机、影碟机、电饭煲、热水器等，所有开支均来自种茶、卖茶的收入。单一的茶叶经济模式和亦农亦商的新型身份，使北山村畲民完全融入了汉族社会的贸易网络之中，因而在许多场合对畲族的身份认同已退居到无足轻重的次要地位。对村中三四十岁以及更加年轻的一代人而言，他们只在需要填写相关表格的"民族"一栏时，才会想到和写下"畲族"二字，在其余的时间和场合，他们感觉自己和汉族人一样，没有任何区别。对于村中几位已是耄耋之年的畲族老人，他们也只在外界有人来采访畲族的文化风俗时，才会依稀回想起自己的畲族认同，回想起现今村里人已听不明白的畲话，和断断续续关于"红头师公"在解放前如何行医和举行"招兵"仪式的故事。不过北山村畲民的畲族认同并未完全消失，甚至有时还会遇到强烈凸显的场合，这就是在充分发挥和利用国家少数民族优惠政策的时候。

20世纪50年代进行民族识别后，北山村畲民在政治上享有民族平等权利和相应的民族优惠政策。50年代进行土改分田地后，北山村干部群众就申请和利用国家拨款修水利、建水电站，为北山村日后的经济发展奠定了基础。1958年公社化之后，地方政府开始号召村民种茶，耕农向茶农转变，1972年北山村已实现全面种茶，没有再种水稻，而FH镇到1987年绝大部分田地仍然用于耕种水稻。直到1992~1993年政府才鼓励全镇全面种茶。70年代国家按人口给北山村补贴棉被、布等。政府补贴村里的救济粮按人口分配，一般先解决困难户，补贴的寒冬衣服多半发给困难户，但衣服数量多时也发给所有的村民。村里的孤寡老人和特困人家一般由村委免税收，享有这种特殊照顾的有4~5户，村委从上级拨款中拿钱垫满本村应交税额。

一个地方要发展，必须要基础设施先行，有了硬件的保证才有继续发展的基础。作为一个享有国家民族优惠政策的少数民族村，北山畲族村干部十分清楚自己"少数民族"身份的政治、经济和商业价值。历届村干部利用国家优惠政策向上级部门争取拨款，完善村基本设施建设，如水电站、道路修建等。早在20世纪50年代，北山村干部就到市委统战部申请经费修建小水电站，所发电量足够供应村民照明和碾米，使北山村畲民比周围汉族村寨早一二十年点上了电灯。70年代，村干部又成功申请到从FH镇直接拉电线进村，从此供电充足，村中生活照明和茶叶加工等用电都有了保障。80年代初，村干部向上级争取经费，建水池、买水管，建起了自来水系统，使村子比山下FH镇周围的村寨都提早用上了自来水。在修建自来水系统之前，北山村畲民需要用竹管（后来用胶管）到山上引水解决生活用水问题。1986~1987年间，村干部又争取到政府拨款，修建了一条从山下美坑村一直通到北山村的高山专线乡村公路，可以通行汽车。此前从北山村通往山下村庄和集镇的路途，只有一条蜿蜒陡峭的小路，村民只能以肩挑背扛的方式搬运东西上山下山。山间公路修通后，大大方便了北山村与外界的联系。现在村中几乎家家户户都有摩托车，有的还不止拥有一辆。现在骑摩托车往返于村子和凤凰集镇之间，来回路途只需不到一个小时，出入非常方便，不仅加快了北山村畲民走向外面社会的步伐，也便利了外界茶商进村收购茶叶，以及各类商贩开着小货车或骑着摩托车、自行车上山进村推销蔬菜、水果、肉食、大米、罐装煤气等。

在国家民族优惠政策的关照下，仅有三百来人的北山畲族村，1950 年至今村中已经出了 4 位省政协委员。省政协委员是五年一选，北山村历届省政协委员分别是：蓝 H（第五、六届），蓝 Y（第七届），蓝 XM（第八届），蓝 RM（第九届，2003 年继任）。此外，还有蓝 SD 担任过潮州市政协委员。每位省政协委员都积极反映社情民意，代表着畲族人民的利益，向上级递交提案建议和要求进行各种基础设施建设，利用各种资源致力于村中的经济发展，逐步提高村民的生活水平。村里推出的省政协委员都担任有一定的村干部职务，他们除了参加政协会议，向有关部门反映和提出关于少数民族建设的各种提案和建议外，还利用机会结交各界人士，为自己村寨和家乡的建设争取各种机会和资源。新中国成立以来政府部门和社会各界对北山畲族村的水、电、公路、学校等各方面的投资建设，可以说都与村里的省政协委员和历届村干部的努力活动和积极争取分不开。担任政协委员和村干部所要做的工作以及生活概况，可以从以下身兼数职的报道人叙述中得知一二：

> 今年祭祖［2004 年正月二十日］，刚好不巧我要到省里去开会，是省政协九届二次会议，是这个月 8 号到 13 号，开一个星期。省政协委员一般都出在我们村子里，前几届都在我们村里。去年我去省政协开会的时候，交了一个改建村公路的提案，他们很重视，水泥公路今明两年应该可以修好。提案我交一个初稿，市里面帮忙重新整理后再交上去，交给省

民委和交通厅。2003 年我写了两份提案，一份是关于修村公路的，还有一份是少数民族村扶贫的。村里的所有文字工作都是我在做，除此以外一般也没有什么太多的事。你看这是省政府里面的工作报告，是公报，每个月一期，都是寄到我这边来的。报告中跟我们相关的就比较少，报告的内容比较广，是省里面的什么工作报告，法律规定啊条款啊，我都有。我去潮安县城开会的机会不多，县里的会主要是村书记去。县管镇，镇管村。我去潮州开会就比较多，市里主要管理政协。但镇里面的每个会议我都要去参加，每年到镇里开会也多。特别是年底的时候，一个星期要开三四次，因为我又是会计，又是计划生育主任，又是民政干部局的。

　　每年交的报表很多，农村里面不是有那个季报吗，春、夏、秋、冬每季度都要交报表：春种夏收，夏种秋收，秋种冬收，冬种春收。上报的数字如何收集上来？不用收集。数字以前镇里面的农委［农业委员会］、镇里面那个农业部门不是有吗？在那个基础上往上加，不用每家每户去了解的。每家每户去了解那没办法，很难整的。上交的报表不止七八种，还有那个水稻，那个稻谷，现在已经没有了，水稻、大豆、土豆，还有那个鸡和鸭都要填报，很详细。种茶的茶叶收成也要上报，果蔬也要。做这份工作也不容易，我高中毕业，高中在凤凰中学读的，［19］91 年毕业就去当兵，在湖南待两年，广西待两年。我所在的整个部队换防从湖南调过去，调到广西，是高炮旅。高炮转业就回来了，因为是农村户口，不能转业分配工作。只有志愿兵才能转成城市户口。如果转业到城市，收入很难讲是不是比现在好，但最起码做人就舒服一点，不用那么拼命。现在城里人的日子也难过，找工作难，但再怎么难，也会比在农村舒服一点。村里面现在没有当兵的。有一家门上的对联是"光荣之家"，但他是早年出去的，现在已经是军官了，还没有退役，是老书记吴 ZM 的小儿子。老书记他 3 个儿子都当兵，没办法，他有后台嘛，老书记他那个弟弟在汕头军分区里面当政委。

从会计的叙述中可以看到，村干部的工作主要是与上级部门沟通，并完成上级布置的任务。北山村规模小，村干部由三个人组成：书记兼村委会主任一人、会计兼计划生育主任一人、治保主任兼出纳一人。村干部由选举产生，每三年一选。与周围的汉族村一样，以前村干部的选拔是镇里提名，再到村里来选举。但1999 年以后就开始由畲民直接选举村委会干部。不过村党支部书记的选举，仍由上级部门提名，然后再通过全村党员选举产生。村里现有党员 12 人，本来一年应开会学习 3~4 次，但现在因为多人外迁，难举行会议，开会时一般只有 7~8 人。党员每年要交 2次党费，如果是村委会成员，每月交 1.2 元，普通党员每月交 2元。新中国成立至今，北山村本村人担任书记的人员分别是：第一任书记是吴 ZM（土改后至 1983 年）；第二任是蓝 Y（1984~1992 年）；第三任蓝 RM（1994 年下半年~1996 年），在第三任书记之前还有一个镇里派来的代理书记（1993~1994 年上半年）；第四任蓝 XM（1996~1997 年）；第五任吴 NY（1998 年至今）。担任村干部每月有一定的工资收入，2003 年 10 月以前，书记每月工资220 元，会计每月 200 元，治安主任每月 180 元。2003 年年底以后，村干部工资提升，书记每月 300 元，会计兼计划生育主任每月270 元，治保主任兼出纳每月 250 元。村干部的工资由县财政拨款发放，与周围汉族村干部的金额一样，但少数民族现任村干部在过春节时，每人会得到民政局和统战部发的 100 元慰问金，汉族村干部则没有。村干部到镇上开会，在外吃饭不需自己掏钱，但没有补贴。

村干部的主要工作是负责计划生育、税收、水利和道路的维护等。除了完成上级部门下达的各项任务之外，还要负责村庄的治安管理和邻里的和睦相处。村里出现任何事情，一般都由村干部而不是老人出面去解决或调解。不过村里矛盾也不多，主要是由于山界、房子等问题引起的吵架。比如有人不遵守原来村里划定的山地界线，砍伐砍到人家那边，你砍了我的，或者我砍了你的，就会引起矛盾纠纷。村里人虽然已经过上了脱贫奔小康的生活，但村委会由于没有经济收入，因此运作资金完全靠上级拨款。据书记介绍，刚建成的村委会办公场所完全是向上级要钱来修的。由于征地的费用花去1万多元，建材运费高，二层办公楼的建设费用高达12万，而现在只付出了镇政府拨给的2万元，还欠款10万元。

三 学校教育与人才流动

新中国成立之前，北山村就有私塾，老师从外面请来，也有请走江湖的人当老师的。那时村里的小孩上学要交钱，每个月由各个学生轮流交米和交钱给老师，学生多的时候每个人交的钱就少些，学生少的时候每个人要交的钱就多些，因为请老师的费用是固定的。请老师的事情一般由各个房头两位德高望重且有较好经济实力的人来决定，遇到学生交不起学费时，由他们出钱补足老师的工资。当时没有固定的教科书，一般是学生有什么书老师就教什么。今年85岁的蓝X老伯说，他以前在北山村上学的时候就学《幼学琼林》（介绍婚丧礼仪）、《文学尺牍》（介绍书信写作）等，请的老师一般都是汉族人。他读书时一共有二十几个学生（包括来自周围汉族刘坑村的学生）。在北山村的孩子一般都能读上书，只是有的人读的时间长点，有的人读的时间短些（只有2~3年）。85岁的蓝X老伯小时候读过6年书，后来也在北山村教过一年书，那时老师是住在教馆里。

1950年前，北山村到FH镇读书的人很少，据蓝X老伯回忆，他读书时村里只有2个人到FH镇读书，一个是他，另一个是当时村里茶叶种得多，比较富有的蓝T（新中国成立后被划为地主成分）的儿子蓝HC，蓝HC后来考到了黄埔军校，成了国民党的军官。1950年后，到FH镇读书的人才多起来。北山村的小学有着很悠久的历史，新中国成立后至今共修建了3次，分别是60年代、80年代初和90年代末。90年代之前，北山村小学是山下美坑小学的分校，由美坑小学派教师到北山村任教。现在北山村小学已成为一所独立的完全小学，隔年招收一次学生。60年代初建成的北山村小学规模很小，只有一个老师任教，所有年级（1~5年级）都在一个教室上课。当时的学校房子低矮，到70年代末学校的屋顶已破旧不堪，下雨时屋顶经常漏雨，连老师也待不下去，学校很难办下去。于是村书记向潮安县政府提了建议，在1983年前后，由上级拨款把北山村小学改建为平房，办学条件有所改善。新建学校共有大小7间房屋：3间教室，1间空教室作为活动场所，1间厨房及2间教师宿舍。潮安县民建会还捐了讲台、课桌等物资来支持北山村的教育事业。80年代北山村小学只设有一年级到四年级，是个不完全小学，五、六年级的学生要到山下美坑小学就读。因为只有两个老师任教，北山村小学采取"复式教育"：一个老师管两个年级，比如，通常的情况是一年级和三年级在同一个教室上课，一节课的前20分钟老师给一年级的学生上课，后20分钟则给三年级的学生上课。一个年级的学生在听老师讲课时，同教室另一个年级的学生就复习或做作业。直到现在，凤凰山区一些学生少的村小学仍采取这种复式混合教育方式。据一位曾在北山村任教四年的老师说，80年代末北山村小学的学生数最多，全校有60多个学生，其中包括来自邻近的饶平县刘坑村的学生。

北山村干部认为一个地区要发展，必须优先发展教育，提高人的文化素质。如北山村上届省政协委员蓝XM指出，以前北山村落后，主要是由于经济、文化落后，现在路修了，水电都通了，应花大力气办好教育事业。现在北山村已经有了一所非常现代化的小学——北山村畲族小学。该小学是由潮州开元寺组织捐资建的，因为原来的北山村小学破旧不堪，村干部、政协委员通过与外界交往，联系到潮州开元寺住持到北山村捐资新建小学。在中共潮州市委统战部、潮州宗教局、潮州佛教界组织和潮安县教育局、县民建局、县政府以及 FH 镇政府和社会各界人士的鼎力支持下，新建的北山村畲族小学校舍由市设计院设计，于 1999 年 5 月筹建，10 月动工兴建，2000 年 8 月 26 日落成庆典。小学总投资 62 万，其中佛教界捐资 30 多万，其余的由潮州与潮安县教育局投资。校舍分为教学楼和运动场，总建筑面积 590 平方米，共 3 层，内设教室、教师宿舍各 6 间，以及会议室、厨房、卫生间等配套设施，可容纳 300 名学生就读。现在有 3 位老师在北山村小学任教，都是镇派来的，周一至周六在学校住，周末再回去。教师周末开摩托车往返于学校和自己家中，吃饭学校有厨房，几个人合在一起开伙食。因为北山村生源少，现在采取隔年招生的办法，每年只有三个年级。如今年办一、三、五年级的教学，明年就办二、四、六年级的教学。目前学生只有 20 多人，除了招收北山村的孩子，附近汉族村的孩子也来这里上学。学校给学生的助学金每年发一次。

从 1994 年开始，北山村就设有教育基金会，实施积极的教育奖励措施：村里的每个中专生、大学生每年都能得到村委会奖励的 100 元，每年还会免去特困人家小孩上小学的学费。学校教育基金会从 1999 年开始有人捐资，至今来自各界的捐资合计已达 10 万多元。现任北山村教育基金会会长蔡 LJ 据说是《亚洲日报》顾问，今年 76 岁，广东揭阳人，每年给学校捐资 2 万多元。除他捐资外，潮州开元寺还组织一些潮州人为北山村教育基金会捐资。教育基金会每年发奖学金给北山村所有的学生，大学生第一年奖励 2000 元，第二年 1000 元。考上高中的学生每年有 80% 能得到 500 元的奖学金，初中生每年有 60% 能得到 150 元的奖学金，小学生每年有 25% 能得到 100 元的奖学金。学校教育基金会每年还发给每位老师 500 元的教学奖励金。教育基金存入银行，每年用多少取多少，基金会每年募捐资金存进银行，以弥补开支。

北山村对国家少数民族优惠政策的充分利用，最主要体现在争取资金办学和鼓励子女读书升学方面。新中国成立至今，北山村先后考取了 20 多位大、中专学生。如果没有政府相关的优惠政策，这对一个仅有二三百人的偏僻山村来说，是一个难以想象的成就。从 20 世纪 70 年代末国家恢复高考制度以来，政府对少数民族子女升入高校学习，不仅大幅度降低录取分数线（从最开始降低 100 分到后来的 30 分不等），还给予减免学费、提供资助、照顾分配等优惠条件。这些措施在很大程度上促进了畲民子女求学上进的热情。畲民对村里考取了 20 多位大、中专学生倍感自豪，人人都能掰着指头准确地数出村中所有升学子弟的姓名，尽管对他们所读学校、专业以及就业去向等情况不一定清楚。

从我们根据北山村畲民提供的信息统计而成的一份村中大、中专学生升学名单中，可以大致了解到畲民升学与就业的基本情况。在北山村 25 名升学子弟中，就读民族学院的有 16 名，占升学人数的一半以上，足见我国旨在培养少数民族干部人才的民族学院对少数民族的人才培养和社会地位提升起着极大的推动作用。据村里畲民和一些正在或曾经就读于民族学院的畲族大学生讲，民族学院也招收汉族学生，同时其他非民族学院也会招收少数民族学生，但民族学院给予少数民族学生的优惠待遇和照顾最多，不仅高考入学时对少数民族降低录取分数线（历年有所变化，降分幅度从 100 分到 30 分不等），而且在校学习期间还减免学费和补贴生活费用。畲民们讲，假如政府不降低分数，不免除学费，不发给生活费，自己村子不可能供养出这么多大学生。因为如果没有优惠政策，首先是孩子就考不上，即使考上了，很多家庭也供养不起。正是有了政府的优惠政策，村中好多家才有了大学生，有些家里甚至还不止一个。说起高考的优惠政策，畲民都为自己是少数民族而感到幸运，但同时也不免感到有些失落。因为近几年来，国家对大学毕业生已不包分配，面对人才与就业市场的激烈竞争，一些畲族青年即便拿到了大、中专文凭也找不到稳定或满意的工作，个别人甚至只好返回村里和父母家人住在一起，继续过着种茶卖茶的生活。近两年畲民子弟考大学的热情和积极性已大大降低，孩子读书一般读到高中或初中毕业，就回家帮助父母种茶、制茶，或到城里自家或本家亲戚开设的商铺帮助打理茶叶买卖。除了学习从事茶叶经营，村中青年也有部分依托家庭成员在外结交的社会关系，到外面的世界学习技术然后独立求生的，譬如学习开车当司机，或学搞建筑装修，跟着包工队四处闯荡讨生活。

四 婚姻与家庭变迁

畲民民族身份特征与心理认同的消隐，还体现在畲族家庭的通婚对象上。对于婚嫁对象，北山村珍藏的《蓝氏祖图》"前言"载有明确祖训："盘、蓝、雷、钟，男女自有相嫁娶，永代无异。"（朱洪、姜永兴，1991：200）类似的契约条款、家规族训或叮咛嘱咐不只存在于北山村畲族祖图的文字叙述，在其他现存的畲族祖图文字或畲民族谱中也屡屡常见。譬如，现 GH 镇西山村的《护王出身为记——雷氏祖图》"前言"和丰顺县 TS 镇凤山村的《护王出身图记——蓝氏祖图》"前言"都有完全一致的描写："二十年，生三子一女。带见帝，赐姓盘、蓝、雷、钟，男女自有相嫁娶，永代无异。"在丰顺县 TS 医院医生蓝 RT 收藏的《盘匏（瓠）王开山公据图——蓝氏族谱》"前言"中，亦有"代代子孙不纳粮税，不与庶民交婚"的契约规训（朱洪、姜永兴，1991：201－205）。然而，族内婚的约定习俗和"不纳粮税"的皇帝许诺或畲民祈愿一样，大概在祖图或族谱形成之前就早已消失不见了。畲汉通婚历史难以找到准确的历史起点与规模轨迹，但从著名畲族首领许夫人的故事传说来看，至少从南宋时起，"盘、蓝、雷、钟自相嫁娶"的族内婚规训就已经废除了。许夫人又称畲大娘，但姓氏并不属于"盘、蓝、雷、钟"之列。

（一）婚姻

把民族内部的不同姓氏作为通婚集团，使通婚圈局限在民族内部的狭小范围之内，不论是为了巩固族群内部的凝聚团结，还是为了解决自身的人口繁衍和文化传承问题，这样的实践习俗都只能是人类对早期社会集团婚嫁交往模式的一种推测和想象。就畲族而言，至少几百年前就已破除了族内异姓婚的限制，而且本村同姓禁婚的习俗也在 20 世纪 50 年代以后得以破除。北山村畲汉通婚的具体年代因族谱失传无具体记载可寻，但从仍然持有族谱资料的其他畲族村，我们可以大致了解到最早的畲汉通婚记载。例如，在距离凤凰山不远的丰顺县凤山畲族村，在其蓝氏族谱记载的 16 代人中，第五、六代世祖前的祖妣只有同为畲族的雷、钟两姓，七世祖以后的祖妣姓氏多了起来，开始有了汉族妇女。由此推测，凤山畲族村的畲汉通婚距今至少已有 200 年的历史。1982年，凤山村有关的统计资料显示，在该村 35 对 50 岁以上的夫妻中，妻子全部是汉族妇女；余下 35 对 50 岁以下的夫妻，其中族外婚 28 对，族内同姓通婚 7 对（朱洪、姜永兴，1991：118）。凤山畲族村的畲汉通婚情况与北山村比较相似。只是在北山畲族村，畲民不清楚自己的祖先具体从哪朝哪代开始与汉族通婚，只知道自己认识和能够回忆起来的老年长辈，娶的都是汉族妻子，而自己家已经过世或仍然健在的年老姑姑或姐妹，嫁的也都是外村的汉族。只有到了新中国成立后，政府开始推行新式婚姻并废除了同村同姓不婚的习俗，村里才开始有了同姓结婚的家庭。但同姓结婚也像汉族一样，保持着五代以内不能婚配的乡规民约。目前村内辈分不同或辈分相同但处于五代以外的同姓婚有 11 对，都是新中国成立以后缔结的，其中 10 对是家境较好的男子娶本村同姓女子为妻，但也有一对属男方入赘女方家庭，既做女婿又做继子。村里的外姓媳妇大多数来自本镇或本县境内的汉族村子，如美坑、福南、东赏、西村、下埔、乌崇、棋盘、凤北、凤溪、大山等，也有来自稍远的省市如饶平县、梅州市、广西等地，还有来自外国的。如一位名叫"阿枫"的越南女子，据说是村里一户人家1995 年买来做媳妇的，现已生有一子一女。北山村的汉族媳妇姓氏众多，从村中现有的户口登记簿上可以查到至少有 13 个姓氏，即：林、文、曾、邓、黄、赖、柯、陈、罗、韦、吴、莫和尤姓。在畲民的已故祖先中，汉族女性的娘家信息无从统计，但村中现有汉姓妻子的姓氏和娘家所在地的多元化构成足以反映畲族通婚对象范围的广泛。娶进畲村的汉族妻子，有依媒妁之言经人介绍嫁入的，有畲民外出经商或做工遇上合意对象自由恋爱结婚的，也有像越南媳妇"阿枫"那样买来或领来的。

借助村中户口登记簿记载的资料和村民的补充叙述，我们收集整理了村中 62 对夫妻中妻子的结婚年代和娘家所在地，以便说明北山村男子娶妻的对象范围和地域群体。具体情况见表 4 - 2。

表 4 - 2　嫁入北山村的妇女出生地与年代

单位：人

	北山村	美坑	西村	棋盘	下埔	福南	凤溪	东赏	大寨	大山	凤北	凤南	凤西	饶平县	梅县	广西	越南	总计
1972 年后	0	0	0	0	0	1	0	0	0	0	0	0	0	0	0	1	1	3
1963~1972 年	3	3	0	1	2	1	0	0	0	0	1	0	0	0	0	2	0	13
1953~1962 年	5	3	4	3	1	1	1	1	0	1	0	1	0	0	0	0	0	21
1943~1952 年	3	1	1	1	0	0	1	0	1	0	0	0	1	1	1	0	0	11
1942 年前	0	7	1	1	2	1	0	0	0	0	0	0	0	0	2	0	0	14
总　计	11	14	6	6	5	4	2	1	1	1	1	1	1	1	3	3	1	62

数据来源：北山村 2003 年户籍资料。

从表 4 -2 可以看出，在北山村户口簿中可见的 62 对婚姻中，本村自相嫁娶的有 11 对。本村男女成婚悉数发生在 1949 年新中国成立以后，但数量不少，仅次于北山村在 50 多年间从邻近美坑汉族村娶来女子构成的婚姻。美坑村是一个汉族村，位于北山村通往 FH 镇途中的山脚处，距离北山村只有两三公里的路途。在美坑村嫁入北山村的 14 名妇女中，7 人于 1942 年以前成婚，占村中现存该时期 14 对婚姻的 50%。该时期另外 7 对婚姻中有 5 位妻子，也来自北山村周围方圆 10 公里以内的西村、棋盘、下埔和福南几个汉族村。此时北山村娶回的汉族媳妇，婆家最远的在梅县，而梅县距离北山村也不过几十公里，可见20世纪40年代以前，畲族先民的通婚范围确实非常狭窄。从1943年到1972年，30年间又有7名邻近的美坑村汉族妇女陆续嫁入北山村，而在1972年以后至今的又一个30多年间，美坑村则不再有妇女嫁入北山村。这一事实表明，北山村的男性择偶圈和通婚范围在半个多世纪的时间里已发生转变，畲村与邻近汉族村的通婚关系和纽带由强至弱，最后过渡到长期中断。究其原因，不能不说与社会进步、历史发展以及交通的发达和人际交往范围的拓宽有密切关系。从62对婚姻的成婚年代来看，40年代到70年代初村中男子成婚的数量保持着比较平稳的发展，但1972以后却急剧减少。1972～2003年30多年间北山村男子娶妻的统计数字只有3例，但这并不表明该村男性人口的自然骤减，或婚俗改变大多上门入赘去了妻家落户，而是村中青年人大量外迁的结果。如果考虑到北山村通过高考升学渠道从村中迁出的青年共有25人之多，其中男性就有15人，我们也就不会纳闷村里二三十年来结婚人数的剧烈减少。除此以外，80年代以后北山村畲民有的全家迁出在外做生意，有的外出打工未婚，或娶了外地女子在外一起生活，但女方户口却没有迁来村里。种种情况表明，七八十年代以后，北山村人们的活动空间大大地扩展了，因而其婚姻范围也有了质的变化，不再局限在周围村庄。

半个多世纪以来，北山村人的娶妻对象和通婚范围随着时间的推移而不断扩大。最初嫁入北山村的妇女主要以地理位置最近的美坑村人为主，其次是本村和周围稍远一些的其他汉族村。饶平县和梅县也有几个妇女嫁过来，因为北山村在历史上与饶平县有密切联系，而梅县在地理位置上与FH镇北部接壤，相隔并不十分遥远。从广西娶来的三个妇女，其中一个是男女双方在外打工时认识的，另外两个是通过熟人介绍过来的。1995年从越南来的"阿枫"据说是被人卖过来的，如今不但学会了潮汕话，而且对北山村的生活感到很满意，用村民的话说是"赶也赶不走了"。在北山村周边的村落中，1942年以前嫁入北山村最多的是美坑村女子；1943年以后从美坑村嫁入北山村的比例有所下降，而北山村女子嫁本村的比例大大升高。1953年以后出生的，周围各个村庄的女子嫁入北山村的人数也增多了。这是因为北山村自1958年公社化时便开始集体经营种茶，1969年，耕农开始向茶农转变。也就是说，1942年以后出生在村中的女子，当她们可以出嫁时，北山村的经济较以前已有很大发展，茶叶收入逐渐成为北山村民的主要收入，经济状况有了较大改观，加上政府对新婚姻观念的宣传推广，村中女子也就选择就地结婚而不外嫁他村了。

结婚对象与范围的改变伴随着婚恋习俗的改变。20世纪五六十年代以前，畲民缔结婚姻要靠父母之命和媒妁之言。到了七八十年代，男女双方的认识已不用通过专门的媒人介绍，而是经热心人介绍，或在自己认识的人中挑选即可。若由别人介绍，男女双方都会暗地里打探一下对方的情况。想进一步发展的，便选好一个日子，男方到女方家坐坐，女方也会到男方家坐坐。自己认识的，可由男方直接到女方家提亲。如果男女双方都同意的话，便可看日，定下送聘日期。送聘礼也要先择一个好日子，由男方送到女方父母家里。聘礼通常有挂面、米粉、猪肉等，用于拜灶神，此外男方还要备些红包，以便送给女方当日在场的亲友。在快要结婚前，男方择定结婚吉日，并提前送聘金到女方，同时送上已定好的结婚日子。聘金的多少没有明确规定，视个人经济情况和能力而定。

婚礼仪式和过程与周围汉族人一样，在过去几十年里有着较大的改变。20世纪五六十年代，新娘是由北山村畲民家中的两个亲属去接回来的。接新娘的两个人必须是"好命"的女性，一般是丈夫健在的中年妇女。新娘家送嫁的人通常有二至三个，一个是伴娘，可能是新娘的姐妹或嫂子；另一个是新郎新娘的介绍人，若介绍人是男的，就由介绍人的妻子代替；还有一个是新娘的舅父，但舅父可去也可不去。20 世纪七八十年代，接新娘一般有三个人：一个是司机，一个挑礼担，还有一个带路人。带路人一般与新郎同辈，懂礼节，会说吉祥话。在婚礼第二天新娘向本家族人敬酒敬茶时，带路人还要负责把新娘一一介绍给族中各位成员。据北山村老人回忆，20 世纪三四十年代结婚时，双方都要穿上特制的长袍，相当于现在的婚纱，夫妻俩还要到祖祠拜祖公，并吃一种用于庆祝喜事的米做的"红粿"。新中国成立后，结婚已不再穿特制长袍，但一些惯例保留了下来。例如，结婚的第一天早上女方要办酒席请自己的家里人和本宗族以外的亲戚、朋友。新娘到了夫家后，第一天须待在卧室里不能出来，但女性亲戚朋友可以进去看新娘。到了第二天早上，夫家要宴请男方本宗族的亲人。这时接新娘时的带路人要为新娘介绍夫家的本家亲戚，新娘向他们敬茶，他们回送新娘红包。80 年代以后，尤其是近十几年来，年轻人结婚不再有这些烦琐的礼仪，一般是请亲戚朋友到酒楼或在家中喝喜酒庆祝一下即可，不过酒席上也一定要吃"红粿"。关于近一二十年北山村的婚嫁风俗，村里人曾有这样的描述：

村中娶的媳妇也有外省的，十多年前，八几年的时候，有半买半娶来的，有给人家骗过来的。还有一个越南来的，是由介绍人介绍来的，学语言很快的，到这边吃这里的水，好像两三个月就会讲这里的话了。嫁过来年纪也不那么大，20 多岁，比较容易学会。生了两个小孩，一儿一女。她很厉害的，她写的越南字看起来很漂亮，在那边应该有读书。汉字现在她看得懂。她嫁到这里来应该是比她越南老家那边好，如果条件不好肯定跑回去了。

今年［2003 年］过年的时候村里有一家才结了婚，不过不是在村里结的，是在韶关那边结的，他出去外面工作了。前年有从饶平县福南嫁下来两个。其中有一家［蓝 PF，蓝 WD 的儿子］办了酒席 10 桌。不是全村都请，按房头来算，近一点的都请。赶礼前几年一般是 120 元；这两年应该是 200 多了，260 元，或 280 元。只去一个人吃酒席。200 多元是在农村家里面吃的；去酒楼吃起码也要赶 400 多元的礼。另一家没有办酒席，只把自己的兄弟姐妹叫到一起吃顿饭就过了。一般家中长子结婚就隆重一点。去年村中没有结婚的。结婚跟当地潮汕人差不多，先定亲，再娶亲。现在娶亲都改了，现在新郎一个人去，以前是两个人去娶亲，两个人送过来。嫁妆在婚礼前一天就送过去了。嫁妆的费用谁出要看两边的家庭情况，女方的家庭好，陪嫁的就多一点。

（二）家庭

北山村中的通婚范围、婚恋习俗在不断变化，与此同时，村中的家庭规模和结构形态也有所变化。户口簿登记资料和调查统计的数据显示，北山村单身户所占比例很高（见表 4-3)①。

表 4-3　北山村家庭结构和类型统计

家庭类型	核心家庭	主干家庭	单身户	扩展家庭	总数
户　　数	48	12	8	1	69
所占比例(%)	69.5	17.4	11.5	1.6	100

数据来源：北山村 2003 年户籍资料。

数据显示，单身户有 8 户，但根据实际调查，村里单身老人实际只有 3 人。3 人的年龄分别是 72 岁、71 岁、52 岁，全为男性。据村民介绍，这三个人之所以独自一人生活，其中一个是由于性

---

① 户口登记簿是我们了解和统计畲村家庭规模、结构和类型的重要材料，但实际生活中的家户情况与户籍资料并不完全一致。由于结婚、避税、青壮年外出务工等原因，户口登记簿上已从父母家庭中分列出去的独立家庭，日常生活中有可能照常合在一起吃住生活，因此表中统计数据只反映出官方登记的家户情况。

格粗暴，不务正业，经济差；另一个是自己不愿意结婚；还有一个据说是由于口碑不好，为人处事差。除三个孤寡老人之外，其他单身户有的是其兄弟要结婚，户口分出来了，也有的是因为老年丧偶，儿子又把户口分出去了，因此户口本上是单身，但实际上还是与其儿子一起吃饭生活。户口分出来了，其实却没有分家。未结婚男青年分户独立的原因是为了避税和结婚。没分户之前，全家人的税收是合在一起交的，但有的家庭一直拖欠缴费。家里没交清税收的人，若要到村里开证明去登记结婚，村干部不会给予办理。因此，年轻人要领到结婚证，就非得先付清所欠税款不可。如果不分户，就意味着交税时他要帮他父母和兄弟姐妹的那一份也交上。于是便先把户口分开，以便完税和结婚。事实上如表4-4所示，家庭规模较大和人数较多的家户在北山村并不少见。

表4-4　北山村家庭规模统计

户数 村名 人数	1人	2人	3人	4人	5人	6人	7人
北山村	8户	7户	19户	9户	17户	18户	2户

数据来源：北山村2003年户籍资料。

从表4-4中数字可以看出，4~7人的家庭有46户，远远高于34户1~3人的小型家庭，其中6口之家的户数是4口之家户数的两倍。大规模家庭的数目这么多，是否因为这些家庭都是三代同堂呢？从表4-3中我们可以看出，事实并不是这样的，主干家庭只有12户。也就是说产生大规模家庭还有其他原因。经调查，发现是由畲族特殊的民族政策所导致的结果。北山村由于是少数民族村，有一段时间人口政策比较宽松。1998年以前，人们还可以生三胎。1998年以后，当地计划生育工作抓紧了，畲民同周边的汉族群众一样，最多只能生二胎。但如果第一胎是男的，就只能生一胎；如果第一胎是女孩，则等4年即48个月后可以生第二胎。计划生育的宽限和超生现象使北山村大多数家庭都有两三个孩子，此外，我们还发现个别家庭把外孙也登记到户口本上，这是因为出嫁女子户口没有从村中迁走，而畲族子女在高考时又享有优惠政策，因此出嫁女子为了自己孩子的将来，便让孩子的户口随母登记到了北山村，这样便造成了娘家家庭规模的虚假扩大。

第三节　畲族文化的式微

　　通过参政、升学、通婚、参军、经商、打工等多种渠道，北山村畲民极大地拓展了与外界社会的交往范围，交际圈从新中国成立前的深山老林延伸到附近的集镇、县城、潮州市区和汕头市区，甚至是遥远的省府广州及其周边城市。交际范围的拓展一方面让北山村畲民开阔了眼界，进一步融入汉族或者更准确地说是整个中华民族的大家庭中，另一方面也进一步消融了畲族社会本来即已淡薄的民族认同心理和传统文化特征。北山村成年人、老人和青少年平日交往的对象，除了同村同族的左邻右舍，其余都是汉族：读书的同伴是汉族，赶集的同乡是汉族，进村的商贩、来客是汉族，买茶的顾客是汉族，打工的伙伴是汉族，生意场上的朋友是汉族，家中的亲戚是汉族，自己的认同是不分民族。除了个别特定场合，譬如向上级部门争取一些政治经济利益，或与好奇的访问者交谈聊天，或因种种原因需要填写有关个人资料的表格时，北山村畲民在日常生活中很少意识到自身的少数民族身份。他们谈论自己时用得最多的词语是"我们农民""我们农村人""我们山里人"，或是与交谈对象及其代表的群体"你们"相对应的"我们"。村中干部和个别精英人物在谈话中有时会提到"我们少数民族""我们畲族的文化"，但普通村民即便是谈起祖先历史时，也只说"我们的祖先""我们的祖公"而不会提及"畲族"二字。畲族也好，汉族也罢，若非特别提起，畲族村民已经很难感觉到这种区分及其界限的存在。

一 宗教信仰

宗教信仰作为社会意识形态之一，最能充分体现出一个民族的心理认同与文化特征。在漫长的历史发展过程中，畲族先民把同自身生活密切相关的驯犬神圣化和人格化，以便作为本族的图腾动物加以崇拜，并最终塑造出了超越自然和人类的盘瓠形象作为本民族的远祖。盘瓠崇拜既是一种祖先崇拜，也是一种原始的图腾崇拜，二者的巧妙结合构成了畲族民间宗教信仰的基石。但在后来的社会演进和发展过程中，不同地区乃至不同村落的畲族群体又在自己的信仰体系中糅合了当地汉族民间诸神的崇拜，譬如对"三山国王""协天大帝""飞天大王""泥龙帝""土地神""太上老君""观音娘娘""关公"等各式各样五花八门的汉族人格神和自然神的崇拜。畲族宗教信仰体系的延展，以及该体系中本族图腾崇拜和汉族神崇拜之间的比重对比，可以在一定程度上有力说明畲族族群认同意识和文化特征的深度汉化。

（一）祖图与图腾崇拜

"图腾"（totem）一词原是印第安语，本意为"属彼亲族"。印第安人相信，每个氏族都与某种动物、植物或其他自然物有着亲属或其他特殊关系。作为氏族图腾的对象，一般以动物居多，它就是该氏族的神圣标志，通常被奉为全族的忌物，不仅禁止杀食，而且还要举行崇拜仪式，以促进其繁衍和保证氏族兴旺。图腾信仰曾普遍盛行于世界各地，在某些近现代部落和民族如畲族中仍然流行。尽管畲族图腾信仰的内容和仪式已经发生了根本变化，但其名称和形式却以各村祖图和故事传说的形式代代流传了下来，至今依然为人们所熟悉。

摩尔根在《古代社会》一书中指出，图腾是原始氏族的"徽志"，是区别一个氏族与其他氏族的符号标志。也就是说，图腾是一个氏族用以标志自身，并以之与其他氏族相区别的标志符号，是原始人群赖以确立和理解氏族社会之间关系的手段。在氏族成员眼里，图腾是神性充盈的圣物，能对氏族赐福降祸、作威作福，因此受到氏族成员一心呵护和虔诚膜拜。畲族以集动物、人、神特征为一身的盘瓠为民族起源的远祖和图腾崇拜对象，但盘瓠崇拜一直停留在原始宗教信仰阶段，并未达到现代宗教所具备的完整教义、教规、组织和仪式等条件。盘瓠崇拜的符号体现和传承形式主要表现为各地畲村代代珍藏的祖图。祖图是畲族图腾崇拜的表征，也是畲族祖先的历史画卷，对畲族的民族身份识别和民族情结的维系起着举足轻重的作用。我国学者和有关部门识别畲族民族身份的重要标准和内容之一，就是畲民村中保存的祖图。20 世纪 80 年代被政府重新识别和确认为畲族的饶平县东山畲族村，其申请识别和认证的重要材料之一，就是东山村根据北山村祖图重新绘制的自己村中早已失传的畲族祖图。

粤东凤凰山畲族村现存的畲族祖图，目前共有 6 幅，分别保存在潮州市潮安县的北山畲族村、南山畲族村、西山畲族村，饶平县的东山畲族村，XQ 区的雷山畲族村，以及梅州市丰顺县的凤山畲族村。六幅祖图都附有前言，由多个画面横联组成，每一个画面上方都有文字说明。开卷几个画面展现人类的起源，接下来的画卷内容，都尊盘瓠为本民族的始祖。凤凰山祖图的内容大致相同，与福建、浙江的畲族祖图也基本一致。历史上畲族先民为逃避战乱或灾荒而频繁辗转迁徙，但只要安定下来，就必定重修或新绘制盘瓠祖图。新中国成立前，祖图通常由各村族长保管，在盛大节日如春节或招兵节拿出来展示时，也只供村中的男丁拜谒，对外则封闭，族外同胞难得一见，久而久之在族外同胞中产生了很浓厚的神秘感。

较早前的盘瓠祖图都是用麻布或粗白布制作。北山村在新中国成立初期即 50 年代时保存有两幅祖图，据村里老人蓝 X 回忆，两幅祖图中的一幅较老，具体制作年代已经很难考证，祖图已残破不全，因此又画了一幅新的，但什么时候画的没有人知道。新中国成立前，两幅祖图都放在"红头师公"家里，轻易不给人看。

新中国成立后的土改时期，新的一幅祖图被北京来的一个访问团用 15 万元（折合现在大约 15 元）买去。那幅老祖图就留在了村里，土改时因怕祖图被销毁，当时村里一个叫蓝 YZ 的畲民和现已80 多岁、曾任两届省政协委员、30 多年村干部的蓝 H 两人，偷偷把祖图藏到村庄后山上的一个大石洞中，才得以保存下来。石洞很大，可容纳 10 多个人，洞中有许多不清楚是什么时候由谁放在里面的坛子，坛子里装有等待二次葬的死人骨头，石洞因此被村里人称为"骨头崖"。北山村的老祖图在"骨头崖"中躲过了土改时期"破四旧"的销毁劫难，从此更加增添了一分传奇色彩。村里老人坚持说凤凰山区其余各畲族村的祖图都晚于自己村里的祖图。村里有位叫蓝 JZ 的老人讲，在 1957 年前，只有北山村有祖图，丰顺县的凤山村，潮安县的西山村、南山村、中山村等村都没有祖图。1957 年以后，北山村祖图陆续让周围的畲族村落来描摹。北山村祖图是凤凰山其他畲村祖图的蓝本，这种说法无从考证，但它是饶平县东山畲村祖图的蓝本，这倒是我们在田野调查过程中业已发现的双方共同认可的确凿无疑的事实。

"破四旧"风险时期过去以后，北山村祖图长期保存在村干部兼省政协委员蓝 H 家中。改革开放以后，蓝 H 家因经济比较困难，村里逐渐养成谁去看祖图就要付一点钱给蓝 H 的习惯。但在 1996年，保管人蓝 H 说祖图放在家里被盗窃，同时被盗的还有两个宋瓷，也是村里的祖传之物。宋瓷珍贵无比，村里人说头年大年三十装进宋瓷里的水，到了第二年的大年三十还是清的。关于祖图和宋瓷被偷一事，村里有很多猜测，但大多数人都不愿意多谈此事。祖图的遗失对北山村是莫大的损失，幸好在 1996 年前，大约是在蓝 Y 当书记的时候，村干部曾将祖图借出，带去 FH 镇进行了翻拍。于是在 2000 年村里又用老祖图的照片去潮州请人重新描摹成新祖图，耗费 2 万余元。新祖图是由从左向右的许多画面相接构成的一整幅画卷，宽 40 多厘米，长 10 多米，现存于村治保主任蓝ZJ 家；祖图的照片现存于村党支部书记蓝 NY 家。祖图有序文如下：

　　驸（马）王原系东海口（苍）龙出世，生于大耳婆左耳，请医，医［取］出其卵，即放殿阁，百鸟具朝，取与医生割之，出壹犬子，养大八个月，身长八尺，高四尺，身有五色斑纹，行至大路中心，超群拔异，号召（曰）盘瓠。幸有辛帝皇治天下，时有夷滨房突王作乱，杀死良民芜（无）数，官兵无能收服。帝出榜文，有能收服房王者，愿将三公主任选为妻。榜卦（挂）三日，无人敢收（揭）。龙犬见之，遂取其榜。丞相郭子英带犬见帝。帝大喜，问犬何能？犬对曰：我有阳战之形，变化无穷。即辞帝，犬过海，至夷滨之国，见房王。王大喜，赐犬肉酒三杯，召请诸军会饮，不意酒醉，扶□床卧。三更时候，龙犬将番王头咬断，军兵追赶，感龙王差出河伯水官、六丁六甲帅将护送过海，军士等□□□。丞相见帝犬，帝大喜，又恐不是。时有乡里一老人，年有九十余岁，识护获房王面目，召而视之，果真是。

　　帝封龙犬重职，犬不愿，只要公主为妻。帝自思，一言与（既）出，驷马难追。问犬，能变身否？犬曰：能变。遂许七日变之。变，不料至五日，犬（后）门厌头，被他喜笑，不能全变，选日成亲。二十年，生三子一女。带见帝，赐名姓盘、蓝、雷、钟，男女自有相嫁娶，永代无异。又分天地，犬王奏帝，犬言：我不要平洋田地。帝曰，何？我要百姓，并免用纳粮供国，我深山，离田三尺，离水三分，并（由）吾子孙永远耕种，不与军民等人混争。如坟林，只留中心一十八步，亦不与官员子弟争阻（执）。如有此情，送官究治。又奏：吾不要京城居住，我要深山空谷居住。帝准奏，差军护送出城。（后）学法茅山，不意，被山羊触死于石树丫下，御葬南京大路上。后三子一婿遂散处，各给路引于福建，广东。俱照圣旨施行。其子孙于汉、唐、宋、明，累朝护国，不能胜记，谨记其出身图，以便览云，永远图记。

以上祖图序文的语言文白相杂，别字不少，句法标点皆有错误，反映出撰写和复制年代的明显的不同或失误痕迹。《广东畲族研究》（朱洪、姜永兴，1991：200－203）一书收集了潮安县北山畲村、西山畲村和丰顺县 TS 镇凤山畲村的总共三幅祖图的前言序文，其中西山村的《护王出身为记——雷氏祖图》"前言"与北山村的《蓝氏祖图》"前言"内容几乎完全雷同，只是个别句子有些小改动，如"驸王"变成了"护王"，"号召（曰）盘瓠"变成了"号□□□□"，"（后）学法茅山"变成了"后学法芽（茅）山"。尽管《雷氏祖图》"前言"结尾处加注有"岁次道光辛丑贰拾壹年（1841）秋月□□日重修画祖像吉旦遗后"的文字说明，我们根据其相似的内容、措辞和更多的别字等特点，似乎可以推断西山村的祖图是以北山村祖图为基础绘制的。凤山畲村的《驸王出身图记——蓝氏祖图》"前言"与北山村祖图前言内容也十分接近，只存在个别字词的差异，但结尾处注有"公元一九五七年旧历九月廿日"的说明。由此可见，北山村老人认为凤凰山其余畲村的祖图皆仿制于北山村的祖图，这样的说法似乎存在一定的依据。

畲族祖图大同小异的序文简略叙述了民族始祖盘瓠的传奇故事，其间既有人、神、动物三界的神话沟通，也有帝王将相、英雄护国的历史附会，更有汉族道教传说的深刻影响。有学者研究考证，畲族祖图序文所提到的地名"茅山"，乃是汉族道教的名山，位于现江苏省句容县境内，山上著名的茅山道院据传始建于南朝，即公元420～589年（朱洪、姜永兴，1991：86）。盘瓠出生在高辛帝时代，传说中高辛帝喾是黄帝的第24代裔孙，生活在距今大约5000年前的新石器时代。几千年前的盘瓠学法于几千年后的道教圣地茅山，显然这是畲族后代子孙的历史想象，但即便是这种关于自己民族早期历史的纯粹想象，其中的汉族文化影响因素也不容忽视，至少说明了畲族先民早就认识到，畲族的汉化或者说畲汉民族的互动交融，在畲族历史的起源时期就已开始了。

（二）祖祠

祖祠最初是畲族祭拜盘瓠始祖的地点，现在不仅用来祭拜畲族的图腾远祖即"主公"盘瓠，还供奉汉族神位。北山村只有一个祖祠，即蓝氏祖祠。村里同为畲族的雷氏原来也有自己的祖祠，但 1958 年之后被毁，现在的村委会楼房所在地就是原来雷氏祖祠的遗址。翻新不久的蓝氏祖祠是 1999 年在老祖祠的基础上重建的，共耗费 2 万余元，资金是靠向嫁出的媳妇和外出打工的人募捐而来。祖祠门上有一横匾，上书"蓝氏祖祠"四个大字。一对老旧的木门上绘有两幅门神，已经模糊不清，但根据一个留须一个不留来推测，有可能是尉迟恭和秦琼。石制门楣的两侧上缘，都雕刻有鱼龙的图案，其所代表的可能就是盘瓠。跨进祖祠大门，首先是个小天井，天井的对面是一间无遮无掩的宽敞堂屋，堂屋正面上方又有一匾，书"韫玉堂"。问村书记，他也不清楚这三个字代表什么意思，只说是老祖宗留下的。村里的老人蓝 X 老伯也不清楚这三个字的含义，只是说他小时候听老人讲，以前写的是"种玉堂"，他 7 岁的时候，也就是 1926 年祖祠进行过一次翻新，当时匾上就写着"韫玉堂"，之后一直写的是"韫玉堂"。堂屋正面靠墙处放着一张两三米长的供桌，供桌正中供奉了五个金花香炉，依次代表蓝姓的五个辈分："万、百、大、小、千"。蓝 H 告诉过我们，以前有人去世，还会进行排辈，但是现在人们已经不太在意这些辈分了。供桌的右侧有一神龛，供奉的是关帝和观音以及左右的金童玉女四座像。供桌的左侧供奉一金花香炉，这里供奉的是本村最大的神"出山国王"。祖祠里的出山国王没有神像或者画像，只用一个香炉代表。村里老人告诉我们，北山村的祖祠和下面的汉族村不同，没有地主爷牌，没有神位，只有香炉。在供桌前方靠一侧墙壁的空地面上，还放着一个两三尺高的"功德箱"，说是供外村来客参观祖祠时自愿投放捐款用的，功德箱下端的小门用锁锁着，看不见里面有多少或是否有捐款。祖祠头顶的主房梁上绘有八卦图案，下面的另一根梁上写了"元、亨、利、贞"四个字，似是《易经》开篇"乾"卦的第一句。

祖祠在 1999 年重修之前，没有专人管理，破破烂烂的都快倒塌了。重修以后，村委派了人员专门看管。第一年负责看管的那个老伯管了一年，后来身体不行了，村委又重新安排了一个，但这个太懒，所以 2002 年又换了一个。管理祖祠的人主要负责清洁卫生工作，在人们祭拜放完鞭炮后，把祖祠外面的纸屑、炮灰清扫干净，还有祖祠里面供桌上烧香的烟灰也要及时清理掉。管理祖祠的人每个月初一、十五的时候，还要负责到里面去烧香。香是用功德箱里攒积的钱来买的，春节祭祖时用的物品如对联、灯笼、香、纸、纸钱、蜡烛等，都是用功德箱里的钱买的。管理祖祠的人一年有 150 元钱的报酬，由村委支付。功德箱一年能收多少钱很难讲，2003 年收了 500 多元。功德箱每年开两三次，通常是正月二十日开一次，端午节开一次，取出来的钱就存放在村委的出纳那里。祖祠大门的钥匙由看管祖祠的人保管，功德箱的钥匙就由会计保管，只有会计一人有功德箱的钥匙，但会计没有祖祠大门的钥匙。开功德箱时，最起码要三个人在场。往功德箱捐钱的人一般都是外面来的人。祖祠的门正月会开三次让大家进去祭拜，分别在正月初一、正月十五和正月二十日。除正月以外，全年的其他时间祖祠一般不开门让人进去活动，除非遇到特殊情况，譬如有特殊的单位或人员来参观。村里的祖图放在治保主任家中，正月祭拜时也不会挂进祖祠让大家观看或祭拜。祖图只有在有特殊人员来参观访问时，才会拿出来展示给大家看。例如 2003 年 7 月，中山大学人类学系在 FH 镇开展毕业实习的几十个学生专程到北山村参观时，村干部在带队教师的要求下，把祖图拿到新建小学的大教室里，给学生进行了展示和简单讲解。学生们看完后，治保主任立刻就把祖图画卷收起来带回家里去了。

从祖祠的陈设可以看出，北山村的宗教信仰体系比较复杂，功能也比较齐全，混合了很多汉族的东西，佛教、道教、民间宗教、慈善募捐全都糅合到了一起。除了祭拜自己的祖公盘瓠王之外，北山村还崇拜别的神，其中之一就是"出山国王"。凤凰山区的汉族和别的畲村如南山畲村都崇拜一个称为"三山国王"的汉族民间神祇，唯有北山村人祭拜"出山国王"。我们向村里人询问两个神祇之间的区别，得到的答复是："出山国王比三山国王大"。蓝 X 还告诉我们，现在村口的那片竹林地在土改前有一个老爷公庙，里面拜的就是出山国王的神像。神像和山下的老爷像差不多，但字不一样，写的是"出山国王"。2005 年正月我们在北山村做田野调查时，曾在村口路边的一垄竹林土堆旁，看见垒有几个小石块，中间插着一枝当地畲汉两族人祭祀常用的金花，石块前的空易拉罐子里还竖着几根燃灭的残香。当问及村民此事时，有的回答说不知道是谁弄的，也不清楚拜祭的是谁，但也有人知道拜祭的是"出山国王"，尽管不知道是谁在拜。同一个春节的另一天，当村书记带我们去观看村庄后山不远处的"骨头崖"时，在那里也看见如同村口祭拜"出山国王"神祇一样的摆设。我们对此没说什么，倒是书记自言自语地说了句："不知道是谁跑到这里来弄的。"

祭祖仪式历来在祖祠举行。在畲族的传统文化中，男子年满16 岁，就要举行祭祖仪式，由本人已祭过祖的父亲或族中长辈担任"度法师"，在祭祖仪式上作为自己的指导，此外还须已祭过祖的五人共同襄助。祭祖多在冬季举行，具体日期由巫师择定。祭祀时先祭盘瓠，堂屋正中悬挂"祖图"，神案即供桌上置放"祖杖"。畲族的"祖杖"一般是一根顶端刻有狗头或龙头的木杖，但北山村的"祖杖"有些特别，据村里老人说是一根沉香藤，因此也有村民称之为"柴藤"。"柴藤"一条折成三叠，展开有三米多长，叠起来一米多长。"柴藤"最早放在祖祠，50 岁以上的村人都见过。据说是当年犬王掉下山时挂住他的藤蔓，流传至今已有上千年，仍没有遭虫蛀，但在"破四旧"的时候被毁。但村中也有人说"柴藤"祖杖可能还在，应该是收藏在某户人家中。新中国成立前祭祖时，供桌上除了摆放系有红布条（布条上写着祭祖人姓名作为祭过祖的标志）的"祖杖"或"柴藤"外，还按姓氏、辈分和排行的不同排列存放着数目不等的香炉。祭过祖与未祭祖的人，社会地位明显不同。未祭祖的人，父亲死时不得作为孝子治丧。各家之中祭过祖的越多，越受到族人的尊重。

新中国成立以后，畲族传统的祭祖习俗在"破四旧、立四新"运动中逐渐消失。80 年代改革开放以后，畲村祭祖的习俗重新开始兴盛起来，但祭祖的内容和形式都发生了很大的变化。现在人们祭祖不再区分男女老幼，而且祭祖的日期由各村统一确定，多半在春节过后的正月之内，但也有少数选定在八月中秋节前后的。北山村的祭祖日选定在正月二十这一天。祭祖时，各家各户的亲戚朋友都从四面八方赶来朝拜。在北山村出生长大后外出工作、生活、经商的人们，也都在这一天赶回村里，家家户户杀鸡炖肉摆酒待客，或围着电磁炉就着啤酒、可乐吃火锅。人们热热闹闹欢聚一堂，祖祠门前不时传来阵阵震耳欲聋的鞭炮声，告诉人们：又有一家去祭祖了。由于祖祠地方窄小，北山村不像其他村一样，全村所有家庭把祭品同时摆放在祖祠门外拜祭，而是三三两两或独自一家陆陆续续挑着或提着祭品去祖祠祭拜。祭品一般是三牲如猪肉、鸡肉、鸭肉等，也有附加糕点、水果、烟酒、茶叶的。有些人家的祭品很丰富，分量又多又华丽，用两个竹篮挑着来，燃放的鞭炮也是几十上百元的大饼响炮，或昂贵的烟花爆竹，足以看出祭拜人家境的富裕。这样家庭来的祭拜人通常不止一个而是好几个甚至一群，其中有老有少，多半还有衣冠楚楚的中年男子和打扮入时的中年妇女或青年男女。总之一家老小，一眼看去便知道是城里人，或者是已经在城里生活多年而且颇为成功的前农村人。除了富裕人家前呼后拥挑来扛来的奢华祭品，也有单独一人拎一小竹篮简单祭品前来祭祖的，来者通常是一个老婆婆，或者一个衣着朴素的中年男子，一看就知道是常年待在村中，很少外出闯社会的人。简单的祭品通常是一只煮熟的鸡、鸭或一块猪肉，加一些糕点、茶叶，他们往往只带了香来烧，而没有带鞭炮来放。不论富裕还是清贫，祭祖跪拜完以后，祭品一律如数拿回家招待家人和客人。北山村人祭祖不像南山村人那样把祭品放在祖祠门外，而是直接拿入祖祠屋内摆放在供桌前的空地上，然后上香点香，磕头跪拜。祭祖的香是人们自己连同祭品一起从家中带来的，点上香后，人们从进门的左侧开始，先拜供桌左边的香炉，再拜中间，最后拜右边的关帝和观音神龛。一般拜两次，来的时候拜一次，拜完便和在祖祠里面遇到的人聊聊天，或在祖祠周围走动走动，与居住在祖祠旁边或碰巧路过的人打打招呼，说说话，或燃放鞭炮。在带上祭品离开祖祠时，祭拜者会按照从左到右的顺序，对着供桌上的香炉和神龛再跪拜一次。如果不约而同来祖祠祭拜的人家较多，一时显得拥挤，那先到者就先拜，拜好就回家和亲戚朋友聚会。我们询问过多位前来祭拜的人，供桌上的几个香炉具体代表什么，为什么要按照从左到右而不是从右到左的顺序跪拜，回答都说祭拜的是主公（即盘瓠始祖），香炉是用来上香的，不清楚为何供桌的左边放两个香炉，中间放五个香炉。至于跪拜顺序，村里人历来如此，没有谁会想到去改变。

从我们在参与观察中了解到的情况来看，北山村的祭祖日与其说是举行祭祖仪式的日子，还不如说是家人团聚和招待亲朋的节日，这一日村里比大年三十和初一还要热闹。而凤凰山区乃至整个潮汕地区的乡村，不论是畲族村还是汉族村，祭祖的情形普遍如此。虽然各村历年不变的固定祭祖日期不尽相同，但大多数都在春节以后的正月。此外，在那些人多势众和经济实力雄厚的汉族村，祭祖日的排场和热闹盛况也远远不是偏远山区的畲族村可以比得上的。尽管如此，畲村的祭祖日却也不乏闹市汉族的朋友赶去助兴。譬如靠近汕头的潮安县县城所在地有个老板，每年正月二十日都要去北山村祖祠拜祭，拜完了就在村里朋友家吃饭，然后再回庵埠去。北山村口的一间歇脚亭，就是这位老板出钱修建的。他是做茶叶生意的，从北山村买茶叶去卖，销路很好。做茶叶生意的汉族朋友，有很多都这样，年年祭祖日都赶到北山村去为生意伙伴祝福，也有些是朋友，介绍以后就保持着长期来往联系的。

二　生活习俗

20世纪90年代以后，随着茶叶经济的发展和收入水平的提高，北山村畲民的生活与过去相比发生了很大变化。新中国成立后不久，享受到政府对少数民族种种优惠待遇的北山村畲民，生活水平也比周围的汉族山村提高得快。在50年代，北山村干部就到市委统战部申请经费修建小水电站，所发电量足够供应村民照明和碾米，使北山村畲民比周围汉族村寨早一二十年点上了电灯。70年代，村干部又成功申请到从FH镇直接拉电线进村，从此供电充足，村中生活照明和茶叶加工等用电都有了保障。80年代初，村干部向上级争取经费，建水池，买水管，建起了自来水系统，使村子比山下FH镇周围的村寨都提早用上了自来水。1986～1987年间，村干部又争取到政府拨款，修建了一条从上下美坑村一直通到北山村的高山专线公路，可以通行汽车。2005年底，上级又拨款把这条高山土公路改建成了水泥公路。公路的畅通加快了北山村畲民迈向外界社会的步伐，也使外界社会的各种商品、资源和信息源源不断地输入到北山村民家中。现在几乎每家每户都有电视机、洗衣机、摩托车，人人用煤气灶做饭，很多家庭有热水器，一些家庭还有消毒碗柜、组合音响。由于住在远离集镇的高山上，村民家里能接收到的电视频道不多，用闭路电视费用又比较高，因此人们为了增加娱乐活动，很多人买了影碟机。影碟有的是在FH镇租的，也有的是买的。到FH镇租影碟很便宜，每张碟只要5毛钱。如果跟店主比较熟，还无须押金，也不用限定租的天数，因为大家都比较熟，不用担心你不还他的碟。村里使用电冰箱的人家很少，一方面因为这里常年气温都比较低，另一方面电冰箱也算是比较高档的消费。

虽然每家每户的生活用品、家用电器和交通工具都很齐全，但村民一日三餐的生活水平并不是很高。一般人家每天的菜食都是用青菜炒一点猪肉，再用一点青菜煮一盆清汤吃饭。虽然从村里到 FH 镇的路开车只需 30 分钟左右，但到镇里去的大多数是二十几岁的年轻人。他们多半是为了到镇里娱乐的，经常几个年轻人一起骑摩托车下去，到第二天早上才回来。除了那些在 FH 镇或潮州做茶生意，经常在茶店与村里两边来回跑的人外，村里的中年妇女和老人较少外出，特别是老人。中年妇女一般是坐儿子或丈夫所开的摩托车去 FH 镇，老人则走路下去。年轻时走路到镇里来回一趟要走大约 2 个小时，现在老了，来回差不多要走 4 个小时。因为山路陡，摩托车的车速又快，所以老人一般都不愿也不敢坐摩托车下山。因此他们只有等到有事情才偶尔下去镇里一趟，比如一个月下去理一次头发。平时老人如果需要买点什么，会叫自家或邻居去集镇的年轻人顺便买了捎回来。村里有两个卖生猪肉的摊档，每天都从 FH 镇运送猪肉到村里来卖，因此村民每天的肉食以猪肉为主。以前山下有人来卖过熟肉，但有人见到生意不错，也来卖，结果两家的生意都不好，都没有继续做下去。现在只有家中来了客人，村民才会到镇里买回一些鸡肉、鸭肉等熟食佳肴来待客。如果邻居正好有事去镇里，就托邻居帮忙买了捎回来。蔬菜多半是自给自足的，早上吃粥的咸菜大部分也是自己腌制的。村里人每年的净收入并不高，虽然一般人家每年能制茶1000 斤左右，收入两三万元，但扣除成本和接下来必需的生产投资和开支后，差不多也就所剩无几了。由于副业较少，村里许多人家除了种茶卖茶以外，再没有其他收入，因此一切费用都要从卖茶的收入里面支出。既要买化肥种茶，买柴火烤茶（山上自产的柴火远远不够各家各户烤茶用），出工钱请人帮忙采春茶（包吃包住每人每天 20 元，有的还要包路费），又要购买油盐酱醋、大米等日常生活用品，此外还要供孩子上学读书，一切开支均来自茶叶收入，因此经济并不十分宽裕，即使能负担得起，村民也极少每天大鱼大肉地吃喝。

（一）住房与衣着

住房与衣着是体现一个地方生活水平和生活习俗的重要物质见证。历史上畲族先民的住房"以山林结竹木复居息为峯"①。畲族先民称其住房为"寮"（láo）或"山寮"，即在深山就地取材，用竹木茅草搭成简易的寮房栖身。但北山村畲民告诉我们，他们打小就没见过村里有竹木结构的茅草房。我们于21世纪初在北山村见到的住房，多为砖瓦结构，或水泥预制板屋顶，不仅有宽敞的平房，还有二三层楼高的楼房。房屋造型与周围汉族村庄、集镇的汉族平房和楼房无异。据村民回忆，20世纪70年代初，村里几乎每家都拆了以前那些用土砖和石头建成的屋檐会碰到头的低矮的房子，重新盖了两层高的楼房，居住环境从此有了很大的改善。村会计告诉我们：

> ……房子连在一起的不一定是兄弟。房子的地基（空地）是统一规划的，村民抓阄选地基来建的，各户各户地抓阄。这些一排一排的房子都是抓阄建的。谁抓到相连的地界谁的房子就建在一起。有时会因房屋高矮和墙的问题起矛盾。村靠后面较高处成片的房子是80年代建的，前面是70年代建的。我的房子是〔19〕87年建的，地基不是抓阄来的。我建房时已经改革开放了，分到田了。我建房的这个地方以前是茶园，分给我们家的。分茶园时是一户人一片一片分下来的，都是小片小片的。我这个房子的茶园属于16户人家，当时一片茶园是一垄一垄分出去的，一块茶地里面有很多垄，分别属于很多家。上面蓝WD家现在在修房，不是因为儿子要结婚什么的，是把以前空着的地方接起来，他那个房子可能要花差不多4万块钱。

---

① 顾炎武：《天下郡国利病书》卷一〇三《广东下》。

　　住房条件的改善从根本上消除了畲汉村庄生活水平的落差，使周围甚至远方的汉族妇女愿意嫁入北山村并在这里安居乐业，从而也进一步消融了畲汉之间居住、生活环境和生活习俗的差异。住在现代民居里用煤气灶做饭，用热水器淋浴，用摩托车代步的畲民，男女老少的穿着打扮与周围的潮汕汉族没有任何差别。年轻人的衣着更是光鲜入时，与城镇青年无异。

　　关于畲族先民的着装，文献资料记载畲族妇女多穿大襟小袖衫，衣领袖口和右襟多镶花边。花边为宽纹的是中青年妇女的服装；老年妇女穿窄纹花边的衣服、短裤，裤角镶有锯齿形花纹，束黑色绑腿。衣尚蓝色，衣料多为自织麻布。发式为螺式或筒式发髻盘在头上，发间环束红色绒线。结婚时头戴凤冠插以银簪，喜欢在服装上刺绣各种花鸟及几何纹饰。畲族妇女服装，各地略有差别，其共同特点是上衣多刺绣。尤其是福建福鼎和霞浦的女上装，在衣领、大襟、斗服甚至袖口上都有各色刺绣花纹图案和花鸟龙凤图案。畲族男子服装基本与汉族相同。但据北山村里老人回忆，他们年轻时穿的衣服虽然与现在不同，但与当时下面的汉族人一样，都是黑色和蓝色的土布。村里早就没有畲族服装了，五六十岁以上的老人也只是小时候见过，可是当时连他们的父母也都不穿了。六十多岁的蓝 ZQ 说他父亲那代也只是在节日才穿民族服装，他自己从来没有穿过，因为如果穿了去美坑村，人家会看扁他们。村里有几套畲族服装，目前保存在潮州市政府。六十多岁的蓝 WD 向我们讲述了民族服装的来历："北山村的传统服装放在潮州市政府，服装是十多年前去福建，从跟我们一样的民族那里买回来的。当时是我们村里的书记蓝 Y 和县里的人，还有镇政府的人一起去买的。"

（二）生产与分工

　　北山村的家庭既是人们的生产、生活单位，也是家庭成员的经济和福利单位。每遇采茶的农忙季节，村里小到六七岁的孩子，老至 70 多岁的老人，老老少少、男男女女，都头戴斗笠，手挎一个圆筒形竹篮，一起上山去采茶。回来以后，大家就忙着晒茶、浪青、炒茶、揉茶、烘茶，忙得不亦乐乎。比如村里的蓝 H 老伯夫妇已经 80 多岁，但仍然腰不弯，耳不背，眼不花，几年前还跟年轻人一起爬山去采茶，现在虽然不下地采茶了，但也要帮助家里做晒茶、制茶和做饭等工作。到了采茶旺季，大家什么都要干。虽然制茶的过程多由家中的男子完成，但男女并没有十分明确的分工。为了不耽误茶叶采摘、制作的时间，家里的老人、夫妻、子女都会同心协力参与茶叶生产的全部过程。在外面做生意的人，到了采春茶季节，也会赶回村里帮助采茶制茶，等采回茶叶制作加工完成后，再把茶叶运到城镇出售。如夫妻一起在城里经营茶叶买卖的，通常是丈夫留在店里打理，妻子回北山村雇人采摘、制作。父子一起经营的，通常是让儿子留在店里打理，让有多年制茶经验的父亲回家。

（三）敬老养老

北山村畲民一直沿袭着养老扶幼的美德。儿孙满堂的老人，通常由儿子抚养，即使另立户籍，也跟儿孙在一起搭伙吃饭，以便在生产生活中彼此帮助、互相照应。村中有两个单身老人，一个 71 岁，一个 70 岁，都依靠着亲族成员的照顾过活。那位 71 岁老人的弟弟去汕头做生意失败后，就一直没有回过村里，全家没有一人留在北山村。老人现在住在弟弟的房子里，因为里面有制茶的工具可以用来制茶，茶园由堂弟的孩子照顾。老人和自己弟弟家的茶地也一并交给侄子打理，每年能采茶 500 斤左右。老人生病后，侄子陪他到 FH 镇医院和潮州市中心医院检查、拿药，每次都要花费一二百元。但老人的胃病和头痛的毛病似乎断不了根，吃药时就好，断药后又经常复发。老人积蓄不多，生病除了要买药外，有时吃不下东西还要喝牛奶，买葡萄糖，因此积蓄都用完了。除了政府发给的少许资助外，全靠亲戚的接济。在亲人和邻居的照料下，老人的生活还算过得去，用煤气灶做饭，冬天有棉被和拉舍尔毛毯保暖。

（四）丧葬传统

北山村庄后山上的"骨头崖"洞里有等待二次葬的坛子，但村里人都不知道其来历，不知道那些坛子里的骨头是不是属于自己祖先的。大家推测可能是属于北山村祖先的，也可能是属于外村汉族的。因为新中国成立前二次葬或称"捡骨葬"的习俗在潮汕地区到处都有，凤凰山也很流行，因此也有可能是以前外村的人放到这里，还没来得及拿去安葬的。北山村老人只知道，村里的安葬风水方向是一年朝向东西，另一年朝向南北。如果安葬那年，正好没有朝向正确的好风水之地，就按该年的朝向草草埋葬，过段时间再挑个良辰吉日将骸骨收集起来，另选一处好风水进行二次葬。但这种丧葬方式不只是属于畲族，周围的汉族也有这样的习惯。八九十年代以后，国家政策提倡火葬，可村里人说，按照少数民族政策，少数民族可以自行决定火葬还是土葬。因此北山村至今没有一个火葬的，全都土葬在山里。以前出殡时，会根据经济状况从潮安县甚至潮州请法师来作法，然后全村所有姓一起送葬出殡。村里人解释说因为北山村小，人不多，如果只是单一姓氏人出殡的话，场面不够大，会输给山下的村落，因此所有人一起出殡，场面能够大一些。近几年来，出殡送葬多半只有本家亲戚，场面也不会搞得太大。因为政府要求火葬的政策越来越严，土葬只能悄悄地进行，不然给外面的人知道了告发到政府，就会遇到麻烦。

新中国成立前，北山村畲族男子死后要排辈序，分别为"大、小、百、千、万"，但1950年以后这一习惯就终止了。关于排辈序的习俗，60岁以上老人记得最清楚的，是新中国成立前村里有位"红头师公"，名叫蓝XN，法名叫蓝法秀，十分有名。蓝JZ就是他的养子，是抱过来继承他早逝的哥哥的房头的。老人和蓝JZ一起回忆说，祖传法师一共有13代，蓝相是最后一代。历代红头师公的法名，蓝JZ原来有记载保留，可现在找不到了。80多岁的蓝H年幼时是最后一代法师蓝 XN 即蓝法秀的两个徒弟之一，他回忆出了九代红头师公的法名：蓝法清、蓝法尚、蓝法开、蓝法胜、蓝法居、蓝法行、蓝法显、蓝法兴、蓝法秀。蓝 H 和现村治保主任蓝 ZJ 的父亲蓝 YC（2003 年初刚去世）以前都是蓝 XN 出远门作法时给他挑担的。

蓝 JZ 回忆了当年蓝 XN 的一些作法。譬如，手伸入滚油锅、用符水化掉卡在喉咙的骨头、让精神病人走过火坑来治愈他们。他还回忆了藏魂和招魂转竹的详细过程。藏魂：用一红纸封住一坛口，在纸上烫一小孔。在纸上左四右三放七粒糙米，然后念咒语，七粒米会跳，然后有一粒会掉入小孔，再自己跳出来，并在坛口巡游一周，最后七粒米都会掉入小孔，这样魂就招回来了。招魂转竹：用一根粗竹段，上安置一较细竹段，在上面绑上剪刀、镜子、尺等东西，在细竹顶放一米袋。念咒语，如果米袋会自己转，并能认出亲人并行礼，那么魂就招了回来；如果米袋没有反应，那么魂就招不回了。

蓝 JZ 还找出了家中保存的父亲遗留下来的九本薄薄的手抄经书。其实原来有很多，不过在土改时候全部被烧，只偷偷保留了这几本。九本手抄经书已破旧不堪，有的纸页已经朽坏，字迹不全。经书大多是关于招兵、谢土、招魂等法师作法的念词内容和动作说明。

从遗留经书的书名来看，似乎特定的活动都有相应的特定经文。经文内容糅杂了佛教、道教、民间信仰等多种文化要素。比如在单一本《波罗蜜经》里面，就有"南无救苦救难观世音菩萨百千万亿佛……"等佛教的内容，和"老君曰：上士无争下士争……"等道教内容，以及"东华帝君受之于金关帝君……"等民间信仰内容。经书中所提到的畲法或畲族人物或文化内容并不多见，只是偶尔有"……教师爷法卫公、法清公、法胜、法科、法开、法居、法行口，教师爷蓝法显五营兵马合坛圣贤一齐打在潮州府……"一类的字句。九本中残存的手抄经书中，有一本比较特别的《造酒仙歌》，系蓝法秀于公历一九四五岁次庚寅年冬月三所作或所抄录，内容牵涉众多汉族的神话传说和文化典故，例如：

正月劝酒笑呵呵，弟郎无曲唱仙歌。文王娶妻萧氏女，孟宗哭竹通听坐。正月劝酒过来了，回头望见二月来。二月劝酒燕飞梁，金曲开花四季香。甘罗十二为丞相，太公八十遇文王。二月劝酒石晋花，田真田广最荣和。田真田广最孝三兄弟，兄弟和合共一家。四月劝酒荷花开，劝上师爷劝师嫂。左边劝酒梁山伯，右边劝酒祝英台。五月劝酒记昌埔，利别仙人和番书。问到乌江心不闷，一直心到同廷府。六月劝酒六洋洋，行孝之人是黄香。黄香扇子枕母睡，手持扇子透风凉。七月劝酒秋风凉，丁兰刻木为爷娘。董永卖身去葬父母，天曹织女结成双。八月劝酒是中秋，香火游游透九州。文王夺国争天下，关张刘备结朋友。九月劝酒是重阳，人家美酒曲花香。杜康造酒对饮会，人人制酒奉玉皇。十月劝酒海上清，转心南海请观音。观音能救世上苦，老君度法救良民。十一月劝酒雪美美，孟姜烈女送寒衣。朝朝去到长安路，日日思量十二时。十二月劝酒又是年，人家夫妻得团圆。一年亦有十二月，摇中亦有十二时。唱出二十四孝共一排，前头唱到尾头来。男人听知行孝顺，女人听知敬爹娘……

（五）节日禁忌

与丧葬习俗一样，北山村当今的节日禁忌也与凤凰山区的汉族村庄没有什么区别。每年最隆重的节日是祭祖日，周围的其他村子也是如此，只是各自的祭祖日不一定是在同一天。

北山村的祭祖日是每年的正月二十日，其余节日如春节、清明、端阳、中秋、冬至等，完全与汉族一样。新中国成立前村里会在除夕夜举办"招兵节"，即用畲法招来天兵天将，保佑平安，但招兵在红头师公失传后亦即新中国成立后就没有了。此外村里以前还有个打猎的节日，叫作猎神节，但是也已经很久没有过了，村里人也不记得这个节日的具体时间。北山村的传统节日都是按农历计算，具体名称、日期、祭拜或庆祝形式如下：

大年（正月）初一：备茶、酒、糖果和柑到祖祠拜香炉。

正月初五：迎灶神，比平时略早吃晚饭，饭后将灶扫干净，好比给灶神穿漂亮衣服。将柑、糖果置于灶台，肉类（三牲）放桌上；整夜点灯（煤油灯或点灯）候灶神。

正月二十：全村每年一度的祭祖值日，各家各户备三牲从早上开始陆续前往村中祖祠祭拜，中午在家中设宴款待来访亲友。

清明节（农历三月）：到墓地上坟扫墓。如果是水泥墓，直接备三牲、糖果祭拜；如果是泥土墓，通常先清理杂草和垒坟后，再摆上祭品祭拜。

四月十一：拜天公（新中国成立前以及新中国成立之初有，现在已经没有了），以三牲、酒、茶向天祭拜。

端午节（农历五月初五）：和汉族一样，做粽子吃粽子。

中秋节（农历八月十五）：在家拜自己的祖先，拜伯爷（管地理风水的神）。

十月十三：拜五谷神（拜粮仓），用三牲、糖果、汤圆祭拜，一般早上拜，但现随生活习惯改变，也有中午和晚上拜的。

十二月二十四：送灶神（金花灶神）。比平时略早吃晚饭，饭后将灶扫干净，好比给灶神穿漂亮衣服。将柑、糖果置于灶台，肉类（三牲）放桌上；整夜点灯。

十二月三十：拜伯爷（管地理风水的神）。

十二月三十到正月初五，整夜亮着厨房的灯和路灯送神和迎神。

北山村中目前的禁忌不多，主要禁忌是新年节日时不说不吉利的话。此外产妇坐月子不出门，亲戚朋友在婴儿满月之前也避免登门拜访。畲族忌吃狗肉，但北山村并无此禁忌，虽然也没有人专门杀狗来吃。

（六）畲话的消失

北山村原有自己的民族语言，但是目前已基本被潮汕话取代。我们听蓝 H 讲过这种语言，感觉有许多词汇的发音分别类似于潮汕话或粤语或普通话，应该是受这些语言的影响比较大。比如"北山村"用畲族语言发音是"xiǎ gú piǎng"，"有空来坐坐"的发音是"hái hǎn jiǔ lǐng gā liǔ"，"睡"是"hūn"，"椅"是"děng"，"吃茶"是"xī chǎ"，"穿鞋"是"zúo hǎi"……村民蓝 ZQ 能讲很多种方言，把畲语称为"我们的客家话"，并说"我们的客家话"不同于客家人讲的客家话。他说小时候父亲经常教他畲族话，所以会说不少，现在虽然很长时间不讲了，但也不会忘记，只是讲得不太流利了。如果在公共汽车听到有人讲"我们的客家话"，他立刻就知道是自己人，因为"我们的客家话"和客家话、潮州本地话都不一样，一听就能听得出来。村里目前仅还有蓝 H、蓝 Q、蓝 J 等几位老人在聊天时候会讲；四五十岁的人都不会讲了，但能听懂少许；再往下年纪的人，连听都不会了。蓝 ZQ 说南山村、丰顺县的凤山村还有很多人在讲"我们的客家话"，很流利。北山村会讲的人很少了，连老书记蓝 XM（57 岁）也只能听懂很少，但蓝 XM 的父亲蓝 X 就讲得很好。蓝 H 说村里人现在不讲畲话，因为人口少，也用不到。虽然民族特色应该保留，但学校里不教畲语，完全凭自己喜欢，是很难保留下去的。村里老人说，畲话在山下的中山村、西山村有流传，那里人在家讲自己的话，在外讲大家的话（潮汕话）。可是在北山村，畲话正在消亡。

第四节　小结

本章从生计模式变迁中茶叶经济的兴起、社交空间的拓展和畲族文化与心理认同的式微三个方面追踪描述了粤东凤凰山区北山畲族村的社会文化变迁过程，从中可以发现畲族本民族认同意识和痕迹的淡漠。不仅初到北山村的外乡人很难察觉村里居住的是少数民族，而且北山村畲族人自己也认为，他们觉得自己跟汉族人没有什么区别。除了政府确定的畲族族籍，祖祠供桌上的几个香炉，三四个老人依稀记得的往昔畲话，以及村中保存的一幅祖图，北山村的畲族文化特征已经消失殆尽。对于祖图描述的民族起源和远祖故事，村中的年轻人已不大了解或热衷关心，他们的兴趣所在和周围的汉族青年人一样，是当代国内外的影星、歌星，以及港台、好莱坞的故事影片。不仅北山村的年轻人不会讲畲话，唱畲歌，就连50岁以下的中年人都说，他们既不会听，也不会讲畲话。村里男女老少彼此之间平时都讲潮汕话，对不会讲潮汕话的外地人，大家就讲普通话。只有少数几位70岁以上的老人聚在一起时，才会用畲话聊聊天，叙叙旧。村里会讲一口流利普通话的人远远多于周围汉族村庄的潮汕本地人，而且普通话的标准和流利程度也比周围的潮汕人高。村里绝大多数人不仅没穿过，而且也没见过自己民族的传统服装。所有这一切现象表明，北山村畲民在与汉族社会的接触交流中，其文化特征和心理认同已经发生了很大的变化。

第五章

东山村：围屋中走出的新畲村

族群是一种相对稳定但并非恒久不变的人群共同体，在特定的社会历史条件下和政治经济环境中，族群的边界甚至名称都可能发生群体内外一致认可的变更。族群识别与界定在西方大多数国家是一个自然发生的过程，是在族群互动的历史过程中逐步完成的。在我国，政府从 20 世纪 50 年代开始组织专家学者开展"民族识别"工作，并由此建立起了一个"民族身份"和族群关系的制度化认同框架，族群边界的划定和民族成分的变更也由此成为一种政策制度的实施和遵守过程。尽管如此，我国的族群边界也没有演变成为固定不变的僵死分界线，社会中的部分个人和群体在"民族成分"可以从父或从母、"民族识别"工作至今尚未完成的政策活动机制下，完全有可能依照政策的规定和要求变更族群认同。

对当代中国公民而言，个人和群体民族成分或族群认同的变更，必须依赖一定的现实条件或原生认同基础。众所周知，政府从 20 世纪 50 年代开始通过推行民族识别政策来确定群体和个人民族身份，其后每一代人的族群认同通过父母的"民族成分"世袭传承。新生儿在登记户籍资料时，父母为孩子申报的"民族成分"必须与父方或母方的民族成分一致。若父母分别属于不同的民族，孩子出生时须由父母代其选报其中一个"民族成分"，18 岁即达到成年人年纪后，他有权将自己的"民族成分"更改为父母之中的另一个民族，从而形成个人民族认同的变更。除个体行为的族群身份变更外，我国当代社会中的一些群体如整个村庄，也可以通过政府官方的民族识别政策机制，申请更改其属下全体成员的民族成分，从而引起个别群体——通常是以村庄为单位的整个群体的族群认同变更，并由此导致族群边界的位移。譬如我们在凤凰山区田野调查中发现，有的村庄在历史上一直认同汉族，但在20世纪80年代创造条件申请更改为畲族；有的村庄新中国成立前是畲族，新中国成立后却由于未向政府提出少数民族身份的识别申请，至今依然被划定为汉族。

　　族群认同变更的事例在中国古代历史和当代社会现实中并不鲜见。由于中国传统文化和统治阶级对非汉族或非中原的边缘地区族群及其文化一直采取一种既包容又排斥的态度，"化外之民"中国化或汉化的进程从未停止。秉承"有教无类"儒家思想治国安邦的历代中国政府，一面对周边"异族"采取一种相对平等的安抚、接纳态度，认为"异族"可以被中原文化同化，一面又对尚未接受"教化"的"化外之民"采取明显的歧视态度，华夷之辨与夷人汉化的社会事实因此始终伴随着中国历史文化的发展进程。历史上的夷人汉化或"异族"中国化是一个缓慢而复杂的过程，到了20世纪50年代，社会主义国家将国内所有族群一并纳入思想文化和移风易俗的改造轨道，汉族与少数民族在政治、经济、文化发展方面受到政府平等的对待，而少数民族的族群认同和社会文化变迁，则通过族群命名的形式得到进一步巩固和推广。族群命名是民族识别过程中的一项关键内容，不少原来的"异族"或少数族群因未被识别命名而自动归入汉族。尽管50年代大规模的民族识别任务完成后，政府的民族识别工作仍在继续开展，但经过一段时间汉族认同后的一些原少数族群，并非都会愿意或者能够申请获得政府批准恢复其原有的少数民族身份。另外，由于政府对少数民族各项优惠政策的实施，一些具有显著汉族传统文化特征的群体，却能根据政府民族识别的条件要求和自身具备的部分历史文化特征，成功申请获得少数民族的族群身份认同。

对于80年代以后中国出现的民族成分变更和族群边界位移现象，不少学者研究指出其动因主要在于利益驱动。民族社会学家马戎（2004：532 - 33）研究指出，20世纪80年代初期我国曾有上百万人更改了自己的"民族成分"，这一社会现象一方面反映出国家推行的少数民族优惠政策所带来的动力，另一方面也表明，拥有享受优惠政策的少数民族身份，已成为一种具有特殊"含金量"并可以遗传的"社会资本"。周大鸣教授在《从"客家"到"畲族"——以赣南畲族为例看畲客关系》一文中，也谈到80年代一批原为汉族的人群，借政府落实民族政策之机，通过"民族识别"机制恢复或认定了少数民族身份，并由此兴起了一股民族重新识别之风（周大鸣，2003）。如果说在80年代以后重新识别的赣南畲族群体中，既有主动者也有被动者，本章将要讨论的粤东饶平县RY镇东山畲族村，则是完全主动申请获得少数民族认同的。在下述内容中，我们将追溯东山畲族村80年代的民族成分变更经历，并以此说明当代中国族群认同的工具性或利益驱动特征，以及族群边界的制度化性质和可伸缩性特点。本章所用的资料，大多来自2005年以来我们在东山村所做的田野调查记录。

第一节　东山村的客家文化传统

东山畲族村地处潮州东北部的饶平县RY镇境内，是1988年由当地政府批准恢复的畲族村，也是目前饶平县唯一的一个少数民族村。据东山村报道人之一蓝书记介绍，东山村在改属畲族并因此成为一个独立的行政村之前，原是RY镇东坑行政村下辖的多个自然村之一。东山村具体位于东坑村的东部，背靠上寨紫山，南面有旧称杨梅山的大岗，北面的小岗延伸到本村。南、北两岗顺坡而下形成一条坑谷，东山村村庄刚好位于坑谷通往外面平坝的开口处。东山村现有山地 300 亩，农田 111 亩，共有 79 户人家，常住人口 346 人。村民过去主要依靠农耕为生，改革开放后有不少人靠外出做工、经商过活，此外也有一些人留在本地务农、打工或经商。

　　在前往东山村进行田野考察之前，我们通过潮安县南山畲族村雷主任的通信簿找到了东山村蓝书记的电话号码，并同他联系，预约了前去拜访的时间。2005 年 6 月 26 日早上 8 点钟，我们带着照相机、录音笔、笔记本、名片，以及走亲访友时常备的礼物，一行三人驾车从汕头出发，沿汕凤公路（汕头—FH 镇）经潮安县城、潮州市区、凤凰山区一路向北驶往大山深处的 FH 镇，然后向东沿饶北山区的省道丰柏公路行驶，经过七拐八弯，最后终于到达距离潮州市区 100 多公里以外的饶平县 RY 镇东山畲族村。途中我们一路与蓝书记保持着电话联系，以便问路和报告我们的所到地点。上午 10 点多，当我们到达饶平县 XF 镇前面不远的东山村所在地段时，蓝书记已开着摩托车如约在公路边等候。跟着蓝书记的摩托车，我们转眼间就到了东山村，这才发现东山村就坐落在距离丰柏公路南面不足一公里处的一座小山脚下。

一　民族成分变更标志

　　东山畲族村是在 20 世纪 80 年代由政府批准确认的少数民族村。在东山村族籍变更主要申请人蓝 Q 老伯家收集的相关资料中，珍藏着一页《饶平县志》附录"文件选编"的复印件，上载汕头市人民政府办公室 1988 年 6 月 5 日《关于恢复 RY 镇东山村畲族成分的批复》①，以及饶平县人民政府办公室 1988 年 7 月 4 日《关于恢复东山村畲民族成分的批复》。汕头市政府批复文件全文如下：

---

　　①　1988 年，东山村所在的饶平县仍属汕头市人民政府管辖。

关于恢复 RY 镇东山村畲族成分的批复

汕府批复［1988］87 号

饶平县人民政府：

　　饶府报［1988］10 号请示悉，经市人民政府研究，鉴于东山村民先祖渊源清楚，确系畲族后裔；一直保留有自己的风俗习惯；现又迫切要求恢复其民族成分。根据公安部、国家民族事务委员会（81）民政字第 601 号和（86）民政字第 37 号文件规定精神，同意恢复饶平县 RY 镇东山村畲族民族成分。关于建立"东山村畲族村委会"问题，可按《村民委员会组织法》（试行）规定程序报批。

汕头市人民政府办公室

一九八八年六月五日

　　以上文件内容显示，东山村的畲族文化渊源得到了政府的充分肯定和正式确认。但我们在田野调查过程中发现，东山村的历史文化特征除 80 年代收集整理的畲族文化资料外，更多的是客家文化遗痕，其中最为显著的是村中至今保存完好的一座客家围屋，以及村民认定自己所说的语言是一种半山客话。以下我们对东山村入饶发展概况和围屋历史现状的考察，足以说明东山村中的客家历史渊源和客家文化底蕴。

二　入饶发展概况

　　据东山村报道人的讲述和村中收集的资料记载，东山村先民是在明朝嘉靖年间从福建漳浦迁去大埔，而后再进入饶平县发展定居的。据有关资料记载，东山村先祖蓝庆寿（号勉斋）最初从福建漳浦迁移到大埔湖寮下坜村茅坪居住，到了明嘉靖年间，勉斋公次子宽迁移到当今的饶平县东山村定居。东山村民在追寻祖先踪迹时，从大埔湖寮蓝氏族谱中找到这样的记载："［祖上］自昌奇公一直传到六十代明德公，至六十一代采和公时，因宋朝避乱，从北方南迁到福建漳浦与龙海交界的海边开拓定居，传至龙溪蓝氏开基祖廷瑞公，生下三子，长子庆福，移居漳浦赤岭；次子庆禄，守居霞美；三子庆寿，派出大埔、饶平县及潮州、澄海各地分居。勉斋生二子：长子恭，派居湖寮蓝氏；次子宽（号肇基）随祖母何太君迁居饶平县水口东山村为开基祖。"（刘陶天，1995：18）

　　东山村先祖蓝肇基刚到饶平县时，最初在下新楼背落脚，后来迁徙到大岗即杨梅山大汪田建舍居住，东山村民讲此地目前仍遗留有旧屋基。由于大汪田干旱缺水，蓝肇基后代再由大岗迁到小岗山脚下，即今楼背地方建新舍定居，一直繁衍到第六代云山公才开基创业发了家。明万历丁丑年（1577年），蓝肇基的孙子蓝崇琛为其祖父蓝肇基设立了始祖墓碑，并创建了祖祠"衍庆堂"，祀奉始祖神位。明万历丁未年（1607年）蓝氏还在水口修建了一座石桥。东山村基业传到第八九代祖先时，经济有了进一步发展，及至第十一代时，大房勉良公、二房勋直公同建祖祠"笃庆堂"一座。第十四代攻壁公又建"善庆堂"祖祠，作为分房奉祀香火，并书有对联"善归先祖源流远，庆衍后人世泽长"，祖祠堂前还竖有旗杆夹三柱，署名"蓝青琦、蓝大任、蓝攻壁立"。到了清代，据说村中曾出过进士二人，贡生一人，文魁一人。到清代徽酞公时，村子终于发展成为富村。徽酞公在汕头"和合号"做了18年生意，收入颇丰，遂于嘉庆甲子年（1804年）斥资修建了一幢大围楼，取名"泰华楼"。门联上书："泰山椿树千古秀，华顶祥云一色鲜"。当时有人夸称其富有，说已经到了"鸟飞不尽田"的程度。但仅仅过了两代人之后，财产便一败如灰，其后村子时兴时衰，人口也有起有伏。到了20世纪40年代即新中国成立前不久，东山村祠堂旁边曾建有一小圩，当时附近的孙、许、蔡、马等姓居民上午赶来东山圩参加闹市，下午则搬去水西圩子闹市。后来因参加人数不多，东山圩逐渐冷淡下来（刘陶天，1995：18）。

据报道人讲述，新中国成立前后，东山村村民一直认同汉族身份。1988年6月5日获汕头市人民政府批准变更汉族身份为畲族之前，东山村隶属于RY镇东坑村。东坑村解放前叫水口，水口很大，由许多小自然村组成，其中包括南坑、东坑等。新中国成立后，东坑村一直保持着这个名字，至今依然是一个规模不小的行政村，下辖十几个自然村。早在20世纪50年代，东坑村就有几千人，现在仍有5000多人。东山村是东坑村中最小的一个自然村，全村仅有300多人，按东山村党支部书记的话说是"人家的一个房头还比我们大"。东坑村周围的行政村规模都很大，如陈坑村有1万多人，另外还有7万多将近8万人的行政村。80年代，东山村干部和村民认识到自己村子由于人口太少，势单力薄，合在东坑村这样大的行政村里，没有什么优势，很难得到发展，但如果改为少数民族，情况就会不同。事实证明，情况的确如此。1988年东山村变更为畲族后，立即从东坑行政村中脱离出来成为一个独立的行政村，此后在许多方面都得到了比先前身为汉族自然村时较多的优惠照顾，村子的发展速度也有了相对的提高。据《汕头史志》相关报道记载，1988年东山村恢复少数民族身份后，"人民政府对畲族有很多优惠照顾政策：经济上，历年拨给15万元扶植开路、水利、种植，投资支持建设；政治上各级人民政府中，都有一定的比例是畲族代表名额参加，如蓝之盛出任县政协委员，蓝成群出任县人大代表，蓝之盛还出任广东省人大代表，参加议政，政治地位得到不断提高"（刘陶天，1995：19）。在我们开展田野调查的过程中，村干部也多次提到，政府在1993年投入资金支持修建水库，帮助解决村里农业生产用水紧缺问题。此外，村里通往丰柏公路的村道，以前一直是坑坑洼洼的土路，2003年在政府的资助下已建成水泥路面。

三 客家文化遗迹

东山村的客家文化底蕴，首先体现在村中的传统建筑"泰华楼"土楼上。"土楼俗称客家土楼，因为这是汉族客家民系的住宅建筑"（林嘉书，2006：2）。对于土楼研究专家的这一断言，学界应该不会有人提出任何异议。客家土楼类型众多，主要有圆形、方形、椭圆形、富字形、马蹄形等形状，其中圆形土楼又称围楼或围屋，主要分布在福建省西部和西南部地区，粤东地带也不少见。在粤东凤凰山区，仅 FH 镇境内就曾有过 14 座客家围楼，其中 6 座目前依旧保存完好（《FH 镇志》，1987）。而在 FH 镇东面愈加靠近福建省地界的饶平县内，保存完好的客家围屋土楼的数量更多，东山村的泰华楼不过是其中普通的一座而已。

泰华楼围屋据村民所言和村中新修族谱记载，建于清嘉庆甲子年即 1804 年，距今已有 200 多年的历史。围屋高三层，每层共有 24 个房屋，新中国成立前每层楼的房屋之间都是通的，而且每间房屋都有人居住。新中国成立前居住在泰华楼里面的人全都是贫农。当时泰华楼外还有一个小楼子，比较漂亮，住着村里唯一的一户地主，而村里的农民全部住在泰华楼里。新中国成立后分房到户，泰华楼的房间被隔起来分给群众，每户一间，各家各户于是在自家楼板上开凿洞口，自搭楼梯从底楼直通三楼。作为新中国成立前粤东客家人居住地区普遍常见的民居家园和抵御外敌入侵的防御工事，圆形土楼泰华楼从外面的高处看上去像一个被前人遗弃的飞碟。黑乎乎的圆形瓦屋顶，泥巴色的坚固土墙，隧道般的水泥拱形入口，沉重厚实的大木门，这一切不仅留给人古朴厚重的印象，还让人体会到它曾经拥有的强大威慑力。泰华楼大门厚约 3 寸即 9 厘米左右，大门入口处的楼上两侧筑有炮口。村民说因为怕出事，直到 50 年代泰华楼围楼外墙上也完全没有开窗户。如今围楼外墙上不仅开了错落有致的长方形窗口，围楼内部的各家各户也牵了电线，装了电灯电话，此外电视机、煤气灶、自来水管也都走进了目前仍然居住在泰华楼里的几户人家。围楼虽然已失去了昔日的防御作用，但仍然发挥着为目前村中相对比较贫困的人家提供生活场所的功能。

　　围屋是客家文化和客家人居住地区的标志性民居建筑，泰华楼围屋的存在充分反映了东山村悠久的客家文化历史。除围屋以外，东山村民所用的语言也反映了村民们秉承的客家文化传统。众所周知，语言是族群文化特征的表现符号之一，是维系族群认同的关键因素。尽管这一因素目前已趋于被制度化的族群划分政策所取代，但在族群形成和发展的历史过程中，语言却是不可或缺的原生连接纽带。许多研究汉族客家群体的学者认为，客家话是客家人的社会组织原则和群体认同标志（李泳集，1996：1-3）。东山村民们认为自己讲的语言是半山客话，即一半为潮州本地话，一半为客家话。在《潮州蓝屋畲语调查报告》中，来自潮州韩山师范学院潮学研究所的调查研究员杨姝（2007）将东山村民自称的"半山客话"初步定性为"接近客家话，且掺和了潮州本地话成分的一种混合语"。可见不论从村民的主位认识，还是从研究人员的客位观点来看，在语言关联上和东山村民更为接近的是客家话与潮汕话，而非畲族话。80年代划归畲族后，东山村一些村民在回答外来人员的相关提问时，会说自己和村里人讲的是"畲客话"。从"半山客话"到"畲客话"，东山村民对自己所用语言的名称差别已经反映出民族成分变更所引起的族群文化重构意识。事实上，东山村民使用的语言，与凤凰山其他畲村如南山畲族村村民使用的畲话之间，并无多少相通之处。东山村干部告诉我们，他们到南山畲族村走访和参加少数民族聚会如招兵节活动时，完全能听懂南山人讲的潮州本地话，但当南山人说起畲族话时，他们就发现自己完全听不懂。而当他们讲起自己的半山客话时，南山人也不怎么听得懂。好在潮州本地话作为潮汕地区的"官话"，凤凰山区及其附近的居民尤其是中青年一代人人都会说会听，因而彼此交际不会存在太大困难。但对于那些只会讲客家话、潮州本地话或畲族话的七八十岁老人，同外界接触或同外地人交际时，仍会遇到不小障碍。饶平县80年代末仍隶属汕头市政府管辖，据说当时东山村老书记作为少数民族村干部代表去汕头开会时，还必须从村里叫上一个会讲潮州本地话的年轻人一同陪着去做翻译。改革开放后随着社会成员横向和纵向流动机会的增加，东山村的中青年一代不仅会讲半山客话、潮州本地话、广州话，还会讲一口相当流利的普通话。

围屋和半山客话不可置疑地述说着东山村悠远的客家文化传统，除此以外，客家人擅长开拓进取与流动拼搏的传统精神在现今东山村民身上体现得十分突出，其中最典型的代表之一就是我们的主要报道人——东山村党支部书记兼村委会主任蓝书记。蓝书记五十多岁年纪，会讲十分流利的潮州本地话、畲客话、闽南话、白话和普通话。蓝书记杰出的语言表达能力来自他丰富广阔的个人生活经历：潮州本地话和畲客话属家乡母语，自幼在耳濡目染的成长环境中自然习得而成；闽南话得益于小学毕业后去福建漳浦学木匠的三年生活经历；白话来自一年多的深圳打工和生活经历；普通话练就于到全国各地推销陶瓷产品的推销员旅程。蓝书记说自己以前推销瓷器的时候，"走了全国十几个省，武汉、江苏、上海、成都、重庆、达县、福州、天津，这些地方都去过。陶瓷是其他地方买来的白料，加工再出售。联系人家的长途返空车运货，很便宜的，补他一点油费就够了。我送样品给人家去看，那些地方一个人也不认识，举目无亲。但路是人走出来的，天无绝人之路嘛……"客家人走南闯北打拼天下的精神，自然而然而又不知不觉地回响在蓝书记平淡如水般源源不断的叙述中。事实上在东山村几百个老少村民中，走南闯北者远不止蓝书记一人。80年代改革开放后外出打工经商谋求生计发展的中青年一代暂且不说，新中国成立之前和之后，村中就有不少人参加了游击队、人民解放军，还有人加入了抗美援朝的作战部队。村中两位参加过抗美援朝战争的退伍老人，目前都还健在，当回忆起昔日参军和参加革命的经历时，他们说："那都是为了翻身，为了找出路，当时大家觉得参军就是出路。"80年代从汉族到畲族的民族成分变更，何尝不是东山村又一次齐心协力的"找出路"行动。

第二节　民族成分变更

　　寻找生活出路是东山村集体和个人行为的首要动机。东山村80 年代申报改变民族成分的决策和行动，正是村中干部群众积极寻求生活与发展出路这一驱动力的又一体现。据村干部和一些老人回忆，申报民族成分变更是一个相当麻烦、漫长和费时费力的活动，村里不仅要四处寻找和备齐各方面所需的相关资料，还要听候和通过省、市、县各级政府部门反复要求的核实对证。为此村里两位自愿负责收集材料和申报工作的镇退休干部不辞劳苦，多方奔波，整整活动了近三年时间，东山村的族籍变更申请才得到了政府部门的认可批准。

　　利益驱动是东山村族籍变更的根本动力，其目的在于获得政府实施的各项少数民族优惠政策，及其所带来的各种有利条件和发展机会。我国政府自 20 世纪 50 年代以来实施的针对少数民族的优惠政策，是一种促成各民族达到事实上平等的手段，是占优势的汉族通过对其他少数民族的优待而逐步消除历史上遗留下来的政治、经济、教育等方面的民族差别的保障。凤凰山畲族作为"大分散、小聚居"少数民族群体的典型代表，虽然没有条件设立"民族区域自治"机构，实行区域自治和行使自治权利，但可以充分享受到少数民族在政府、政协、人大中拥有更多机会被推举为代表的优惠制度。我国关于人民代表大会的有关文件不仅规定"有少数民族聚居的地方，每一聚居的少数民族都应有代表参加当地的人民代表大会"，而且对少数民族代表人数的确定做出了具体规定（吴仕民，1988：11－13）。在教育方面，为了提高少数民族的教育水平，政府采取了一系列以少数民族学生为对象的特殊优惠政策，譬如成立专门的少数民族学校，降低少数民族学生的大学、中学、大专、中专入学录取分数线，减免少数民族困难学生的学费和/或发放助学金，对部分少数民族学生实行定向培养等。除政治、文化领域的优惠措施外，国家还制定了针对少数民族的经济优惠制度和政策，例如少数民族自治地方的"三项照顾"政策，即少数民族地区补助费，少数民族机动金和较高的财政预备费用（吴仕民，1998：89 - 91）。除中央政府实施的各项经济优惠政策外，各省政府也对当地少数民族聚居地区的项目贷款、财政补助、税收减免、发展民族教育事业、脱贫项目等制定了许多优惠政策，以便帮助当地少数民族发展（马戎，2004：523 - 524）。当东山村的精英人物们在80年代初不经意地了解到北山畲族村从50年代初以来一直享受到的政治、经济、文化、教育等各方面的种种优惠政策后，同姓同宗的思想和现实利益的驱动便促使他们萌发了证明并申请政府批准确认其祖先也是畲族的个人和集体想象。

一　报道人讲解改变民族成分的动因

在详细叙述东山村族籍变更的各种相关情况与资料之前，我们有必要对田野报道人东山村党支部书记兼村委会主任蓝 WS 做一个简单介绍，以便读者能更加直观准确地理解判断本章节提供的许多信息。我们到东山畲族村开展田野调查时，蓝书记不仅大力支持，积极配合，还主动提供了我们所需但尚未问及的许多资料信息。蓝书记口才极好，说起话来滔滔不绝，阐述问题一清二楚，是个难得的优秀田野报道人。

据村妇女主任后来介绍，蓝书记是从福建大埔到东山村入赘的上门女婿，原本姓苏，年轻时到东山村做木工认识了他现在的妻子，后来两人结婚做身份证时，就把姓名改了。据蓝书记本人讲，他出生在1956年，只读过5年书，小学毕业就去学木匠，后来增添了去深圳打工、到全国各地做陶瓷推销员等经历。1992年，尚未做村书记的他作为少数民族村干部的培养对象，被推荐到中共饶平县委党校学习，读完一年干部中专班，拿了一个中专文凭，回村后即被选拔任命为村委会主任兼村党支部书记。蓝书记语言表达能力极好，不仅会讲一口十分流利的普通话，还会讲潮州本地话、畲客话、闽南话、白话等多种方言。以下是蓝书记个人的自述摘录：

　　我小学毕业就去福建漳浦学木匠，所以会讲闽南话。以前当木工一天挣3块钱，现在的木工一天挣100多块钱。技术的发展很快，现在一个木工做的活等于以前的100多个，全部是电的，很快。我学完木匠后，出来做了四年木匠，两年油漆工，一年修理手表，两年开车，后来又做了两三年生意。什么都做过，就没有做贼。修理手表，技术是有，但因为自己的手太大，6月的时候又出汗，做不下去。去深圳是做生意，给人家开票，代理出口，有的时候开发票。我在深圳断断续续住了大概一年的时间，如果一直不回来，也许赚到钱。但因为我爸爸病了，病了好几年，就回来了，没有再出去。去深圳是那边有熟人，没有熟人照样去找关系的嘛，男人怕什么，是不是。最有本事的就是你们四川人，手无寸铁就出去打天下。真的，受不了苦中苦，能挣到甜上甜吗。如果我文化多一点的话，我还是不愿意在家里。

　　我还做过瓷器推销员。推销瓷器的时候跑遍了全国十几个省市，到过武汉、江苏、上海、成都、重庆、达县、福州、天津，还有很多地方。陶瓷是其他地方买来的白料，加工后再出售。我负责送样品到各地给人家看，有人要买，就联系人家的长途返空车拉货，运费很便宜，等于补还人家一点油费就够了。去跑推销的那些地方，一个人也不认识，举目无亲。但路是人走出来的，天无绝人之路嘛。

　　我去年［2004年］就要退休了，镇里不让。我是镇集体干部，不是国家干部。在村里当领导是兼职的，镇集体干部是可以退休的，女的49岁，男的50岁就可以退休。县里全民职工是国家干部的第二等，如果考上国家干部就是县国家干部，是领工资的。还有县全民职工，就是领国家干部的工资一个月加2元，就是比国家干部的工资还多2元的补贴。镇集体干部就是镇政府出钱的，国家没有财政拨款的。1992年，我去中共饶平县委党校读干部中专班一年，1993年5月就当了东山村的支部书记兼主任。因为村里人不多，一般我们这里小村都是书记兼主任，在经济不发达的地方［指村子］都是这样的，一直到现在。1995年安排我做镇干部，本来我想上去的，结果没有上去。如果我到镇里的话，这里我就不要了，但上面需要我在这里。这样子一直在这里，会老不会大。

我大女儿1995年初中毕业后，去外面读中专，现在在镇医院工作。女婿韩山师范学院毕业，在当地教中学，小两口已有小孩，小孩刚满月。二女儿和儿子正在广州职业师范学院读书，学费全部免除，每个月补助106元的生活费，放假就没有，上课的时间就有，直接充到卡里。这样的优惠只有少数民族才有，汉族没有，汉族绝对没有的。因为是少数民族，读书只有住宿费、电费水费全部是自己交。如果不是少数民族免学费，我供不起两个孩子读书。我的工资一年才8000元左右，还不到一万元。我是镇集体干部，拿镇里面的奖金，拿村干部的工资［一个月450元］。我老婆在附近陶瓷厂打工，一个月四五百元，是计件工。老母亲80多岁，身体健康，能自己上下楼梯。我退休就只有差不多200多块钱，如果政策一变，那就什么都没有了。

讲实际一点，改革开放，大家忙着去赚钱。不敢出去，保守的，怕给人抢去，怕给人什么，这个怕那个怕，不敢改革，头脑不开放，就没钱，什么都没有，在家里种田，能有什么？就像我老婆一样，怕找别人的麻烦呀，什么什么，她不跟我一起出去。她要愿意跟我出去，我不会在这里当什么书记。真的，我对天可以发誓的，早早就到深圳了，早早我就走了。我做木工，在深圳包装修，叫她出来做饭她都不敢。现在，哎呀！我这个人，这么土，是当书记的材料吗，我不是当书记的材料。过去的事情不好提了，都是命运。

对于申报恢复畲族民族成分的原因和动力，东山村干部群众看法颇为一致，用蓝书记的一句直白话说就是："一切都是为了利益，为了发展，没有什么好话好说的。"对于"为什么村里80年代会想起来要申请恢复少数民族"这个问题，蓝书记的回答滔滔不绝：

当初转过来的一个重要原因，就是看到凤凰少数民族的发展。因为以前没有恢复少数民族的时候，我们合在东坑村里面，什么都要不到，是不是，没有发展。但是像现在，起码来说，就是瞅机会，凑人才，看有没有这个机会，风水是不是转运，能把这个村子发展起来。靠这个少数民族村，各方面还有这个条件，还有机会，有一线的希望。为什么这样讲呢，你看看，村里有市人大［代表］、市政协［委员］、省人大代表。省政协［委员］暂时还没有，省人大［代表］今年有一个，以前就没有。现在比如市十二届人大代表，市政协委员，全部都有，是不是？但是，有什么用，还不是给人凑盘，是不是，不过肯定地说，你说对了，还是有一点用，有一线的希望，去争取再争取，是不是。你可以去找人，起码来说去找县长，找市长，找得到的时候呢，有时还是会给你一点面子。但是他喜欢不喜欢就难说了。是的，是少数民族村，才有这个条件去争取，如果是汉族村，就没有办法，没有办法。

当时我们搞我们东山少数民族，恢复少数民族的意思就是这样，我们姓蓝的人太少了，这里RY镇差不多有6万多人，就是我们这几个人是畲族。第二呢，是看那个FH镇对少数民族，国家有保护条例什么什么，有优惠政策，才向这个方面去重新搞起来的。以前的基本上就没有了，失去这些人才，都同化了。很多东西，失去了追不回来。

转了少数民族，可以说比较好。为什么这样说呢，最简单的，就是读书，办企业，起码有了优惠，有一个文件。国务院办公厅 1988 年颁发的文件，对少数民族有几十条优惠条例，比如说，办企业，办工厂，办瓷厂，或者工商，税收起码就减免三年。我这个地方太小，才 300 多人。如果有 800 人，就可以成立一个民族乡，乡政府，你想想，是不是。人太少，人多一点就比较好办。龙海［指福建龙海］的少数民族，国家很重视。龙海、漳浦、梅州、丰顺县这些地方我都去过。不是收集资料的时候去的，是有空去看看他们的发展各方面的情况。大埔跟我们饶平县的少数民族不一样，它发展起来了。

对于凤凰山区潮安县境内那些早在 20 世纪 50 年代就已得到政府识别确认的畲族同胞，东山村干部群众在羡慕不已的同时，也不胜惋惜自己村子早年缺乏人才去申报恢复自己的少数民族身份，以致失去了许多大好的发展机会：

为什么凤凰这么早就恢复少数民族，因为那个地方有人在市里面，有人出人头地。有的地方，你去搞也不一定批，是不是。它是很麻烦的，省里面要对证的，各方面全部要去对证的。像我们这样搞，什么什么，还搞了两年的时间吧，还是三年的时间，最终才批下来。以前比较容易一点。现在大埔有一部分，黄冈所城也有几户人家，南澳那边还有差不多 1000 人也是少数民族，但都还没有去申报。村子里的人意见不统一，有的要搞，有的不要搞。要搞是要经费的，要去找人，很麻烦，不是你想要就要得到。比如说，新丰的张

益乡，以前什么都没有，那个楼子［客家围屋］也不是什么
国家保护文物。现在得势了，村里有人在广东省当什么总商
会副会长还是什么的，通过什么关系，就把 XF 镇那个楼子
弄成了国家什么保护。现在我们这些人都看破了，我跟你
讲，没有什么的，没有什么神圣的。现在发展经济为中心，
政治放在第二位，没有什么的，不存在什么政治不政治的。

你说认祖宗不是政治问题？我跟你讲，认祖宗也是要讲
权势的，要有经济，有这个人，要出人头地。比如我想把这
个祖宗搞一个祠堂，要有 100 万［元］，有这个本事没有啊？
如果没有这个人，没有这个经济，金子都变成泥土了。还是
个实力、权力的问题，资格的问题，有没有啊，是不是？这
个人才、经济、政治等，要互相配套的。没有经济光有政治
有什么用啊，现在，特别是现在，政治无所谓了，真的无所
谓了。当然，还是有用，但是要看怎么样去用，你有没有本
事去用。为什么这样讲？你看，我们这里有统战部，有政协，
有省里，经常来到这里，是不是。去年［2004 年］不是省里
面的那个省委委员还来我们村了，在这里坐吗，有什么用？
有很多东西讲不清楚的。上面讲两句，下面就怎么讲，有什
么用？还是要有资格，有官，有地位才有用，你够不够职位
的问题。如果雷 JM（时任潮州市委秘书长）是我们村的，我
们的泰华楼早就是文物保护对象了。雷 JM 不是同宗的嘛，我
去找他，他不是照样不给面子是不是。（访谈人："畲族盘、
蓝、雷、钟四姓不都是一家人吗？还要分彼此？"）一家人？
一家人有什么用？五百年前全部都是一家。我们村子是从大
埔搬来的，解放前还有来往，跟大埔联系比较多，与凤凰山
那边比较少。我们的泰华楼在深圳博物馆、广州博物馆、汕
头博物馆都有照片。整个泰华楼的情况，在潮州惠如公园里
对七个少数民族村的介绍中都有。还不是没有用。

解放初认定民族村的时候，我们这个村还不知道。是

［19］79、［19］80 年才知道的。是通过凤凰北山村我们一个族的人，才知道的。好像是［19］78 年，北山村有人来新丰这里，我们村刚好有人在新丰工作，说我们税务所所长是姓蓝的，你上面的北山村也是姓蓝的，就带他下来认识。那样才知道，五几年的时候不知道可以申报少数民族。

　　［19］88 年我们恢复少数民族村，当时为什么这样子，还是我跟你讲的，就是村子里面没有什么发展，还是求发展，就是这个意思。看，借鉴，看那个凤凰少数民族的，政府拨款建学校什么什么。当然，还有一点它的人比较多，我这里人少，我都搞了、花了很多时间去搞那个学校，结果都是碰了一鼻子的灰，没有什么效果。所以在这里一个很简单的问题，就是像，我总结，就是朝廷没有人，没有用，办事难。朝里无人办事难。讲不好听，我们瞧不起他，是不是。为什么这样讲呢，为什么这样讲？对政策，你当官的不是从实际出发的，乱来的，是不是啊。为什么要帮少数民族，少数民族跟汉族不一样，增添整个饶平县的少数民族的民族风态，把政治、经济、人才各方面都要培养上去。但是我们讲的，他都不听，他只笑。你这个，是不是，这样子，你有多大的本事都没有用。但是呢，省里面的人还是有给一点面子，有的时候就像那个要饭一样，你去要还是会给你一点，有的时候，针对少数人来讲。因为广东少数民族多得很，是不是啊，就是这个少数民族乡镇，广东省里面就有 5 个，最少的人就是800 多人，最多的 3000 多人。他把经济基本上都扶持到那边去，是中央财政部拨款的，一个乡镇就有 300 万［元］一年，他就好啊，300 万［元］能做好多事。但是我们这些杂散少数民族就只有靠人际关系，如果没有人际关系，不是这种人，什么都不想去找，等于没有用。去找也是白费力气，没有用的，没有用的，没有用。

　　那个南山村就有一个学校，因为它 600 多人，就可以审批。它那个地方去读书要走十几公里，它是没办法的，肯定要批给它的。北山村呢，1956 年它就是少数民族了，那它就不用说了，第一个，全市第一个，要风得风，要雨得雨的，可以这样讲。其他的附近潮安县的，县里面的经济发展得比较好，稍微提一下，他都会顾及它的。像我们这个饶平县啊，97 万人的县，今年［2005 年］县长开会报的是 97 万，实际可能还不止，至少有 100 万。我们一个少数民族 300 多人，他哪里会重视。表面上来说政策是比较优惠的，实际上，啊呀，这些人。也是我们没有人才啊，搞旅游区，没有这个本钱，没有这个资金；搞企业没有这个人才，外地人也难在这里搞。以前我还没有起来当书记的时候，私人有在村里搞陶瓷，因为条件很差，水又不够，人也不够，结果还是倒闭了。

　　饶平县对少数民族基本上不那么重视，因为全县畲族才 300 多个人。但我们让他们沾了很多的光，他做报告的时候，到省里面说什么老、少、山、边、穷。本来是四个，没有少数民族那个"少"，现在就全了，加了我们一个少数民族。是啊！在拨款啊各方面省里都比较重视，我们这个少数民族给它配套，是不是。像这一次［县］人大常委，我不是上去选吗，它是差额选举，如果真正放到正额选举还是差不多。所以说他不重视少数民族，本来按照国家规定，每一个地方各级政府都要培养少数民族干部，要充实少数民族干部的队伍。饶平县这个地方就我［们］一个少数民族［村］，我［们］才 300 多个人，你看能发展什么东西。就是这些地头神瞧不起的。一个姓张的有 4 万多人，姓卢的，在 RY 镇，有 1 万多人。我们这些地方还是很封建的。按照姓来的，比人多，人多力量大。转少数民族，就是我讲的，有好处。一亩地全部都是芹菜，一个大白菜，人家也不敢欺负它。但是不敢欺负它，也不扶持它，结果还是几头白菜，不会发展的。不会全部变成芹菜。除非你一旦有什么天才掉下来，但是这个是有时间性的，不是长期的。

二　族籍变更基础

在蓝书记的讲述中，我们听见重复得最多最频繁的词语是"发展"二字，似乎一切都是为了获得利益，一切为了村庄发展。但即便如此，族籍变更也不是随意可为的，它涉及许多主客观因素，不仅要具备一定的现实条件，还要有充分的主观思想准备。东山村能够申请恢复少数民族身份，最基本的条件是符合了畲族由盘、蓝、雷、钟四大姓氏构成这一历史条件。在此基础上，村中具有主张申报族籍变更的实权派和实力派人物，并且愿意为此付诸行动，不辞辛劳多方奔走收集准备资料。而全体村民也为族籍转变做好了充分的心理准备。我们在访谈村里人时，大家都异口同声地说，转为少数民族是好事，祖先本来就是少数民族，理所当然应该恢复少数民族。不过从报道人的言谈中，我们了解到即使知道自己的祖先是少数民族，也并非人人都愿意或者能够改变新中国成立以来确定的汉族身份。身为少数民族后代而错过50年代少数民族识别机会的群体，是否愿意和能否实现族籍身份转变，关键要看村中实力派人士的意见和国家权力机关的判定。这一事实在报道人的陈述中可以得到充分证实：

那个丰顺县，龙海，各个地方有好多姓蓝的村子，他们有的转了少数民族，有的不转。为什么这样子？同宗的，他都不转。大埔有一部分，他也不转。我们当时去大埔问他们要不要转少数民族的时候，他说不要，他说我们的房头这么大，又不会给人欺负，是不是，转成少数民族不好听，他们说。这样子看法嘛，所以不一样。每一个人的见识不一样。有的人，比如最简单的，农村里面，有的人会去抚养小孩子读书，不管有多困难，他都会去抚养小孩子读书，上大学，给他开拓思路，看到社会的变化。有的人他不一样，反正小孩读不读书无所谓，不要他读书，早点赚钱好，赚了钱，建栋洋楼来住还是比较舒服。有人看法不一样的嘛，他不会鼓励小孩子读书的，观点不同。

澄海、漳浦还有很多少数民族，澄海外沙就有 3000 多人，他们都没有恢复嘛，你说是不是。有的人意见不一样。村子里有的人想恢复，有的人不想。主要看村领导的态度，恢复要资料，要去申请。

有的申请了还没有批下来，有的不愿意去申请，是嫌麻烦。我们村蓝 Q 同志搞这个少数民族，走了好几年，城里面，市里面，还有到各个村去找这些材料，去了大埔、丰顺县、龙海，那边还有很多没有申请。有的人想申请也找不到门路，精神文明、文化素质各方面都没有人。当时我们的蓝 Q 同志从税务所退休回来，专门搞这个申请，搞了好几年，来之不易的。不是说你要就有，不要就没有。

蓝书记口若悬河近乎独白式的交流，有时也会出现前后矛盾的地方。尤其随着我们彼此之间熟悉和信任程度的增加，他的"报告"似乎也更加接近实况。出于善意的理解，我们从不问他为何现在说的一些情况和以前说的不一样。比如，关于村里人是否早就知道自己祖先是畲族这个问题，不仅蓝书记，而且我们访谈的所有年老、年轻的东山村民，言谈之中都会暴露出彼此相互矛盾或自己前后矛盾的地方。当被直接问及"您小时候知不知道自己是少数民族"时，不少人会回答"知道，怎么不知道？"但也有人会说："不知道，几百年前就变了，小时候都不知道。"如果我们对比一下蓝书记谈话中前后不一的叙述，无疑会获得一些十分有趣的发现：

（访谈人："书记你小时候知不知道你是少数民族？"）我

小的时候？知道啊，我怎么不知道？（访谈人："知道是少数民族又成了汉族，你会不会觉得不舒服？"）不会不舒服，这个社会变化了嘛，像姓蓝的有很多是少数民族，有的人要恢复少数民族，有的人又不要。我们这个村子里恢复少数民族最终的目的，是人少，恢复少数民族起码还可以享受一点优惠政策，讲好听一点就是，有好处。农村人说，有好处的地方我们就去。没好处去也没有用，麻烦。去申请也麻烦，有的人他就不要。澄海，就是汕头外沙澄海那个地方，有几千人，他都没有恢复少数民族。（访谈人："他们也知道自己是少数民族？"）是，他们知道，但他们不要。（访谈人："为什么不要，是怕申报麻烦？"）不是麻烦，整个汉族比较多。少数民族，人家有些语言上各方面的，讲土话，就是人家看不起你的意思，说你是少数民族，瞧不起你，就是这个意思。广西，广西的那边90%都是少数民族的，那就很好。人是讲势力的吗，如果全部都是少数民族，如果汉族就几个人，他不是觉得很奇怪吗，活得也不轻松啊，是不是。这是很简单的。比如说你汕头全部都是讲广东话的，我们一个客家人在那边。就像一亩地，全是那个白菜，只有一棵芹菜还是什么，种在中间，不是一样的道理吗？

……解放的时候村里大家都知道自己是畲族，民族识别的时候没有去申请，因为意见不一样。现在没有识别的畲族还有很多，龙海那边、大埔那边都有很多畲族的，他都不去转。有的房头大，很多人的，他都不愿意去搞少数民族。我这里为什么会去转少数民族呢，因为［19］86年的年尾，当时我是开那个四轮车，到FH镇去参观它的种茶业，发展茶叶，后来［19］87年就把以前的什么什么资料都搞起来，就报汕头市政府，再报广东省人民政府，结果就在［19］88年的6月8号批下来。这个事情是几个人一起搞起来的，还有老的，那时候我们走了很多路，去丰顺啊，漳浦啊。漳浦龙海有畲族，1万多人，有几个镇都是姓蓝。现在大埔还有畲族，那个黄冈所城也有几户人家。汕头澄海外沙也是，也是畲族，他们有3000多人，都没有去搞。他们现在都没有去搞，不想要。他们3000多人。这里往上的澄海东离镇的樟林村还有3000多人，有4个村，也是姓蓝，跟我们一模一样的，他都没有去恢复少数民族。平时我们跟他们也有联系，去年我还去澄海外沙，他的族谱跟我们一样的。潮汕这边还有很多畲族他也不去恢复认定。大埔还有个地方当时去联系的时候，他都不要，他说我们房头这么大，不要少数民族被人欺负。是啊，会有这种事情。我们这里讲一句比较实在的话，到了汉族人里面的时候呢，人家说话各方面，有的人都要说你是少数民族什么什么的，有这个意思。因为汉族人多嘛，人多嘴杂嘛，这个是很正常的事情。解放后国家对少数民族有很多优惠、保护政策，但实际上，农村里面的人，有的人对少数民族他是有不一样看法的。比如说中央啊，省里面、市里对少数民族这边比较重视，到了县里面，到镇里面，那就看你有没有什么什么关系，找他关系，不然的话他是不会给你掌握什么大政策的，没有人理你的，就是这样子。这个农村始终还是分成两部分人，就是只有十几个人，也有不同的意见。这在什么时候都是存在的，所以这个东西都不能勉强的。国家也一样，比如国家他知道你是少数民族，你不去申请，他也不会管你的。你要自愿去申请，申请他才理，还要来认证，多次来认证，不是你说是少数民族，他就来批复，不是这个样子的。要证明，认证你是什么年代，哪里迁到哪里，什么什么的。恢复了以后也没什么大的变化，就是考大学的时候那个分数可以稍微降低一点，就这个好处。比如说你差几分啦，他就可以照顾，原来就不可以。还有就是读广东民族学院不用交学费。其他政策上可以倾斜一点，比如以前受旱灾，恢复民族村后申请拨款修个水库，方便种一点点水稻，其他都没有，所以变化不大。

三 族籍变更申办经过

村里带头申请恢复东山村少数民族族籍的是两位老人，其中一位已去世。另一位名叫蓝 Q，是从附近 XF 镇税务所退休的国家干部，目前仍然在世，但已经瘫痪五六年，早已失去说话能力，无法与人正常交谈了。蓝 Q 退休之前，是饶平县 XF 镇地税所的所长，退休后几年如一日，全力以赴四处奔走收集和准备东山村少数民族的申报和认证材料，对东山村族籍认同变更的成功实现功不可没。蓝 Q 在当地颇有名气，据说在 XF 镇随便问谁都知道他的名字，称得上是一个地地道道的"红人"，一个红了几十年的老革命。蓝 Q 家新中国成立前是贫农，住在泰华楼里。早在新中国成立前的土地革命时期蓝 Q 就参加了革命，跟随共产党打游击，50年代曾担任 SR 镇的公安特派员、镇委副书记，下面管着十几万人。村里人说他那时担任书记还是群众用黄豆选举出来的，而且要演说，50 年代担任什么领导都需要经干部和农民一致通过。2005 年，蓝 Q 刚好 80 岁，以前普通话、潮汕话、客家话都会讲，现在瘫痪后什么话都讲不出来。

蓝 Q 之所以带头申请东山村民族身份变更，说起来既有相当的偶然性，也有一定的必然性。1979 年蓝 Q 还在 XF 镇税务所担任所长时，所里有个员工把凤凰山区北山畲族村的一个蓝姓村民介绍给蓝所长，说既然两人都姓蓝，说不定所长的祖先也是少数民族。为北山村畲民和蓝所长牵线搭桥，介绍他们彼此认识的税务所员工是 SR 镇新潭人，他介绍给蓝所长认识的北山村村民名叫蓝 JZ。蓝 JZ 是北山村新中国成立前最后一位"红头师公"蓝法秀的养子，很小就从 SR 镇抱养到了北山村做继子。蓝 JZ 与自己的出生地 SR 镇一直保持着密切联系，逢年过节总要回老家探望生身父母和其他亲人。XF 镇税务所那个来自 SR 镇的员工偶然得知来自北山村的蓝 JZ 是少数民族，因此猜想自己单位的顶头上司蓝所长说不定也是少数民族。这一联想以及由此开启的一系列活动，最终确实把蓝所长出生的村庄推动和变成了一个少数民族村，这不能不说是一个必然与巧合互相结合和催生的奇迹。

同北山村的蓝 JZ 认识、交往之后，蓝所长和距离 XF 镇仅几公里之隔的东山村干部群众很快知道了邻县凤凰山的北山村与自己是同宗（即同一个姓），而且他们是畲族。随着对北山村同姓畲族各种情况了解程度的加深，蓝所长和东山村的一些老人和干部逐渐萌发了申请恢复东山少数民族身份的愿望。1985 年蓝所长从税务所退休后，立即连同村里另一位退休老人一起开始了申报恢复少数民族村的工作。蓝所长不辞辛劳，亲自去跑路，收集相关材料，走访相关人士，先后去了很多地方，拜访了许多相关部门和个人。在他自己珍藏保管的一个笔记本里，我们看到了他对所有联系人姓名及其电话所做的详细记录，其中包括潮州市文化艺术馆馆长，学者朱洪、李筱文等。我们上门访谈时，蓝所长的儿子告诉我们：

> 我父亲 [19] 49 年就参加工作了，但一直不知道自己是少数民族。北山村少数民族的事情也是 [19] 78 年左右才知道的，以前彼此没有来往。以前就知道大埔是我们蓝姓的。澄海也有，澄海的蓝姓族谱都有记载。这些资料都是我父亲去搞的，搞完以后提供这些资料上去，先交到汕头人民政府，政府来调查后，才确定我们是真正的少数民族。要政府确认你是少数民族，你才是少数民族，否则你说自己是少数民族也没用，必须政府批准才有效。申请好了批准下来的时候，报纸也登载出来了，那个时候我父亲还在饶平县医院住院，高血压。我看到报纸，赶紧拿去告诉父亲说："您看，您辛辛苦苦跑的全批下来了。"
>
> ……画这个祖图花了多少钱我不知道，我父亲知道。画祖图的人跟画那个相片 [蓝 Q 和他妻子各自的单人画像] 的

是同一个人。我父亲以前是干部，去过很多地方，去过大寨，还去过广西做干部。是土改工作队的时候去的，分配到广西桂林做老农［即贫农协会干部］。

蓝所长收集的各种资料装了满满一个塑料编织袋，这是农村人家用来装东西的常见袋子。资料中不仅有正式出版的书籍、刊物，非正式出版的印刷品、文件、文章，还有其他地方的蓝氏族谱、方志、手写笔记，以及东山村新修的族谱和新绘的祖图等，不仅有关于畲族的资料，还有关于瑶族的资料。资料有些受潮，摸起来有润润的感觉，我们建议最好定期拿出来翻晒一下。蓝所长的儿子回答说："老人家不懂，成天抱着他的宝贝，不给人家。"

很可惜蓝所长已瘫痪多年，不能说话，听力和理解能力也明显迟缓，难以进行沟通交流，我们无法从他那里了解到东山村族籍变更申办过程的具体细节。但从塑料编织袋收藏的一些资料内容中，我们略略窥见老人当年为改变东山村"民族成分"自费奔走收集材料所经历的艰辛。资料中最具畲族特征的材料，是十张约60厘米×80厘米大小的白色绢布绘制的《驸王出身图记——蓝氏祖图》，除"前言"即祖图的文字说明独占一张外，其余每张绢布上分别画着2幅祖图，总共18幅祖图依次描绘了驸王盘瓠的出身经历。祖图"前言"右下方的落款日期是"公元一九九二年旧历春月"，可见祖图是东山村成功申请恢复少数民族身份后着手进行的畲族文化建构内容之一。第二份能够反映畲族特征的资料，是一份薄薄的手写八开纸"蓝氏畲族村祖谱"，连同封面共12页，资料左手一端起固定作用的三枚订书钉已经生锈。"蓝氏畲族村祖谱"内容包括两整页的"东山村畲民源流习俗淺談"、一整页"重整祖谱材料交代语"、一整页"先祖的迁移和定居"和七整页"水口東山蓝氏族譜"。族谱从"上大祖蓝宽公"一直排列记录到"二十二世祖二细蓝公"，其后再没有其他内容，不知是资料余下页码缺失还是族谱本身内容就不够完整，询问在场包括蓝 Q 的儿子、儿媳和已是成年人的孙子、孙女以及村支书、会计等十来个人，人人都回答说不知道或不清楚。"蓝氏畲族村祖谱"内容中简化字和繁体字同时并存，书写按古汉语从上到下的习惯纵向排列，但方向却是从左到右，而非古文的从右向左，各份材料不见任何日期落款，因此无从知道该资料是在东山村1988年"民族成分"改变之前还是之后补修的。仔细推敲"蓝氏畲族村祖谱"记载的内容，我们可以发现不少不合常理的纰漏，对此我们将在随后的"畲族文化建构"一节中做进一步的分析。

篮Q老人收集的资料中还有一本已经残破不全的薄薄的《畲族历史概要》，一本厚厚的精装《漳浦石椅种玉堂蓝氏族谱》（公元一九九一年仲冬）、一本《汕头史志》（1995年第3期）、一本天津古籍出版社出的《连山瑶族》。翻开薄薄的《连山瑶族》，扉页上可见钢笔书写的两个与畲族文化研究紧密相关的联系人及其地址："朱洪、李筱文，广东省民族研究所，电话831338□□，地址：广州市东风中路省府大院内。邮编5100□□"（原文分五行书写，无任何标点符号，转录中的标点为笔者所加）。在一本厚厚的蓝色硬纸板封皮的精装笔记本中，我们发现了更多与了解畲族相关的通信人记录及其他信息，其中包括北山村、南山畲族村的信息，如"潮安县FH镇北山村蓝JZ，大儿子蓝YL读书广东民族学院，电话67831□□"，"南山后十辈序：庭、名、和、朝、钦、仁、义、礼、智、信"（标点符号为笔者所加）。在记录南山辈序的同一页纸上，还记载着"临湖蓝氏辈序：钦、承、登、友、传、家、国"，以及"饶平县RY镇蓝氏辈序：崇、大、观、英、田，世、德、永、衍、昌，文、序、宏、先、业，敦、敏、日、华、章，孔、隆、天、保、后，宗、秀、长、发、祥"（标点符号为笔者所加）。我们无从知道笔记本中东山村共三十辈人的名字排行辈序是如何确定下来的，是村中老人凭代代流传的记忆记录成文的呢，还是参考其他蓝姓村的族谱或口传资料拼凑整理而成的。但对比该笔记和"水口東山蓝氏族谱"中的辈序，我们发现二者并不完全一致，后者从"上大祖""开基祖""始祖""一世祖"直到"六世祖"共十辈人的名字分别是：蓝宽、蓝肇基、蓝逸士、蓝定祺（一世祖）、蓝崇深（二世祖）、蓝大镇（三世祖）、蓝大荣（三世祖）、蓝庭进（四世祖）、蓝清淳（五世祖）、蓝云山（六世祖）。不仅前十世辈序与笔记中的记录不一致，族谱所列其余十二辈人的辈序也与笔记本记录不一致。想必族谱等"历史"资料的整理和完成前后经历了不少斟酌和修改。

除畲族联系人和有关资料信息外，蓝 Q 的笔记本中还记录了不少潮汕地区的蓝姓汉族村联系人及资料信息。例如："澄海县东里镇樟林'侨联'，前直巷第二间，蓝 CX 80 岁，电话 7513□□；蓝 HG 71 岁，别名山人，地址：汕头特区龙湖新村西湖西路□巷□号楼下，邮政编码：5150□□；澄海县外沙镇大衙村总理事会人员：蓝 JH、蓝 ZX、蓝 LQ，外沙镇蓝 MQ，庵埠镇蓝 ZY"（标点符号为笔者所加，下同）。在另一页笔记上则记满了另一个蓝姓汉族村的人员情况："潮州 CF 镇安溪村（书记蓝 SG），老人洽谈［会成员］：蓝 YB 82 岁，蓝 YC 76 岁，蓝 SS 76 岁，蓝 W 62 岁，蓝 MH 64 岁，蓝 BQ 81 岁。蓝 YC 78 岁曾任李宗仁代总统时湖南省口粮处科长（解放后［19］50～［19］51 年任安溪学校校长，现无职无工资领），蓝 MG 60 岁，蓝 CQ 72 岁，蓝 JW 现任潮州人民银行行长（蓝 MG 胞弟），蓝 MJ 现任潮州城建局副局长（蓝 MH 弟），蓝 LC 76 岁。蓝 JZ 教书 20 年，退休在家。蓝 ZT，安溪乡会计。蓝 GL，潮州赤凤中学。蓝 MG 现任安溪学校校长；安溪蓝 YQ 现住潮州津湖餐厅二楼，电话 2317□□等，区号 74，三楼电话 2318□□等。"目前汕头市澄海县东里镇和外沙镇的蓝氏村民，以及潮州市 CF 镇安溪村的蓝氏村民，其"民族成分"仍是汉族。东山村在收集本村"民族成分"变更资料时并未忽略他们，可见东山村民的身份认同标准是姓氏而非族属，决定把自己的"民族成分"改为畲族，显然是政府少数民族优惠政策的吸引力发挥了作用。但从蓝 Q 老人的调查笔记和走访记录可以看出，收集和准备"民族成分"变更所需资料并非易事。假如蓝Q本人不是一名曾任地方税务所长等多种职务的国家退休干部,很难想象一个普通农民或村干部能够四面八方上下求索,动用和建立从省城到市、县、乡、镇、村的社会力量和人际关系网络搜寻汇集有关资料,促成本村"民族成分"变更的申请。

申请全村人改变现有的"民族成分",显然不可能是一个人可以做出的决定。蓝Q作为本地国家干部的身份和见识,无疑在村里的干部群众当中具有相当大的号召力和说服力。蓝皮笔记本中的这样一则备忘录,足以证明我们的推断:"饶平县RY镇东山村关于恢复畲族成分由各家长民主选出临时领导成员七人,蓝Q、蓝NG、蓝XY、蓝ZS、蓝RP、蓝MJ、赖CH等七人,地点蓝CC新厝,时间1987〔年〕9〔月〕9日成立。"从1979年左右蓝Q经人介绍认识北山畲族村的蓝JZ,到1987年东山村成立"恢复畲族成分七人领导小组",不仅时间已过了将近10年,而且恢复畲族成分所需的条件资料已由蓝Q等人准备齐全了。蓝Q从1985年退休以后,联合村中另一位退休干部一起,全力以赴收集准备申报畲族的有关材料。东山村1987年9月"恢复畲族成分七人领导小组"的成立,以及1988年6月汕头市政府正式文件《关于恢复RY镇东山村畲族成分的批复》的下达,在很大程度上应该说是村中以蓝Q为代表的精英人物的意愿见识和多年努力的实现。

四　民族成分变更带来的发展

东山村的发展是全村干部群众,尤其是干部最关心的问题。村里户籍人口是300多人,目前几乎有一半已不在村里务农。全村虽有粮田和水地110亩,山地330多亩,但收成微薄而且不够稳定的农业生产已难以调动起村民的生产积极性。从前承包给村民的部分山地现在已经到期收归村委,村领导一直设想并已在多方联系等2006年330亩山地全部收回村委时,能物色到适合的人选前来投资经营,利用少数民族和自然地理条件搞个旅游区。东山村山地之间有个水库，上游有条小溪，附近村子有温泉设施，周围有不少围屋古寨。村子距离丰柏公路半公里左右，距离饶平县有名的汤溪水库仅 20 多公里，村干部认为搞旅游开发很有潜力。

在没有恢复少数民族身份之前，东山村以种植水稻和山地作物为生。1987 年以前，粮田全部种水稻。80 年代与凤凰山北山村取得联系后，村里尝试在山地上开种茶叶和荔枝。1987 年从凤凰山运来茶苗开种，茶苗之间间种荔枝。两三年后荔枝树长大挂果，茶树也就不要了。全村共种了大约 200 亩山地的荔枝树，开头几年，荔枝还有收成。从 2004 年开始，村里几乎没有人再去管理果树，因为品种不好，果实不大，一斤才卖 2 毛多钱，还收不回农药钱。村里的茶叶种植如今也没人搞了，所以经济没什么发展。村里又没什么企业，因为人太少，想搞企业也搞不起来。村里经济来源主要依靠到外地打工，去汕头、珠海、广州、深圳等地。50 岁以下的人，差不多都去打工了。

我村里承包出去的荔枝去年就到期了，七八十亩，我今年都不包出去，留起来招商引资，有人要开发就给他开发，以后搞旅游。（访谈人："搞得起来吗？旅游资源有吗？"）有。我们有一个人还有一点点荔枝地还没有到期，明年到期。到期后就收起来，全部不再承包。搞旅游。我们村子里有一个人在汕头，发展得不错，他讲明年回来搞，回来投资。那就好了吗。把路啊全部搞起来，灯搞起来，环境卫生搞好一点，是不是。我们只能这样讲，按照自己的情况，实实在在，一步一个脚印来走。发展是硬道理，是不是，没有发展，哼……等一下我带你去参观我的养猪场，我就是从最小最小的起点开始。建那个养猪场花了 1 万多元，现在养了 36 头猪。本来想在上面找一点钱，他都不给我，真的，我不骗你。我现在是要死找没有鬼。结果他们来了也没用了，看了也没有用。县里不是来了很多次嘛，我不是送报告也送了好几次吗，嘴巴说的一样，做的又是一样。究竟给多少、给什么东西又不说，这个又不可以问。我们的能力是有限的，是不是，朝里无人不当官，藩里无人不望藩。是这样子。人间的事情讲不清楚。我就鼓励小孩子读书，我对小孩说，你去读书，要按照国家的总政策和发展的情况走，不要搞什么以农村包围城市，全部跑到城市里面去打工。我女儿大学毕业，她也实实在在的，我说去深圳，她说不要，通过网上招聘去从化，1000 多块一个月，她也很知足，反正我们的本事不大，自己的本事，1000 多块。她说不要去求人。是不是。现在找国家分配，国家分配也很少，再说，你拿了少数民族的牌子，人家不怎么，人家听多了，也不怎么好用。

　　村里的房屋建筑显示出村民生活水平的参差不齐。除了三四栋新建不久的洋楼之外，大部分村民仍然居住在破旧的老房子里，曾经辉煌但目前已经颓败不堪的泰华楼围屋里面，仍然住有不少户人家。蓝氏祖祠原来差不多快要倒掉了，2003 年村委会才组织人力物力按原来的样子重新修建起来，很多材料也是用原来的，比如横梁、门、瓦都是用原来的旧料。所不同的是，祖祠门前建了个圆形的养生池，池子底部安装有自来水通水库，池子旁边留有一圈空地，村干部计划以后在空地上种花，环境会好一些。但目前窄窄的空地上全部堆放着瓷器废品。"村政府"，也就是村委会办公室原来设在祠堂里面，祠堂倒掉重建时，村委会办公地点暂时搬到了蓝书记的家里。2004 年村委会在村口建了一个"村政府"，框架早就建好了，但至今没钱装修，因此从路边看上去只看到一间不大的毛坯砖房，90 平方米，蓝书记说准备以后找到了资金，再往上加盖一层。建"村政府"的资金全部要靠自己去找，等有钱了才能把它修完。

　　东山村恢复少数民族身份前后变化最大最明显的地方，是村里学生的高考升学人数增加了很多。据刘陶天报道，新中国成立前，东山村村民文化很落后，只有一个大学生蓝QQ；但到了1995年，村里"已有大专生2人，中学生13人，小学生54人，在学总数69人"（刘陶天，1995：19）。2005年我们在东山村进行调查时，村里已有大中专学生20人，其中包括大学本科、专科11人，中专9人。除去1995年前已有的2人，1996～2005年期间东山村一共考上了18个大中专学生，平均每年考上近2人，考取的学校不仅有广东的，还有湖北、四川等地的高校。这对于一个仅有300多人的农村小村来说，是一个十分了不起的奇迹般的成就。毫无疑问，这样的成果在很大程度上得归功于国家高校招生政策给予少数民族学生的优惠。据村民回忆，国家在学生考学方面给予少数民族的优惠比较多，以前有优惠100分，比如说要500多分才上录取分数线的，少数民族400多分就可以了。现在优惠的幅度没有那么大了，现在只优惠30分。国家不仅在高考录取分数线上对少数民族有优惠照顾，在入学读书的费用上同样有优惠政策，比如考上国家任务生的少数民族学生，可以免除学费，"一分钱都不用交"，这也从经济上免除了贫困农村少数民族学生求学路上的沉重负担与后顾之忧，对调动少数民族学生的好学上进的积极性起到了巨大的推动作用。正如蓝书记所说，整个来讲就是在读书方面相对来说国家比较照顾一点。

[19] 88年恢复少数民族身份以后，考上大学的人数比以前多了很多。优惠政策增加了大家的积极性，我的两个小孩在广东技术师范学院［原广东民族学院］，学费都是全免的。现在［全村］有5个［在读大学生］，［有］中南民族学院，有北京的学校，还有那个中山大学，都是减少分数［降低分数录取］，没有免［学］费。［免学费］对口的就是广东民院。

[20] 01年我去找［潮州］市委统战部部长帮忙，他是广西人，我说我是少数民族，他笑得要命。说：你这里少数民族，潮州就五六个，你饶平县一个。我在广西，我也是少

数民族，全部都是少数民族，给谁好啊。你少一点还好说话，就直接去找。少数民族有什么，我的女儿不是大学毕业吗，不是照样去打工吗？他又什么什么，你又什么什么。笑死了，有什么用，没用的。是不是，很多东西都是人为的，是不是，我很理解的。

我们村3个干部，其他2人每人300元，他们都没有什么事。我书记兼主任，一月450元。镇发的是奖金，年底差不多一千多两千元，另外就是七月半啊，过节才有，平时是没有的。原来村里是跟东坑村合在一起的，那个老干部啊，他连一个字都不会写。他也不出去的，去汕头还要人家带。本来［19］92年是很好的机会，那时［饶平县］还属于汕头，［19］93年才分为潮州的。可是错过了好机会，潮州刚成立的时候很穷的，潮州市长那个办公室都很破的。那时去申请做一个水库，说要六七万、四五万他都不肯的，只给了两万元。村里每做一件事情都很困难的。你申请什么，上面领导一看都说，350人，才350人啦！意思是说人太少。生育呢，［19］88～［19］98年少数民族可以生3胎，［19］98年以后就跟汉族一样，一视同仁。第一胎是女孩，48个月以后可以生第二个，如果头胎是男的，就不能再生。［19］98年以前，汉族生3胎会罚一点款，100、200、50元什么的。我超生还罚了50块钱，我最小的小孩［19］88年生的，早一年就不用罚。我们村计划生育罚款去年8000元，今年9000元，我都不理他，哪有那么多钱，不交。村会计3个小孩，最小的女孩是从东坑村捡来养的，捡来也是超生。另一个村委委员生了5个小孩。

现在［2005年］村里的总人口，就是常住人口，是79户，345人，应该是346人吧，今年多生一个了。每年都要查一次人口的，有户口登记的，包括嫁进来的汉族，全部在这里面。我们这里统计人口，国家干部不能统计进去的。几年来我们这里人口发展不多，不协调，偏少了一点。从［19］88年到现在，我们这个地方发展都是很小的。

我们划民族村晚了。以前FH镇一个村200多人就拨几十万给他建学校。我们申请办学，当时一个部门一个部门地转，转来转去他都不同意，觉得国家投资太大，你们人又少，所以就不给你。说到底还是我们自己没有能力，能力不够。我以前写报告去骗省民委、省委统战部，说有800多人，想办一个小学，他们来了好几辆小车，三四辆，来调查。他们说，不行啊，蓝书记，你这样子骗人不行的。我说骗你主要是我想得到自己的利益，我想办小学，一直都不批，因为要发展，就要精神文明，是不是，没有精神就没有文明。不办小学也可以，你把资金拿来，办什么游乐点，比如说，什么什么，我这里不可以开发吗。我们是可以发展得很好的，有几百亩山地，可以开发旅游什么的。但是，谁听你啊，不会听你的。就是说，上面没有人，没有领导在那边替你说话，没有官，说不起话。如果上面出一个副县长的话就不一样啦，是不是。如果出一个副县长，这个地方，还有周围都发展得不一样。讲好听没用。

村子要搞大也没那么容易，那个自然条件，很多东西都讲不清楚。如果有800人的话就好办多了，每一次打报告去县里、市里、省里，说要改建这个村容村貌，办企业呀什么东西，比如说做一个水库，因为水量不多，搞得半死他都不会批下来。搞一个水库要10万元左右，上面说这里太小。如果能搞水电的话，村里的收入就比较稳定。茶、荔枝等这些东西都要受气候、市场的影响，现在没有人去管，承包的人也不去管。因为村里就300多个人，很难说话的。［19］96年我想办一个民族学校，因为达不到这个人数，我就报多一点，上面省里的人下来，说这样子不行。其实办学校无所谓嘛，因为周围村的小孩也可以来嘛。省里面的人他说，如果800

人，就可以给你升为民族乡政府给你挂牌了。人口发展不起来，计划生育抓得这么严。就是这样子了，没办法。现在村里的小孩在东坑村学校读书。为学校的事，我跑了很多路，做了很多工作，他都不批，说人数太少了，不给。村里考出去的人不少，但总体来说就是没有出什么官，当官的比较少一点。相对来说难度比较大。

　　但从大体来讲，作为少数民族还是有一点发展的希望，现在就看你有没有这个人才。会不会出人头地，是不是。我们村［以前］有个人当了 XF 镇副镇长，就一任，当了三年，就没有了。要通过选票的，以后选不到了。很难说的，讲不清楚的。就是说，没有这么大的地盘就出不了这个人，讲一句土话，就是没有这个人才。

对东山村 1988 年改变族籍以来享受的各种少数民族优惠待遇，蓝书记似乎抱着一种颇为矛盾的心理。一方面感激政府的优惠照顾，另一方面又抱怨政府尤其是当地政府做得不够，没有把所有工作落到实处。因此，在蓝书记滔滔不绝的言谈中，不免流露出许多牢骚话语：

　　1988 年以后我们东山村出过省人大代表一个，省政协委员一个，县政协委员一个，县人大［代表］一个，市人大［代表］一个。你问做人大代表、政协委员对村里有没有什么实际意义？这个东西要看自己怎么认为，还要看各方面的因素。政协、人大是为整体的，为家乡，不是为个人、为村里。不能说做人大代表对村里没有贡献。如果有这个能力，那当然好，没有能力，就讲不清楚的。你有这个平台、机会去结识人、认识人，就是这个道理。因为它总体来说是国家权力机关，你想县政协委员、市政协委员、民主党派这些名称，如果不是少数民族，是绝对不会轮到我们的。为什么这样讲呢？政协委员，第一个就是对国家有贡献的，第二个是纳税大户，第三个，你是企业家，就像饶平县的郑 KL，他是农民，但他是养猪大户，给国家纳税一年几百万，养了几万头猪，那当然给他了。第二个就是那个黄 JY，是饶平县的婚纱厂，厂房 1000 多亩，解决农民出路问题，招工 2000 多个人。第三个就是跟你一样的，知识分子，饶平县文联主席，创作了很多很多，对社会对人类贡献很多。第四个是女性，蓝 MY，是我〔们〕这里嫁到 RY 镇的，在饶平县中学教书，也是少数民族的女儿就是了，没有少数民族，绝对不可能轮到她。整个潮州，省人大代表一届就只有一个〔少数民族代表〕，上届是潮安县南山村的，这一届就是我们村的。没有少数民族，绝对不可能的。没有少数民族，我们算什么东西呀，是不是？所以这个是不可能的。有身份的，对国家有贡献的，招商引资，对饶平县，对潮州，对国家有贡献的，才有资格。我们这个讲一句土话，就是成为少数民族属于民主党派，机会多一点。

像我们这里当干部，是没有钱，房子这么破破烂烂。如果有钱的话，房子跟别人一样也不行。你要比别人差一点，因为是干部嘛，是不是？如果确实有钱，也不能这样子搞，不能把房子修得跟别人一样好。你是干部，比人差，大家心里还平衡一点。你比别人强，一定要挖苦你的，想办法搞死你的。因为你当干部嘛，干部是不一样的，跟你们教授不一样。

……托你的福气，以后你把我这个少数民族的各方面情况报到中央去，你专门搞这些的。政治也是金钱地位，搞政治的，你算搞政治的嘛，你把我这个调查的情况写一份综合报告到省里面去。有三点的理由，第一个是我少数民族 1988 年到现在国家、国务院和省里面非常重视，但是基层呢，县政府和下面不够重视，第一个问题就是经济和政治和那个国家配套人员各方面都跟不上，没有按照国务院办公厅和省里的政策去办。为什么这样讲，没有做项目，"村政府"各个方面的建设都不够完善，是不是。针对我各方面的建设都不够完善。因为精神文明嘛，全饶平县就只有我一个村是少数民族，我不可以跟他们比，他不可以跟我比，是不是。你汉族的千千万万的嘛，一个少数民族村也不够重视。你可以写个综合报告，那你也可以出名，出人头地的，对这个国情，只有少数民族有国家的优惠条例，很多都没有贯彻下来，所以你专门研究，要加大这个力度，对少数民族要扶持、多关心，你写一个报告到省里面、中央里面去的话，你起码要得到二等功，二等奖，真的，你信不信。你是来第二次了，我跟你讲一句实在的话，因为你这个好像新闻报道差不多……（访谈人："你才讲了第一点，第二点呢？"）第二点就是政府，我跟你讲，按照国务院办公厅和省政府颁发的文件，每一个单位里面都要配套少数民族的国家干部，知道不知道，就是金融，发展，什么叫发展，就是还没有企业，为什么没有企业？就是政府没有重视嘛，要亲自派人来到这里，需要什么东西，什么东西可以从哪一个方面去着手发展，比如是养猪场，或者是山林，山林现在不行了，或者是砖厂什么的，起这个龙头作用，没有企业没有发展，讲什么都没有用。政府关心不够，就是这个样子。来的时候就是什么呢，参观一下就走了，没有做实际工作，不去把实实在在的工作做到位。像你就不一样，第一次来，你感觉到不对劲，还要回第二次，你来当省长的话呢，我少数民族就天翻地覆地向前发展了，是不是。我也不是揭露什么现在共产党员的腐败，有些也确实都很腐败，包括我在内，我都腐败。为什么腐败呢，我跟你讲，共产党的干部就是吃苦在前，享受在后，不能享受一点的，是不是。如果你稍微用了共产党一点点钱，你就算腐败了，是不是？但事实上不可能不用，不可能只让自己吃亏的。有的时候吃亏，有的时候不吃亏，那不是腐败嘛，是不是，这是很简单的事情。随着社会的发展，我跟你讲，我这个村子，上面没有人，有人好办事，没有人办事都很难的，我还是讲一句老话，说什么都没有用，我刚才跟你提到这一点，还是什么时候都要按照中央的政策去发展，你把来我这里调查两次的情况写一个综合报告到上面去，肯定的，他肯定会来的，你信不信，肯定会发展，会奖励你的。因为现在你发表这个对国情是很合理的。你看，现在都讲加强对少数民族的发展，支持，加大力度，这个都是放臭屁，没有落实到实处的。是不是，要讲实际才有用，没有实际的，光看一下就走，没有用的。（访谈人："你讲了两点，还有第三点呢？"）第三点？第三点我可以跟你讲，有什么民族歧视的。这一次县人大开会的时候，就是这一任县长他都有讲，镇江、潮州、饶平县，现在的旅游业都是，国情来说，就是办旅游啊就是最时兴的，因为生活各方面都提高了。但是上级前几届领导都没有提到这个问题，这一届呢，县长他报告会上有说，要发展汤溪东山村少数民族的旅游点，但这只是空头支票，提出来了，但它是空头的。县上的，上面都没有派人来，也没有来参观，没有来规划什么的，对这个问题没有重视嘛，是不是。本来呢，饶平县100多万人，现在潮州有8个旅游点，饶平县的还没有，一个也没有，这一次呢就是汤溪水库那边要办旅游。我们的报告，给县政府的报告就是说，充实饶平县东山村少数民族的旅游点。充实，怎么样充实，我就解答这个问题，充实就是，充实少数民族的意思，就是发展的意思，充实就是要去发展。他是口头上的，嘴巴上说的，实际上他是没有做的。所以说在这个情况下，这个国情通过你来调查，你要发表这个论文啊，就可以把这个综合上去，通过你来这个考察两次，情况怎么样，少数民族总人口是多少，恢复少数民族［身份］以来，大学生有多少，人才各方面好的地方你讲一下，还不够的地方你可以补充一下，希望国家对少数民族的政策、优惠政策，继续那个什么什么发展的问题，你可以提出这个问题，咱们不是讲要符合国情吗？中央开会的时候每次都要讲。提出这些，对你不会有什么影响。要发展，起码要有人，要有实实在在的上面的领导来关心。……饶平县有 100 多万人口，潮州现在有 200 多万还是 300 多万人。潮州现在富起来了，8 个旅游点全部集中在潮州、潮安和凤凰山。潮州两县一区，潮安县，饶平县，湘桥区。饶平县是属于潮州的，却没有把旅游发展起来。饶平县有一个石壁庵旅游点，在饶平县二中后面，那个石壁山，那个是风景区的，不是政府批的。……

按照少数民族的明文规定，比如说，为什么这次市人大代表是我女儿呢，本来当地政府都没有按照那个国家的法律条例去照办的。按照国务院规定，起码要 50% 以上，本来是我去的。因为政府他乱套，搞一个男［代表］，一个女［代表］，7 万多人两个，一个少数民族代表，一个汉族代表。本来当时做表是报我们村妇女主任的，但是到县里面，不同意，不批准，因为我们村妇女主任她不是姓蓝的，就不行。退回来后，找来找去，第一个，文化程度最少要高中以上，算来算去，算到我女儿符合要求，所以就给她。政策上面有的时候它很严格，有的东西很严格，在县里面、市里面它就按照文件办事，但是有的事情它就不会按照文件办事。你看那个享受少数民族待遇的，反正来说就是一条，迁到这里住的，比如说，外地人啦，迁入这里住，三年以上，或者不到三年，常住少数民族地区的，也可以享受少数民族的待遇，这是去年才有的新政策。对少数民族的政策几年几年也会变一下。你说我对少数民族的政策掌握得很透彻？不是透彻，透彻有什么用。我当然清楚了，我当然清楚。我给你讲，不能一下子把话全部说完了。如果一下子全部说完，你下次不来了，我怎么办。我寻也寻不到，找都找不到你，我要留一点点，是不是。该给你知道的，我会给你知道，但不可能全部给你知道，是不是？

与蓝书记交谈，几乎很少有我们插话的机会，除非强行打断他的独白，提出新的问题请他解答。但这样的对话策略是我们一直尽量避免的，不到万不得已，我们绝不打断蓝书记的言语思路，因为我们觉得，聆听是人类学调查者了解对方的最佳途径。而蓝书记口若悬河的独白式"交谈"，大体上也围绕着我们急了解的一些问题。在某种程度上甚至可以说，他所讲述的甚至比我们原来计划了解的还要多。蓝书记是一个讲话幽默、机智，极富批判精神的人，就连作为访谈者的我们，也常常逃脱不了他幽默批判的话锋：

> 发展是硬道理，没有发展讲什么都没有用。我跟你不一样，你是耍嘴皮子，轻轻松松的，要什么就有什么，要风得风，要雨得雨。我呢，我就不行，我等一下要养猪了。等一下要去干活了。（访谈人："那也一样啊，只不过你在养猪，我在读书而已，都是在干活。晚上工作到 12 点是常有的事，早上 6 点钟就要起来，那不是一样的？"）那也不一样……我们发展旅游业，过三年，如果明年有发展的话，我要请你来，你一定要给我一点面子。上次本来说好要请你的，结果没有请到你。这次这么多事情，人家［指村妇女主任和村畲族资料保管人蓝 Q 的儿子］又要来，是不是，所以就在我家里吃饭。上次在餐厅里面吃饭，吃了这么多钱，我说好请你的，结果你悄悄把钱付了，我到现在心里都还过意不去 ①。

---

① 2005 年 6 月初访时，蓝书记坚持要请我们到附近 XF 镇上的一个餐厅吃饭，他和我们三个人一餐共花了一百零几元。吃饭期间，我借故离开餐桌到柜台先付了饭钱。

……钱多到一定的时候就要考虑大家了，考虑大家，考虑别人。还有很多人没有就业，很多人在那边没有事做，是讲公德啦。（访谈人："你思想很先进啊！"）先进都没有用，人都不会怎么样。就是有一个不好的，不会发展，这是不行的。我要退出来了，我给你讲，我这个书记不能当了，我要退出来了。不能再做了，再做会影响别人的，我给你讲，要培养后一代去发展的人。……培养接班人就不是考虑自己的问题，是全村以后能不能发展的问题，对工作各方面会不会全面去考虑的问题，是这个问题，每一届都是这样。比我强得多，很多很多，千千万万，但是他都不愿意回来，在外面赚钱。就是在家里，他也不愿意做［干部］。所以这个，一旦成熟了，我就马上退出来，讲好听没有用，我年龄不行了，50 岁，超龄了。（访谈人："其实这个情况不只是你们村有，你比如说像在南山，在别的村啊，他们也是说想退，想退都退不下来。村里年轻的、能干的，全出去自己挣钱，愿意留在村里的很少。"）对，真正待在村里面的人他怎么懂啊。如果没有能力，确实没有能力，不可能的。没有能力的，他差一点点的，以后发展要把握那个时间啦各方面的，很难，不是单方面考虑问题的，是多方面的。（访谈人："以后这个，随着社会大环境的变化，国家政策的倾斜，农村发展比较好了，有的人他也会愿意回来，回家来也是干事业嘛。如果在外面能挣钱，回家也能挣钱，那人当然都愿意在家乡啦。他现在是，你回家给他发展的空间、机会比较少，他才不愿意回来。"）像你这样，我给你讲，我最佩服你的，你是对人类有贡献，对国家有贡献，什么都，真的，确实了不起，真的。因为大自然嘛，就需要你们这些人，是不是，全部都是像我们这样，地球都不会转动了，没有什么用，只会增加地球的压力。（访谈人："看你说的，像你这样实干的人多一点，地球才会转得快一点呢……"）我们到下面，去看看泰华楼，好不好？（访谈人："好，出去看看。"）

蓝书记习惯对我们的问题做出长篇大论、滔滔不绝的回答，而对我们的观点或较长的提问，却似乎没有耐心听完，或者他觉得已经领会我们的意思，因此认为没有听我们继续讲下去的必要，故而常常在我们说话未完时，就接过话头开始了回答、解释或提议某个活动。有时蓝书记甚至很直接地问我们想了解什么，为什么要了解这个，然后再对我们的问题发表他自己的观点和看法。蓝书记直奔主题的谈话方式，使我们的访谈效率有了很大的提高。

第三节　畲族文化建构

族籍变更给东山村带来了畲族文化特征的重建。村里现在能体现畲族特色的符号标志大致可以分为四类，即族称、族谱、祖图和三套民族服装。1988 年恢复少数民族身份以后，东山村的村名随即由政府正式更改为东山畲族村。尽管村民在日常生活中谈到本村时至今仍然习惯使用"我们东山"，但"东山畲族村"的意识正在逐步渗透和深入到村民的大脑和意识之中。当村民被问及小时候知不知道自己是畲族时，一些中老年人会回答"知道，怎么不知道？"但事实上，我们通过调查访谈发现，直到 20 世纪 70 年代末期为止，东山村没有人知道自己是少数民族的后代。80 年代东山村一些干部群众了解到北山村蓝姓村民是畲族以后，便根据同姓同宗的原则自然而然地推导出自己的祖先必定也是畲族，这一推导结论通过几年的努力求证，亦即对畲族文化特征的辛勤建构，最终被政府认可并获得了村中男女老少的心理认同。现在村中人人都认定自己的祖先是畲族。为了强化这一新创不久的认同纽带，一些人甚至宣称，从小就知道自己是畲族的后代。而另一些人在坦然面对村里畲族传统特征早已消失的同时，也认为现在既然恢复了少数民族身份，村里人也会把传统特征慢慢恢复起来。还有一些年轻人，对祖先的民族语言表现出了极大的兴趣，说如果有机会学说畲语，他们肯定要去学，因为那是自己祖先的语言。无论对畲族文化认识的深浅程度如何，东山村全体村民毫无疑问已经培养了充分并且乐意的畲化心理，眼下正表现出积极主动的畲化趋势。

东山村的畲族文化建构首先体现在新修的族谱《蓝氏畲族村祖谱》（以下简称《祖谱》）上。我们见到的《祖谱》是一份不完整的硬笔正楷手抄稿件，共十一页，由四个部分构成。其中包括"东山村畲民源流习俗浅谈"、"重整祖谱材料交代语"、"先祖的迁移和定居"，以及"水口东山蓝氏族谱"。《祖谱》行文按古代汉语从上到下的书写格式排列，同时又遵守了现代汉语从左到右的阅读方向，充分体现了传统文化与现代文化的杂糅融合。《祖谱》第一部分"东山村畲民源流习俗浅谈"开篇第一句即点明了东山村的畲族认同：

RY镇东山村属畲族，是饶平县唯一的少数民族村。

东山村地处RY镇水口境内东面的半坡，村民住宅建筑呈圆形及半围土楼的古式土木结构，全村五十四户人家，三百八十人，以农为主，本村始祖蓝肇基（名蓝宽，谥逸仕）系福建龙溪蓝氏开基祖蓝廷瑞派下的第四代孙，蓝肇基于明朝中期（正德、嘉靖年间）随祖母何氏从大埔下坜村迁居饶洋水口杨梅山创建东山村。现在村里仍保留明万历丁丑年（公元1577年）蓝崇琛为其祖父蓝肇基建立的墓碑；明万历丁未年（公元1607年）重修路桥的石刻。目前村里还保留着蓝氏一世祖、六世祖、十六世祖三世祖祠。

《祖谱》最后一部分"水口东山蓝氏族谱"，从手稿可见的"二十二世祖考二细蓝公、二十一世祖考崇堂蓝公、二十一世祖妣何氏蓝妈"等近祖，一直追溯到"上大祖蓝宽公、开基祖蓝肇基

公、始祖蓝逸士公、一世祖考蓝定祺公、一世祖妣杨氏妈"。在
《祖谱》列举的最早九代世祖中，即从"上大祖"到"六世祖"的
九代先人中，只有"一世祖"同时列出了考妣二人的姓名，其余
八代均只见祖考而不见祖妣姓名。从七世祖到十三世祖，修谱人
不仅同时记载了祖考妣的姓名，还在姓名之下标注了具体月日，
或"死沛"、"沛大娄"等信息，例如"七世祖考惇恪峻峰蓝公 七
月二十日，七世祖妣大五慈勤张氏 三月十三日，十二世祖考殿三
蓝公 死沛"。从十四世祖到二十二世祖，各世祖考妣姓名之下标注
的不再是月日，而是生了几子、卒于何处、个人业绩、"失房"与
否等信息，例如"十五世祖考徽猷蓝公 建大娄嘉庆甲子年、汕头
开"。在十五世祖考徽猷姓名左右两侧，分别排列四位祖妣姓名，
从左到右分别为"妣梅氏 蓝妈"、"妣刘氏 蓝妈 生三子刚勉、纯
勉、□（尾子）爷"、"妣邱氏 蓝妈 十八间铺"、"妣余氏 蓝妈"。
十五世祖徽猷公据传为村中现存围楼"泰华楼"的创建者，族谱
记载其曾娶四房妻子，想必不存在夸张。除了十五世祖考徽猷公
以外，"八世祖考端守少峰蓝公"、"九世祖考恭正碣石衙典史恪直
名岗蓝公"、"二十世祖考有光蓝公"以及"二十一世祖考东壁蓝
公"也分别娶有两房妻子。如果《祖谱》记录的东山村祖上资料
数据属实，那么畲族历史上大多实行一夫一妻制这一论断似乎存
在某种例外。如果畲族祖先普遍实行一夫一妻制的婚姻制度是无
可争辩的历史事实，那么东山村《祖谱》记载的史实即存在多种
解读的可能，一是数据资料的真实性值得推敲，二是东山村的先
辈实属崇尚一夫多妻制的汉族，三是东山村远祖原为畲族，但在
几百年前已完全接受了汉族的文化习俗。

　　除了新修的族谱《祖谱》以外，东山村的畲族文化建构还体
现在村中"公元一九九二年旧历春月"新绘的祖图上。东山村祖
图共有 18 幅，用 10 张白绢彩绘而成。除《驸王出身图记——蓝
氏祖图》"前言"外，每张绢布上自上而下绘两幅彩图，并附简短
的文字说明。据报道人蓝书记讲，祖图是参照北山村的祖图画的，

自己村中的祖图"原版的没有了，原版的康熙年代就有，500 多年了"。

　　除了《祖谱》、祖图之外，东山村还保存有三套民族服装。其中一套，据蓝书记说是"潮安县统一搞的，跟他买了一套，200元。自己也可以做，还不要那么多钱"。《祖谱》、祖图、民族服装等由村里专人保管，也就是蓝 Q 老人及其家人保管着，没有特殊情况，不经批准，是不会拿出来给人看的。2005 年 6 月我们初次访问东山村时，向蓝书记要求说看看祖图，蓝书记说保管祖图的人不在家，可能去广州打工了。我当时信以为真，颇感遗憾。2005 年 10 月我们再次访问东山村时，蓝书记在自己家中杀鸡待客，参加宴请的客人除了我们，还有村妇女主任和一位在附近 XF 镇税务所工作的同志。在吃饭过程中我们了解到，搞税务工作的同志是东山村族籍变更主要申办人和村中民族资料保管者蓝 Q 老人的儿子，父亲退休后即接班去税务所工作。因为我们的造访，蓝书记专门把他请来聚餐并向我们介绍相关情况。吃完午饭，蓝书记和这位税务官带领我们一起到不远处的蓝 Q 老人家看祖图、族谱等资料。当我们在资料中翻看到村委会借用祖图资料的借据时，我才突然明白第一次访问东山村时没能看到祖图的原因，以及蓝书记推说祖图保管人已去广州的苦衷。

　　东山村变更民族成分以后，同凤凰山其他几个畲族村加强了联系。各畲族村的村干部，或由于参加上级部门召开的会议，或由于顺路或专程拜访，每年总有几次碰头见面的机会，互相切磋各自村庄的发展情况，彼此协商或讨论规划更好的发展出路。蓝书记自豪地告诉我们：

　　　　我上次去南山村那边，顺便还去了北山村蓝 JZ 那里，他还杀鸡招待。他们村的路 [水泥村公路] 大概是 [2004 年] 10 月份，也就是去年年底，就搞好了。蓝 XM 是原来的老支部书记，是省政协委员，还是上一届的潮州市政协常委。

招兵节我们村也得了一面锦旗，每个［畲族］村都有。没有要求我们出钱，都是自愿的，［19］93年去的时候我们村拿去了800元。以后如果南山村还要办招兵节的话，我们每个村都要去。如果招兵节在我们这边开的话，我也会去找县长，因为我们这边找他都是很容易的。我也去找他，请他帮一点，帮不帮呢就随便他了。他不帮你也有理由啊，他可以说上面国务院没有这个行文，说你把文件拿出来我就执行。如果关系好一点呢就给你一点面子是吧。现在都讲这个关系网，没有关系哪里有网。没有网络哪里有关系啊是不是。我们行政的人啦，不是像你们读书人那么实实在在的。

从蓝书记的所有谈话记录中可以看到，维持、利用、拓宽和发展村里通过族籍认同变更机制创建起来的畲族社会关系网络，是目前东山村干部们最为关注和操心的工作任务之一，因为它涉及全村集体和个人的发展前景、速度、道路和资源。

第四节 小结

本章通过田野访谈资料再现了饶平县 RY 镇东山畲族村在 20 世纪 80 年代申报民族成分变更的具体过程，展现了该村原有的客家文化底蕴和族籍变更后畲族文化与认同的建构过程。我们与报道人之间的大量访谈记录表明，东山村族籍变更的根本动力在于利益驱动，在于获得政府实施的少数民族优惠政策所带来的各种有利条件和发展机会。

为了成为政府实施少数民族优惠政策的应用对象，以便获得更多的现实利益和社会发展机会，像东山村这样已经完全汉化或原本就是汉族的部分群体，充分利用"民族识别"政策机制和族群认同文化特征的个别因素，积极主动申请改变"民族成分"，创造条件成为少数民族，此种情况并不鲜见。周大鸣教授在研究赣南畲族和客家的族群关系时发现，80 年代一些原属客家群体的村落更改为畲族，其原因之一如一些地方官员所讲："上面有文件，说姓蓝、钟和雷的可以改划畲族，我们就将居住集中的姓蓝的改为畲族"（周大鸣，2003）。事实上在 80 年代新一轮的民族识别和族群重构活动中，申请恢复或变更为少数民族成分的远不只是畲族。有学者研究指出，20 世纪 80 年代全国各地有不少人申请变更了自己原有的"民族成分"，这一社会现象不仅反映了少数民族优惠政策带来的民族成分变更动力，也反映了中国当代族群边界的弹性特征，以及族群认同的关键因素并非原生纽带的情感因素而是政治、经济、社会组织的互动作用等方面的现实考虑（马戎，2004：533）。

80 年代粤东东山畲族村以及全国各地部分汉族群体的民族身份变更情况表明，尽管原生情感、文化特征是族群认同的必要条件，但它们并不是充分条件。粤东地区目前仍然存在许多不愿申报或无力申报"民族成分"变更的蓝姓同宗村庄，他们的民族认同实践和心理态度表明，同宗同源或共同的文化背景并不是决定民族成分的首要条件和决定性特征。除原生情感和文化特征之外，族群之间存在的结构性对立特征，以及特定群体在特定时期的认识导向、利益取向和族群内外的权力关系运作，才是决定族群认同实践及其走向的关键因素。族群之间的结构性对立产生于社会资源的分配需要，如果族群之间的结构性对立消失，那么，很少或完全没有文化差异的族群分类也会随之消失。反之，族群之间的结构性对立一旦创立并得以维持，族群之间的文化差异就会得到不同程度的强化甚至创造性地"恢复"。

类似东山村民族成分变更的事例说明，族群边界不是变动不居的文化边界，而是相对稳定的社会组织和政治团体边界。由此可见，巴斯在 20 世纪 60 年代通过一系列事例论证的事实在远隔重洋的中国同样存在，即随着时间的推移，部分人口能够穿越族群边界，从而显示出边界所具有的弹性特征（Bath, 1998［1969］：

20-25）。东山村在汉族认同或完全汉化多年之后，通过民族成分的重新识别，正在经历全新的畲化，其中包括创新原本没有或早已消失的畲族历史记忆和族群文化特征。东山村的民族成分变更实践表明，族群或民族认同实质上是人们对特定社会经验的适应策略。在此策略之中，原生情感和文化特征只是基础，是能够被创造性地利用的潜在资源。这一基础资源加上社会群体中的结构对立、利益追求和权力运作，才能成为民族或族群认同实践过程中选择维持或变更族群边界的充分必要条件。传统文化特征作为族群认同得以确立的必要条件，在部分特征符合的前提下，可以重新创造或"恢复记忆"，并从此得到维持或加固。

第六章

结 论

    本书以上章节从族群研究的理论视角出发，通过发掘华南地区粤东畲族的族群记忆与历史传承，通过参与观察和深入访谈，详细追踪、记录和描述分析了半个多世纪以来粤东凤凰山畲村村民的生计模式变迁、文化特征演变、族群边界维持、民族成分变更等方面的社会活动经历。通过对比畲族历史文献记载和现实生活中畲族村民的活动经历，我们发现，在当代畲族村民个人及群体日常生活中，最常见的社会活动和内心感受，与其说是族群认同、族群边界、族群文化特征等有关畲族与当地汉族族群之间的群体特征区别和民族心理区分，即族群意识的凸显与活跃，还不如说是畲族群体和个人全力以赴地追随全国乃至全球社会文化大环境中主流文化变迁而变迁的积极同化或趋同过程。积极同化或主动向主流文化靠近趋同的动力和动机，是主动和自发谋求各种有利于群体与个人自身更好发展的强烈意愿，是在充分运用中国政府的民族识别机制和少数民族优惠政策的同时，大力吸收主流文化因素以便在政治、经济发展领域尽可能融入主流文化发展队列的不懈追求。在畲族村民们努力追求自身发展和推动族群文化变迁的过程中，族群认同的原生纽带，族群文化的传统特征，一般只在其有利于促进畲族族群和个人更好地生存和发展时，才会浮现在人们的思想意识和行为表现之中，才会被强化甚至被创造性地加以发挥利用。回顾总结几年里陆续发掘和整理的民族志田野调查资料，我们发现粤东凤凰山畲族的族群认同历史和社会现实状况，不仅可以用来说明当代中国族群认同的本质特征在于族群边界的结构性维护，也可以用来说明中华民族多元一体格局的形成过程及社会、历史、文化基础，而且还为当今仍在日益丰富的民族志田野研究提供了又一个值得深入关注和研究的对象，为我们检验、扬弃和发展西方族群理论提供了一个具有深刻历史背景和现实意义的田野试验场所。

第一节　关于族群概念的研究总结

人类学族群研究传统的理论观点认为，族群（ethnic group，ethnicity）是指一群具有共同体质特征和文化渊源的群体；该群体借由共同的血缘继嗣、祖源历史和共同的语言、信仰、地域、习俗等特征凝聚而成，具有明确的"我们"不同于"他们"的群体意识。族群概念的这一传统定义，影响并决定了人们在探讨族群或民族现象时，往往离不开对族群、民族的客观特征的溯源探讨，因此导致了 20 世纪中叶以来以族群、民族现象为主题的人类学著作虽然层出不穷，但其中却有不少是针对或围绕族群"内涵"或族群客观特征展开的持久争论。人们对族群起源与特征的执着探究，不仅表现在西方人类学界，同时也体现在我国的传统民族学和人类学研究领域。畲族研究文献对畲族的传统族群文化特征和体质特征的反复论证和重复表述，也体现了族群特征在我国传统和现代民族研究中的重要分量。

在人类学研究领域，族群长期被界定为一群具有共同血缘、语言、宗教和文化习俗等共同体质与文化特征的人群。这一定义突出强调了族群形成的历史基础和族群认同的客观条件，却忽略或遮蔽了族群作为一种长盛不衰的人类组织的社会功能，同时也掩盖了族群边界和认同变迁的群体或个人功利性动因。在粤东畲族的族群认同田野考察过程中，我们发现保持和变更族群边界与族群认同的关键因素，不仅包含所谓的共同血缘与文化渊源，还包括族群认同的工具性特征即功利、实用性特点，而且后者常常比前者表现得更为关键和重要。提倡从族群认同的工具性特征入手研究族群边界维护与变更的学者们认为，族群并不是一个单独存在的实体，族群范畴的存在与否，完全取决于一个族群和其他族群之间的互动关系。换言之，族群尽管是以共同祖源或文化记忆为基础凝聚而成的社群，但其存在的本质是为了适应社会互动的需求，是人们为争夺或保有社会资源而形成的"我群"和"他群"意识。在此意义上看，我们认为族群只不过是一种人类群体的分类符号和社会结构的组织形式与手段之一。该组织形式以人们的共同祖源和历史想象为依托，为社会活动提供有效的操作原则和凝聚基础，因此常成为重大历史和政治事件中区分群体归属的界标。正如有学者指出的那样："族群在历史发展过程中，产生了超过其他人类群体形式的可塑性、包容性、象征性、创新性、民众性和稳定性。族群可以和家庭乃至基因发生隐喻的联系，也可以和政党乃至国家认同，是家庭和国家之间的现代桥梁。各种政治、经济、文化的因素都可以被族群所容纳，打上族群的标记。它的可塑性使它成为政治和经济操作的理想工具"（纳日碧力戈，2000：2-4）。由此可见，族群之所以成为社会组织的一种有效形式、原则和手段，原因不仅在于它拥有强大非凡的号召力，还在于它具有异常灵活的变通性质。

族群这种社会组织形式的灵活性和变通性，无疑来自族群的内涵即族群客观特征在具体运用过程中的灵活变通性。族群对共同体质和共同文化特征的强调，常促使同一族群的成员自认具有或即时创建彼此之间同文同种、血脉相连、命运相关的"共识"。这种"共识"的创建和维护并不困难，因为族群的客观特征涵盖极广，不仅包括所谓共同的血缘、体质体征，还包含语言、信仰、习俗等多种因素。这些因素可以同时发挥作用，也可以独立支撑认同基础。正如东山畲族村族籍变更过程所显示的一样，只要存在一两点可视为具有共同原生纽带的标志性特征，譬如姓氏相同，人们就可以在此基础上根据认同的需要"恢复"或创造出那些业已遗忘，或从来就不曾有过的其他共同特征。由此可见，族群内涵的客观特征既可以是原生的或与生俱来的，也可以通过集体想象、借用或创造手段即时形成。换言之，族群成员在需要彼此认同的基础上，可以维持、强化、想象、改造甚至创建出新的族群标记和族群的客观文化特征，以便使之更好地适应现实生活的需求和社会发展的需要。

粤东凤凰山畲族的族群认同实践和文化变迁经历显示，族群认同既包含根基性或原生性的情感认同，也包含实用性或工具性的功利认同。族群的存续因此不仅要有原生纽带做根基，还要以人类认识的分类习惯和社会资源的不平分配做基础。本书展现的畲族村民的族群认同及其文化变迁形态表明，过分强调族群的原生认同，强调共同的体质、文化客观特征的传统族群定义，已经不适宜用来描述当下那些在体质或文化特征上与汉族民众无甚区别的畲族群体。粤东畲村的历史演变和社会现实状况提醒我们，族群实质上是一个集原生纽带、群体利益和组织功能为一体的具有高度灵活变通性质的社会群体，是一个便于凝聚、调动、操控和发挥社会力量的群体认同标志和社会分类符号。鉴于族群的存在不仅有原生纽带做基础，还有社会功能做后盾，因此族群不会随着原生纽带的断裂，即部分或全部传统文化特征的退化和消失，而产生群体组织的动摇和消解。在人类的认识领域和社会的组织框架中，即使族群的边界发生位移，其核心部分仍然是长期稳定，长久不变的。因此我们可以说，只要人类社会一刻尚存，族群实体及其认同实践就不会消失。同理，只要现代民族国家意义上的中华民族（the Chinese nation）存在，畲族（the She minzu or She ethnic group）族称及其大众实体就会一直存续。

第二节 族群理论在田野研究中的综合运用

族群认同集原生性与功利性特征为一体，但在群体和个人的具体认同实践过程中，原生性与功利性特征并不一定同时显现，或者说总是起着同等重要的作用。事实上，族群的原生性和功利性特征时常分分合合，在不同的时间场合发挥出各自不同的作用。当原生性认同占主导地位时，功利性特征便退居其次，有时甚至完全失去作用；当功利性认同居主导地位时，原生性特征便得到相应的调整突出，甚至创新改造。鉴于族群认同实践中原生性和功利性双重特征的共同存在，以及两者在不同场合随机应变所发挥的不同作用，我们认为无论何种单一的族群理论，都难于胜任解剖分析复杂多变的族群现象，并为相关研究提供完整充分的指导意义。因此我们认为，不同的族群理论，如原生论、工具论、边界论、建构论等，必须互相配合，互相补充，才能比较全面充分地诠释说明人类社会无处不在的各种不同类型的族群现象，回答"我们是谁"、"为何我们要宣称我们是谁"等问题，并在此基础上深入发掘、认识和合理理解、利用族群认同的本质含义。

在 20 世纪五六十年代族群现象开始成为人类学研究主题的初期，人们并未充分认识和考虑到族群认同原生性和功利性特征同时并存或此消彼长的情况。因此人们围绕族群的原生性、客观特征和实用性社会功能各执一词，争论不休，并由此形成了包括原生论、工具论、边界论、建构论、符号论在内的多种族群理论。这些理论从各自不同的研究视角出发，分别在自己的考察范围内探讨发掘族群现象的不同侧面，为后继研究提供了可资参考利用或批驳完善的多种理论框架、分析模式、概念术语等实用工具。各种族群理论的形成发展催生出大量的族群研究成果，并推动族群、民族、种族、阶级、国家等关于人类群体分类现象的研究不断深入发展起来。时至今日，在全球化趋势和族群、民族合作与冲突日益凸显的背景下，没有任何族群研究可以不涉及或不结合民族、国家、阶层等其他政治利益群体，也没有任何研究可以单独凭借一种族群理论观点或框架来完成。当今族群、民族在不断变异的地方社会结构以及逐渐趋同的同一个地球村中的发展演变，只有通过不同的研究视角，运用不同的理论工具，才能做出较为完整的观察分析和解释说明，这是我们在考察凤凰山畲族认同和社会文化变迁过程中获得的深切感受。

就族群原生论而言，尽管因其过分强调原生纽带和主观认同而受到后继理论的质疑批判，但它对族群客观特征在族群认同中的重要地位和作用的肯定，至今仍然具有不可忽视的指导意义。从 50 年代原生论兴起至今，凡论及族群或民族问题的研究，无不涉及族群原生纽带即族群客观特征的描述，可见原生论关注的问题是一个经久不衰、不可回避的问题。原生论代表人物希尔斯（E. Shils）、菲什曼（J. Fishman）等强调族群的原生纽带（primordial ties）因素如种族、血缘、土地、语言、宗教、文化传统等，是族群赖以生存的基础和借以获得内聚外斥力量的团聚标志，同时还认为族群是一个具有与人类社会历史一样悠久的自然单位，是人类亲属（kinship）体制的自然延伸。

原生论将族群看作家庭或家族的扩展，这种观点在畲族的族群认同实践中可以找到直接的证据。当代畲族在追溯自己的族群起源时，以虚拟的神话人物作为共同祖先，以现实社会中的四个姓氏作为虚拟祖先的共同后代，不仅为畲族族群的产生和存在创造了"生物"依据、文化传统等原生纽带，还为该群体的繁衍发展铺垫了言之凿凿的历史根基。尽管畲族共同的盘瓠祖先及其子孙世系明显包含了神话传说的成分，但盘、蓝、雷、钟四姓血脉相承、源自一家的认识，却成了畲族族群识别和个人秉承畲族身份与认同的一个必要条件。尽管当今拥有盘、蓝、雷、钟姓氏的中国百姓不一定是畲族，但畲族必须是四姓之一，这是当代中国政府对畲族进行民族识别时所凭据的基本条件之一。姓氏成为区分族群的标记，这在重视血缘关系的中国社会古已有之。事实上，从奴隶社会的宗法制度到封建社会的宗族组织，血缘姓氏一直是中国人用以区分我群和他群以及设立群体界限的不变标志（史凤仪，1999）。以姓氏标记和附会传说中的血缘关系作为民族识别与认同的首要条件，这应该是传统习惯与思想在现、当代社会的翻版应用。因此，族群原生论有其深厚的历史根源，在一定程度上可以用来解释分析当今中国社会畲族族群的形成和发展基础。

畲族以姓氏为区别性特征的认同标准，为族群原生论关于族群是家庭或家族的扩展这一观点提供了有力的证据。但我们在田野调查中同时也发现，并非所有四姓的后代子孙都认同畲族，也并非所有畲族成员的祖先都是盘、蓝、雷、钟四姓的成员。当今粤东、闽南地区一些蓝姓、雷姓村庄早已认同和归属汉族族群。而在现有的畲族群体中，也有不少汉族子孙。且不说历史悠久的畲、汉通婚，汉族妇女嫁入畲族家庭从而为畲族群体注入的新鲜血脉，单是新中国成立前华南地区普遍常见的收宗归族现象，也为畲族群体收归了不少原本属于汉族群体的畲族成员。譬如，南山畲族村第三房祖先就是从山下汉族村迁入该村并改姓雷姓的汉族后代。新中国成立后尤其是 80 年代以后，像东山畲族村那样通过政府制度化的民族识别机制恢复或转入畲族认同的人群也不在少数。另外，长期以来畲族群体如南山畲村有不少家庭因生活困难而将家中的男孩抱养给汉族亲戚做继子，抱出去的继子即不再秉承畲族父亲的姓氏，也不再被视为畲族的后代，领养仪式或过继手续使畲族子弟从此变为汉族血脉的传人。除此以外，新中国成立后依照国家或地方的法规习俗，畲族女子嫁入汉族群体后，所生子女在上报户籍时既可选择汉族，也可选择畲族，决定权全在其父母，而父母为孩子做出的选择，往往依照自己对孩子的期望，以及上报何种族籍对孩子未来的前途和社会攀升更为有利而定。对于这些变动不居的民族认同心理和实践行为，族群原生论显然难以提供令人满意的解释。因此我们说，原生论只能在一定程度上和范围内对中国的族群和民族（minzu）认同提供理论说明。族群原生论对族群基因决定性和族群作为家庭、亲属延伸制的宣传已因缺乏可靠的生物学基础与社会事实支持而受到批判。但我国医学界，目前仍不乏研究畲族基因特征的人，可见族群原生论仍然具有相当的生命力，仍然能够占据一定的研究市场。

不满于族群客观特征即原生纽带探讨的族群工具论者认为，人是一种理性动物，无时不在算计和优化自身的利益，族群认同属于一种理性选择，其本质核心是人们对有限资源的竞争。作为人们为追逐群体和个人利益而操纵的工具，族群认同在本质上是一种政治现象。族籍之所以具有象征或情感召唤力，不仅因为它能够回答人们的起源、命运、生活意义等永恒问题，更因为它具有实际的政治功能。族群认同之所以强调传统文化，是因为传统文化能够调动和增强一个群体的政治内聚力。尽管族群客观特征或传统文化对人群起着分类作用，但也只有在能够获得或增进某种经济、政治利益的时候，族群所谓的原生纽带才会具有感召力。换言之，族群的客观特征、文化传统、族籍等概念，不过是群体为获取政治经济利益而操弄的工具而已。诚如致力于研究族群意识如何被唤起和操弄的保罗·布拉斯（P. R. Brass）所言，当一个族群在政治舞台上利用族籍来改变自己的政治、经济地位和受教育机会时，它就成了一种政治利益群体（庄孔韶，2002：350－352）。

工具论者的研究表明，文化虽然被当作区分族群的标志，但人们往往只挑选那些能够反映其共同世系和族源的文化特征，对那些不能反映其共同族源的文化特征则视而不见。有时人们为了标明族界，常常会复活或创造出据信是自己祖先曾有的传统文化。不仅如此，在现实生活中，族群成员通常还会以自我为中心，根据自己所处的族内、族际环境和所面对的具体交际对象，在不同的场合选择不同层次上的认同。譬如在凤凰山畲村开展田野调查时，我们不时听到村民说出这样的话："同姓三分亲""一笔写不出两个'雷'字""我们潮州人""我们广东人""我们中华民族"
"我们女人"等。由此可见，族群认同并非所谓原生的、一成不变
的身份认同，而是随着交际场景的变化而自由伸缩的，并且还不
时被阶级、职业、性别、乡籍等身份认同替换。

族群边界论者弗里德里克·巴斯（Fredrik Barth）不赞成其同
代人研究族群时惯用的历史主义和还原论观点，倡导从族群边界
出发研究族群现象。在巴斯看来，族群不是一个个孤岛式的文化
承载和区分单位，不是地域、经济或社会处于隔绝状态下形成的
彼此有别的文化载体，而是一种社会组织形式，是人们在社会互
动交往中生成的社会组织关系。族群认同可以跨越文化、社会、
经济、生态区分单位得以存在和维持，其原因在于保证族群存续
的边界是相对稳定的社会边界和政治边界，而不是极有可能变化
多端的文化边界。族群边界与文化差异尽管有关联，但并不意味
着族群界别与外在的客观文化差别必然是吻合的。族群内涵所包
括的标志特征，并非所有客观文化特征的总和，而只是互动参与
者们自认为有意义的那一部分。因此在族群单位与文化差异之间，
并不存在简单的一一对应关系。族群认同通常将一部分文化特征
视作族群差别的标志符号，而对另一部分特征视而不见，有意掩
盖甚至否认。鉴于族群认同本质上是人们参与社会互动的适应策
略，族群成员因此可以根据不同的场景和需要采用不同的身份，
而且不会造成认同危机。族群认同边界会随着不同的时间、地点、
价值、利益等因素的考虑而有所变化，但族群成员的多样性认同
并不会影响到族群本身作为一个独立群体的存在。族群之间的亲
密接触，也并不一定意味着接触的一方或双方互化或消亡，相反
它们会继续顽强地存在，有时甚至产生比过去更加强烈的族群意
识，因为族群存在的基础取决于结构性对立，而不是个人或部分
人的多样性认同。此外，族群边界尽管可能具有相应的地域，但
它主要还是一种社会界限，是用来组织、引导、规范和构建人们
之间互动行为的一种抽象概念或范畴界限。边界的存在不仅不会

阻碍或隔绝人们的交往互动，反而会通过其组织、引导等功能促进和提高人们的互动成效。

边界论强调族群研究的重心应放在族群边界的保持上，这在任由不同族群、种族自由竞争和遵循适者生存原则的社会，如在美国、加拿大等国家的社会里，显然具有极其重要、紧迫的理论意义和现实意义。但在中国这样一个社会主义国家，政府不但提倡社群之间团结友爱，和谐共处，共同进步，还制定了一系列的法律条例、政策法规来扶持弱小，保证少数民族的利益和弱势群体的发展。在族群边界的确立、族群结构的对立与平衡问题上，至少在当代中华民族多元一体格局的 56 个成员单位的结构确立和维持方面，政府在很大程度上解决了边界论者认为学者应该关注承担的社会责任。因此，我们对于畲族族群认同的关注焦点不是其边界的维持，而是其内部文化特征的发展演变过程，以及这一过程与结果可能对边界概念提供的不同诠释。譬如我们认为，随着国家化、全球化进程的不断推进和跨文化交际、交往活动的日趋频繁，文化或生物差异已经或终将不再是族群边界的标志；由于受利益驱动的结构性社群对立永远是族群边界牢不可破的基础，文化差异的消失和多元文化特征的形成并不足以导致族群边界的废止；社会记忆、法定民族身份、族群认同的世袭继承等特征，正在加入甚至有可能逐步取代传统文化特征而成为当代族群认同的基本条件。

以上分析表明，原生论、工具论、边界论等现代族群理论从不同视角和取向出发，为人们在不同层次和侧面探讨分析族群现象提供了基本的概念范畴和理论框架，为包括中国在内的世界各地的民族、族群研究提供了参照蓝图。粤东凤凰山畲族族群认同实践及其本质特征不仅需要透过现有的族群理论进行剖析，还可以在剖析过程中检视西方理论在用来诠释不同文化现象的局限与不足。譬如，对于族群认同的政府识别现象和法定族群身份的世袭传承规则，对于多民族（minzu）国家内部多元一体政治文化格局的形成和发展等具有中国特色的族群认同现象，起源于西方社会文化环境的原生论、工具论、边界论等不仅缺少足够的实证研究报告，还欠缺有效适用的理论指导意义。其他族群理论如民族建构论、想象论、符号论等，与原生论、工具论和边界论的论旨虽然有所不同，但本质上也是后者提供的雏形在不同文化层面的进一步衍生发展。因此无论是强调民族是资本主义印刷业发展构筑起来的"想象共同体"，还是坚信民族是围绕共同神话和历史记忆、价值观念等符号表征创立起来的人群共同体，建构论、符号论者们提出的理论观点实质上并未突破原生论、工具论和边界论设立的研究视野和理论基础。此外，由于建构论、符号论在研究对象的选择上主要关注的是民族国家或政治概念上的民族认同现象，而非民族国家内部不同群体构成或文化意义上的族群认同问题，因而对我们讨论畲族的族群认同难以提供直接的理论指导。比较而言，我们认为国内一些扎根本土历史文化研究，同时熟谙西方相关理论学说的中国学者提出的民族、族群理论学说，譬如王明珂先生的华夏族群边缘探索，费孝通先生的中华民族多元一体格局理论，无疑能更准确恰当和全面充分地帮助我们理解和诠释凤凰山畲族的族群认同和文化变迁历史、现状和未来发展脉络。

　　综合族群原生论、工具论、边界论要义，以及凤凰山畲族的族群认同与社会文化变迁田野考察结果，本书得出以下结论：首先，族群是一种以主观选定操控的客观文化特征为凝聚旗帜的社会组织方式；其次，族群认同本质上是以原生纽带为基础、以资源划分为目的的工具性认同；最后，族群原生纽带，即族群客观特征尤其是其文化因素的变迁，不会影响到族群边界的存续和发展，只要社会结构及其族群组织尚存，人们就会在社会互动中保持族群认同，并由此产生、维持或创造区分我群与他群的边界标志。这些标志体现出族群之间的界线，但它们只是引导社会行为、沟通社会关系的社会组织分界线，并不等同于族群原生纽带或族群体质、文化特征之间的分界线。族群原生论、工具论、边界论和中华民族多元一体格局理论观点的综合运用，对描写探讨和解释说明当今粤东凤凰山畲族族群认同的维持和族群特征的缺失，具有很强的理论启发和指导意义。作为我国南方深度汉化的少数民族群体之一，凤凰山畲族的族群传统文化特征目前已接近完全消失，但这一事实并不代表畲族族群边界的瓦解，或族群认同的终止。在国家民族识别政策的保护和民族优惠政策的鼓励下，在畲族和非畲族知识分子的共同努力和维持促进下，畲族的社会记忆与传统文化特征不仅在书面文献的不断探讨中代代相传，而且还在当代畲族群体中得到文艺演出式的创造性翻版。部分畲族村庄在认同汉族和完全汉化多年之后，借助民族识别政策机制恢复或变更为畲族认同，他们目前正在经历全新的畲化，其中包括创新已经消失的畲族历史记忆和族群文化特征。

第三节 村落层次上的族群认同与文化变迁

本书通过研究畲族的族称由来、边界确立，以及粤东三个畲族村近一个世纪以来的民族认同实践经历和社会文化变迁过程，详细呈现和揭示了当今畲族族群认同的"畲文化记忆与汉文化现实"的本质特征。在族群认同与文化变迁的社会实践过程中，个人是活动的主体，是体现认同与变迁的表演者、实施者和接受者。而在个人表演和体现族群认同和文化变迁的过程中，村庄作为包括畲族社区在内的乡村基层社会组织，对个人的认同实践和群体的文化变迁起着举足轻重的决定性作用。当代凤凰山的畲族村庄集血缘、地缘和行政功能等多重特征为一体，因此成为透视研究畲族个人和群体的族群认同和文化变迁的最佳分析单位。

以村为单位的族群认同，首先体现为族群名称及其所表征的实体在国家总体社会结构格局中的合理存在。凤凰山畲族村民的族群认同基础，首先是畲族村的少数民族属性在当地政府和社会中获得的认可。而畲族村少数民族属性的确定，却依赖于中华民族多元一体格局中畲族作为一个民族单位的最初识别和确定。因此畲族的族称由来、族源迁徙以及民族边界的划分和民族身份的确立，不仅是20世纪50年代由官方和学界代表共同组成的"民族识别工作队"面临的任务，也是我们讨论当今凤凰山畲族村民的族群认同和文化变迁必须陈述的前提。通过追述畲族形成的历史过程，我们看到民族或族群概念及其实体在我国社会历史生活中，并不是地域、经济或社会群体处于隔绝状态下形成的文化承载和区分单位，而是一种人们在互动交往中生成的社会关系与组织。民族或族群的族界生成与维持，亦即人们的族籍认同实践行为，因此需要从人们在互动交往中存在的共生关系和社会整合的必要性来理解。我们的研究在一定程度上印证了西方族群边界论者巴斯的理论观点，即族群是一种社会组织形式，是特定群体成员寻求的归属和认同范畴，该范畴对于族群、民族之间的互动关系具有组织协调作用。

通过溯源畲族族称的确立及其边界的划分和维持，我们还充分了解到我国20世纪50年代以来开展的"民族识别"工作的重要意义。诚如马戎先生所言，正是政府推行的"民族识别"政策和工作，才在我国建立起了制度化的"民族身份"与族群关系框架，并为当代中国的中华民族多元一体格局奠定了基础。"民族识别"对中国历史上复杂的族群情况进行了长期深入的调查研究和比较系统、科学的归类命名，为全国各族人民了解各自的社会组织发展形态创造了条件，为各个族群整合进入中国现代社会的发展创造了条件，还为政府实施各项民族平等政策和少数民族优惠政策提供了可行性保障。50年代以后，中国政府陆续识别和确认的包括畲族在内的56个中华民族组成单位，如今已成为整合传承和稳固发展中国历史上根据祖源或族源记忆划分的社群类别的现行载体。政府的民族识别为当代中华民族大家庭的创建、维持和稳固发展奠定了不可或缺的基础，诚如黄淑娉教授所言："中国的民族识别是不可缺少的工作，要实现民族平等的权利，就必须确立民族成分，这关系到国家的稳定和民族的发展，是我国各民族历史和现实情况所决定的。……现代化并不意味着传统的丧失，文化交融是自然发生的现象，不可避免的，但民族的消失不是一个很快发生的过程，国家的民族政策就是要保护少数民族的文化特色"（转引自周大鸣，2002：49）。中国政府部门和学者根据族群历史和文化特征所开展的民族识别活动，以及随之而来的法定民族认同政策及相关优惠政策的启动实施，成为维持和保证当代中国境内民族实体及其边界持续长久和清晰可辨的有效措施。在此方面，中国政府和学者显然走在了一些西方同行的前面。

　　传统民族文化特征的减弱或消失，并不代表民族实体的消失。失去民族特征的少数民族实体继续存在的合理性，不论在中国社会还是西方社会都已得到普遍的重视、论证和推崇。加拿大学者威尔·金里卡（2001：1 - 10）在论及当代社会中的少数群体权利时强调，西方民主国家正在越来越多地正视或意识到社会内部少数族裔文化群体的地位和权利，并且正在摸索积累包容和建设民族文化多样性方面的经验。金里卡通过众多的客观历史事实综合论证了国家给予少数民族即非主流族群更多权利和承认的理由，指出自由民主国家都有过民族国家的构建历史，都曾鼓励或强迫生活在国家领土上的公民融入使用同一种共同语言的共同体即民族国家之中。为了达到民族国家境内语言、体制的融合和国家认同的统一，国家式的民族构建使用了各种各样的策略手段（the tools of state nation-building），比如国籍与归化法、教育法、语言政策、公务员雇用条例、兵役制度、国家传媒政策等。在此过程中，少数民族面临的选择被动而且有限。他们要么接受国家对他们的期待，主动融入民族国家共同体制之中，并由此得到国家的帮助，要么力求在国家共同体制下保持自己的少数民族自治，即保持一套相对独立的公共机构如自己民族的学校、法庭、传播媒体等。他们或者也可以简单地选择处于一种无人过问的边缘状态，生活在自愿的孤立之中。民族国家的构建过程对少数民族群体及其成员造成的冲击是显而易见的。因此政府有必要把少数民族权利的诉求放在民族国家构建这样一种环境中来考虑，把少数民族的权利诉求和国家对此的反应看作一种保护机制。对于民族国家的构建政策可能导致的各种不公正待遇，国家可以通过制定和实施各种少数民族优惠条例，可以免除和减少少数民族受到的不平等待遇。尽管民族国家的构建政策及其目的是合情合理的，但少数民族被迫融入以主流民族及其语言运作的共同体制这一事实也是不可回避的。因此民族国家构建政策有必要使少数民族群体权利合法化，而贯彻少数民族群体权利也有助于民族国家构建的合法化。如果少数民族权利得到保证，民族国家构建政策就能发挥其合法而又重要的功能。如果强制同化、排斥少数民族，或剥夺他们的权利，或向已经处于弱势的少数民族转嫁成本和负担，那么民族国家的构建就有可能是压迫性的和不公正的。因此，国家有必要在立法和宪法的层面上使少数民族群体权利合法化。少数民族权利的体现不仅能够帮助促进主流民族和少数民族的平等，还能够削弱民族间的贵贱等级或主从关系，有利于社会稳定与和谐发展。

中国一向被认为是一个多民族国家，但如果我们把1949年成立的新中国视为一个当代意义上的民族国家（事实上"中国"、"中华民族"即英文通用的the Chinese Nation在过去半个多世纪里，早已成为国际社会公认的现代国家和国民实体），那么目前中国境内除占总人口数90%以上的汉族之外的包括畲族在内的55个少数民族，全都属于西方学者论述的"少数群体"范畴，因此都应受到当代民族国家政府即新中国政府设立保护机制予以保护。这里的不同之处在于，当西方一些民主国家对少数族裔的保护意识或观念仍处于论证阶段时，中国政府及学界早在半个多世纪前就已将同样的思想意识贯彻落实到了具体的社会现实和政治措施之中。半个多世纪以来中国实施的独特民族政策及其大量的研究记录，无疑可为西方世界的少数族群利益探讨提供宝贵的参照经验。这不仅是我国本土族群与民族研究的价值所在，同时也是西

方人类学家如郝瑞等人近年来深入中国内地开展族群研究的原因
之一。

迄今国内外学者围绕我国少数民族族群认同和社会文化变迁
进行的研究，尽管不乏从族群宏观整体和村落微观层面展开的分
析，但集中透视和对比呈现不同村庄族群认同特征的文献却不多
见。本书对粤东凤凰山区三个各具特色的畲族村庄的描述分析，
不失为从村落层次探讨族群认同和文化变迁问题的有益尝试，从
中可见个人族群认同的社会行为和心理情感，在很大程度上依赖
并取决于以村为单位的集体决策行为，而集体行为尤其是群体性
质和归属问题的协商和决定，通常又是由村中权威和精英成员对
社会大局和利益权衡的结果。南山、北山、东山三个畲族村的族
群认同和文化变迁形态，既让我们看到了汉化的趋势，也让我们
理解了畲化的需求，让我们领会了族群认同本质特征中始终潜在
的因时因地而异的因素。

南山畲族村作为凤凰山畲族传统文化薪火相传的标志性村庄，
其汉化的程度和速度并不比其他畲村相距多远，村中畲民的族群
意识和族群文化特征也并不比其他畲村突出多少。从新中国成立
前革命斗争的参与，到社会主义建设时期族群认同的退隐和国家
认同的兴起，再到80年代改革开放后族群传统文化因素的复兴，
南山畲村干部群众步步紧跟中国社会各个时期的变革大潮，不仅
积极主动地自觉融入当地乃至全国的社会交往活动，而且还充分
把握机会，把尽可能恢复和保存自己的族群文化传统作为一种独
特资源，努力寻找契机融入当代社会发展。在当今凤凰山区畲族
群体中，南山畲村是保留自身族群传统文化因素相对较多，也是
试图恢复族群文化习俗力度最大的一个畲族村，除了村民普遍使
用的畲话外，畲族招兵节的举办、村民身着畲族服装表演畲族歌
舞等情形，在其他畲族村已十分少见。表面看来，畲族传统文化
在南山畲村如星星之火可以燎原，但深入村中的田野调查结果提
示我们，南山畲村的传统族群文化同样已经消失或正在濒临消失。

如本书第三章结论所言，南山畲村薪火相传的畲族民间文化状况并不令人乐观，完全可以用"畲文化记忆和汉文化现实"的现状来给予总结说明。

北山畲族村族群认同意识的淡漠和族群文化特征的消失，在本书第四章关于该村生计模式变迁、社交空间拓展和畲族文化式微的叙述中展现无遗。不仅初到北山村的外乡人很难觉察村里居住的是少数民族，而且北山村畲民自己也觉得他们跟汉族人没有什么区别。除了政府确定的畲族族籍，祖祠供桌上的几个香炉，三四个老人依稀记得的往昔畲话，以及村中保存的一幅祖图，北山村的畲族文化特征已经消失殆尽。对于祖图描述的民族起源和远祖故事，村中的年轻人已不大了解或热衷关心，他们的兴趣所在和汉族青年一样，是当代国内外的影星、歌星，以及港台、好莱坞的故事影片。北山村不仅年轻人不会讲畲话，唱畲歌，就连50岁左右的中年人也不会听、不会讲畲话。村里人彼此沟通交流时一律用潮州本地话，对不会讲潮州本地话的外地人，大家就讲普通话。北山村会讲一口流利普通话的人远远多于周围汉族村庄的潮汕本地人，而且普通话的标准和流利程度也比周围的潮汕人高。所有这一切现象表明，北山村畲民在与汉族社会的接触交流中，其文化特征和心理认同已经发生了很大变化。

饶平县 RY 镇东山畲族村是 80 年代才申请恢复畲族认同的一个少数民族村。对于申请恢复（准确而言应该说是"变更"）民族身份和族群认同的动力和动机，东山村干部直言不讳地告诉我们，那完全是为了村庄发展的需求，是为了获得政府实施的少数民族优惠政策所带来的各种有利条件和发展机会。尽管有着深厚的客家文化底蕴，东山村凭借本村村民与北山畲族村民姓氏相同的历史文化资本，以及村中精英人士善于开发和利用资源的敏锐头脑、强烈愿望和热诚奉献，最终成功申请恢复、改变了全村村民的族籍身份的认同归属。

为了成为政府实施少数民族优惠政策的应用对象，以便获得更多的现实利益和社会发展机会，像东山村这样已经完全汉化或原本就是汉族的部分村庄，充分利用"民族识别"政策机制和族群认同文化因素，积极申请改变"民族成分"和族群认同的情况并不鲜见。事实上，在 20 世纪 80 年代新一轮的民族识别和族群重构活动中，申请恢复或变更为少数民族族籍认同的远不只是畲族。对此学者们研究指出，80 年代全国各地不少人申请变更自己原有"民族成分"的普遍社会现象，不仅反映了民族优惠政策带来的族群认同变更动力，还反映了中国当代族群边界的弹性特征，以及族群认同的关键因素并非原生纽带的情感因素而是政治、经济、社会组织的互动作用等方面的现实考虑（马戎，2004：533）。

在中国政府推行的民族识别和民族身份框架内，民族认同通过与生俱来的法定族籍身份代代传承。族群认同的关键因素由此从语言、信仰、习俗等原生纽带或传统文化特征转变到法定继承的族籍身份这一抽象符号上。这一政府政策的实施，从制度上和客观现实上保证了族群文化的变更、淡化或消亡不会影响到族群边界的持续和族群实体的存在。正是从这一意义上讲，失去畲族传统文化特征的畲族仍然是畲族，畲族边界尽管会随着社会资源环境的变化而扩大或缩小，畲族的传统文化特征可能消失或化约为表演性的符号记忆，但畲族的主体和民族边界至今没有而且也不会模糊或消失。就凤凰山畲族群体而言，他们传承着畲族历史上共同的祖源记忆，同时也在有意识地巩固、强化和连接现实社会和未来发展道路上的畲族族群意识，尽管这种意识在很大程度上已经浓缩为一种具有文艺宣传性质的文化展演。也正因为如此，我们才会在田野调查中一方面看到凤凰山畲族村民传统文化特征的日渐稀薄，另一方面却在报道人的口头叙述中不时听到并在各种相关文献资料中不断读到畲族故事、畲族传说，以及粤外畲族与凤凰山的联系、畲族祖坟的发现等佐证凤凰山确系畲族族籍发源地的种种事迹。尽管在忙于生计、忙着过日子或寻求发展致富出路的普通畲族村民中，畲族认同常常处于冬眠状态，尽管对日常生活中的普通畲族村民而言，"畲族"只不过是居民户口登记簿上个人与生俱来的身份特征之一而已，但在畲村村委和村民共同组织的一年一度的祭祖聚会场合，在通过畲族身份争取或享受国家有关少数民族优惠政策的时刻，以及在向外界宣传畲族文化和讨论民族话题的场合，那些与周边汉族社群在体质特征、语言文化、信仰习俗和社会活动等方面早已融为一体的畲族村民，也会强烈意识到畲族的少数民族认同和自己与汉族身份的区别。这种区别不仅过去存在，而且将来也会长期保存在人们的头脑记忆和当地有关的社会历史文献记载之中。

第四节 关于田野调查过程与方法的反思总结

20 世纪 20 年代初，人类学田野调查研究的开创人之一马凌诺斯基在其民族志经典著作《西太平洋上的航海者》一书"前言"中指出，民族志需要进一步调整研究领域，拓展研究路径，因此"每篇新作都应该在几个方面证明自身的价值：它应显示方法上的某些改进；它应在深度、广度或这两方面超过以往；最后，它还应努力以一种精确但并不枯燥的方式表达其结果"（马凌诺斯基，2002：2）。本书作为一部探讨当代中国畲族族群认同和社会文化变迁的民族志研究报告，无论在调查方法、表述手段还是在研究结论上，都力求在遵循传统范式、观点的同时能够有所突破。在调查方法上，本书充分运用了历时研究与共时研究、客位研究和主位研究并重的方法。不仅重视文献考察与田野工作彼此结合、互相验证的民族志研究取向，还有意识地借鉴使用了历史人类学的"文献资料田野调查"方法（Brettell，1998：513），以便全面叙述和呈现畲族族群认同和族群文化变迁的历史经过与现实状况。本书所用资料部分来自现有各种畲族研究的文献记录，更多则来自田野社区当代畲族村民的社会实践行为和集体或个人记忆，来自从实地考察中获得的参与观察记录和报道人的口述材料。通过历时和共时、客位和主位研究相结合的探索途径，通过历史文献记载、社会实况记录和畲民口述材料的交叉并置，我们力图全面客观地反映和表现主、客位双方对同一问题和同一历史经历即畲族族群认同及社会文化变迁的不同见解和解释。历时与共时、客位与主位研究方法和视角的同时并用，对现有畲族研究文献中要么偏重文献、要么侧重现实的片面选题有着一定程度的纠正和补充。

本书在田野调查方法上的改进主要体现在对参与观察和深入访谈方法的灵活运用和充分发挥上。在调查过程中，我们不仅进行了广泛的初访和较长时间居住于畲村开展参与观察和深入访谈，还利用地理近便条件，在三年多时间里十多次往返于凤凰山田野场所和研究者工作单位汕头大学之间，开展具有不同针对性的观察和访谈。在田野调查后期，我们还将主要报道人两次请到汕头大学研究者家中开展了为期一周多时间的深入访谈。从初入田野到找到合适的报道人，再到邀请报道人离开田野与我们一道完成针对性访谈，我们不仅经历了两年多时间费时费力的调查摸索，收集了许多彼此重复、有待深究的表层信息资料，参与观察和记录了许多活动，接触了一个又一个或冷淡疏远，或热情配合但总是不尽如人意的访谈对象，还走了许多弯路，放弃了许多原定的考察项目和研究方案，譬如有关语言、受教育程度、家庭经济收入、打工或经商去向等问题的问卷调查，以及可供进行定量分析的相关数据的收集。田野社区的实际情况和参与观察的逐步深入迫使我们不断调整、修改甚至放弃部分原定的研究方案。例如，当发现发放到村里的问卷大都由几人甚至一人完成所有信息填写时，当村里会计坦诚相告说绝大部分我们打算收集的数据并非实际统计所得，而是根据客观需要经由计算得来时，我们只好放弃原定计划中定性与定量研究并重的理想愿望，转而倚重定性研究，倚重我们对调查对象现实生活的观察记录和调查对象自身的记忆叙述。此外，田野现场不可避免的诸多干扰因素，田野过程中不断积累和亟待完善的信息，以及许多需要澄清和深入了解的问题，最终促成我们拟定、完善和修改出一份具体详细的深入访谈提纲，并邀请主要报道人离开田野现场进入研究者的工作环境，以便集中时间、精力同我们一道完成田野调查拟定的所有内容。

在本书的写作形式和表述风格上，作者一直铭记并力求达到马凌诺斯基（2002：2）近一个世纪前对民族志研究报告提出的要求："每篇新作都应该……努力以一种精确但并不枯燥的方式表达其结果。"精确的表达来自资料收集的全面细致，本书在此方面的努力如上所述一方面包括各种文献资料的历时研究，同时还包括共时探索即对当今畲族村民现实生活的大量调查记录。鉴于民族志概念、内容主要是田野工作经验和描述的成果，本书在探讨主题论点的四章内容中，整整用了三章即3/4的论证内容来描述、展示、归纳和呈现田野研究的经验与材料。其中不仅包含对田野调查对象的制度、习俗、信仰、行为、经历等方面的考察，还包括对他们的情感、愿望、世界观、价值观、人生追求和社会抱负的记录。为了实现表达方式和叙述风格上的新颖生动，本书在客观叙述调查对象的社会制度、信仰习俗和共同生活经历如生计模式、生产活动的同时，还大量采用通过主位研究方法获得的口述信息资料，直接引用田野报道人有关他们个人或集体生活的事件、经历、观点、记忆和评判，从而直观反映和呈现出当代凤凰山畲民社会生活和文化思想的真实图景。把口述材料与观察记录加以并置，目的是获得对相同或相似问题及同一历史经历的不同意见与解释。我们认为，通过畲族村民自己的叙述了解他们过去、现在的社会文化发展经历和族群认同实践，通过并置呈现报道人的口述资料与体现它们的社会进程，无疑可以更加全面客观地对比、反映和理解畲族群体个人、家庭和社区生活在族群交往、文化融合等社会进程影响下的存续发展状况。

田野活动描写和报道人口述记录的可靠性和完整性，得益于我们在调查过程中对电脑、录音笔、照相机等现代化交际工具的充分利用。电子录音笔对访谈信息大容量、高清晰的即时储存，不仅缓解了我们在聆听报道人讲述时必须"对每一陈述都能逐字逐句飞快地记录下来"（马凌诺斯基，2002：18）的压力，还使我们在访谈过程中能够集中精力关注访谈内容、报道人的反应以及访谈现场的各种因素。尽管访谈结束后对访谈信息的从容整理和反复听写常常耗时惊人，但对录音材料的文字转录无异于让我们再次甚至多次重温访谈经过和复习访谈内容，因此十分有助于加深我们对报道人和访谈内容的理解和思考。访谈录音都是在预先取得报道人同意的情况下进行的。调查过程中我们偶尔也曾遇到报道人不希望谈话内容被录音笔记录的情况，此时我们便关闭录音笔，只用耳朵倾听，并不时用笔在笔记本上记下一些关键词句。录音笔、照相机、电脑等手段使我们得以记录和保存大量真实的第一手田野调查资料，在本研究报告中，我们以"凤凰山田野调查图记"为题，系统选刊了田野调查工作中拍摄的部分图片资料，以便直观、形象地呈现当代凤凰山畲族的社会生活场面和我们的田野调查过程。

　　本书搜集和分析使用的研究资料大致可分为四种类型，即：图片资料、文献记载、观察记录和报道人的口述材料。其中文献研究呈现的内容与其他三类资料的内容之间存在较大差异，前者涉及的畲族传统文化叙述较多，后者表现的畲族族群文化特色却很少。这种差异，我们认为不仅是时代变迁即社会发展导致的历史与现实之间的差异，同时还是空间视角即客位立场和主位立场所见不同造成的差异。正如马凌诺斯基（2002：3）所说的："在民族志中，原始的信息素材是以亲身观察、土著陈述、部落生活的纷繁形式呈现给学者的，它与最后权威性结论的提出，往往存在着极其巨大的距离。"比起畲族研究的各种文献记载来，我们参与观察和深入访谈所获得的信息材料、图片资料和畲民的直接口述记录，明显较少呈现或涉及畲族文化特色和族群认同问题，但这种差异本身正好可以解释说明我们关于当今凤凰山畲族认同的

"畲文化记忆与汉文化现实"这一中心论点。

对于田野调查过程中畲族村民所言当地及其他地区目前尚有不少仍未恢复畲族认同的潜在畲族群体这一现象，如果能开展进一步的田野研究，去了解、探索和展现这些汉族蓝姓群体的族群认同心理和文化变迁过程，无疑会极大地丰富本书的研究内容，但这样的研究探索显然已超出本书的考察范围，因此只能留作未来的研究选题。

参考文献

中文部分

《闽粤赣边纵队史》编写组编《闽粤赣边纵队史》，广东人民出版社，1995。

《畲族简史》编写组编《畲族简史》，福建人民出版社，1980。

《中国民族文化大观·畲族编》编委会编《中国民族文化大观·畲族编》，民族出版社，1999。

M. 伍兹·克莱德：《文化的变迁》，施惟达、胡华生译，云南教育出版社，1989。

P. K. 博克：《多元文化与社会进步》，余兴安等译，辽宁人民出版社，1988。

埃里克·霍布斯鲍姆：《民族与民族主义》，李金梅译，上海世纪出版集团，2006。

爱德华·泰勒：《原始文化》，连树声译，上海文艺出版社，1992。

安东尼·D. 史密斯：《全球化时代的民族与民族主义》，龚维斌等译，中央编译出版社，2002。

安东尼·吉登斯：《民族－国家与暴力》，胡宗泽、赵力涛译，三联书店，1998a。

安东尼·吉登斯：《现代性与自我认同》，三联书店，1998b。

安东尼·吉登斯：《社会的构成》，三联书店，1998c。

保罗·康纳顿：《社会如何记忆》，纳日碧力戈译，上海人民出版社，2000。

　　本尼迪克特·安德森：《想象的共同体：民族主义的起源与散布》，吴睿人译，上海世纪出版集团，2005。

　　卜才颖：《世纪之初话凤凰茶叶——从凤凰茶叶的产供销等机制看其存在的问题和对策》，载何国强主编《粤东凤凰山区文化研究调查报告集》，国际炎黄文化出版社，2004。

　　查尔斯·泰勒：《自我认同的根源：现代认同的形成》，韩震等译，译林出版社，2001。

　　潮安县老区建设促进会、潮安县革命老根据地建设委员会办公室编《潮安革命老区》，2004。

　　陈国强、蓝孝文主编《崇儒乡畲族》，福建人民出版社，1993。

　　陈国强、石奕龙编《简明文化人类学词典》，浙江人民出版社，1990。

　　陈国强、叶文程：《福建宁德县畲族情况调查报告（摘录)》，载施联朱主编《畲族社会历史调查》，福建人民出版社，1986。

　　陈国强、周立方：《论畲族文化》，载施联朱、雷文先主编《畲族历史与文化》，中央民族学院出版社，1995。

　　陈国强主编《畲族民俗风情》，海峡文艺出版社，1997。

　　陈克进：《中国民族识别的理论与实践》，载中央统战部民族宗教工作局编《中国民族工作五十年理论与实践》，中央民族大学出版社，1999。

　　陈连开：《中华民族研究初探》，知识出版社，1994。

　　陈庆德等：《人类学的理论预设与建构》，社会科学文献出版社，2006。

　　陈延超：《关于广东散居少数民族法制建设的若干思考》，载《广东民族研究论丛》（第八辑），广东人民出版社，2006。

　　陈晏清：《当代中国社会转型论》，山西教育出版社，1998。

　　陈永成主编《福建畲族档案资料选编（1937～1990)》，海峡文艺出版社，2003。

陈元熙：《试论闽、粤与畲族的关系》，载施联朱主编《畲族研究论文集》，民族出版社，1987。

陈志明：《族群认同与国家认同：以马来西亚为例（上）》，罗左毅译，《广西民族学院学报》（哲学社会科学版）2002 年第 5 期。

谌华玉：《关于族群、民族、国籍等概念的翻译与思考》，《读书》2005 年第 11 期。

谌华玉：《畲族语言研究的现状及其发展趋势》，《汕头大学学报》（哲学社会科学版）2004 年第 4 期。

谌华玉：《粤东畲族春联及其源流的人类学解读》，《西南民族大学学报》（哲学社会科学版）2006 年第 11 期。

邓晓华：《福建族群关系比较研究》，载周大鸣主编《中国的族群与族群关系》，广西民族出版社，2002。

邱永君：《"民族"一词见于南齐书》，《民族研究》2004 年第 3 期。

杜松年：《潮汕大文化》，中国科技出版社，1994。

费孝通、张之毅：《云南三村》，天津人民出版社，1990。

费孝通：《费孝通九十新语》，重庆出版社，2006。

费孝通：《费孝通民族研究文集》，民族出版社，1988。

费孝通：《江村经济——中国农民的生活》，商务印书馆，2001[1986]。

费孝通：《民族与社会》，人民出版社，1981。

费孝通：《乡土中国　生育制度》，北京大学出版社，1998。

费孝通：《中华民族多元一体格局》，中央民族大学出版社，1999。

费孝通：《中华民族研究新探索》，中国社会科学出版社，1991。

莫里斯·弗里德曼：《中国东南的宗族组织》，刘晓春译，上海人民出版社，2000。

高丙中、纳日碧力戈：《现代化与民族生活方式的变迁》，天津人民出版社,1997。

丹尼尔·哈里森·葛学溥:《华南的乡村生活——广东凤凰村的家族主义社会学研究》,周大鸣译,知识产权出版社,2006。

广东民族研究所编印:《广东畲族社会调查资料汇编》,1988。

广东年鉴编纂委员会编《广东年鉴(2001)》,广东年鉴社,2001。

广东年鉴编纂委员会编《广东年鉴(2002)》,广东年鉴社,2002。

广东省地方史志编撰委员会编《广东省志·少数民族志》,广东人民出版社,2000。

广东省民族研究学会、广东省民族研究所编《广东民族研究论丛》(第七辑),广东人民出版社,1995。

广东省民族研究学会、广东省民族研究所编《广东民族研究论丛》(第十二辑),广东人民出版社,2004。

郭志超:《闽台民族史辨》,黄山书社,2006。

国家民族事务委员会编《中国共产党关于民族问题的基本观点和政策(干部读本)》,民族出版社,2002。

果洪生、金炳镐主编《社会主义市场经济与中国民族问题》,中央民族大学出版社,1997。

哈·史图博、李化民:《浙江景宁敕木山畲民调查记》,中南民族学院民族研究所编译出版,1984 [1933]。

郝时远:《Ethnos(民族)和 Ethnic Group(族群)的早期含义与应用》,《民族研究》,2002b,4:1-10。

郝时远:《对西方学界有关族群(ethnic group)释义的辨析》,《广西民族学院学报》(哲学社会科学版),2002a,4:10-17。

郝时远:《中文语境中的"族群"及其应用泛化的检讨》,《思想战线》,2002c,5:60-70。

郝时远:《重读斯大林民族(HaЦИЯ)定义读书笔记之一:斯大林民族定义及其理论来源》,《世界民族》,2003,4:1-8。

何国强、林跃文:《人类学家眼中的图景:粤东凤凰人》,国际炎黄文化出版社,2003。

何国强:《围屋里的宗族社会——广东客家族群生计模式研究》,广西民族出版社,2002。

何国强主编《粤东凤凰山区文化研究调查报告集》,国际炎黄文化出版社,2004。

洪英:《潮安畲语词汇比较研究》,汕头大学硕士学位论文,2007。

黄桂:《潮州的社会传统与经济发展》,江西人民出版社,2002。

黄家教、李新魁:《潮安畲话概述》,载施联朱主编《畲族研究论文集》,民族出版社,1987〔1963〕。

黄淑娉、龚佩华:《文化人类学理论与方法研究》,广东高等教育出版社,1996。

黄淑娉:《广东族群与区域文化研究调查报告集》,广东高等教育出版社,1999b。

黄淑娉:《黄淑娉人类学民族学文集》,民族出版社,2003。

黄淑娉:《民族识别及其理论意义》,《中国社会科学》1989年第1期。

黄淑娉:《重访山犁畲村 再谈民族认同》,载黄淑娉主编《广东民族研究论丛》(第八辑),广东人民出版社,1995。

黄淑娉主编《广东族群与区域文化研究》,广东高等教育出版社,1999a。

黄挺:《潮汕文化源流》,广东高等教育出版社,1997。

黄向春:《赣南畲族研究》,厦门大学硕士学位论文,1996。

蒋炳钊:《东南民族研究》,厦门大学出版社,2002。

蒋炳钊:《凤凰装、凤凰山、凤凰山祖坟——畲族文化奥妙的揭示》,载施联朱、雷文先主编《畲族历史与文化》,中央民族大学出版社,1995。

蒋炳钊:《关于畲族来源问题》,载施联朱主编《畲族研究论文集》,民族出版社,1987a。

蒋炳钊:《闽粤赣交界地是畲族历史上的聚居区——兼论畲族族问题》,载施联朱主编《畲族研究论文集》,民族出版社,1987b。

蒋炳钊:《畲族史稿》,厦门大学出版社,1988。

景宁畲族自治县民族事务委员会编《景宁自治县畲族志》,内部发行,1991。

克尔吉兹托夫·高里考斯基:《民族与神话》,高原译,《世界民族》2001年第4期。

克利福德·吉尔兹:《地方性知识——阐释人类学论文集》,王海龙、张家瑄译,中央编译出版社,2000。

濑川昌久:《族谱:华南汉族的宗族·风水·移居》,钱杭译,上海书店出版社,1999。

蓝迥熹:《畲民家族文化》,福建人民出版社,2002。

蓝迥熹总纂:《福安畲族志》,福建教育出版社,1995。

蓝瑞汤:《调整农业结构促进民族地区脱贫奔康——凤坪畲族村脱贫之路的启示》,未刊稿,2005。

蓝雪霏:《畲族音乐文化》,福建人民出版社,2002。

雷蒙·威廉斯:《关键词:文化与社会的词汇》,刘建基译,三联书店,2005。

雷弯山:《畲族风情》,福建人民出版社,2002。

李筱文、朱洪:《从广东省畲族〈祖图〉与瑶族〈过山榜〉的对比研究探讨其渊源关系》,载施联朱主编《畲族研究论文集》,民族出版社,1987。

李亦园:《人类的视野》,上海文艺出版社,1996。

李泳集:《性别与文化:客家妇女研究的新视野》,广东人民出版社,1996。

练铭志、马建钊、朱洪:《广东民族关系史》,广东人民出版社，2004。

练铭志：《试论广东汉族的形成及其与瑶、壮、畲等族的融合关系》，载周大鸣主编《中国的族群与族群关系》，广西民族出版社，2002。

梁钊韬：《梁钊韬民族学人类学研究文集》，民族出版社，1994。

列维—斯特劳斯：《忧郁的热带》，王志明译，三联书店，2000。

林嘉书：《土楼：凝固的音乐和立体的诗篇》，上海人民出版社，2006。

林少亮编《神奇的凤凰山》，内部资料，2001。

林耀华：《金翼：中国家族制度的社会学研究》，庄孔韶、林宗成译，三联书店，2000［1989］。

林耀华：《义序的宗族研究》，三联书店，2000［1935］。

林耀华等：《民族理论和民族政策论文集》，中央民族学院出版社，1986。

林耀华主编《民族学概论》，中央民族学院出版社，1990。

凌纯声：《畲民图腾文化的研究》，载施联朱主编《畲族社会历史调查》，福建人民出版社，1986。

绫部恒雄：《民族学者不了解"民族"》，邹南星译，《世界民族》1986年第5期。

刘克庄：《漳州谕畲》，《后村先生大全集》（卷九十三）。

刘青峰编《民族主义与中国现代化》，香港中文大学出版社，1994。

刘陶天：《饶平县畲族的变异》，《汕头史志》1995年第15期。

陆学艺主编《改革中的农村与农民：对大寨、刘庄、华西等13个村庄的实证研究》，中共中央党校出版社，1992。

罗美珍：《畲族所说的客家话》，《中央民族学院学报》1980年第1期。

麻国庆：《家与中国社会结构》，文物出版社，1999。

麻国庆：《走进他者的世界》，学苑出版社，2001。

马克斯·韦伯:《经济、诸社会领域及权力》,李强译,三联书店,1998。

马凌诺斯基:《西太平洋上的航海者》,梁永佳、李绍明译,华夏出版社,2002。

马戎、周星编《中华民族凝聚力形成与发展》,北京大学出版社,1999。

马戎:《关于民族研究的几个问题》,载乔健、李沛良、马戎主编《二十一世纪的中国社会学与人类学》,丽文文化事业股份有限公司,2001b。

马戎:《评安东尼·史密斯关于"nation"(民族)的论述》,《中国社会科学》,2001a,1:141-151。

马戎编著《民族社会学——社会学的族群关系研究》,北京大学出版社,2004。

马文·哈里斯:《文化唯物主义》,张海洋、王曼萍译,华夏出版社,1989。

马寅主编《中国少数民族常识》,中国青年出版社,1984。

毛宗武、蒙朝吉编者《畲语简志》,民族出版社,1986。

纳日碧力戈:《现代背景下的族群建构》,云南教育出版社,2000。

南山畲族民俗村筹建工作组编《调研工作资料汇编》,未刊稿,2003。

潘光旦:《潘光旦民族研究文集》,民族出版社,1995。

潘宏立:《畲文化自我中心意识之构成模式》,载厦门大学人类学系编《人类学论丛》(第一辑),厦门大学出版社,1987。

潘蛟:《族群》,载庄孔韶主编《人类学通论》,山西教育出版社,2002。

彭亮:《石古坪的畲汉文化交融以及畲族文化的保护与传承》,载何国强主编《粤东凤凰山区文化研究调查报告集》,国际炎黄文化出版社,2004。

秦晖：《中国农民：历史反思与现实选择》，河南人民出版社，2003。

邱国珍、姚周辉、赖施虬：《畲族民间文化》，商务印书馆，2006。

邱国珍、姚周辉、赖施虬：《畲族民间文化》，商务印书馆，2006。

饶宗颐：《饶宗颐潮汕地方史论集》，汕头大学出版社，1996。

容观琼：《容观琼民族人类学研究文集》，民族出版社，2003。

阮西湖：《关于术语"族群"》，《世界民族》1998年第2期。

上杭县官庄畲族乡蓝氏修谱理事会：《畲族蓝氏族谱》，未刊稿，1996。

沈作乾：《括苍畲民调查记》，《北京大学研究所国学门周刊》第1卷第4、5期，1925。

沈作乾：《畲民调查记》，《东方杂志》第21卷第7号，1924。

施坚雅：《中国农村的市场和社会结构》，史建云、徐秀丽译，中国社会科学出版社，1998。

施联朱、雷文先主编《畲族历史与文化》，中央民族大学出版社，1995。

施联朱：《关于畲族来源与迁徙》，载施联朱主编《畲族研究论文集》，民族出版社，1987［1983］。

施联朱：《解放以来畲族研究综述》，载施联朱主编《畲族研究论文集》，民族出版社，1987。

施联朱：《畲族》，民族出版社，1988。

施联朱编著《畲族风俗志》，中央民族学院出版社，1989。

施联朱主编《畲族社会历史调查》，福建人民出版社，1986。

施联朱主编《畲族研究论文集》，民族出版社，1987。

石光树：《从盘瓠神话看苗、瑶、畲三族的族源关系》，载施联朱主编《畲族研究论文集》，民族出版社，1987。

石奕龙：《Ethnic Group 不能作为"民族"的英文对译——与

阮西湖先生商榷》，《世界民族》1999年第4期。

　　石奕龙：《关于畲族族源的若干问题》，载施联朱主编《畲族研究论文集》，民族出版社，1987。

　　史凤仪：《中国古代的家族与身份》，社会科学文献出版社，1999。

　　斯蒂文·郝瑞：《田野中的族群关系与民族认同——中国西南彝族社区考察研究》，巴莫阿依、曲木铁西译，广西人民出版社，2000。

　　田季清主编《民族研究论文集》，民族出版社，2001。

　　王建新、刘昭瑞编《地域社会与信仰习俗——立足田野的人类学研究》，中山大学出版社，2007。

　　王建新：《宗教民族志的视角、理论范式和方法》，《广西民族大学学报》（哲学社会科学版），2007a，2：6-14。

　　王建新：《宗教文化类型——中国民族学·人类学理论新探》，《青海民族研究》（哲学社会科学版），2007b，4：1-14。

　　王明珂：《华夏边缘：历史记忆与族群认同》，允晨文化事业股份有限公司，1997。

　　王铭铭：《村落视野中的文化与权力：闽台三村五论》，三联书店，1997。

　　王天杞：《试论畲族来源》，载施联朱主编《畲族研究论文集》，民族出版社，1987。

　　王增能：《客家与畲族的关系》，载吴泽主编《客家史与客家人研究》，华东师范大学出版社，1989。

　　王筑生主编《人类学与西南民族》，云南大学出版社，1998。

　　威尔·金里卡：《少数的权利——民族主义、多元文化主义和公民》，邓红风译，上海译文出版社，2005。

　　温顺焕：《现代北山村畲民的适应与发展策略》，载何国强主编《粤东凤凰山区文化研究调查报告集》，国际炎黄文化出版社，2004。

吴仕民主编《中国民族政策读本》，中央民族大学出版社，1998。

吴应辉：《当代基诺社会研究》，云南大学出版社，2000。

吴永章：《畲族与瑶苗比较研究》，福建人民出版社，2002。

吴永章：《中国南方民族文化源流史》，广西教育出版社，1991。

吴泽霖主编《人类学词典》，上海辞书出版社，1991。

夏征农主编《辞海缩印本（音序）》，上海辞书出版社，2002。

项继权：《集体经济背景下的乡村治理：河南南街、山东向高、甘肃方家泉村村治实证研究》，华中师范大学出版社，2002。

谢重光：《客家源流新探》，福建教育出版社，1995。

谢重光：《畲族与客家福佬关系史略》，福建人民出版社，2002。

徐规：《畲族的名称、来源和迁徙》，载施联朱主编《畲族研究论文集》，民族出版社，1987［1962］。

牙含章：《民族问题与宗教问题》，中国社会科学出版社，1984。

杨成志：《关于中国南方若干少数民族的社会历史简况和风俗习惯》，《杨成志民族学人类学文集》，民族出版社，2003。

杨成志等：《广东畲民识别调查》，载施联朱主编《畲族社会历史调查》，福建人民出版社，1986［1955］。

杨豪：《粤境瑶、畲探源》，载《广东民族研究论丛》（第八辑），广东人民出版社，1995。

杨鹤书：《粤东畲族与汉族客家宗教祭典之比较》，载《广东民族研究论丛》（第八辑），广东人民出版社，1995。

杨金水：《试论漳浦县是畲族重要祖居地》，载施联朱主编《畲族研究论文集》，民族出版社，1987。

杨坤：《民族学概论》，民族出版社，1984。

杨姝：《潮州东山畲语调查报告》，未刊稿，潮州"全国畲族文化学术研讨会"会议论文，2007。

伊曼纽尔·沃勒斯坦：《现代世界体系》，高等教育出版社，1998。

尹保云：《什么是现代化——概念与范式的探讨》，人民出版社，2001。

游文良、雷楠、蓝瑞汤：《凤凰山畲语》，吉林人民出版社，2005。

游文良：《论畲语》，载施联朱、雷文先主编《畲族历史与文化》，中央民族大学出版社，1995。

游文良：《畲族语言》，福建人民出版社，2002。

张芳杰、A. S. Hornby：《牛津现代高级英汉双解辞典（第三版）》Oxford Advanced Learner's Dictionary of Current English with Chinese Translation（Revised Third Edition）. Hong Kong：Oxford University Press，1984。

浙江省丽水市民族科《畲族史源》研写委员会编撰《畲族史源》，未刊稿，1994。

郑静宜：《从石古坪婚姻家庭看畲族社会文化变迁》，载何国强主编《粤东凤凰山区文化研究调查报告集》，国际炎黄文化出版社，2004。

郑晓云：《文化认同与文化变迁》，中国社会科学出版社，1993。

中共潮州市委统战部编纂《畲族志》，未刊稿，1987。

中国社会科学院民族研究所编《中国少数民族现状与发展调查研究丛书·福安市畲族卷》，民族出版社，1999。

中南民族大学民族学与社会学学院编《族群与族际交流》，民族出版社，2003。

中西裕树：《畲语海丰方言基本词汇集》，京都大学人文科学研究所，2003。

中央民族学院民族研究论丛编委会编《民族理论和民族政策论文选（1951~1983）》，中央民族学院出版社，1986。

中央统战部民族宗教工作局编《中国民族工作五十年理论与实践》，中央民族大学出版社，1999。

钟年：《社会记忆与族群认同》，载周大鸣主编《中国的族群与族群关系》，广西民族出版社，2002。

周大鸣、郭正林等：《中国乡村都市化》，广东人民出版社，1996。

周大鸣：《从"汉化"到"畲化"谈族群的重构与认同——以赣南畲族为例》，载中南民族大学民族学与社会学学院编《族群与族际交流》，民族出版社，2003。

周大鸣：《凤凰村的变迁：〈华南的乡村生活〉追踪研究》，社会科学文献出版社，2006。

周大鸣：《现代都市人类学》，中山大学出版社，1997。

周大鸣：《现代人类学》，重庆出版社，1990。

周大鸣：《中国的族群与族群关系》，广西民族出版社，2002。

周建新：《族群认同、文化自觉与客家研究》，《广西民族学院学报》（哲学社会科学版）2005 年第 2 期。

周沐照：《关于畲族祖籍和民族形成问题》，载施联朱主编《畲族研究论文集》，民族出版社，1987。

周星：《民族学新论》，陕西人民出版社，1992。

周星：《民族政治学》，中国社会科学出版社，1993。

朱爱东、范涛主编《城市边缘的彝族村落——云南宣威庄子村调查报告》，知识产权出版社，2006。

朱洪、姜永兴：《广东畲族研究》，广东人民出版社，1991。

朱洪、李筱文编《广东畲族古籍资料汇编——图腾文化及其他》，中山大学出版社，2001。

朱思维：《赣南的畲族》，《南方文物》2001 年第 4 期。

庄孔韶：《银翅——中国的地方社会与文化变迁》，三联书店，2000。

庄孔韶主编《人类学通论》，山西教育出版社，2002。

英文部分

Atkinson, P. , A. Coffey, S. Delamont, J. Lofland, and L. Lofland (Eds.) . *Handbook of Ethnography*. London: Sage Publications. 2001.

Banks, Marcus. *Ethnicity: Anthropological Construction*. London: Routledge. 1996.

Barth, Fredrik (Ed.) . *Ethnic Groups and Boundaries: The Social Organization of Culture Difference*. Prospect Heights, Illinois: Waveland Press, Inc. 1998.

Beals, R. "Acculturation" . In *Anthropology Today*, edited by A. L. Kroeber. Chicago: The University of Chicago Press. 1953.

Bernard, H. R. (Ed.) . *Handbook of Methods in Cultural Anthropology*. Walnut Creek: A Division of Sage Publications. 1998.

Bhabha, Homi K. *The Location of Culture*. London and New York: Routledge. 1997.

Blake, C. Fred. *Ethnic Groups and Social change in a Chinese Market Town*. Hawaii: The University Press of Hawaii. 1981.

Brettell, Cariline. "Fieldwork in the Archives: Methods and Sources in Historical Anthropology" . In Bernard, H. R. (Ed.) . *Handbook of Methods in Cultural Anthropology*. Walnut Creek: A Division of Sage Publications. 1998.

Cheung, Sidney C. H. *On the South China Track: Perspectives on Anthropological Research and Teaching*. Hong Kong: The Chinese University of Hong Kong. 1998.

Dikotter, Frank. *The Discourse of Race in Modern China*. London: C. Hurst & (Publishers) Ltd. 1992.

Fabian, Johannes. *Time and the Other: How Anthropology Makes Its Objects*. New York: Columbia University Press. 2002.

Farley, Hohn E. *Majority-Minority Relations*. Upper Saddle River,

New Jersey: Prentice-Hall, Inc. 1995.

Freedman, Maurice. *Lineage Organization in Southeastern China.* London: the Athlone Press. 1958.

——. *Chinese Lineage and Society: Fukien and Kwangtung.* New York: Humanity Press. 1966.

Gellner, Ernest. *Nation and Nationalism,* Oxford: Basil Blackwell. 1983.

Gladney, Dru C. *Muslim Chinese: Ethnic Nationalism in the People' s Republic of China.* Cambridge (Massachusetts): Council on East Asian Studies, Havard University. 1996.

——. *Ethnic Identity in China: The Making of a Muslim Minorty* Nationality. Fort Worth: Harcourt Brace College Publishers. 1998.

Glazer, Nathan and Daniel P. Moynihan (Ed.) . *Ethnicity Theories and Experience.* Cambridge (Massachusetts): Havard University Press. 1975.

Guldin, Gregory Eliyu (Ed.) . *Farewell to Peasant China.* New York: M. E. Sharpe. 1997.

Gudykunst, William B. " Methodological Issues in Conducting Theory-Based Cross-Cultural Research. " In Spencer-Oatey, Helen (Ed.) . *Culturally Speaking: Managing Rapport Through Talk Across Cultures.* Shanghai: Shanghai Foreign Language Education Press. 2007.

Harrell, Stevan (Ed.) . *Cultural Encounters on China' s Ethnic Frontiers.* Seattle: University of Washington Press. 1995.

Harrell, Stevan. *Ways of Being Ethnic in Southwest China.* Seattle: University of Washington Press. 2001.

Herskovits, M. J. *Acculturation: The Study of Cultural Contact.* Cloucester, Mass: Peter Smith. 1938.

JING, Jun. *Temple of Memory History Power and Morality in a Chinese Village.* Stanford, Ca lifornia: Stanford University press. 1996.

Jiobu, Robert Masao. *Ethnicity and Inequality.* New York: State University of New York Press. 1990.

Kroeber, A. L. & C. Kluckhohn. *A Critical Review of Concepts and Definitions.* New York: Random House. 1952.

Kulp, D. H. *Country Life in South China, the Society of Familism*, Vol. 1, Phenix Village. New York City: Columbia University. 1925.

LIU, Xin (Ed.). *New Reflections on Anthropologcal Studies of (Greater) China.* Berkeley: the Regents of the University of California. 2004.

Potter, S. H. and J. M. Potter. *China' s Peasant: The Anthropology of a Revolution.* New York: Cambridge University Press. 1990.

Schensul, Stephen L. and Margaret D. Lecompte. *Essential Ethnographic Methods: Observations, Interviews, and Questionaires.* Walnut Creek, CA : Altamira Press. 1999.

Spencer-Oatey, Helen (Ed.). *Culturally Speaking: Managing Rapport Through Talk Across Cultures.* Shanghai: Shanghai Foreign Language Education Press. 2007.

Unger, Jonathan (Ed.). *Chinese Nationalism.* New York: M. E. Sharpe. 1996.

Wolf, Arthur P. (Ed.). *Studies in Chinese Society.* Stanford, California: Stanford University Press. 1978.

一组田野调查图片

北山畲族村儿童与城里孩子

北山畲族村茶叶晒青过程

北山畲族村茶叶碰青过程

北山畲族村红头师公遗存资料

北山畲族村新建小学

北山畲族村庄一隅

东山畲族村访谈场景之一

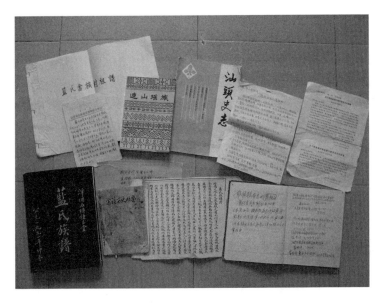

东山村申报族籍变更时收集整理的部分资料

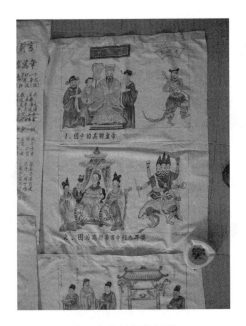

东山畲族村新绘祖图

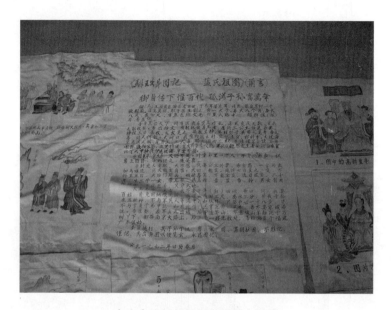

东山畲族村新绘祖图的前言说明

东山畲族村中的围屋泰华楼

南山畲族村外出打工回家过年时身着民族服装拍照的畲族姑娘和小伙

南山畲族村做纽扣的畲族姑娘

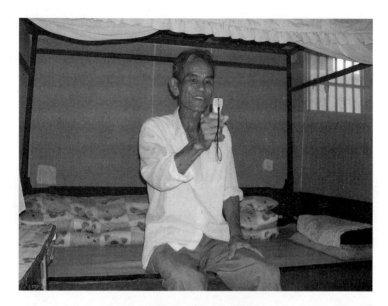

南山畲族村"歌王"唱畲歌

南山畲族村村口的关帝庙

南山畲族村正月初四值日（祭祖日）祖祠门外陈列的祭祖拜神贡品

南山畲族民俗村村口

群山环抱的中山畲族村

西山畲族村的土墙瓦屋与现代洋楼

后　记

本书由我的博士论文修改而成。在 2008 年 6 月举行的论文答辩会上，答辩委员汤开建、邓启耀、何国强、李江涛、麻国庆教授对论文给予了较高评价，并提出了宝贵的修改意见。答辩结束后，导师周大鸣教授鼓励我将论文修订成书发表。但因种种缘故，修订工作一再延搁，周老师的指导和督促也一再持续。导师多年来坚持不懈的严格要求、热情鼓励和不倦教诲，最终使我得以完成此书的撰写和修改工作。在此谨向周老师表示最衷心的感谢！周老师在学术上知识渊博，视野开阔，洞察力敏锐，对待弟子既严格要求又关心鼓励。作为学生，所见所学使我终身受益。在攻读博士学位和修订本书的写作期间，我不仅从导师身上学到了如何进行科学研究的方法，得到了科学思维和创新性的培养，更重要的是认识到了一个研究工作者应该永远具有更高的追求。

衷心感谢黄淑娉教授、麻国庆教授、何国强教授、王建新教授、刘昭瑞教授、邓启耀教授、陈云飘老师、张应强老师、张振江老师在教学、科研任务十分繁忙的情况下，仍在学习和生活中给予我无私的关心、指导和帮助。特别感谢黄淑娉教授、何国强教授、陈云飘老师、马建春博士在粤东海丰县红罗畲族村田野调查和粤东凤凰山区文化研究调查实习过程中对我的指导和帮助。感谢广东技术师范学院林伦伦教授，潮州韩山师范学院潮学研究所黄挺教授，凤凰山畲族学者、原潮州市对台办公室主任雷楠先生，潮州金山实验学校林跃文校长在潮汕文化及粤东畲族文化调研过程中给予的指点帮助。感谢中山大学人类学系博士生王琛，本科生彭亮、温顺焕、郑净宜同学，汕头大学中文系硕士生洪英同学，以及潮州韩山师范学院潮学研究所讲师杨姝女士等人先后在红罗畲族村、石古坪畲族村、李工坑畲族村、蓝屋畲族村田野调查过程中给予的支持、帮助和有益的讨论。

感谢人类学系所有老师，尤其是办公室、资料室老师们对我的帮助。感谢 2002 年以来人类学系博士研究生梯队同学先后给予的极大帮助和有益讨论。他们包括刘志军、刘志杨、程瑜、秦红增、何家祥、刘华芹、刘朝晖、杨方权、周建新、梅方权、王琛、谢松、马强、肖海明、索端智、郑月里博士，向春玲、余冰、霍志钊、周益民同学，以及已经或尚未毕业的师弟师妹王超、曾国华、聂爱文、揭丽英、杨小柳、李溱、谭丽华、周维、张银峰、杨建银、陈杰、林香、阙月、马雪莲、吕俊彪、奈仓京子、叶英英、杨振军等。

感谢潮州市潮州文化研究中心张家庆先生、陈月娟女士、林炜旋女士，潮州市群众艺术馆陈向军馆长、中共潮州市委统战部民族宗教科陈寒晓女士、潮安县民族宗教事务局蓝育兴先生、丰顺县民族宗教事务局蓝瑞汤先生、福建省民族研究所蓝炯熹所长，在历时数年的田野调查中他们都曾给予热心帮助和支持。感谢石古坪、李工坑、碗窑、山犁、蓝屋等畲族村干部群众热情无私的接纳和帮助，尤其感谢主要访谈人、报道人蓝秀如、蓝学民、蓝宏、蓝大赚、蓝借枝、蓝娘裕、蓝若谋、雷伟生、雷财铭、雷锡歆、雷楚良、雷连生、蓝汉武、蓝武生、蓝球、詹瑞雪等提供的宝贵支持和无私奉献。

特别感谢广东省民族研究所马建钊所长、李筱文副所长，陈晓毅、孙九霞研究员提供的大量族群及畲族文化研讨材料和机会。

感谢我的工作单位汕头大学文学院领导和同事们给予的支持和理解，感谢李贵苍教授提供的宝贵支持、讨论和建议。

感谢社会科学文献出版社。感谢黄金平编辑对书稿的耐心细读和勘正。

　　最后，感谢我的家人的理解、支持和奉献。先生张锐几年来
不仅驱车陪伴我跑遍了粤东凤凰山区的多个畲族村庄，还帮助拍
摄了大量珍贵的田野调查照片资料。儿子张西桥也在田野生活中
扮演了出色的小伙伴角色，与不少畲族村的同龄孩子结下了深厚
友谊。

谌华玉

2014 年 12 月 9 日于汕头大学

图书在版编目（CIP）数据

粤东畲族：族群认同与社会文化变迁研究/谌华玉著.
—北京：社会科学文献出版社，2014.12
（中山大学人类学文库）
ISBN 978 - 7 - 5097 - 6891 - 4

Ⅰ.①粤⋯　Ⅱ.①谌⋯　Ⅲ.①畲族－民族历史－研究－
潮州市　Ⅳ.①K288.3

中国版本图书馆 CIP 数据核字（2014）第 289547 号

·中山大学人类学文库·
粤东畲族：族群认同与社会文化变迁研究

著　　者/谌华玉

出 版 人/谢寿光
项目统筹/王　绯
责任编辑/黄金平

出　　　版/社会科学文献出版社·社会政法分社(010)59367156
　　　　　　地址：北京市北三环中路甲29号院华龙大厦　邮编：100029
　　　　　　网址：www. ssap. com. cn
发　　　行/市场营销中心（010）59367081　59367090
　　　　　　读者服务中心（010）59367028
印　　　装/三河市尚艺印装有限公司

规　　　格/开 本：787mm × 1092mm　1/20
　　　　　　印 张：19.8　字 数：332 千字
版　　　次/2014 年 12 月第 1 版　2014 年 12 月第 1 次印刷
书　　　号/ISBN 978 - 7 - 5097 - 6891 - 4
定　　　价/79.00 元